Pour les Nuls

on originale : *Outlook 2010 For Dummies*
est une marque déposée de Wiley Publishing, Inc
est une marque déposée de Wiley Publishing, Inc

igée par Jean-Pierre Cano
e Chauvot
Daniel Rougé
llustration : MADmac

çaise publiée en accord avec Wiley Publishing, Inc.
Éditions First
st
rine

49 60 00
49 60 01
info@efirst.com
2-7540-2030-5
: 3e trimestre 2010
Espagne

Outlook 2010

pour

LES NULS

Sommaire

Votre message est parti !

Pour envoyer un simple message de texte, c'est tout ce que vous avez à faire. Si vous préférez envoyer des e-mails plus sophistiqués, Outlook met à votre disposition dentelles et falbalas (plus ou moins utiles, d'ailleurs). Vous pouvez par exemple envoyer des messages de Haute importance pour impressionner vos correspondants, ou encore envoyer des messages confidentiels sur des sujets que vous trouvez sensibles. Le Chapitre 4 vous dévoile les mystères de ces messages confidentiels.

Envoyer un fichier

Croyez-moi ou non, je suppose que vous avez mieux à faire que de passer vos journées à envoyer des messages. Une bonne partie de votre travail quotidien passe peut-être par d'autres programmes qu'Outlook. Vous créez par exemple des documents avec Word ou des feuilles de calcul élaborées avec Excel. Lorsque vous voulez envoyer un fichier par e-mail, Outlook est mis à contribution, bien qu'il ne travaille parfois qu'en l'arrière-plan.

Pour envoyer avec un message un document que vous avez créé, par exemple avec Word, suivez ces étapes :

1. **Ouvrez le document dans Word.**

   Le document apparaît à l'écran.

2. **Cliquez sur l'onglet Fichier, en haut et à gauche de l'écran.**

   La vue dite Backstage apparaît.

3. **Choisissez dans le volet de gauche l'option Partager.**

   La page correspondante s'affiche. Je sais bien que vous avez appris à partager à la maternelle, mais, celle fois, les choses sont différentes.

4. **Choisissez Envoyer à l'aide de la messagerie.**

   Une liste de propositions vous est faite dans la partie droite de la fenêtre.

5. **Cliquez sur le bouton Envoyer en tant que pièce jointe.**

   Un formulaire de message sans titre apparaît, avec votre document indiqué sur la ligne Attacher (voir la Figure 1.2). Vous pouvez bien sûr entrer un commentaire dans la partie principale de la fenêtre, mais ce n'est même pas obligatoire.

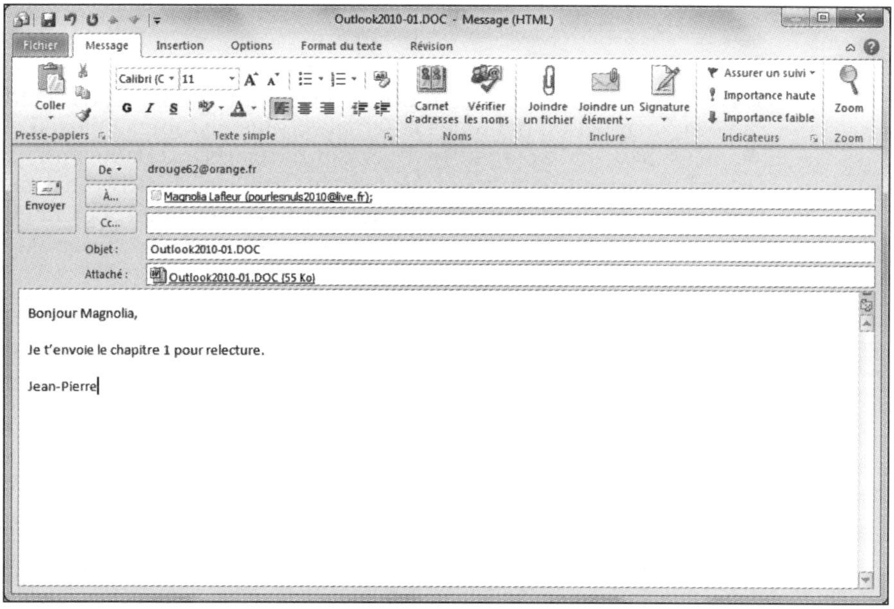

Figure 1.2 : Vous pouvez envoyer un document par e-mail directement depuis Word.

6. **Dans le champ À, saisissez l'adresse de messagerie de votre destinataire.**

   L'adresse que vous tapez apparaît dans le champ À.

7. **Cliquez sur le bouton Envoyer.**

   Votre fichier est déjà en route.

Lorsque vous avez seulement besoin d'envoyer un fichier Word en cours d'édition, cette méthode est très pratique. Enfin presque. En fait, on croirait plutôt que les programmeurs de Microsoft se sont évertués à rendre cette tâche plus laborieuse au fil des années. Mais ne paniquons pas. Si vous avez régulièrement besoin d'envoyer des fichiers, vous trouverez au Chapitre 5 la description d'une méthode plus puissante.

Agenda express

La gestion du temps est un mythe. Vous pouvez vous y prendre de la manière que vous voulez, une journée ne fera jamais plus de 24 heures. En revanche, il est possible d'en faire plus dans la journée si vous maintenez consciencieusement à jour votre agenda. Et Outlook est capable de vous y aider.

Entrer un rendez-vous

Si vous avez déjà utilisé un de ces bons vieux agendas-plannings en papier, le Calendrier d'Outlook aura pour vous un air familier. Lorsque vous cliquez sur l'icône Calendrier, vous voyez apparaître au milieu de la fenêtre une grille, dont chaque ligne représente par défaut une demi-heure de la journée (Figure 1.3). Pour entrer un rendez-vous à une certaine heure, cliquez sur la ligne horaire correspondante, tapez un nom pour votre rendez-vous, et appuyez sur Entrée.

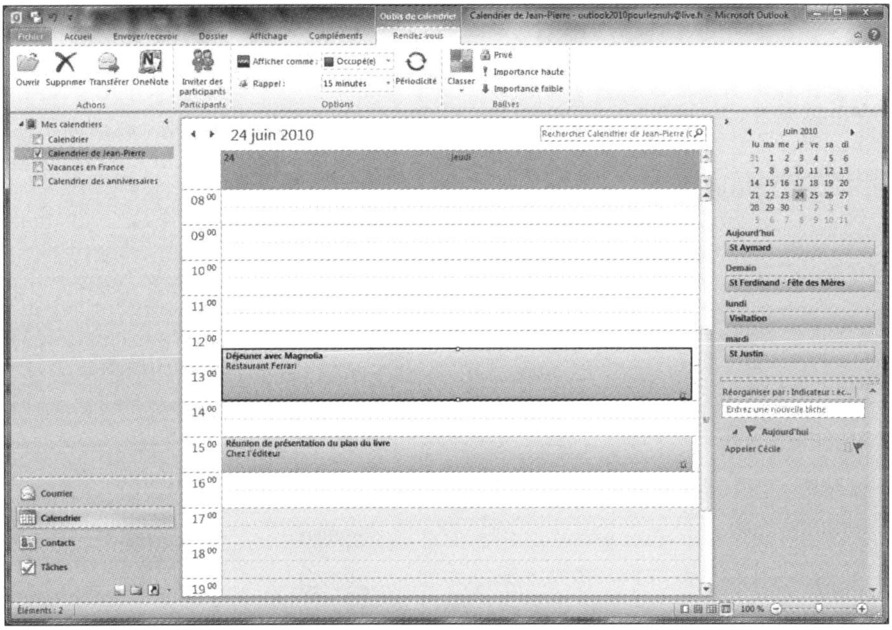

Figure 1.3 : Le Calendrier d'Outlook vous permet de tenir à jour votre agenda.

Vous pouvez ajuster la longueur des segments temporels pour couvrir des plages allant de cinq minutes à une heure.

Si vous voulez entrer des informations plus détaillées sur votre rendez-vous, par exemple la durée, le lieu, la catégorie et ainsi de suite, reportez-vous au Chapitre 8. Vous y apprendrez tout ce que vous avez besoin de savoir sur le Calendrier.

Consulter son agenda

La gestion du temps ne se résume pas à la saisie des rendez-vous. Si vous êtes vraiment très occupé, vous allez vouloir gérer votre temps en découpant votre liste de rendez-vous de manière à bien voir les moments où vous êtes disponible pour ajouter *encore plus* de rendez-vous. Vous pouvez choisir entre différents affichages de votre calendrier en cliquant sur l'un des boutons Jour, Semaine de travail, Semaine, Mois ou encore Affichage Planification dans le ruban.

Si vous avez besoin d'affichages plus élaborés du calendrier, sélectionnez l'une des vues proposées dans la section Réorganisation de l'onglet Affichage du ruban. Pour maîtriser vraiment la gestion de votre emploi du temps, reportez-vous au Chapitre 8. Vous y ferez connaissance avec les différents modes d'affichage du Calendrier d'Outlook.

Ajouter un contact

Quand il ne s'agit plus de ce que vous savez, mais de qui vous savez, il vous faut un bon outil pour ne pas perdre de vue qui est qui. Outlook est un outil remarquable pour gérer la liste des noms et des adresses des gens que vous connaissez, et il est tout aussi facile à utiliser que votre petit agenda à couverture noire. Pour entrer un nouveau nom, cliquez sur le bouton Contacts dans le Volet de navigation, puis sur le bouton Nouveau contact, à gauche du ruban. Le formulaire Sans titre - Contact apparaît. Remplissez-le (la Figure 1.4 en montre un exemple), puis cliquez sur le bouton Enregistrer et fermer.

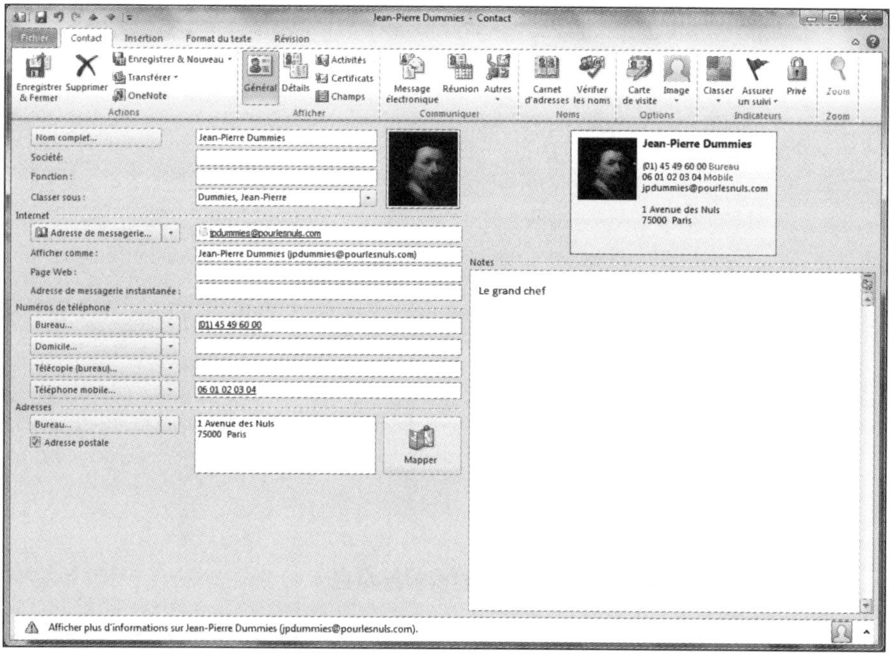

Figure 1.4 : Avec la liste Contacts, tenez à jour les informations sur tous les gens que vous connaissez.

Outlook fait bien plus que votre petit agenda à couverture noire, mais à condition d'en connaître les ficelles. Le Chapitre 7 vous révèle les secrets de la recherche, du tri et du regroupement de votre liste de noms, ainsi que de l'utilisation du courrier électronique pour rester en contact avec toutes les personnes qui comptent dans votre vie.

Entrer une tâche

Savoir ce que vous avez à faire ne suffit pas : vous devez aussi savoir ce que vous allez faire ensuite... Lorsque vous avez à jongler avec des centaines de demandes pressantes, vous avez réellement besoin de disposer d'un outil qui vous montre d'un coup d'œil ce que vous devez faire ensuite pour que votre travail continue à avancer.

Outlook 2010 propose plusieurs outils de gestion des tâches qui vous aident à organiser votre emploi du temps très chargé afin de tirer le meilleur parti possible de chaque instant. Vous pouvez donc vous appuyer sur le module Tâches, sur la liste des tâches ou encore sur la liste des tâches quotidiennes. Vous en apprendrez bien plus à ce sujet dans le Chapitre 9, mais vous allez tout de suite vous apercevoir qu'il est possible d'entrer une tâche en moins de temps qu'il n'en faut pour expliquer la procédure.

Pour entrer une nouvelle tâche, suivez ces étapes :

1. **Cliquez sur le bouton Tâches du Volet de navigation.**

   Votre liste de tâches apparaît.

2. **Cliquez sur le texte `Entrez une nouvelle tâche`.**

   Cette phrase disparaît, et vous voyez apparaître le curseur d'insertion (un trait vertical clignotant).

3. **Tapez le nom de votre tâche.**

   Ce nom apparaît dans le bloc qui se trouve sous la ligne Objet de la liste des tâches (voir la Figure 1.5).

4. **Appuyez sur la touche Entrée.**

   La nouvelle tâche apparaît dans la liste.

Outlook vous permet de gérer tout ce que vous voulez, d'une simple liste de courses jusqu'à un projet complexe. Au Chapitre 9, je vous montrerai comment travailler avec des tâches périodiques, comment régénérer une tâche, et aussi comment marquer une tâche comme étant terminée (et gagner le droit de vous féliciter de ce que vous avez accompli).

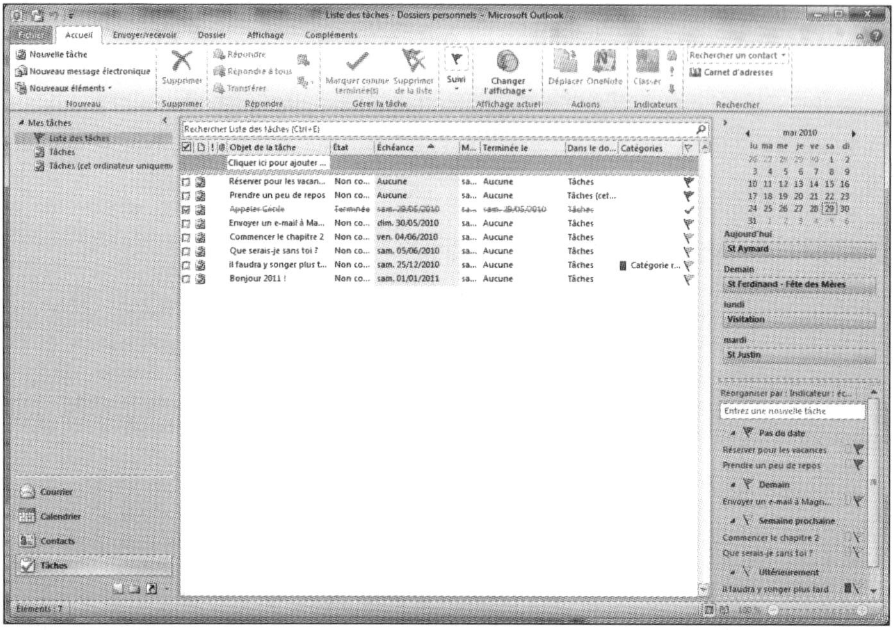

Figure 1.5 : Entrer une nouvelle tâche.

Prendre des notes

J'ai toujours des centaines d'éléments d'informations que j'ai besoin de ranger quelque part. Avant l'arrivée d'Outlook, je n'avais aucun endroit pour cela. Maintenant, tout ce bric-à-brac écrit va dans ma collection de notes Outlook, où je suis sûr de pouvoir retrouver à tout moment ce dont j'ai besoin.

Pour créer une nouvelle note, suivez ces étapes :

1. **Cliquez sur l'icône Notes, tout en bas du Volet de navigation (vous pouvez aussi appuyer sur Ctrl+5).**

   Votre liste de notes apparaît.

2. **Cliquez sur le bouton Nouvelle note dans le ruban.**

   Une note vierge apparaît.

3. **Tapez (ou collez) le texte que vous voulez enregistrer.**

   Votre texte apparaît dans la note (voir Figure 1.6).

4. **Appuyez sur la touche Échap.**

   La note que vous venez de créer apparaît dans la liste des notes.

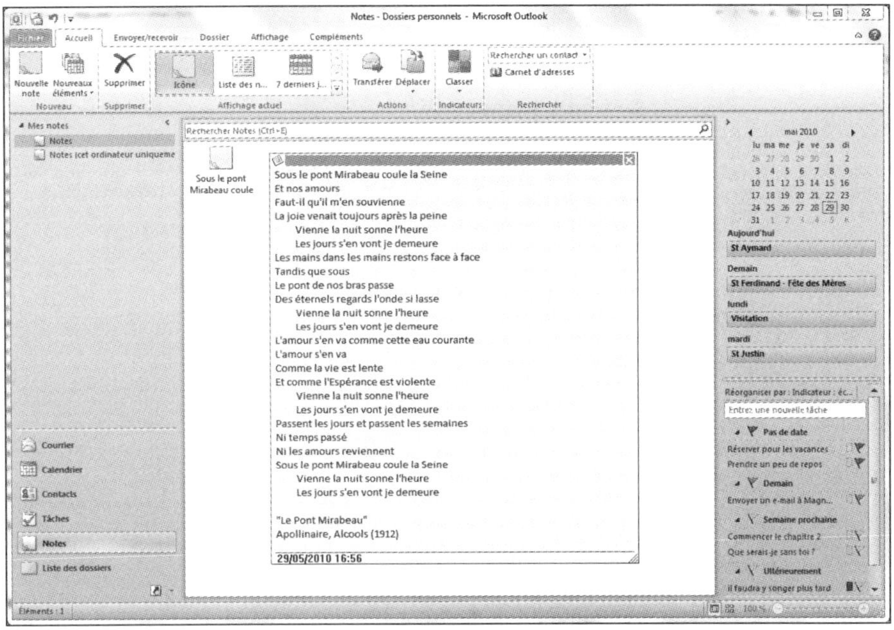

Figure 1.6 : Préservez votre prose pour la postérité dans les Notes d'Outlook.

Il existe un moyen encore plus rapide de créer une note : appuyez sur Ctrl+N et tapez votre texte. Vous verrez comme on arrive facilement à amasser une grande quantité de petites notes. Le Chapitre 10 vous dit tout ce que vous avez besoin de savoir sur les notes, notamment la manière de les retrouver, de les trier, de les classer par catégorie, de les organiser, et même de supprimer celles dont vous n'avez plus besoin.

Une fois que vous aurez pris l'habitude d'utiliser Outlook pour organiser votre existence, je ne doute pas que vous voudrez aller au-delà de ces choses élémentaires. C'est ce que va vous montrer le reste de ce livre. Quand vous vous sentirez prêt à partager votre travail avec d'autres personnes, à envoyer des messages comme un pro, ou tout simplement à finir votre journée de travail à cinq heures de l'après-midi pour rentrer chez vous, vous trouverez certainement toutes sortes de moyens d'utiliser Outlook pour rendre votre travail et votre vie plus faciles.

Chapitre 2

Les entrailles d'Outlook : combiner, associer et gérer des informations

Dans ce chapitre :

- Examiner les nombreux visages d'Outlook.
- Choisir des menus.
- Avoir une vue d'ensemble avec le Volet de lecture.
- Utiliser les outils disponibles.
- Peaufiner la présentation avec la liste des dossiers.

Vous avez trop de choses à faire. Je le sais même si je ne vous ai jamais rencontré. Nous sommes maintenant au XXIe siècle et si vous lisez ce livre, il y a de fortes chances que vous manquiez de temps pour effectuer toutes les tâches que vous aviez prévues. Bienvenue dans le futur. Il est déjà là, et il est *surbooké*.

Lorsque j'ai écrit la première édition de ce livre, en 1996, très peu de personnes avaient déjà envoyé ou reçu un courrier par ordinateur. Mais aujourd'hui, de nombreuses personnes sont pratiquement esclaves des messageries électroniques, des rendez-vous en ligne et autres demandes générées électroniquement. Cela signifie que nous avons plus de trucs à faire que nous ne l'avions jamais imaginé, même dans les années 1990.

Fort heureusement, nous en faisons plus que par le passé, en partie grâce à des outils tels que Microsoft Outlook. En fait, des centaines de millions de personnes aux quatre coins du monde utilisent Outlook pour améliorer leur productivité quotidienne. Malgré tout, la plupart de ces gens n'exploitent qu'une partie de la puissance d'Outlook. Ils travaillent donc plus dur que nécessaire pour, au final, abattre moins de boulot. Les personnes que j'ai formées estiment que le simple fait de connaître un tout petit peu mieux ce logiciel leur facilite grandement la vie. Alors, à vous de faire plus ample connaissance avec Outlook !

Outlook et les autres programmes

Outlook fait partie de Microsoft Office qui est une *suite* de logiciels bureautiques, c'est-à-dire un ensemble de programmes contenant tout ce dont vous avez besoin pour effectuer la plupart des tâches de bureau qui peuvent vous incomber. Idéalement, les programmes d'une suite coopèrent les uns avec les autres, vous permettant ainsi d'élaborer des documents que vous ne pourriez pas créer aussi facilement avec chacun des programmes individuels qui la constituent. Vous pouvez par exemple copier un graphique d'une feuille de calcul pour le coller dans une lettre commerciale créée avec votre traitement de texte. Ou encore conserver une liste de messagerie dans Outlook et l'utiliser comme liste de diffusion pour envoyer des lettres types (voyez à ce sujet le Chapitre 13).

Microsoft Office propose un groupe de programmes qui coûtent moins cher une fois réunis sous la forme d'une suite que si vous deviez les acheter séparément. C'est un peu le même principe qu'une encyclopédie : il est plus économique d'acheter tous les volumes à la fois que l'un après l'autre. D'ailleurs, à quoi bon acheter un seul volume d'une encyclopédie (à moins d'être intéressé uniquement par l'Abyssinie ou par les zoophytes) ?

4Outlook est également en *connexion* avec plusieurs autres produits de Microsoft. Microsoft Exchange Server est l'épine dorsale du système de messagerie de nombreuses entreprises, et Outlook est souvent le programme utilisé par les employés de ces entreprises pour lire et écrire leur courrier électronique. Un autre programme, appelé SharePoint, se connecte à Outlook pour contribuer à rationaliser le travail d'un groupe, à l'instar de ce que fait Outlook pour un utilisateur personnel. Windows Mail (ou Outlook Express, si vous préférez), le plus proche cousin d'Outlook, est inclus gratuitement lorsque vous installez Internet Explorer ou plus simplement une quelconque version de Windows. Pour autant, et même si Outlook est étroitement associé à Internet Explorer, il s'agit de deux programmes bien distincts. Vous n'avez toutefois pas à vous préoccuper de tout cela. En fait, vous n'avez même pas à vous soucier de ce genre de question. Vous pouvez lancer Outlook et vous en servir de la même manière quels que soient les autres programmes qui l'accompagnent.

Vous avez dit PIM ?

Quand votre problème de base consiste à gérer des noms, des adresses, des rendez-vous ou encore des e-mails, un traitement de texte ou un tableur, aussi sympathiques soient-ils, sont tout simplement insuffisants. Si vous devez gérer une réunion, il vous faut savoir avec qui elle va se tenir, quelles sont les coordonnées des personnes concernées, qui est supposé intervenir, et comment les agendas de tous les participants vont se coordonner.

En concevant Outlook, les gens de chez Microsoft se sont appuyés sur le fait qu'un grand nombre de gens se servent de leurs produits dans leur activité quotidienne. Et c'est pourquoi ils ont créé quelque chose que l'on appelle un *gestionnaire d'informations personnelles*, ou PIM (c'est mieux que PAM et POUM). Ce programme parle un langage qu'il partage avec Word, Excel et tout le reste de la suite Microsoft Office. Microsoft a aussi étudié le type d'information que les gens utilisent le plus souvent, et essayé de faire en sorte qu'Outlook réponde à la plupart de ces besoins. En prime, Microsoft s'est aussi beaucoup préoccupé de *personnalisation* (cela n'a rien à voir avec une longue séance d'analyse sur le canapé d'un psychiatre, il s'agit juste de fonctions qui vous permettent d'adapter un programme à vos besoins, du moins si vous savez comment vous y prendre).

Mais quelle que soit la terminologie employée, Outlook a une double personnalité : il est facile à comprendre et difficile à maîtriser. Si vous êtes déjà familiarisé avec Windows, vous pouvez tout simplement jeter un coup d'œil sur l'écran et cliquer sur quelques boutons pour voir comment Outlook fonctionne. Vous ne ferez aucun dégât en vous amusant de la sorte. Si vous êtes perdu, revenir en arrière n'est pas non plus bien compliqué. Et même si vous débutez avec Windows, l'utilisation d'Outlook reste finalement assez directe et intuitive.

On n'est jamais mieux que chez soi : l'écran principal d'Outlook

L'apparence d'Outlook est très différente de celle des autres applications de Microsoft Office. Au lieu d'afficher une fenêtre vierge avec quelques boutons, Outlook vous montre un écran rempli d'informations faciles à utiliser et à comprendre. Si vous avez déjà passé pas mal de temps à surfer sur Internet, vous remarquerez que la présentation d'Outlook est semblable à celle de beaucoup de pages Web. Il vous suffit de sélectionner ce que vous voulez voir en cliquant sur une icône dans le volet de gauche de la fenêtre pour que les éléments demandés apparaissent dans la partie droite de celle-ci.

Il est agréable de se sentir chez soi en travaillant (en fait, quand je suis au bureau, je préférerais bien souvent être chez moi, mais c'est une autre histoire). Outlook crée un « chez soi » pour chacune de vos différentes catégories d'informations : noms, adresses, rendez-vous, listes de tâches, pense-bêtes, et même le rappel de tout ce que vous avez encore à faire aujourd'hui. Vous pouvez vous déplacer sur l'écran principal d'Outlook aussi facilement que vous le faites dans votre appartement. Toutefois, pour vous permettre de vous y retrouver plus facilement au départ, je vous conseille d'attendre d'avoir fait entièrement connaissance avec Outlook avant de commencer à bouger les bibelots, pardon à le personnaliser.

L'écran principal d'Outlook (illustré sur la Figure 2.1) comporte les composants habituels de n'importe quelle fenêtre sous Windows (si vous n'avez pas l'habitude de Windows, revoyez l'introduction de ce livre), mais avec quelques adjonctions importantes. Dans la partie gauche de la fenêtre, vous voyez le *Volet de navigation*, et dans la partie droite, celle qui prend le plus de place, le *Volet de lecture*.

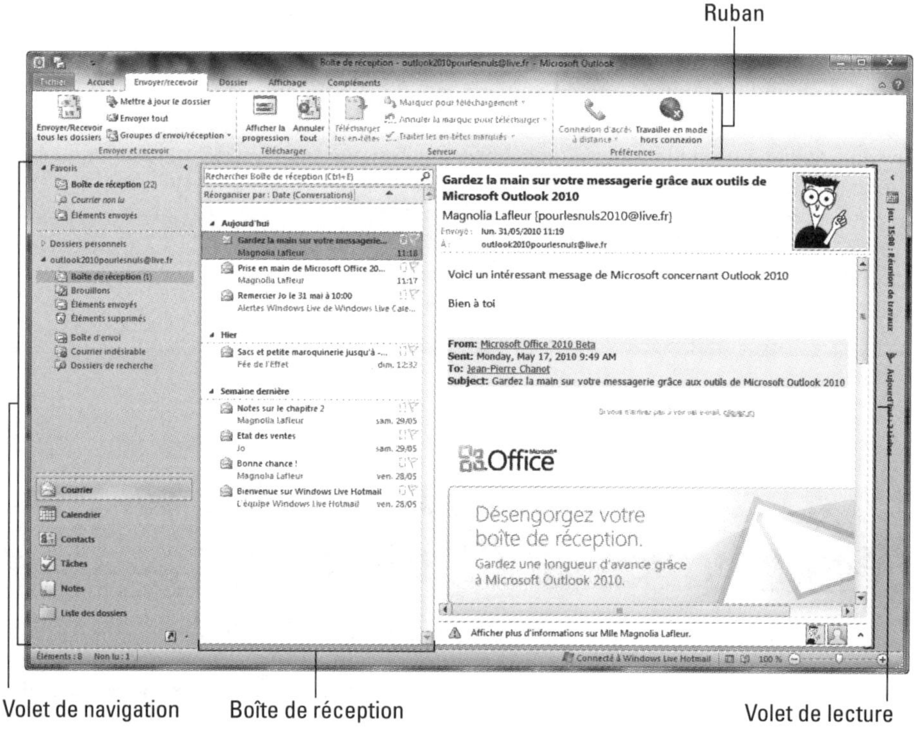

Figure 2.1 : L'écran principal d'Outlook.

Les modules d'Outlook

Tout le travail que vous faites dans Outlook est organisé en *modules*, ou sections. Chaque module accomplit pour vous un type de tâche particulier :

le module Calendrier stocke et gère votre agenda, le module Tâches stocke et gère votre liste de tâches, et ainsi de suite. L'un ou l'autre de ces modules est toujours affiché dans l'écran principal (le Volet de lecture). Lorsque vous utilisez Outlook, vous êtes à tout moment en train d'utiliser un module ou un autre, même si celui-ci ne contient aucune information (tout comme votre poste de télévision peut afficher une chaîne même si aucune émission n'y est en cours de diffusion). Le nom du module est affiché tout en haut de la fenêtre, dans la barre de titre, ce qui vous permet de toujours savoir exactement où vous êtes.

Chaque module possède son *bouton* dans le Volet de navigation (le volet de gauche de la fenêtre). Cliquer dessus conduit directement au module correspondant :

- **Le bouton Courrier** vous conduit au module Courrier, dans lequel vous pouvez consulter les messages que vous avez reçus.
- **Le bouton Calendrier** vous montre votre emploi du temps, avec tous vos rendez-vous.
- **Le bouton Contacts** vous fait accéder à toutes les informations sur vos contacts (noms, adresses, etc.).
- **Le bouton Tâches** affiche votre liste de tâches.
- **Le bouton Notes** (ou bien l'icône Notes tout en bas du Volet de navigation) vous conduit dans le module Notes qui vous permet de créer et de consulter autant de notes que vous voulez.
- **Le bouton Liste des dossiers** affiche toute la collection des dossiers Outlook et vous permet de cliquer dessus pour voir leur contenu.

Pour passer d'un module à un autre, il vous suffit tout simplement de cliquer sur le bouton correspondant dans le Volet de navigation.

Si vous utilisez Outlook sur le réseau de votre entreprise, l'administrateur réseau peut avoir créé un ensemble de boutons différents de ceux de la configuration standard. Vous en aurez peut-être un peu plus ou un peu moins que ce que vous voyez dans ce livre, mais ils devraient se comporter de la même manière.

S'orienter dans Outlook avec le Volet de navigation

Il existe certains programmes avec lesquels il est difficile de ne pas se perdre (ou facile de se perdre, si vous préférez), mais le *Volet de navigation* d'Outlook inverse cette situation. C'est le panneau qui se trouve à gauche de la fenêtre d'Outlook. Après tout, vous pouvez l'appeler comme vous le voulez, mais, puisque Microsoft lui a choisi une dénomination officielle, autant s'en servir.

Généralement, le Volet de navigation occupe environ le cinquième de la fenêtre d'Outlook. Je dis *généralement*, car vous pouvez le réduire en un petit bandeau presque invisible sur le bord gauche de la page. Il vous suffit pour cela de cliquer sur le chevron qui se trouve tout en haut de ce volet. Ceci vous donne davantage d'espace pour travailler. Cliquez une nouvelle fois sur le chevron, et le volet reprend sa place ! Quand il est développé, le Volet de navigation propose plusieurs boutons portant des noms comme Courrier, Calendrier, Contacts, Tâches ou encore Notes. Il s'agit des différents modules d'Outlook que nous découvrirons en détail dans la suite des événements. Mais leur nom est déjà suffisamment explicite pour que vous compreniez de quoi il s'agit.

Le Volet de navigation se compose d'une partie supérieure et d'une partie inférieure. La partie inférieure est occupée par les boutons qui donnent accès aux modules d'Outlook (Courrier, Calendrier, Contacts et ainsi de suite). Il suffit de cliquer sur un bouton pour accéder au module correspondant. Par exemple, si vous cliquez sur le bouton Calendrier, vous voyez apparaître votre Calendrier dans le Volet de lecture. Si vous cliquez sur le bouton Contacts, vous voyez apparaître votre liste de contacts. C'est un peu comme de changer de chaîne avec la télécommande de votre téléviseur. Vous zappez et vous zappez encore. Aucun problème.

La partie supérieure du Volet de navigation montre des informations différentes selon le module d'Outlook dans lequel vous vous trouvez. Si vous êtes dans le module Courrier, c'est une liste des dossiers qui est affichée. Dans d'autres modules, c'est une liste d'affichages qui vous est proposée, ainsi que des commandes propres à ce module que vous pouvez exécuter en cliquant dessus (par exemple pour ouvrir un certain calendrier). Si vous voulez faire apparaître tel ou tel dossier spécifique dans cette partie supérieure du Volet de navigation, cliquez dessus avec le bouton droit de la souris puis choisissez dans le menu contextuel qui s'affiche alors l'option Afficher dans les Favoris.

Juste au-dessus du bouton Courrier, il y a une barre grise qui sépare la partie inférieure et la partie supérieure du Volet de navigation. Si vous placez le pointeur de la souris sur cette barre grise, vous voyez apparaître une flèche à double pointe. Elle vous indique qu'il est possible de redimensionner ces deux parties en la faisant glisser. Vous pouvez ainsi faire apparaître un nombre plus ou moins grand de boutons dans la partie inférieure du volet, ou accorder un espace plus ou moins important à la liste des dossiers dans la partie supérieure de celui-ci.

Le Volet de lecture : Au cœur d'Outlook

C'est dans le V*olet de lecture* que se fait l'essentiel du travail dans Outlook. Si le Volet de navigation représente la télécommande de votre téléviseur, le Volet de lecture correspond à l'écran lui-même. Lorsque vous lisez vos messages, c'est dans ce volet qu'ils apparaissent. C'est également là que vous retrouvez vos contacts lorsque vous ajoutez ou recherchez un correspondant. Le Volet de lecture est également l'endroit où vous pouvez effectuer toutes sortes d'opérations de tri, selon ce que permet chaque module Outlook (je parlerai du tri des contacts, des tâches et autres dans chacun des chapitres consacrés à ces modules).

Comme il est possible de stocker dans Outlook plus d'informations que vous ne pouvez en consulter à la fois, le Volet de lecture ne vous en montre qu'une portion à la fois. Le Calendrier, par exemple, prend en compte toutes les dates de l'an 1601 jusqu'à l'an 4500 (c'est peut-être fait pour vous permettre d'avoir une idée de la date d'encaissement du chèque correspondant au paiement de vos impôts, mais il se peut aussi que je me trompe). C'est beaucoup, mais le Volet de lecture ne vous montre qu'une tranche de vie, pour ainsi dire accessible aux facultés mentales d'un être humain normalement constitué. La plus petite de ces tranches représente une journée, et la plus grande un mois.

Le Volet de lecture organise les éléments qu'il vous montre en unités appelées *affichages*. Vous pouvez utiliser les affichages standards que contient Outlook lorsque vous l'installez, ou créer les vôtres et les enregistrer. Je parlerai des affichages plus en détail au Chapitre 16.

Vous pouvez naviguer entre les différentes tranches d'informations que vous montre Outlook en cliquant en différents endroits du Volet de lecture. C'est un peu comme si vous naviguiez dans les pages de votre agenda de poche (du moins, si vous aviez un agenda d'un million de pages qui tienne dans votre poche). La Figure 2.2 montre un exemple de l'utilisation du Volet de lecture avec le Calendrier.

Pour naviguer dans les informations du Calendrier dans le Volet de lecture, suivez ces étapes :

1. **Cliquez sur le bouton Calendrier dans le Volet de navigation.**

   Le calendrier apparaît.

2. **Cliquez sur le mot Semaine en haut de l'écran Calendrier (vous le trouvez dans la rubrique Organiser du ruban).**

   L'affichage en mode Semaine du Calendrier apparaît.

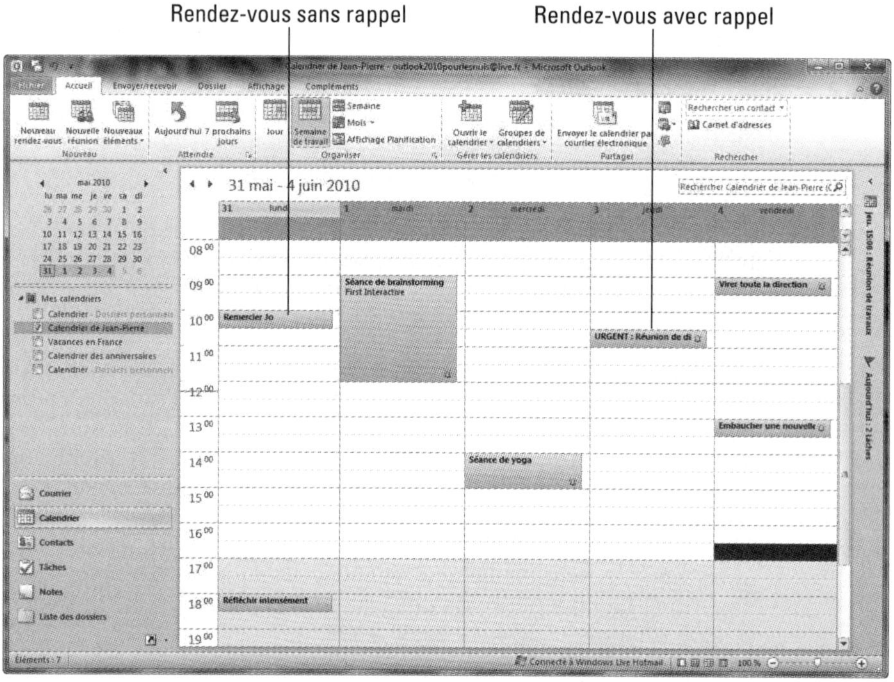

Figure 2.2 : Le Calendrier dans le Volet de lecture.

Pour voir comment se comporte le Volet de lecture, essayez ceci :

- Cliquez sur une date dans le petit calendrier dans le coin supérieur gauche de la fenêtre (en haut du Volet de navigation). Vous voyez votre agenda pour le jour correspondant.

- Cliquez par exemple sur *ve* pour *vendredi* en haut du petit calendrier. Le volet de droite affiche maintenant une vue mensuelle de votre agenda.

Vous pouvez modifier l'apparence du Volet de lecture d'une infinité de manières pour l'adapter au mieux au travail que vous faites dans Outlook. Par exemple, vous pouvez avoir besoin de ne voir que les rendez-vous d'une journée, ou uniquement les éléments que vous avez placés dans une certaine catégorie. Les affichages peuvent vous permettre de montrer rapidement et avec précision la tranche d'informations dont vous avez besoin.

Quand vous choisissez l'affichage Jour ou Semaine, une ligne en bas de l'écran montre toutes les tâches programmées pour la période, ainsi que les messages du jour pour lesquels vous avez prévu un suivi. Cette fonction est destinée à vous aider à mieux gérer votre temps. Si vous avez trop de réunions un jour donné, vous n'aurez peut-être pas le temps de mener à bien toutes les tâches programmées. Le calendrier d'Outlook vous permet de voir facilement votre planning. Vous pouvez alors faire glisser une tâche d'un jour à un autre pour équilibrer votre agenda.

La Barre des tâches

Outlook 2010 comprend une région baptisée Barre des tâches. C'est l'endroit à privilégier pour gérer tout ce que vous devez faire. Outlook a toujours possédé une Liste des tâches, un outil servant à suivre tous les projets auxquels vous envisagez de participer et les courses que vous pensez faire. Mais, nous vivons et travaillons tous aujourd'hui dans un monde de communications numériques instantanées et de courriers électroniques qui voyagent 24 heures sur 24, 7 jours sur 7. Il y a probablement des choses que vous ne pensez pas à ajouter à votre Liste des tâches, et en particulier des éléments qui vous parviennent par courrier électronique.

La Barre des tâches occupe la partie la plus à droite de l'écran d'Outlook (voir la Figure 2.3). Si vous cliquez sur le chevron qui se trouve en haut de cette barre, vous la réduisez contre le bord droit de l'écran. Cliquez à nouveau sur le chevron, et elle se développe. La Barre des tâches regroupe vos tâches, vos messages avec suivi et vos rendez-vous. Ainsi, vous voyez d'un seul coup d'œil tout ce que vous devez faire. Vous pouvez accéder à cette barre à partir des différents modules d'Outlook : Courrier, Calendrier, Contacts, Tâches et Notes.

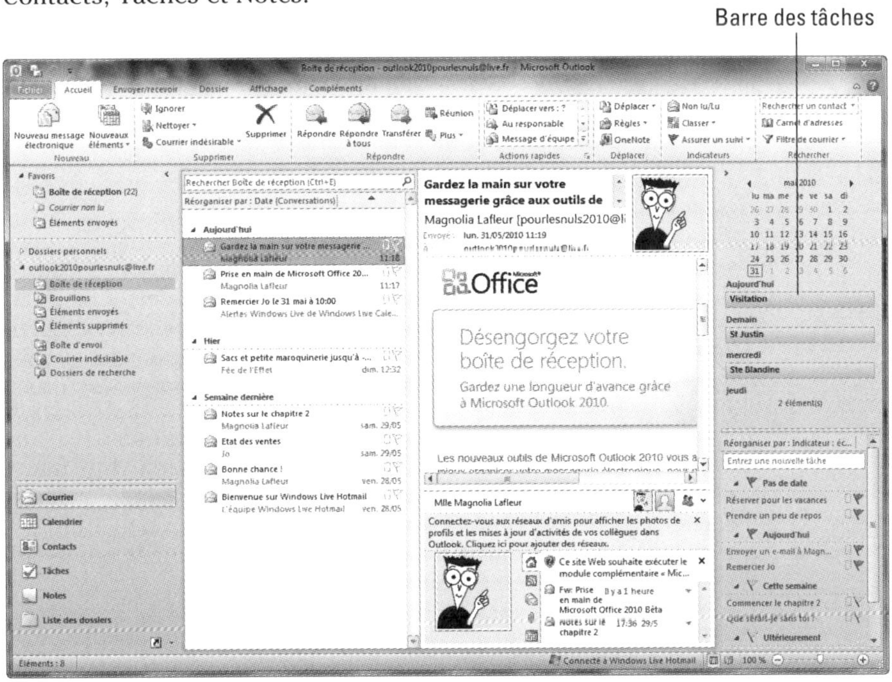

Figure 2.3 : La Barre des Tâches.

Les experts en productivité disent qu'une liste des tâches bien organisée peut vous permettre d'accomplir plus de choses en faisant moins d'efforts, et même de gagner plus d'argent dans un laps de temps plus court. Que demande le peuple ? Malheureusement, la Barre des tâches d'Outlook 2010 a une fâcheuse tendance à se remplir automatiquement et dans le désordre, ce qui peut la rendre pratiquement inutile à moins de la gérer activement. Pour en savoir plus sur l'utilisation de cette barre et de la Liste des tâches, rendez-vous au Chapitre 9.

Naviguer dans la Liste des dossiers

Si vous voulez naviguer dans Outlook d'une manière plus détaillée que ce que permet le Volet de navigation, vous pouvez utiliser la *Liste des dossiers*. Si vous considérez le Volet de navigation comme les boutons d'un autoradio vous permettant de sélectionner vos stations préférées, la Liste des dossiers est un peu comme le bouton de réglage qui vous permet de balayer toutes ces stations. Elle vous montre tout simplement vos dossiers Outlook, ceux que vous voyez quand vous ouvrez Outlook pour la première fois et ceux que vous pouvez être amené à créer plus tard.

N'OUBLIEZ PAS!

La plupart des utilisateurs se contentent des dossiers proposés par défaut par Outlook et donc ne créent pas leur propre système de classement. Les boutons du Volet de navigation suffisent à leurs besoins, et il n'y a rien à reprocher à cela. En revanche, je connais des gens qui fabriquent des arborescences très élaborées, avec des dizaines de dossiers dans lesquels ils classent leurs messages et même leurs tâches. Et c'est aussi très bien. Tout cela est affaire de préférence personnelle. Certains amassent et d'autres classent. Il faut de tout pour faire un monde !

Il y a dossier et dossier

Comme une fois de plus Microsoft a donné le même nom à deux choses différentes, les dossiers peuvent être un peu déconcertants. De même qu'il existe deux sortes d'explorateurs (Windows et Internet), ou encore plusieurs espèces de Windows (trop à mon goût), il existe deux sortes de dossiers que vous rencontrerez en utilisant Outlook, et ils se comportent différemment.

Vous avez peut-être l'habitude des dossiers de Windows XP, Vista ou Windows 7 que vous utilisez pour classer vos fichiers. Vous pouvez y copier, y déplacer ou y supprimer des fichiers sur votre disque dur. Outlook ne s'occupe pas de ces dossiers-là. Si vous avez besoin de gérer les fichiers que vous avez créés sur votre ordinateur, cliquez sur le bouton Démarrer de Windows, et choisissez Documents.

Outlook possède ses propres dossiers spéciaux pour stocker les éléments que vous créez dans ses différents modules : éléments du Calendrier, contacts, tâches, et ainsi de suite. Chaque module possède son propre dossier, et vous avez la possibilité d'y accéder directement à partir de notre fameuse Liste des dossiers.

Si vous êtes dans un module Outlook, par exemple la Boîte de réception, et que vous affichez la Liste des dossiers en cliquant sur le bouton du Volet de navigation qui porte ce nom, vous voyez apparaître une liste de dossiers qui représentent les modules standards d'Outlook (Tâches, Contacts, Calendrier, et ainsi de suite).

Utiliser la Liste des dossiers

Vous n'avez besoin d'utiliser la Liste des dossiers que si vous voulez accéder à un dossier particulier, ou bien en créer un nouveau afin d'y stocker un type d'élément particulier (par exemple une liste de contacts spéciale ou les messages provenant de certaines sources). La Liste des dossiers offre aussi un moyen plus rapide de déplacer, copier ou supprimer des fichiers avec Outlook.

Vous pouvez très bien ne jamais utiliser la Liste des dossiers. Le Volet de navigation permet d'accéder aux différents dossiers que la plupart des gens utilisent le plus souvent. Cela peut vous suffire. Heureusement, la Liste des dossiers apparaît d'elle-même au moment où vous avez des chances d'en avoir besoin.

N'OUBLIEZ PAS !

Pour l'afficher, cliquez sur le bouton Liste des dossiers dans le Volet de navigation (ou appuyez sur Ctrl+6). Tous les goûts sont dans la nature.

Cliquer une fois : Le ruban

L'aspect le plus controversé des deux dernières versions de Microsoft Office a été sans conteste l'introduction du *ruban*. On aime ou on déteste. De toute manière, vous n'avez plus le choix. Les types de chez Microsoft m'ont expliqué qu'ils avaient conçu le ruban en réponse aux flots de requêtes qu'ils recevaient année après année pour ajouter à Office des fonctionnalités… déjà présentes. Trop de gens n'arrivaient tout simplement pas à trouver nombre de commandes d'usage très courant. Bien. Mais, malheureusement, ce grand ménage a aussi perturbé des millions d'utilisateurs expérimentés. La masse d'entre nous a fini par se frayer son chemin dans ce nouveau territoire, et nous allons maintenant mieux. Reconnaissons au ruban une réelle vertu : il s'explique de lui-même plutôt bien.

Comme vous pouvez le constater d'un simple coup d'œil, le ruban est organisé en onglets, groupes et boutons. Chaque onglet se décompose en plusieurs groupes, et chaque groupe contient une série de boutons. Dans Outlook, tous les modules ont leur propre ruban, celui-ci étant organisé en fonction des besoins de chaque module. La plupart des boutons sont clairement identifiés par le nom de l'action qu'ils exécutent, par exemple Répondre, Nouveau rendez-vous, Supprimer et ainsi de suite. En bas et à droite de certains groupes, vous trouvez une petite icône sur laquelle vous pouvez cliquer afin d'accéder à des choix plus détaillés ou encore à certaines options de configuration. Lorsque vous arrivez à maîtriser le ruban, vous finissez par vous dire qu'il n'est finalement pas mal du tout. C'est un peu comme les épinards : tout le monde n'aime pas le goût, mais c'est bon pour la santé.

Faire apparaître les infos-bulles

Chaque bouton du ruban change de couleur lorsque vous placez le pointeur de la souris au-dessus de son icône ou de sa légende. Cet effet visuel vous indique quel outil sera activé si vous cliquez à ce moment-là : copier, coller, enregistrer, lancer des missiles (je plaisante), etc.

TRUC

Et il y a aussi les précieuses *info-bulles* : lorsque vous laissez le pointeur immobile sur un outil une seconde ou deux, vous voyez apparaître une sorte de petite étiquette jaune qui vous en indique la fonction (voir la Figure 2.4). C'est très pratique pour déchiffrer les hiéroglyphes que représentent parfois les boutons du ruban.

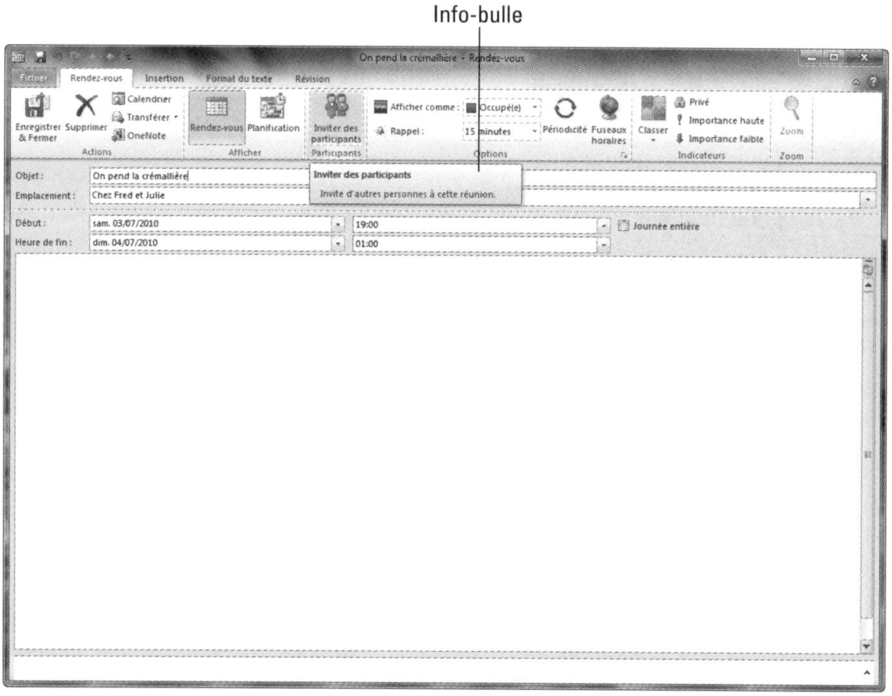

Figure 2.4 : Une info-bulle vous indique la fonction de l'outil sur lequel se trouve le pointeur.

Certains boutons sont accompagnés d'un petit triangle pointant vers le bas. Celui-ci donne accès au menu déroulant de l'outil correspondant. Prenons par exemple, le module Courrier. Son ruban contient un bouton intitulé Déplacer. Cliquez sur le petit triangle qui lui est associé, et vous allez voir s'afficher une liste d'emplacements vers lesquels vous pouvez expédier le message courant.

Utiliser le bouton Nouveaux éléments

Tous les modules d'Outlook contiennent un bouton appelé Nouveaux éléments. Celui-ci vous permet de créer une nouvelle entrée dans n'importe quel module, actif ou non. Vous êtes peut-être en train d'entrer le nom et l'adresse d'un nouveau client qui se trouve cité dans un article intéressant d'un journal du jour. Vous voulez vous souvenir de cet article, mais sa place n'est pas dans l'enregistrement de contact de votre client. Peu importe. Même si vous êtes dans le module Calendrier, vous pouvez ouvrir le menu du bouton Nouveaux éléments pour créer une annotation qui sera stockée dans le module Notes (voir la Figure 2.5). Que la possibilité de créer une note à partir du module Calendrier (ou tout autre élément depuis tout autre module) ne vous déconcerte pas. Au premier abord, vous pourrez avoir l'impression que la note n'a pas été créée, mais elle l'a bien été. Simplement, Outlook la range automatiquement et logiquement dans le module Notes, ce qu'il est facile de vérifier en cliquant sur le bon bouton dans le Volet de navigation.

Trouver des choses en un éclair grâce à la Recherche instantanée

Avec Outlook, il est incroyablement facile d'accumuler des tas de données, ce qui devient rapidement un problème car il est alors difficile de retrouver ses petits. Outlook a toujours eu une fonction de recherche, mais elle était autrefois terriblement lente. Le temps qu'elle trouve ce que vous demandiez, et vous n'en aviez plus besoin. Heureusement, les gens de chez Google ont fait peur à Microsoft en inventant un outil capable de rechercher des données Outlook en moins de deux. Après dix ans d'existence, cet outil minable a été supplanté par un module de recherche digne de ce nom et très facile d'utilisation, la Recherche instantanée. Espérons que Google fera plus souvent peur à Microsoft à l'avenir.

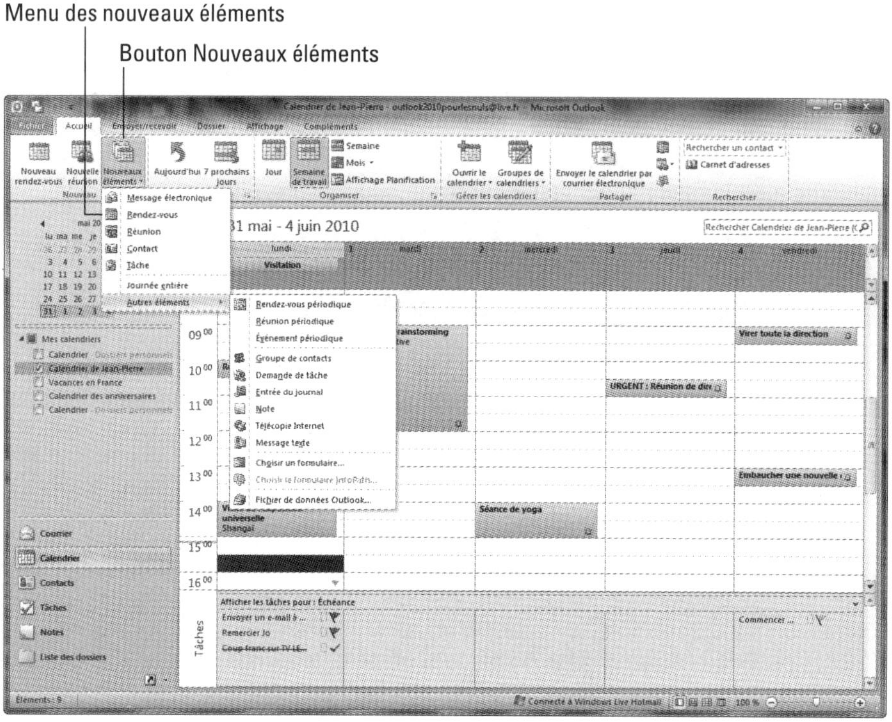

Figure 2.5 : Le bouton Nouveaux éléments vous permet de créer une note, de provoquer une réunion ou d'effectuer une variété d'autres tâches.

Près du sommet du Volet de lecture, au centre de l'écran, vous pouvez voir la zone de Recherche instantanée (voir la Figure 2.6). C'est un cadre vide qui se termine par un petit symbole de loupe. Cliquez dans cette zone et saisissez les premières lettres d'un mot que vous souhaitez trouver. Presque immédiatement, le Volet de lecture se vide puis montre uniquement les éléments comprenant le texte saisi. Si, par exemple, vous êtes dans le module Contacts et que vous saisissez `the`, vous voyez apparaître les enregistrements qui contiennent des noms et/ou des prénoms tels que Théo, Thérèse, Thettinger, The Beatles, et ainsi de suite. Quand Outlook affiche les éléments trouvés, la loupe est remplacée par une croix (X). Pour effacer les résultats de la recherche, cliquez tout simplement sur cette croix.

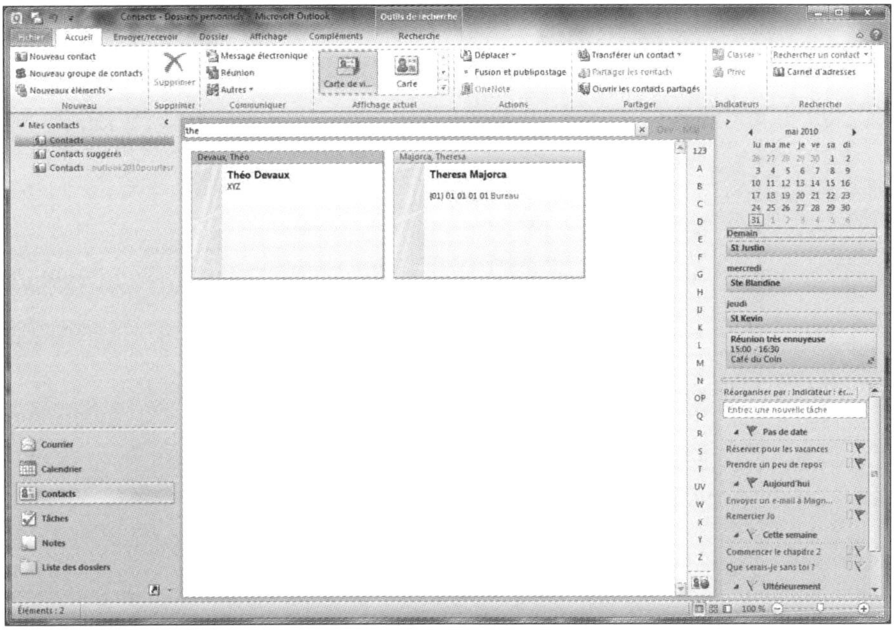

Figure 2.6 : La zone de Recherche instantanée vous aide à retrouver des éléments en un clin d'œil.

Dans certains cas, la recherche à partir d'un groupe de lettres ne représente pas un critère suffisamment précis. Par exemple, vous souhaitez trouver les personnes dont le prénom débute par `The` et qui travaillent dans l'entreprise XYZ. Vous pouvez créer une recherche plus détaillée en cliquant dans le ruban sur le bouton qui indique Plus. Apparaît alors un groupe de rubriques grâce auxquelles vous pouvez rechercher des informations spécifiques (voir la Figure 2.7). Ces libellés varient en fonction du module Outlook dans lequel vous vous trouvez. Si vous êtes dans le module Contacts, vous pouvez choisir par exemple les critères Nom, Société, Téléphone (bureau), et ainsi de suite. Pour trouver les Théo, Thérèse et autres Thècle de la société XYZ, tapez simplement **the** dans le champ Prénom, et **xyz** dans le champ Société. S'affichent alors instantanément tous les contacts qui vérifient ces deux critères.

Si les résultats fournis par Outlook ne vous satisfont pas, il est possible de faire d'autres choix en cliquant sur l'étiquette du type d'information à modifier. Vous pouvez alors voir une liste d'autres types d'informations à rechercher. C'est ce qu'illustre la Figure 2.8. Si vous réalisez par exemple une recherche dans vos contacts, vous pouvez vous concentrer sur une certaine ville, voire une rue et ainsi de suite.

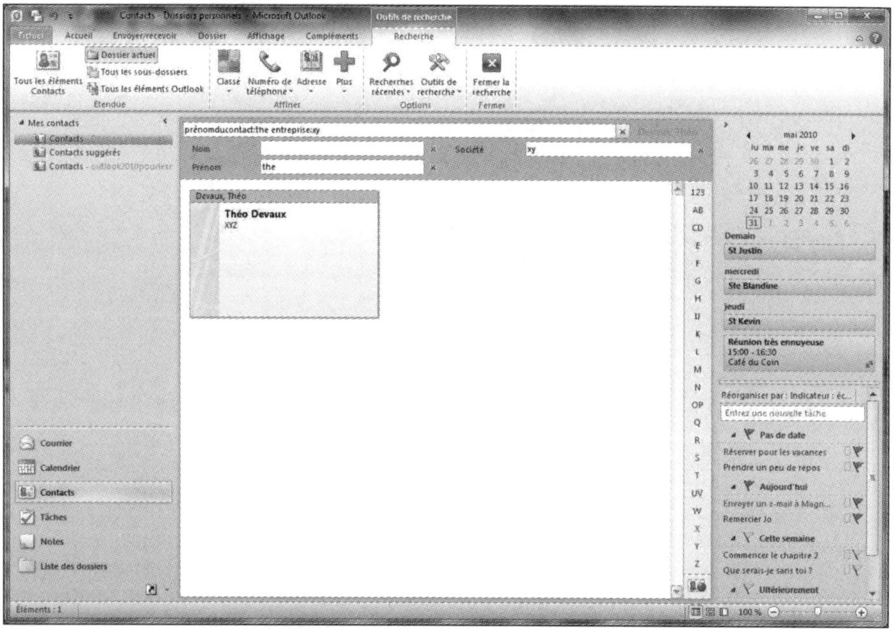

Figure 2.7 : Vous pouvez lancer des recherches plus détaillées grâce au bouton Plus du ruban.

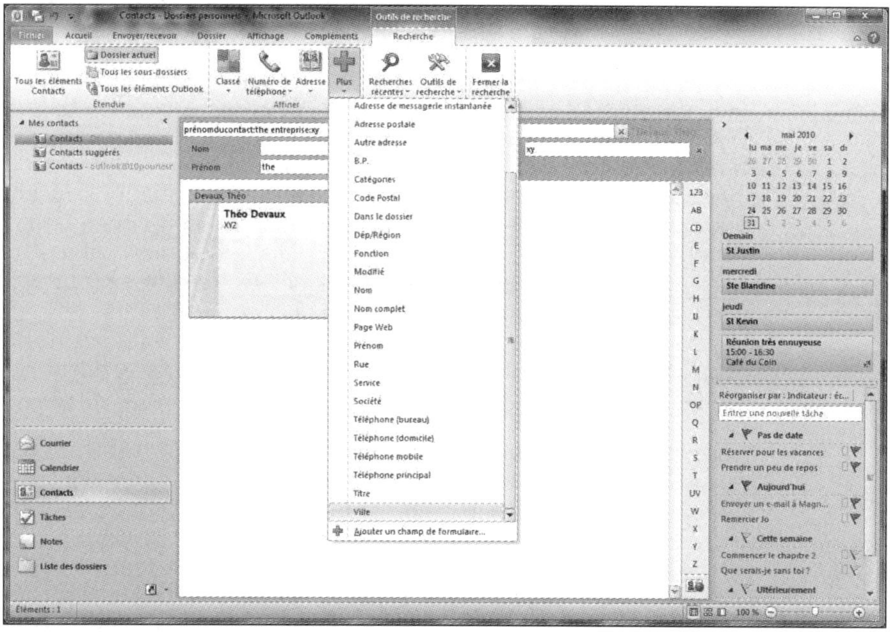

Figure 2.8 : Modifiez le type de recherche en cliquant sur le bouton Plus afin de faire apparaître une liste de critères.

Le meilleur moyen de découvrir la Recherche instantanée est de l'essayer. Saisissez quelques informations dans la zone de texte afin de voir ce que vous obtenez, puis cliquez sur la croix (X) pour créer une nouvelle recherche. Si vous obtenez un trop grand nombre de réponses, servez-vous du bouton Plus pour affiner vos critères.

Obtenir de l'aide

Bien qu'Outlook soit aussi facile à utiliser que l'on puisse l'espérer, il vous arrivera sans doute d'avoir besoin du système d'aide en ligne de Windows (ce livre n'a tout de même pas réponse à tout).

L'aide en ligne d'Outlook apparaît dans une fenêtre distincte lorsque vous appuyez sur la touche F1. Vous pouvez aussi l'activer en cliquant sur le point d'interrogation bleu qui se trouve en haut et à droite de l'écran d'Outlook. Entre nous, je n'arrive toujours pas à comprendre pourquoi Microsoft a affecté à certaines fonctions de gros boutons multicolores, tout en reléguant celui qui est dévolu à l'aide dans un coin obscur et sensiblement plus petit d'un nombril de mouche. Peut-être ces gars-là veulent-ils que nous perdions tous la vue pour pouvoir nous vendre leurs merveilleux programmes de synthèse vocale ? Bref, passons.

En tout cas, le système d'aide d'Outlook est capable de répondre aux questions que vous tapez dans le champ Rechercher, en haut de sa fenêtre. Lorsque vous appuyez sur Entrée après avoir saisi votre demande, une liste de réponses possibles apparaît. Cliquez sur celle qui vous semble correspondre le mieux à votre interrogation, et la réponse complète correspondante apparaît dans la fenêtre. Le système d'aide en ligne contient beaucoup de texte en bleu et souligné, comme dans un navigateur Web. Il s'agit de liens sur lesquels vous pouvez cliquer pour afficher des informations supplémentaires sur le sujet correspondant.

Chapitre 3

On peut tout faire en faisant glisser

Dans ce chapitre :

- Je fais glisser et je dépose.
- Prendre le contrôle de vos tâches.
- Créer un enregistrement de contact.
- Créer et envoyer un message.
- Supprimer des informations.

Pourquoi a-t-on besoin de taper des lettres et des chiffres ? Quand on pense que nous utilisons toujours un appareil du XIXe siècle (le clavier de machine à écrire) pour faire fonctionner les ordinateurs du XXIe siècle ! Nous sommes prisonniers du clavier AZERTY (le clavier standard que nous connaissons tous et que nous aimons tant) pour quelque temps encore, mais nous avons maintenant la possibilité de reposer un peu les tendons de nos poignets. En utilisant la souris, un trackball ou un pavé tactile nous pouvons faire glisser et déposer toutes sortes d'éléments au lieu de tapoter sur le clavier.

La plupart des gens reconnaissent qu'un programme tel qu'Outlook peut considérablement améliorer leur productivité, tout en ignorant cependant les outils les plus puissants dont il dispose (qu'il s'agisse des tâches, du calendrier ainsi que de la possibilité de connecter en douceur toutes leurs informations). Certains de ces outils peuvent pourtant se révéler être des armes redoutables dans la bataille permanente contre le temps qui file.

L'art de faire glisser

Il ne s'agit pas de glisser sur une mauvaise pente, mais de déplacer des éléments d'un endroit à un autre par des mouvements rapides et faciles de la souris plutôt que par de laborieuses sélections. Si vous voulez travailler vite, faire glisser et déposer est le meilleur chemin vers l'exécution rapide des tâches que vous entreprenez.

Cette technique permet de conserver la connexion entre tous les éléments qui forment votre charge de travail quotidienne. Outlook les traite d'ailleurs tous sur un même pied d'égalité. Un message, une tâche ou un enregistrement dans le carnet d'adresses sont identiques du point de vue d'Outlook. Pour lui, ce ne sont que des moyens différents qu'il emploie pour organiser les mêmes informations.

Avant de faire glisser un élément, vous devez le sélectionner, c'est-à-dire, tout simplement, cliquer dessus. Le reste du processus est enfantin :

- *Faire glisser* signifie maintenir enfoncé le bouton gauche de la souris, tout en déplaçant celle-ci de manière à amener l'élément sélectionné jusqu'à un autre emplacement.
- *Déposer* signifie relâcher le bouton de la souris pour mettre fin au déplacement de l'élément.

Lorsque vous faites glisser un élément, vous voyez apparaître un petit rectangle au contour gris en bas de la flèche du pointeur. Celui-ci a l'air de porter une valise, et dans un certain sens, c'est le cas. Faire glisser un élément avec la souris d'un module d'Outlook à un autre « transporte » les informations correspondantes du module de départ jusqu'au module d'arrivée.

Lorsque vous utilisez le glisser-déposer entre différents modules d'Outlook, vous pouvez utiliser les informations existantes pour créer un élément d'un nouveau type à partir de celles-ci, selon ce que vous faites glisser et l'endroit où vous le déposez. Prenons un exemple. Vous faites une réservation pour une place d'avion, et la compagnie vous envoie votre itinéraire par e-mail. Le meilleur endroit pour placer cette information, c'est votre calendrier au jour prévu pour le vol. Vous pourriez donc entrer un rendez-vous et y taper tous ces renseignements. Mais il est bien plus rapide de faire glisser le message directement sur votre calendrier. Non seulement vous gagnez du temps, mais en plus vous êtes certain d'atteindre une précision absolue, puisque vous ne faites que dupliquer la même information.

Tout ce que vous pouvez faire par la méthode du glisser-déposer peut aussi être réalisé par des choix dans le ruban ou par des raccourcis clavier, mais vous y perdez l'avantage de récupérer les informations présentes dans un élément existant, ce qui vous oblige à les saisir à nouveau. C'est du travail, et comme le travail fatigue, je préfère utiliser le glisser-déposer.

N'OUBLIEZ PAS !

Comme je me sers de ce chapitre pour chanter les louanges du glisser-déposer, j'y décris toutes les actions par cette méthode plutôt que par le passage par des boutons ou des raccourcis clavier. Dans la suite de ce livre, je décrirai les actions par des sélections dans le ruban, tout simplement parce c'est une méthode plus intuitive pour expliquer la plupart des fonctions d'Outlook. Mais, croyez-moi, glisser et déposer est généralement bien plus rapide. Aussi, ne pensez pas en lisant la suite que je cherche à vous décourager d'utiliser le glisser-déposer. Je cherche seulement à vous donner les explications les plus claires possibles.

La productivité expliquée en une page

Les gourous prétendument experts en productivité vous vendent au prix de l'or des ouvrages de 400 pages qu'ils semblent pondre plus vite qu'une poule dans son poulailler. Et le plus curieux, c'est qu'ils ont aussi l'habitude de se pavaner comme des coqs en chantant leurs propres louanges. Partant de l'idée que le temps passé à éplucher ces 400 pages est du temps perdu en termes de productivité et que, de toute manière, ils disent tous à peu près la même chose et que, de surcroît, l'essentiel du propos tient en un feuillet, je vais donc vous épargner 399 pages de jargon incompréhensible.

Il y a quatre manières de répondre immédiatement à n'importe quelle tâche :

- **L'exécuter** (si vous pouvez la terminer dans les deux minutes qui suivent).
- **La supprimer** (une fois qu'elle est finie ou que vous avez déterminé qu'aucune action particulière n'était nécessaire).
- **La déférer** (en la faisant glisser tout de suite vers la liste des tâches ou vers le calendrier).
- **La déléguer** (si vous avez la chance d'avoir quelqu'un sous la main pour faire le travail à votre place).

Pour atteindre des sommets de productivité, vous devriez en permanence vous concentrer sur les trois mots d'ordre suivants :

- **Centraliser :** Enregistrez toutes vos informations dans un même endroit. Outlook est très bon dans ce genre d'exercice.
- **Rationaliser :** Le but est de ne pas toucher un élément plus d'une fois.
- **Simplifier :** Un système simple que vous êtes réellement en mesure d'appliquer est bien meilleur qu'un système compliqué dans lequel vous finirez forcément par vous perdre.

Vous devriez aussi vous efforcer d'automatiser le plus grand nombre possible de tâches routinières. Outlook offre pour cela des outils puissants afin de vous aider à gérer votre travail quotidien. Parmi mes préférés se trouvent les Règles et les Actions rapides (voyez le Chapitre 6) ou encore les raccourcis expliqués dans le Chapitre 20. Même si vous n'utilisez qu'une fraction de la puissance d'Outlook pour rationaliser votre travail, l'emploi de méthodes efficaces permet d'obtenir de meilleurs résultats avec moins d'efforts.

Dispatcher les tâches en un éclair

Dans le monde professionnel, on ne se parle plus : on envoie des e-mails… Votre patron veut que vous fassiez telle ou telle chose ? Il vous envoie un e-mail ! Vous déléguez à votre tour ce travail ? Hop, un e-mail ! Bien entendu, tout cela finit par remplir si vite votre Boîte de réception que vous risquez facilement d'oublier ce que vous *deviez* justement faire tout de suite. C'est pourquoi les experts en productivité suggèrent généralement que vous convertissiez immédiatement les instructions données dans des courriers électroniques en listes de tâches de manière à éviter de perdre la trace de détails importants.

Vous pouvez créer des tâches à partir de vos messages en les faisant simplement glisser sur la barre correspondante. Il sera toujours possible par la suite de compléter les informations en ajoutant par exemple une catégorie ou une date d'échéance. Mais en attendant, un simple glisser et déposer suffit. Et cela fonctionne 25 heures par jour (enfin, presque).

Le module Calendrier d'Outlook 2010 peut afficher en bas de l'écran un bandeau appelé Liste des tâches quotidiennes. Il vous permet de faire glisser une tâche quelconque sur un jour particulier, ce qui vous aide à mieux organiser votre emploi du temps. Lorsque votre agenda est rempli et que votre Boîte de réception déborde, savoir ce que vous avez à faire n'est pas suffisant : vous devez aussi vous demander *quand* vous avez le temps de le faire.

Seuls les affichages Jour, Semaine de travail et Semaine proposent cette fonctionnalité. Vous pouvez ouvrir la Liste des tâches quotidiennes en cliquant sur le bouton correspondant après avoir activé l'onglet Affichage. Dans la liste qui se déroule alors, choisissez l'option Normal. Il y a aussi un petit chevron localisé dans le coin inférieur droit du calendrier qui permet d'obtenir le même résultat.

Vous ne pouvez pas faire glisser directement un e-mail sur la Liste des tâches quotidiennes, mais il est parfaitement possible de réaliser cette opération à partir du volet de droite (voir la Figure 3.1). S'il n'est pas visible, activez l'onglet Affichage du ruban, puis cliquez sur le bouton Barre des tâches et choisissez dans le menu qui s'ouvre l'option Normal.

Le plus intéressant dans cette méthode, c'est que vous pouvez parfaitement faire glisser une tâche qui n'est pas terminée sur un autre jour. De cette manière, vous ne perdrez pas le fil de vos activités quelles que soient les circonstances.

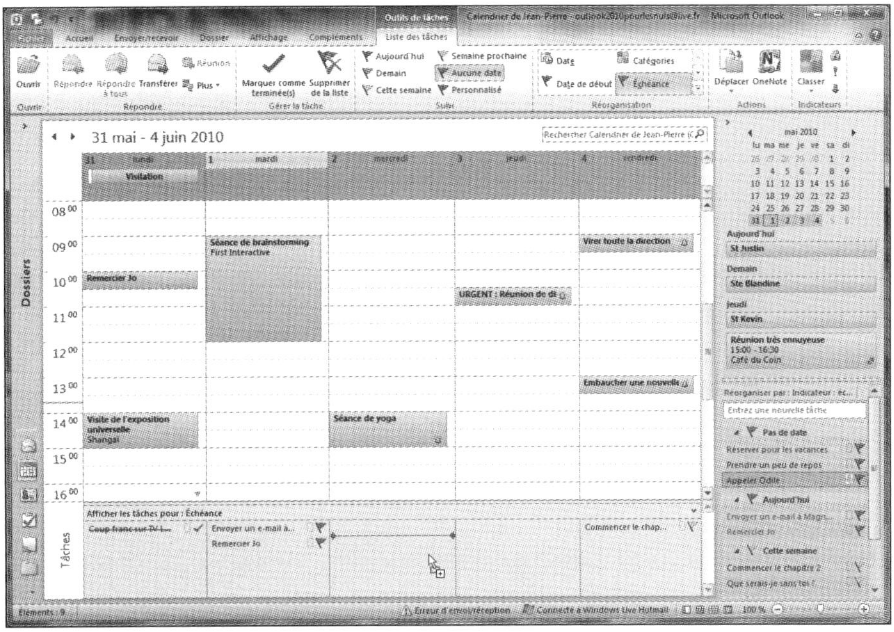

Figure 3.1 : Faites glisser une tâche sur la zone Liste des tâches quotidiennes pour définir le moment où vous aurez le temps de vous en occuper.

Devenir le maître du temps avec le calendrier

La manière la plus répandue d'annoncer un événement est d'envoyer un message. C'est rapide, c'est gratuit, et il n'y a rien de plus à faire. Que vous invitiez des gens à un déjeuner, une réunion, une soirée, à une présentation ou à une conférence, vous savez sans doute déjà à quel point le courrier électronique peut être pratique pour organiser des événements qui rassemblent un certain nombre de gens.

Lorsque vous recevez un message qui vous annonce un certain événement et que vous voulez en entrer les détails dans votre calendrier, vous pouvez le faire directement dans Outlook en suivant ces étapes :

1. **Cliquez sur le bouton Courrier dans le Volet de navigation (ou appuyez sur Ctrl+1).**

   Le module Courrier apparaît avec la liste de vos messages.

2. **Sélectionnez le message à partir duquel vous voulez créer un rendez-vous.**

3. **Faites glisser ce message et déposez-le sur le bouton Calendrier dans le Volet de navigation.**

   Le formulaire de nouveau rendez-vous apparaît, avec pour titre l'objet du message, et dans la zone de notes le texte de l'e-mail. La Figure 3.2 montre un rendez-vous créé de cette façon.

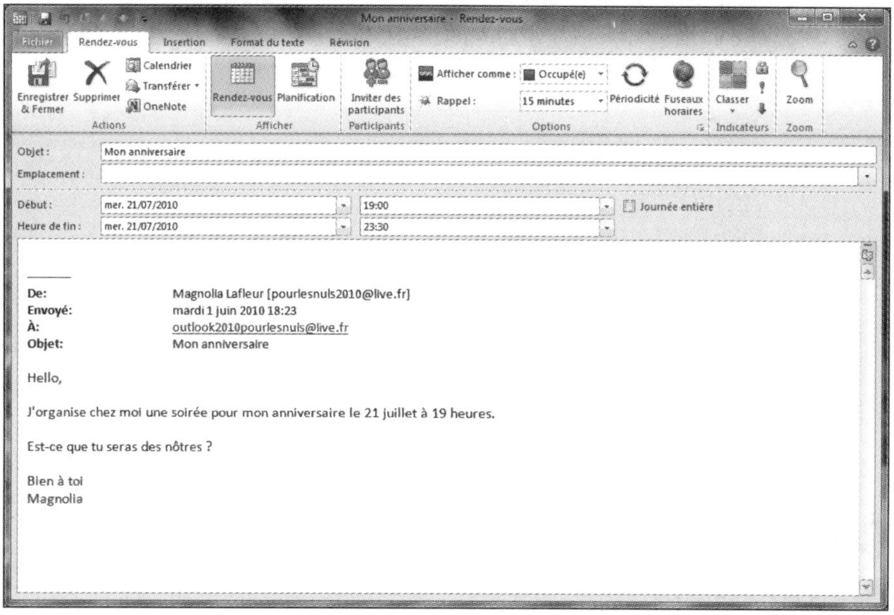

Figure 3.2 : Quand vous déposez un message sur le Calendrier, le texte de ce message apparaît dans un nouveau rendez-vous.

4. **Entrez les autres informations nécessaires dans les champs appropriés du formulaire de nouveau rendez-vous.**

   Vous allez probablement remplir au moins les champs Début et Heure de fin pour définir la date et la plage horaire de votre rendez-vous.

5. **Cliquez sur le bouton Enregistrer & fermer.**

   Le rendez-vous est maintenant inscrit dans votre calendrier, avec toutes les informations nécessaires.

Le grand avantage de la création d'un rendez-vous à partir d'un message, c'est que tous les détails contenus dans ce message sont directement introduits dans votre Calendrier. Si vous avez besoin de consulter ces informations, par exemple le chemin d'accès au lieu du rendez-vous, double-cliquez simplement sur le rendez-vous dans le Calendrier pour afficher le contenu du formulaire. Et si vous synchronisez Outlook avec un smartphone, un iPhone ou un BlackBerry, celui-ci mémorisera alors toutes les informations en question. Du coup, vous les aurez en permanence sous la main où que vous vous trouviez.

Gardez vos amis près de vous, et vos ennemis encore plus

Vous pouvez faire glisser un élément sur le bouton Contacts depuis n'importe quel autre module d'Outlook, mais le seul type d'élément qu'il soit pertinent de faire glisser de cette façon est un message. Ceci vous permet en effet de créer facilement un contact contenant l'adresse de messagerie de la personne qui vous a écrit. Non seulement cette opération vous fait gagner du temps, mais elle évite le risque de faire une faute en ressaisissant cette adresse de messagerie.

Pour créer un nouvel enregistrement de contact, suivez ces étapes :

1. **Dans le Volet de navigation, cliquez sur le bouton Courrier (ou appuyez sur Ctrl+1).**

   La liste de vos messages reçus apparaît.

2. **Sélectionnez le message pour lequel vous voulez créer un enregistrement de contact.**

3. **Faites glisser le message sélectionné pour le déposer sur le bouton Contacts du Volet de navigation.**

   Le formulaire Nouveau contact apparaît. Remarquez qu'il contient déjà le nom et l'adresse de messagerie de l'expéditeur du message (voir la Figure 3.3).

4. **Si vous voulez ajouter des informations sur ce nouveau contact, saisissez-les dans les champs appropriés du formulaire.**

   Vous pouvez modifier les informations existantes ou en ajouter de nouvelles (l'entreprise dont fait partie la personne concernée, son adresse postale, différents numéros de téléphone, etc.).

TRUC

Si le corps du message contient des informations que vous voulez utiliser dans l'enregistrement de contact, sélectionnez-les, et faites-les glisser dans les champs appropriés du formulaire.

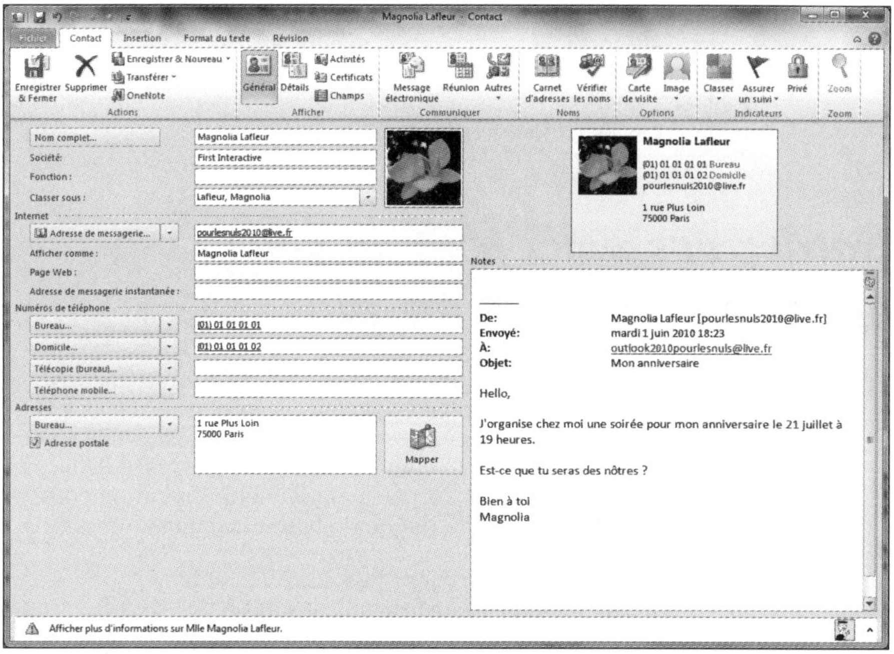

Figure 3.3 : Créer un nouveau contact à partir d'un message.

5. **Cliquez sur le bouton Enregistrer & fermer.**

   L'adresse de messagerie de votre nouveau contact et les différentes informations que vous y avez ajoutées sont maintenant stockées pour que vous puissiez vous en servir.

TRUC

Il existe un autre moyen rapide de capturer une adresse de messagerie à partir d'un message reçu : cliquez du bouton droit sur le nom de l'expéditeur dans la ligne De du message reçu. Comme cette ligne n'est pas un champ de texte normal, vous n'auriez pas forcément deviné que l'on peut faire quelque chose en cliquant dessus, mais c'est pourtant le cas. Dans le menu qui apparaît, cliquez sur Ajouter aux contacts Outlook. Cette action ouvre un nouveau formulaire de contact. Il ne vous reste plus qu'à suivre les deux dernières étapes décrites ci-dessus pour obtenir le même résultat.

Créer un message instantanément...

TRUC

Tout élément que vous faites glisser dans la Boîte de réception devient un message sortant :

- Si cet élément (par exemple un contact) contient une adresse de messagerie, Outlook définit automatiquement cette adresse comme celle du destinataire du nouveau message.
- Si l'élément que vous faites glisser dans la Boîte de réception contient un objet, par exemple une tâche, Outlook définit automatiquement cette information comme objet du nouveau message.

En partant d'un nom de votre liste de contacts

Adresser des messages est l'une des choses les plus productive que permet la technique du glisser-déposer dans Outlook. Les adresses de messagerie peuvent être longues et difficiles à retenir, et si vous y faites une faute, ne serait-ce que d'un caractère, votre e-mail ne parviendra jamais à son destinataire. Il est préférable de conserver les adresses de vos correspondants dans votre liste Contacts et de vous servir de celle-ci lorsque vous créez un nouveau message.

Pour créer un message à partir de votre liste Contacts :

1. **Cliquez sur le bouton Contacts dans le Volet de navigation.**

   La liste de vos contacts apparaît (voir la Figure 3.4). Vous pouvez utiliser l'affichage que vous voulez, mais le mode Cartes de visite est le plus commode. Il vous permet en effet de cliquer sur la première lettre du nom d'une personne (sur le bord droit de la fenêtre) pour accéder plus facilement à sa carte de visite. Pour en savoir plus sur l'affichage de votre liste de contacts, reportez-vous au Chapitre 7.

2. **Faites glisser un nom de votre liste de contacts, et déposez-le sur le bouton Courrier du Volet de navigation.**

   Un formulaire Message sans titre apparaît, avec le nom du destinataire déjà rempli (dans le champ À).

3. **Saisissez le sujet de votre message dans le champ Objet.**

   Faites simple. Quelques mots suffisent.

4. **Cliquez dans la zone de texte et tapez le contenu de votre message.**

   Vous pouvez aussi mettre en forme le texte avec différents attributs, gras, italique ou autres, en cliquant sur les boutons appropriés dans la barre d'outils.

5. **Cliquez sur Envoyer.**

   Votre liste de contacts réapparaît et votre message est envoyé.

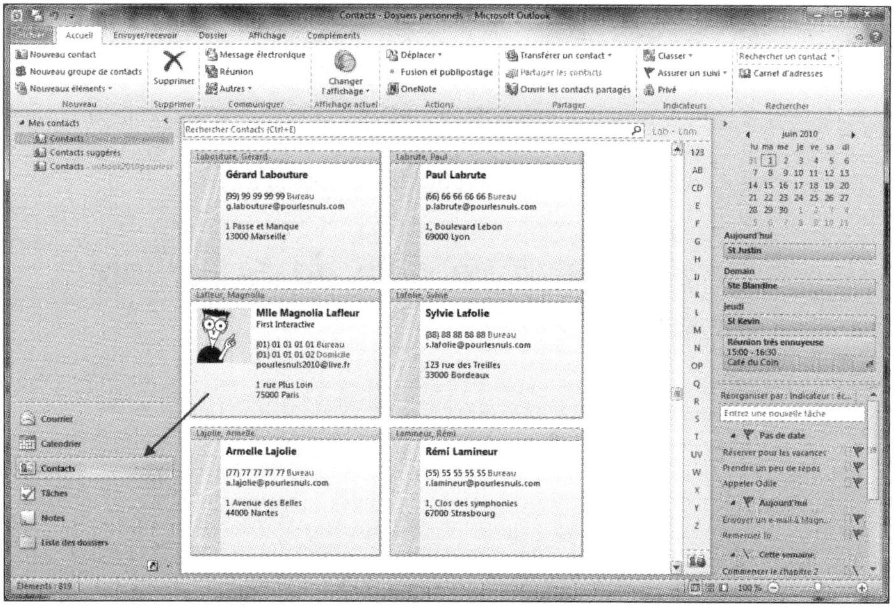

Figure 3.4 : Quand vous faites glisser un contact jusqu'à votre Boîte de réception, un nouveau message est créé automatiquement et adressé à la personne concernée.

En partant d'un rendez-vous

Après avoir entré les informations sur un rendez-vous, vous pouvez vouloir envoyer ces informations à une personne concernée par celui-ci pour lui dire quoi, quand et où.

Pour envoyer un message contenant des informations sur un rendez-vous :

1. **Cliquez sur le bouton Calendrier dans le Volet de navigation.**

   Le Calendrier apparaît (voir la Figure 3.5).

2. **Faites glisser le rendez-vous concerné du Calendrier pour le déposer sur le bouton Courrier dans le Volet de navigation.**

   Un nouveau formulaire Message sans titre apparaît, dont l'objet est déjà rempli.

3. **Dans le champ À, entrez le nom de la personne à laquelle vous voulez envoyer les informations sur le rendez-vous.**

   Vous pouvez aussi cliquer sur le bouton À pour faire apparaître le Carnet d'adresses. Double-cliquez alors sur le nom du destinataire, puis cliquez sur OK.

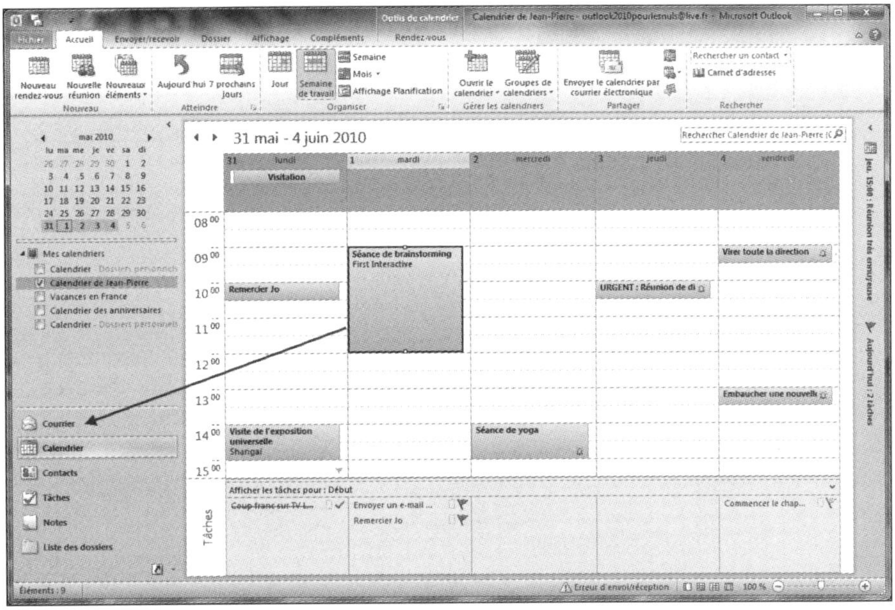

Figure 3.5 : Quand vous faites glisser un rendez-vous sur le bouton Courrier, un nouveau message est créé automatiquement.

4. **Cliquez sur le bouton Envoyer.**

   Votre destinataire recevra le message contenant toutes les informations sur le rendez-vous. Vous pouvez aussi ajouter des commentaires dans la zone de texte.

Si vous voulez inviter d'autres personnes de votre entreprise à une réunion, vous voudrez peut-être vous assurer que leur emploi du temps est compatible avec le moment prévu. Vous pouvez pour cela cliquer sur le bouton Planification du ruban.

Organiser votre espace de travail

L'écran d'Outlook affiche beaucoup d'informations dans un espace restreint. Cela peut sembler efficace au premier abord, mais c'est aussi une source de distraction, et la distraction est l'ennemie de la productivité. Vous pouvez donc réduire des parties de la fenêtre d'Outlook pour éviter qu'elles n'occupent trop d'espace quand vous n'en avez pas besoin. Cela vous permettra de vous concentrer sur les tâches dont vous devez vous occuper.

Si vous y regardez d'un peu près, vous pouvez voir plusieurs petits chevrons (disons des pointes de flèches si vous préférez). Ils ressemblent à ceci : >, ou encore à ceci : < (voir la Figure 3.6). Cliquer sur l'un de ces chevrons développe ou réduit le volet correspondant. Sur la figure, le ruban, le Volet de navigation, le Volet de lecture, celui des tâches et la Liste des tâches quotidiennes sont tous grands ouverts. Cliquez une fois sur le chevron associé à une zone, et vous les minimisez. Le sens du chevron s'inverse. Cliquez à nouveau dessus, et le volet réapparaît. Malin !

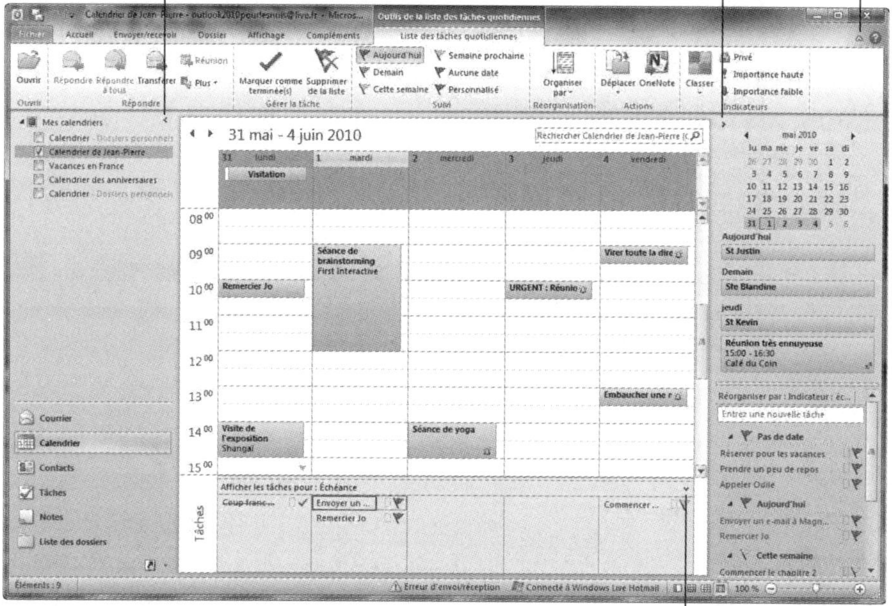

Figure 3.6 : Vous pouvez agrandir ou réduire les différentes parties de l'écran d'Outlook en cliquant sur les chevrons qui leur sont associés.

Zen, le bouton droit !

Jusqu'ici, j'ai parlé de maintenir enfoncé le bouton de la souris, comme si votre souris n'en avait qu'un. Mais les souris pour PC ont deux boutons, et certaines en ont même plus. Bien des gens, toutefois, n'utilisent que le bouton gauche et s'en sortent très bien.

Si vous êtes gaucher, vous pouvez changer la configuration de votre souris dans le Panneau de configuration pour intervertir le bouton droit et le bouton gauche de votre souris, et en faire ainsi une souris pour gaucher.

Lorsque vous faites glisser un élément *du bouton droit*, c'est-à-dire si vous le faites glisser en maintenant enfoncé le bouton droit de la souris au lieu du bouton gauche, il ne se passe pas la même chose lorsque vous relâchez le bouton : un menu apparaît pour vous demander ce que vous voulez faire exactement. Comme je ne suis pas toujours sûr de ce qui va se passer quand je fais glisser un élément pour le déposer avec le bouton gauche, je préfère utiliser le bouton droit pour choisir ce que je veux dans le menu.

Par exemple, si vous *faites glisser* un contact du bouton droit pour le déposer sur le bouton Courrier du Volet de navigation, un menu apparaît, contenant les choix suivants :

- Nouvelle adresse Message.
- Copier comme Message avec texte.
- Copier comme Message avec raccourci.
- Copier comme Message avec pièce jointe.
- Déplacer comme Message avec pièce jointe.

Vous pouvez toujours aussi cliquer sur un élément avec le bouton droit de la souris pour ouvrir le *menu contextuel* correspondant et y choisir directement une action.

Deuxième partie

Apprivoiser le courrier électronique

« J'aime bien recevoir des lettres de réclamation par e-mail.
C'est plus facile de les supprimer que de les mettre à la poubelle. »

Dans cette partie...

Le courrier électronique peut être une épée à deux tranchants dans des mains expertes. Si vous savez gérer vos e-mails, vous serez à même d'en tirer un important avantage en allant plus vite et en faisant mieux que toutes les personnes de votre connaissance. En revanche, si vous vous laissez engloutir par leur flot, vous vous sentirez constamment débordé, submergé. Dans cette partie, vous en apprendrez plus sur le courrier électronique que ce que savent la plupart des autres utilisateurs. Et je vous montrerai aussi des outils qui vous aideront à surfer sur la grande vague des e-mails.

Chapitre 4

Les secrets essentiels du courrier électronique

Dans ce chapitre :

- Créer, envoyer, et répondre aux messages.
- Afficher l'aperçu du contenu d'un message, transférer et supprimer des messages.
- Enregistrer des messages en tant que fichiers.

Quand j'ai écrit la première édition d'*Outlook Pour les Nuls* il y a treize ans, nombre de lecteurs n'avaient pas encore effectué leur baptême du courrier électronique. Depuis ces temps jadis, celui-ci n'est plus une chose qui se commémore, à moins que vous ne soyez du genre à fêter la vaisselle et le changement de la litière du chat. Le courrier électronique est devenu une tâche majeure. Mais je constate que les personnes que je forme consacrent bien plus d'énergie à la gestion de leur messagerie qu'il n'est nécessaire, surtout quand ils disposent d'un outil aussi puissant qu'Outlook pour accélérer le mouvement.

Front ends et back ends

Pour envoyer et recevoir du courrier électronique, il vous faut deux choses :

- Un programme qui vous permet de créer, d'enregistrer et de gérer vos messages.
- Un programme qui transporte les messages de et vers vos correspondants.

Parmi les techniciens, il y a des gens qui appellent ces deux parties *front end* et *back end*, respectivement. Outlook est un programme de *front end* pour le courrier électronique. Il vous permet de créer, de mettre en forme, de stocker et de gérer vos messages, mais il ne joue qu'un rôle mineur dans l'acheminement de vos messages à leur destination. Ce travail est fait par un service de *back end* (par exemple Microsoft Exchange Server dans certaines entreprises), par votre *fournisseur de services Internet* (le FAI), ou par un service en ligne comme Gmail ou Hotmail.

Vous ne pouvez pas envoyer du courrier électronique sans connexion Internet. Microsoft vous propose généralement diverses offres d'abonnement quand vous installez Windows. Pub ! Souvenez-vous que le choix le plus facile n'est pas toujours le meilleur. Il y a de très nombreuses sociétés qui peuvent vous procurer un accès Internet, et il est intéressant de comparer leurs offres. Je vous en dirai plus sur Outlook et les services en ligne au Chapitre 12.

Créer des messages

À bien des égards, le courrier électronique est plus pratique que le courrier papier (que certains appellent *courrier escargot*). Avant tout, il est acheminé beaucoup plus vite, presque instantanément. Je trouve ça particulièrement pratique quand j'ai un anniversaire à souhaiter à la dernière minute. Le courrier électronique est aussi extraordinairement peu coûteux. En fait, la plupart du temps, il est gratuit.

La manière rapide et désinvolte

Créer un nouveau message est une opération d'une facilité dérisoire. Vous n'avez sans doute pas besoin de mon aide pour y arriver, mais je vais quand même vous donner une indication : lancez Outlook, cliquez sur le bouton Nouveau message électronique (sous l'onglet Accueil du ruban), entrez une adresse de messagerie dans le champ À, le sujet du message dans le champ Objet, le texte du message dans la zone de texte, et cliquez sur Envoyer. Vous voyez : vous y êtes arrivé.

La manière lente mais complète

Au cas où vous préféreriez avoir des instructions plus détaillées, si vous voulez par exemple bénéficier de toutes les possibilités de mise en forme offertes par Outlook, suivez ces étapes :

1. **Dans le Volet de navigation, cliquez sur le bouton Courrier (ou appuyez sur Ctrl+1).**

   Le module de messagerie apparaît.

2. **Cliquez sur le bouton Nouveau message électronique dans le ruban (ou appuyez sur Ctrl+N).**

   Un formulaire de message sans titre apparaît (voir la Figure 4.1).

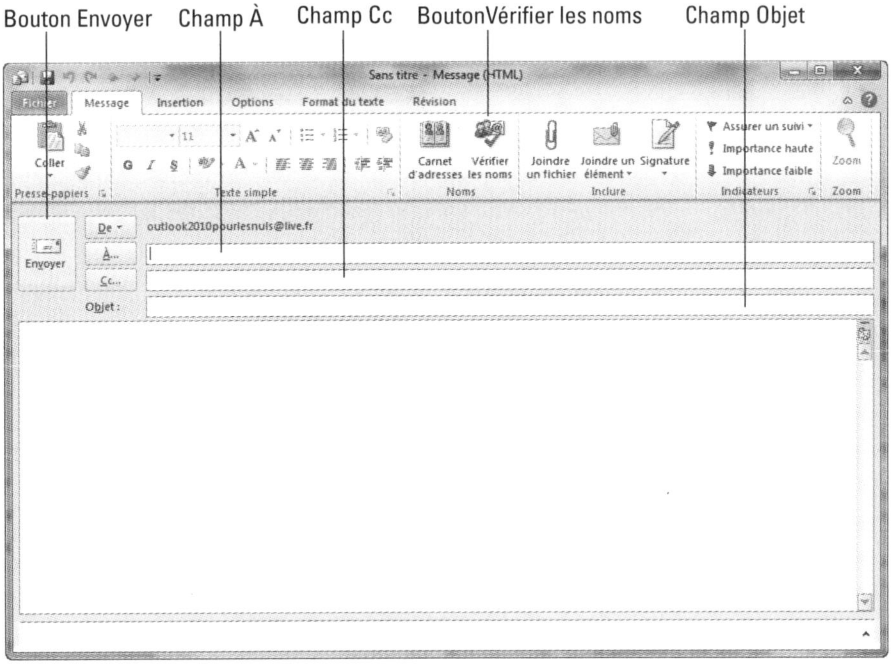

Figure 4.1 : Formulaire pour un nouveau message.

3. **Cliquez dans le champ À, et saisissez l'adresse de messagerie de votre destinataire.**

   Si vous expédiez un message à plusieurs personnes, séparez leurs adresses respectives par une virgule ou un point-virgule.

   Vous pouvez aussi cliquer sur le bouton À pour faire apparaître le Carnet d'adresses, puis double-cliquer sur le nom du destinataire et cliquer sur OK. Enfin, vous disposez également de la fonction d'adressage automatique, décrite dans l'encadré « Qu'est-ce que la saisie semi-automatique », plus loin dans ce chapitre.

4. **Cliquez dans le champ Cc, et saisissez les adresses de messagerie des personnes auxquelles vous voulez envoyer une copie de votre message.**

   Là encore, vous avez la possibilité de cliquer sur le bouton Cc pour sélectionner la ou les personnes depuis votre Carnet d'adresses.

5. **Cliquez dans le ruban sur le bouton Vérifier les noms (ou appuyez sur Ctrl+K).**

   Si vous n'avez pas mémorisé l'adresse électronique exacte de toutes les personnes que vous connaissez (hoooo !), le bouton Vérifier les noms vous permet de saisir une portion d'adresse, puis de contrôler l'exactitude des informations fournies afin de vous éviter tout problème. Mais vérifiez soigneusement la vérification. Ou contrôlez soigneusement le contrôle. Ou même les deux. Cette fonction entre parfois automatiquement la mauvaise adresse, ce qui peut s'avérer embarrassant si vous ne vous en rendez pas compte.

6. **Cliquez dans le champ Objet, et saisissez le sujet de votre message.**

   Cette information peut être longue, mais dans la mesure du possible, il vaut mieux faire court. Un objet court et pertinent donne envie de lire un message. Un objet long et confus donne envie de *ne pas* le lire.

   Si vous oubliez de renseigner cette ligne avant d'envoyer votre e-mail, Outlook ouvre une fenêtre qui vous demande si vous voulez *vraiment* poster le message sans définir son objet. Cliquez sur le bouton Ne pas envoyer, de manière à revenir en arrière et réparer votre oubli. Mais vous avez aussi le droit de faire l'autre choix, Envoyer quand même. Bien entendu, si vous avez aussi oublié d'entrer quelque chose dans le corps du message, votre correspondant(e) risque de se poser beaucoup de questions quant à votre état de santé mentale !

7. **Cliquez dans la zone de texte et tapez le texte de votre message.**

   Si vous utilisez Word comme traitement de texte, vous connaissez probablement les mises en forme, les graphiques, les tableaux et tout ce qui est disponible dans celui-ci pour rendre vos messages plus attrayants. Ces outils figurent aussi dans le formulaire de message d'Outlook (plus précisément, dans les onglets du ruban). Il peut arriver que vous n'ayez rien à dire de particulier, par exemple si vous vous contentez de transférer un message. Dans ce cas, passez simplement à l'étape suivante.

   TRUC

   Le Chapitre 17 vous donne des astuces de mise en forme pour vos messages. Pour avoir des informations plus complètes sur Word, vous pouvez lire le livre de Dan Gookin, *Word 2010 Pour les Nuls*, aux éditions First Interactive. Si vous vous sentez vraiment chez vous dans

Word, vous serez ravi d'apprendre que votre savoir-faire en matière de traitement de texte vous sera également utile dans Outlook. Vous pouvez y rédiger un message avec toutes les mises en forme que vous utilisez habituellement (dont l'italique, le gras, les puces) puis cliquer sur Envoyer.

Faites attention à la mise en forme des messages que vous envoyez sur Internet. Les systèmes de messagerie ne sont pas tous capables de traiter les images ou le texte mis en forme (par exemple en gras ou en italique), et le chef-d'œuvre que vous envoyez à votre client peut très bien lui parvenir sous une forme illisible. Si vous ne connaissez pas le logiciel dont dispose votre correspondant sur son propre ordinateur, il vaut mieux avoir la main légère sur les images. Si vous écrivez à des collègues qui ont le même équipement que vous, ou si vous êtes sûr que votre correspondant utilise aussi Outlook, la mise en forme et les images devraient être transmises correctement.

8. **Activez l'onglet Révision, puis choisissez Grammaire et orthographe (ou appuyez sur F7).**

   Outlook lance la vérification de la grammaire et de l'orthographe, de sorte que votre message reflète toute votre intelligence et votre culture.

9. **Cliquez sur le bouton Envoyer (ou appuyez sur Ctrl+Entrée ou bien sur Alt+S).**

   Votre message est déplacé vers la Boîte d'envoi. Si votre ordinateur est en ligne, Outlook expédie immédiatement tous les e-mails qui se trouvent dans cette boîte. S'il est configuré pour différer les envois (ce qui peut être le cas dans certains bureaux), vous pouvez appuyer sur la touche F9 (ou encore activer dans le ruban l'onglet Envoyer/recevoir puis cliquer sur le bouton Envoyer/Recevoir tous les dossiers). Tout ce qui est en attente dans la Boîte d'envoi sera alors transféré. Et si vous n'etes pas en ligne, il vous suffira pour obtenir le même résultat d'appuyer sur F9 une fois que vous serez connecté.

   Une fois un message expédié, Outlook le déplace automatiquement vers le dossier Éléments envoyés.

Une autre manière de demander à Outlook d'envoyer des messages à partir de la Boîte d'envoi consiste à cliquer sur le petit bouton symbolisant deux enveloppes qui se recouvrent partiellement. Vous le trouvez dans le coin supérieur gauche de la fenêtre, dans pratiquement n'importe quel écran d'Outlook. Si vous laissez planer le pointeur de la souris au-dessus de ce bouton, une fenêtre apparaît. Elle indique Envoyer/Recevoir tous les dossiers (F9). Que vous utilisiez cette méthode, le bouton Envoyer de la fenêtre de composition d'un e-mail ou encore la touche F9, le résultat est identique : vous demandez en même temps à Outlook de réceptionner en même temps tout le courrier entrant. Ne soyez donc pas surpris si votre boîte aux lettres se remplit lorsque vous postez des messages.

Quelle est mon adresse de messagerie ?

Votre adresse de messagerie peut avoir des versions plus ou moins longues pour différentes personnes, selon les parties qu'elles ont en commun avec vous. Si vous utilisez par exemple Yahoo! Mail et que le nom de votre compte est Jacques_Duparc, votre adresse de messagerie complète est `jacques_duparc@yahoo.com` (n'oubliez_pas_cette_ponctuation, les ordinateurs ne sont pas encore assez malins pour comprendre que Jacques_Duparc avec et sans le tiret de soulignement sont une seule et même personne). Pour les autres membres de Yahoo!, votre adresse est Jacques_Duparc. C'est le même principe avec un système de messagerie d'entreprise. Si vous travaillez chez Gadgets International, votre adresse peut être quelque chose comme `jduparc@gadgets.com` (adressez-vous à l'administrateur réseau de votre entreprise pour savoir quelle est votre adresse de messagerie). Vos collègues, quant à eux, peuvent probablement vous envoyer des messages à l'adresse `jduparc`.

Définir le niveau de priorité d'un message

Certains messages sont plus importants que d'autres. Ce rapport d'une importance capitale que vous transmettez à votre patron justifie un autre niveau d'attention que les plaisanteries que vous envoyez à vos copains du marketing. En définissant l'importance de votre message comme Haute, vous indiquez à votre destinataire qu'il mérite toute son attention.

Vous disposez de trois options : Haute, Normale ou Faible. Voici comment définir la priorité d'un message :

1. **Tout en composant votre e-mail, activez l'onglet Message du ruban. Cliquez alors sur le petit symbole qui se trouve à droite du mot Indicateurs.**

   La boîte de dialogue Propriétés apparaît (voir la Figure 4.2). Elle vous permet de définir les propriétés optionnelles de votre message (malin comme nom, non ?).

2. **Dans le champ Importance, cliquez sur la flèche pointant vers le bas.**

   Une liste de choix vous est proposée.

3. **Sélectionnez Haute, Normale ou Faible.**

Par défaut, l'importance est définie comme Normale, et il n'y a rien à changer si c'est ce que vous voulez. Il peut paraître futile de définir comme Faible l'importance d'un message, mais vous pouvez aussi assigner un niveau d'importance aux messages que vous récupérez dans votre Boîte de réception, afin de vous rappeler ceux qu'il est possible de ne traiter que plus tard.

4. **Pour fermer la boîte de dialogue Propriétés, cliquez sur le bouton Fermer (ou appuyez sur la touche Échap).**

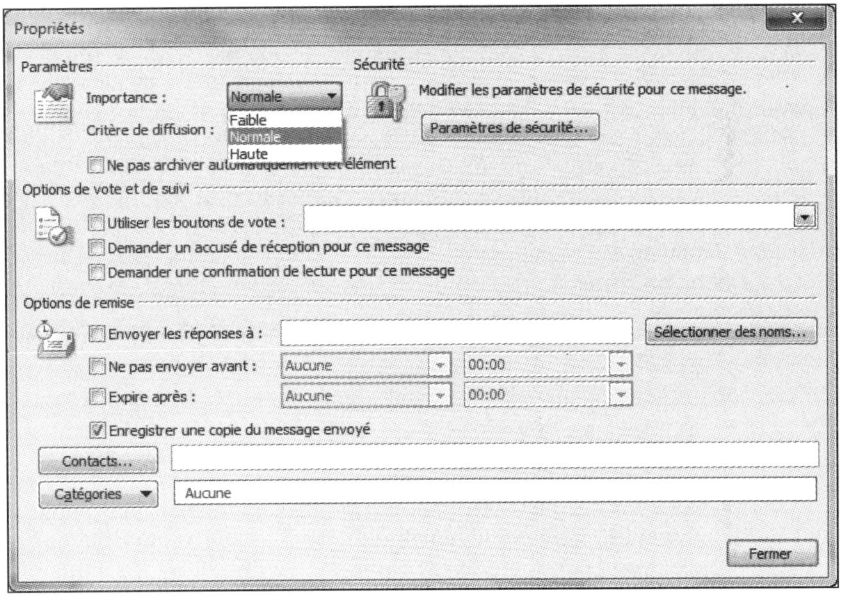

Figure 4.2 : Utilisez la boîte de dialogue Propriétés pour définir la priorité de votre message.

TRUC

Il existe un moyen plus rapide de définir la priorité d'un message, qui consiste à utiliser les boutons de l'onglet Message du ruban. Dans la section Indicateurs, le bouton qui contient le point d'exclamation rouge définit comme Haute l'importance du message. Celui qui figure une flèche bleue pointant vers le bas la définit comme Faible. Vous vous demandez peut-être à quoi sert de définir comme Faible l'importance d'un message ? Après tout, s'il est sans importance, pourquoi l'envoyer ? Apparemment, il y a des patrons qui préfèrent que leurs employés leur envoient leurs rapports de routine avec une indication d'importance Faible pour éviter de perdre leur temps à les lire *avant* de faire des choses vraiment essentielles (comme consulter les autres e-mails, ceux qui ont une importance haute).

Qu'est-ce que la saisie semi-automatique

Outlook dispose d'une fonction sympathique qui vous évite d'avoir à mémoriser les longues adresses de messagerie des personnes auxquelles vous écrivez fréquemment. Si vous avez entré dans votre liste de contacts les coordonnées de la personne à laquelle vous envoyez un message (pour en savoir plus sur les contacts, reportez-vous au Chapitre 7), et que vous y avez inclus son adresse de messagerie, il vous suffit de taper dans le champ À le nom de la personne, ou même juste le début de celui-ci. Outlook identifie automatiquement ce nom et trouve l'adresse de messagerie correspondante, ce qu'il vous indique en soulignant le nom par un trait continu noir lorsque vous appuyez sur la touche Tab ou lorsque vous cliquez en dehors du champ À. Si le nom est souligné par un trait rouge ondulé, c'est qu'Outlook a trouvé un nom proche de ce que vous avez tapé mais pas exactement identique. Vous devez donc corriger manuellement l'adresse. Mais vous avez aussi la possibilité de cliquer sur le nom avec le bouton droit de la souris pour voir une liste d'adresses dont Outlook pense qu'elle pourrait bien contenir la bonne réponse. Si vous ne voyez apparaître aucun soulignement au-dessous du nom que vous venez de taper, c'est qu'Outlook n'a rien trouvé qui corresponde, et qu'il va utiliser ce que vous avez saisi comme expression littérale de l'adresse de messagerie. Il vous faut alors être certain d'avoir saisi la bonne adresse. Vérifier et revérifier qu'un nom est correct est une bonne habitude à cultiver.

Définir la sensibilité d'un message

Vous voulez peut-être que votre message ne soit lu que par une seule personne, ou faire en sorte qu'il ne puisse être modifié par personne une fois que vous l'avez envoyé. Le paramètre de critère de diffusion vous permet d'apporter des restrictions à ce que des tierces personnes peuvent faire avec votre message une fois que vous l'avez envoyé, et qui peuvent être ces tierces personnes.

Pour définir le critère de diffusion d'un message :

1. **Dans la fenêtre de composition de votre e-mail, activez dans le ruban l'onglet Message. Cliquez ensuite sur le petit symbole qui apparaît à droite du mot Indicateurs.**

   La boîte de dialogue Propriétés s'affiche.

2. **Cliquez sur le triangle pointant vers le bas, à droite du Critère de diffusion.**

   Une liste apparaît. Elle propose les choix Normal, Personnel, Privé et Confidentiel (voir la Figure 4.3). La plupart des messages que vous allez envoyer auront pour critère de diffusion Normal, et c'est d'ailleurs la valeur par défaut d'Outlook si vous ne spécifiez rien d'autre. Les paramètres Personnel, Privé et Confidentiel ne font qu'indiquer à la personne qui reçoit le message qu'elle peut le considérer autrement que comme un message Normal. Dans certaines organisations, il existe même des règles particulières pour traiter les messages dont le critère de diffusion est Confidentiel.

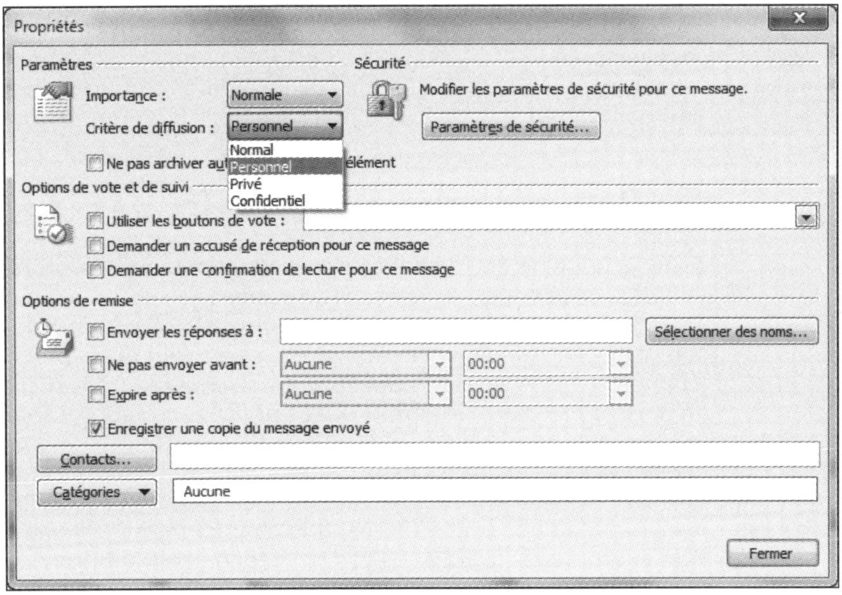

Figure 4.3 : Définissez le critère de diffusion de votre message dans la boîte de dialogue Propriétés.

3. **Sélectionnez le critère : Normal, Personnel, Privé ou Confidentiel.**
4. **Pour quitter la boîte de dialogue Options des messages, cliquez sur le bouton Fermer.**
5. **Une fois que vous avez fini de composer votre message, cliquez sur le bouton Envoyer (ou appuyez sur Alt+S).**

   Outlook envoie votre message.

ATTENTION !

D'un point de vue pratique, le critère de diffusion ne fait rien de particulier. La sélection dans ce critère de Privé ou Confidentiel ne rend pas le message plus privé ou plus confidentiel que n'importe quel autre. Elle ne fait qu'indiquer à son destinataire que le message contient des informations plus ou moins sensibles. De nombreuses entreprises sont très pointilleuses sur les informations qui peuvent être envoyées par e-mail vers l'extérieur de la structure. Si vous utilisez Outlook dans votre entreprise, vérifiez auprès de votre administrateur système ce que vous pouvez envoyer à l'extérieur en toute sécurité.

Une autre fonction figurant dans le formulaire de message est l'Autorisation (vous le trouverez sous l'onglet Options du ruban). Elle vous permet de restreindre les choses qui peuvent arriver à votre message, par exemple qu'il soit transféré à toutes les personnes que vous connaissez (vous imaginez la gêne !). Cependant, vous et le destinataire devez tous deux disposer d'une messagerie compatible dotée d'un *programme de gestion des droits relatifs à l'information (IRM – Information Rights Management Program* en anglais*)*. Et vous ne pouvez être assuré que cela fonctionne avec Hotmail ou Yahoo! Pour en savoir plus sur la gestion des droits relatifs à l'information, allez sur `www.microsoft.com/france`.

Définir d'autres options de message

Dans la boîte de dialogue Propriétés, vous pouvez voir un certain nombre d'options aux noms étranges. On y trouve Demander une confirmation de lecture pour ce message (qui vous permet de savoir quand votre destinataire a lu votre message), ou encore Expire après (qui marque le message comme état périmé si votre destinataire ne l'ouvre pas avant le délai que vous définissez). Ce sont des options très pratiques, mais il y a une condition pour pouvoir les utiliser : elles doivent être prises en compte par le système de messagerie de votre destinataire comme par le vôtre, sinon cela ne marchera probablement pas. Si votre destinataire et vous-même êtes sur un même réseau qui utilise Microsoft Exchange Server, cela ne devrait poser aucun problème. Si vous et votre correspondant n'utilisez pas tous les deux Outlook ou un réseau Exchange, vous ne pouvez être sûr de rien. Pour en savoir plus sur les fonctions d'Outlook qui ne fonctionnent qu'avec Microsoft Exchange Server, reportez-vous au Chapitre 14.

Ajouter un lien Internet dans un message

Tous les programmes de la suite Office de Microsoft reconnaissent automatiquement comme telle une adresse Internet. Si vous tapez l'adresse d'une page Web, par exemple `www.efirst.com`, Outlook met ce texte en bleu souligné pour en faire un lien hypertexte sur lequel vous pouvez cliquer pour accéder directement à la page correspondante sur le Web. Il est ainsi plus facile d'envoyer des informations intéressantes qui se trouvent dans un site Web. Au lieu de faire un gigantesque copier/coller, il vous suffit de copier ou de taper l'adresse dans le message. Si votre destinataire utilise aussi Outlook (mais la plupart des programmes de messagerie réagiront de la même manière), il lui suffit de cliquer sur le lien pour que son navigateur Web apparaisse et ouvre la page dont vous lui avez envoyé l'adresse.

Si une adresse Web ne commence pas par `www`, il est possible qu'Outlook ne comprenne pas de quoi il s'agit. Dans ce cas, insérez simplement `http://` devant l'adresse.

Lire un message et y répondre

Outlook dispose de plusieurs moyens pour vous indiquer que vous avez reçu un message. Dans le coin inférieur gauche de la fenêtre d'Outlook, la barre d'état indique le nombre de messages que contient le dossier sélectionné dans la liste des dossiers, et combien de ceux-ci n'ont pas encore été lus, comme l'illustre la Figure 4.4. Dans la Liste des dossiers, l'intitulé Boîte de réception apparaît en gras lorsque vous avez des messages non lus, et les titres de ces messages apparaissent eux-mêmes en gras dans la Boîte de réception.

Nombre de messages non lus

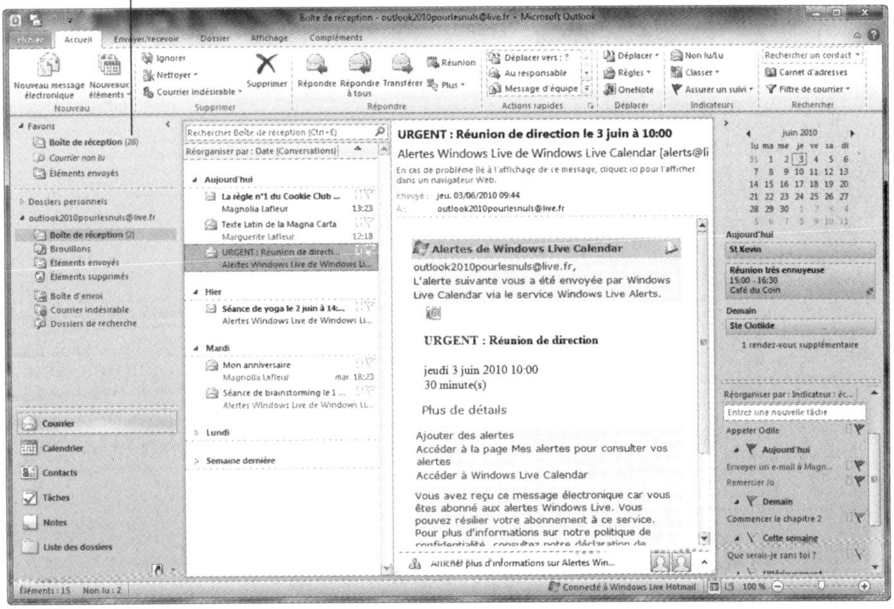

Figure 4.4 : Le nombre de messages non lus apparaît entre parenthèses à côté de l'icône Boîte de réception.

Pour ouvrir et lire un message, suivez ces étapes :

1. **Cliquez sur le bouton Courrier dans le Volet de navigation (ou appuyez sur Ctrl+1, ou encore sur Ctrl+Maj+I).**

   La Boîte de réception apparaît. Elle montre les messages que vous avez reçus.

2. **Double-cliquez sur le titre du message que vous voulez lire.**

La fenêtre du message s'ouvre, et vous pouvez voir le texte de celui-ci (voir la Figure 4.5). Si le message est long, servez-vous de la barre de défilement ou encore de la touche Page Suivante pour en faire défiler le contenu.

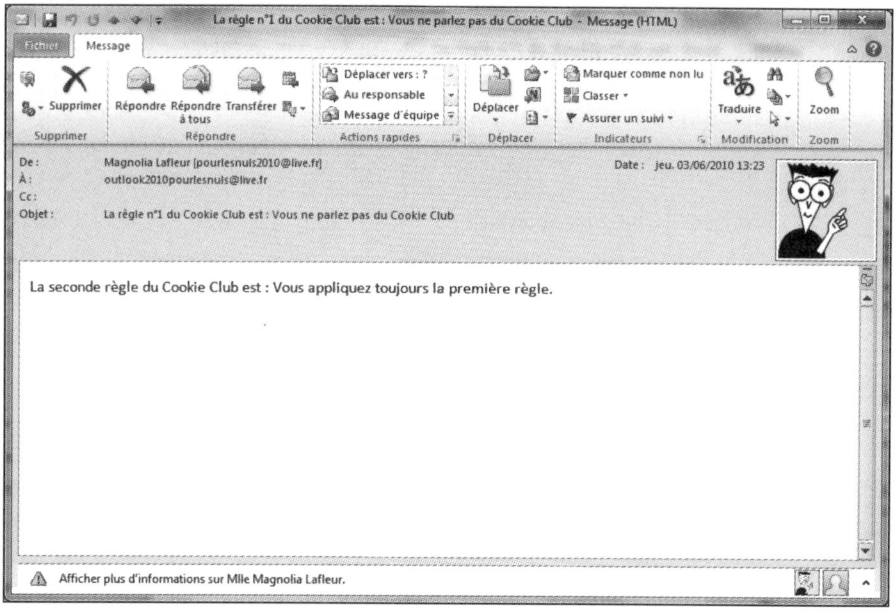

Figure 4.5 : Faites un double-clic sur un message pour l'ouvrir et en lire le contenu.

3. **Pour fermer la fenêtre du message, appuyez sur la touche Échap (ou sur Alt+F4).**

   La fenêtre du message se ferme, et vous voyez à nouveau la liste des e-mails de votre Boîte de réception.

Afficher l'aperçu du texte d'un message

Lorsque vous commencez à recevoir beaucoup de messages, certains sont importants, mais bon nombre d'entre eux le sont beaucoup moins, si ce n'est carrément inutiles. Quand vous voyez arriver des messages dans votre Boîte de réception, il est intéressant de pouvoir distinguer rapidement ceux qui sont importants de ceux qui ne le sont pas, afin de ne pas perdre de temps avec les seconds et de se concentrer sur ce qui mérite réellement votre attention. Vous ne pouvez pas attendre des gens qui vous envoient des messages vous disant « Pas la peine de lire ça, c'est sans importance » (bien qu'une priorité Faible soit une bonne indication dans ce sens). Outlook essaie de vous aider à y voir clair en vous permettant d'afficher les trois premières lignes de chaque message, de manière que vous puissiez vous faire immédiatement une idée de ce qui vaut la peine d'être regardé de plus près.

Pour afficher l'aperçu de vos messages non lus :

1. **Cliquez sur le bouton Courrier dans le Volet de navigation (ou appuyez sur Ctrl+1 ou bien sur Ctrl+Maj+I).**

   La Boîte de réception apparaît.

2. **Activez l'onglet Affichage du ruban, cliquez ensuite sur le bouton Changer l'affichage, et choisissez enfin Aperçu (voir la Figure 4.6).**

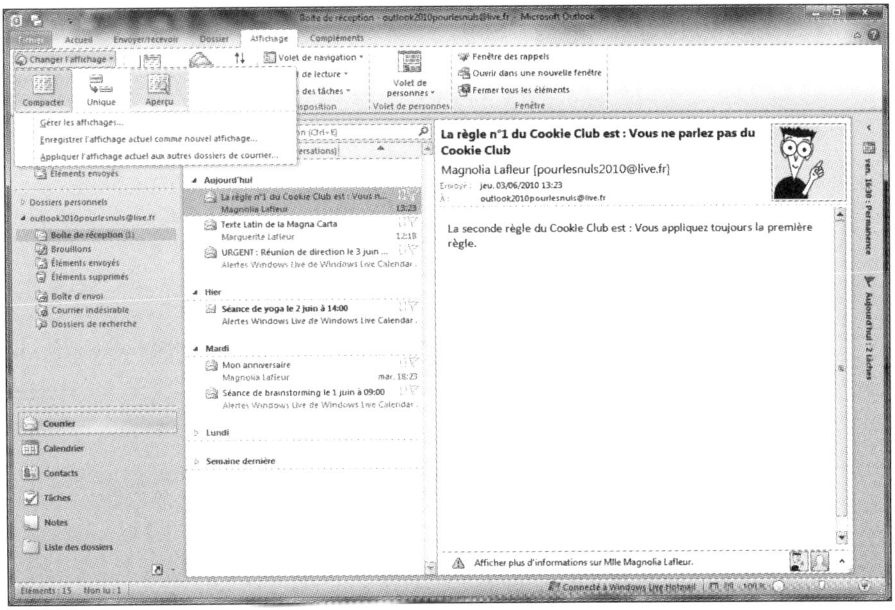

Figure 4.6 : En mode Aperçu, vous pouvez avoir un aperçu de chaque message non lu.

- La liste des messages de la Boîte de réception apparaît, les premières lignes de chaque message non lu étant développées.

Chaque module d'Outlook dispose d'une collection d'affichages que vous pouvez utiliser pour rendre vos informations plus faciles à utiliser. L'affichage en mode Aperçu est le plus pratique pour consulter vos messages entrants. Au Chapitre 16, je vous montrerai certaines autres vues qui peuvent rendre votre liste de messages encore plus pratique à visualiser.

Il y a encore mieux. Vous pouvez ouvrir le Volet de lecture, zone qui affiche le contenu de n'importe quel message sélectionné. Pour configurer ce volet, sélectionnez l'onglet Affichage dans le ruban, cliquez sur le bouton Volet de lecture (dans la section Disposition) puis choisissez À droite, En bas ou

Inactif. Une fois ce volet ouvert, vous pouvez passer d'un e-mail à l'autre à l'aide de la flèche ascendante ou descendante de votre clavier. Et si l'emplacement du Volet de lecture ne vous convient pas, il vous suffit de faire un autre choix !

Envoyer une réponse

Ce que je préfère avec le courrier électronique, c'est qu'il est très facile d'y répondre. Il n'est même pas nécessaire de connaître l'adresse de la personne avec laquelle vous communiquez. Il suffit de cliquer sur le bouton Répondre, et Outlook se charge de ces détails ennuyeux pour vous.

Voici comment répondre à un message :

1. **Cliquez sur le bouton Courrier dans le Volet de navigation (ou appuyez sur Ctrl+Maj+I).**

   La Boîte de réception apparaît.

2. **Double-cliquez sur le titre du message auquel vous voulez répondre.**

   La fenêtre du message s'ouvre, affichant le contenu de celui-ci.

   Si le message est déjà ouvert, vous pouvez sauter les deux premières étapes et aller directement à l'Étape 3.

3. **Choisissez l'une des options suivantes :**

   - Pour répondre aux personnes qui apparaissent dans la ligne De, cliquez sur le bouton Répondre.
   - Pour répondre aux personnes qui apparaissent dans la ligne Cc *et* à celles qui apparaissent dans la ligne De, cliquez sur le bouton Répondre à tous.

   La fenêtre du message de réponse apparaît (voir la Figure 4.7).

   Vous pouvez recevoir (ou envoyer) un message adressé à un grand nombre de gens à la fois. Dans l'idéal, l'une au moins de ces personnes devrait être nommée dans le champ À. Il peut y en avoir plusieurs dans le champ Cc où figurent les personnes qui ne reçoivent qu'une copie du message. Il n'y a guère de différence entre ce qui passe dans ces deux cas. Tous ceux qui reçoivent ledit message peuvent y répondre, le transmettre ou l'ignorer. Rien ne vous oblige à répondre à toutes les personnes qui apparaissent dans la ligne Cc. Vous pouvez ne vouloir écrire qu'à certaines d'entre elles (ou à aucune). Dans ce cas, vous pourriez cliquer sur le bouton Répondre à tous, et supprimer du champ Cc les noms des personnes que vous ne voulez pas inclure dans votre correspondance.

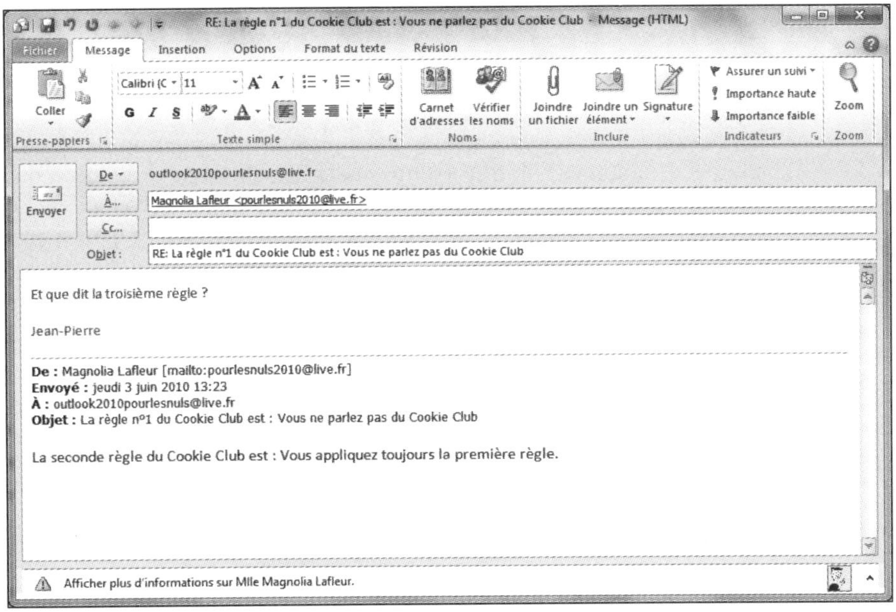

Figure 4.7 : La fenêtre Répondre.

4. **Tapez votre réponse dans la fenêtre du message.**

   Ne vous inquiétez pas du texte qui se trouve déjà dans la zone de texte. Il reproduit simplement le contenu du message auquel vous êtes en train de répondre. Le curseur clignotant est placé en haut à gauche de la fenêtre, et tout ce que vous allez taper viendra s'insérer avant le texte du message original (cette méthode permet de s'assurer que la personne qui recevra votre réponse disposera aussi d'une copie du message à la source de la discussion pour lui rappeler ce dont il s'agit).

5. **Cliquez sur le bouton Envoyer.**

   Le formulaire disparaît tandis que votre réponse est expédiée dans le nuage Internet, et vous revenez à la fenêtre du message de départ.

6. **Appuyez sur la touche Echap pour fermer la fenêtre du message.**

   Vous retrouvez votre Boîte de réception.

Utiliser un lien vers le Web à partir d'un message

En ouvrant un message, vous verrez parfois une portion de texte affichée en bleu et soulignée. Elle représente l'adresse d'une page Web ou d'une autre ressource Internet, par exemple `www.efirst.com`. Pour accéder à cette page, il vous suffit de cliquer sur ce lien. Si tout est installé correctement, votre navigateur Web va apparaître et ouvrir la page sur l'adresse de laquelle vous avez cliqué.

Si ce lien correspond à une adresse de messagerie, vous n'avez qu'à cliquer dessus pour ouvrir le formulaire Nouveau message avec le champ du destinataire déjà renseigné.

Une fois que vous avez ouvert la page, vous pouvez en enregistrer l'adresse dans votre dossier Favoris pour pouvoir la retrouver facilement par la suite.

Ne mordez pas à... l'hameçonnage (phishing)

Les esprits sournois cherchent toujours de nouveaux moyens de vous piéger, surtout sur Internet. Ces dernières années, une arnaque courante appelée *hameçonnage* a coûté du temps, de l'argent et a fait de la peine à pas mal de victimes, qui ont par malheur répondu à un message électronique provenant d'un imposteur qui se faisait passer pour une banque ou une institution financière.

Si vous recevez un message prétendant émaner de votre banque ou d'un organisme quelconque qui vous demande de cliquer sur un lien afin de « vérifier » vos informations personnelles, surtout vos mots de passe, ne vous faites pas avoir. Vous serez certainement redirigé vers un site Web (qui aura vraisemblablement l'air très *légitime*) où on vous demandera de saisir des renseignements personnels, informations qui seront ensuite utilisées pour commettre une fraude ou voler votre identité. Contactez directement la société dont le nom est ainsi utilisé, de préférence par téléphone, pour vous assurer qu'il ne s'agit pas d'un faux message. L'un des moyens d'être sûr qu'un message est faux est de faire passer le pointeur de votre souris sur le lien en question jusqu'à ce que l'URL ou l'adresse Internet apparaisse. Si l'adresse qui s'affiche diffère de celle de l'institution qui prétend envoyer le message, il s'agit d'une arnaque de type hameçonnage. Il vous suffit alors de supprimer le message. De toute manière, aucun organisme sérieux ne demandera jamais un code ou un mot de passe !

Ce n'est pas chez moi : Transférer un message

Vous n'avez pas forcément la réponse à tous les messages que vous recevez. Vous pouvez avoir besoin de transférer un e-mail à une tierce personne, capable, elle, de le traiter.

Pour transférer un message, suivez ces étapes :

1. **Cliquez sur le bouton Courrier dans le Volet de navigation (ou appuyez sur Ctrl+Maj+I).**

   La Boîte de réception apparaît.

2. **Double-cliquez sur le titre du message que vous voulez transférer.**

   La fenêtre du message s'ouvre (voir la Figure 4.8). Vous pouvez transférer le courrier aussitôt que vous l'avez lu. Si vous aviez déjà ouvert le message, vous pouvez sauter les deux premières étapes.

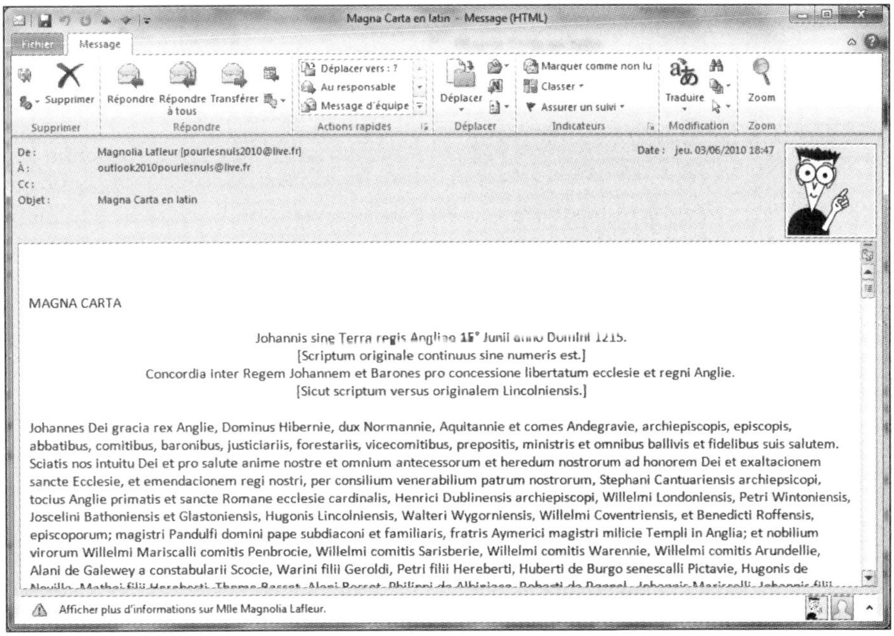

Figure 4.8 : Le message à transférer est ouvert.

3. **Cliquez sur le bouton Transférer.**

   La fenêtre de transfert apparaît (voir la Figure 4.9). L'objet du nouveau message est celui du message original, précédé par les lettres *TR :* (pour Transférer).

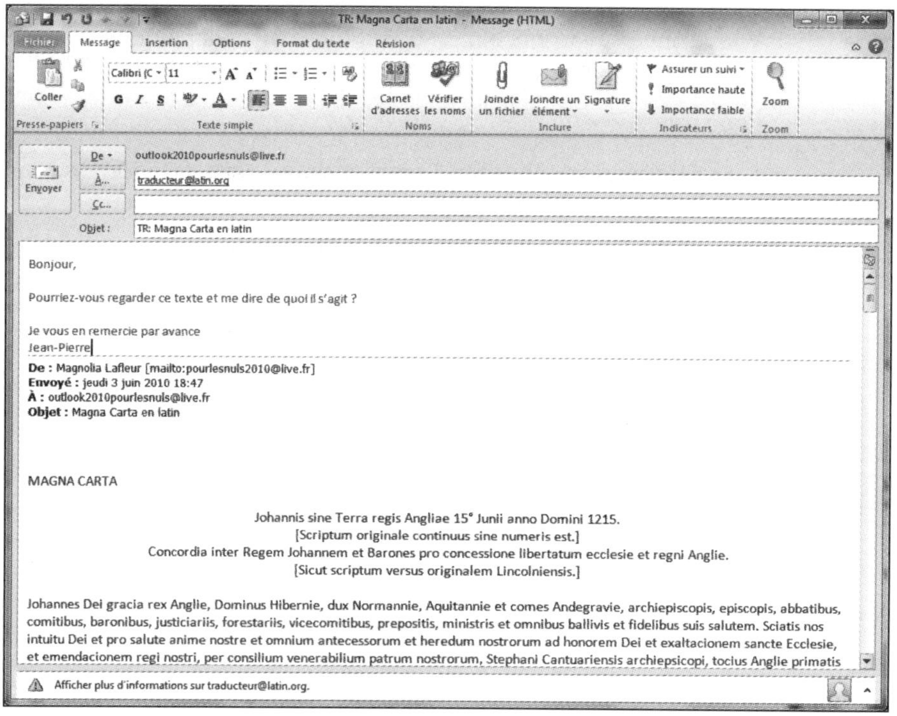

Figure 4.9 : La fenêtre de transfert de message.

4. **Cliquez dans le champ À, et tapez l'adresse de la personne à laquelle vous voulez transférer le message.**

   Si cette personne fait partie de votre liste de contacts, vous pouvez saisir simplement son nom. Outlook trouvera automatiquement son adresse de messagerie.

5. **Cliquez dans le champ Cc, et tapez les adresses des personnes auxquelles vous voulez envoyer une copie du message.**

   Il y a beaucoup de gens qui transfèrent des messages sans intérêt, comme la dernière blague du jour, à un grand nombre de leurs amis. La plupart du temps, leurs adresses sont placées dans le champ Cc.

ATTENTION !

N'oubliez pas que les usages du courrier électronique professionnel (la fameuse « étiquette ») sont très différents de ceux du courrier électronique privé. Beaucoup d'entreprises ont une politique de plus en plus stricte sur l'utilisation de leur système de courrier électronique. Si vous travaillez dans une telle entreprise, renseignez-vous à ce sujet.

Naturellement, si vous voulez persécuter vos amis en leur envoyant toutes sortes de messages à la noix de votre ordinateur familial vers leur ordinateur tout aussi familial (comme moi), ça ne regarde que vous (et eux).

6. **Dans la zone de texte, tapez tous les commentaires que vous voulez ajouter au message transféré.**

   Le texte du message d'origine apparaît dans la zone de texte, précédé d'une ligne continue. Vous pouvez ajouter les indications que vous voulez pour donner quelques explications à la personne à laquelle vous transférez le courrier. Par exemple : « Voilà le 99e message que j'ai reçu de ce redoutable casse-pieds. »

7. **Cliquez sur le bouton Envoyer.**

   Votre message est parti.

8. **Appuyez sur la touche Échap pour refermer la fenêtre de lecture du message original.**

   Et voilà. Vous venez de vous décharger d'un problème sur quelqu'un d'autre. Avec Outlook, vous êtes plus efficace et moins stressé…

Des copies invisibles pour plus de confidentialité

Quand vous envoyez un message à tout un groupe de personnes, tous les destinataires peuvent voir les adresses électroniques de tout un chacun dans les champs À et Cc, ce qui signifie que vous dévoilez l'adresse de certaines personnes qui désirent peut-être rester anonymes. Tout le monde reçoit déjà bien trop de messages étranges, non sollicités, et nombreuses sont les personnes qui se mettent en rogne quand vous diffusez leur adresse un peu partout sans leur autorisation.

Les *copies carbone* (ou *conformes*) *invisibles* (un reste de l'époque des machines à écrire) sont le remède idéal. Si vous mettez toutes les adresses dans le champ Cci, vous préservez l'intimité de tout le monde.

Le champ Cci n'est pas toujours affiché d'office quand vous créez un message dans Outlook. Pour le faire apparaître juste sous le bouton Cc, cliquez sur l'onglet Options du ruban, puis sur le bouton Cci.

Supprimer des messages

Vous êtes libre de supprimer un message sans le moindre état d'âme. Vous n'avez même pas besoin de le lire. En voyant la liste de la Boîte de réception, vous savez qui vous envoie quel message et de quoi il s'agit. Vous n'avez pas besoin de perdre votre temps à lire les dernières plaisanteries du jour de l'ami Michel. Vous les connaissez déjà par cœur. Autant les supprimer directement.

Si vous supprimez accidentellement un message que vous vouliez en fait conserver, cliquez sur l'icône Éléments supprimés dans la Liste des dossiers. Vous voyez apparaître la liste des messages que vous avez effacés depuis la dernière fois que vous avez vidé le dossier Éléments supprimés. Pour récupérer un courrier supprimé par erreur, faites-le glisser jusqu'à l'icône Boîte de réception.

Voici comment supprimer un message :

1. **Cliquez sur le bouton Courrier dans le Volet de navigation (ou appuyez sur Ctrl+Maj+I).**

   La Boîte de réception apparaît.

2. **Cliquez sur le titre du message que vous voulez supprimer.**

   Vous n'avez pas besoin de lire ce message, vous pouvez le supprimer directement à partir de la liste.

3. **Sous l'onglet Accueil du ruban, cliquez sur le bouton Supprimer (ou appuyez sur la touche Suppr).**

Voici un autre moyen rapide de supprimer un e-mail : cliquez sur le bouton Supprimer apparaissant en haut de la fenêtre de lecture de message (le raccourci clavier Ctrl+D fait lui aussi le ménage). Le bouton Supprimer est facilement reconnaissable : il affiche une grosse croix noire (X). Vous savez qu'il ne s'agit pas de découvrir un trésor de pirate enterré, mais de faire subir au message le supplice de la planche.

En fait, lorsque vous supprimez un message, Outlook ne le fait pas complètement disparaître. Il le déplace simplement vers le dossier Éléments supprimés. Si vous avez des éléments non lus dans votre dossier Éléments supprimés, Outlook en indique le nombre entre parenthèses à droite du nom du dossier (et il affiche celui-ci en gras pour plus de sûreté), exactement comme pour la Boîte de réception. Pour faire disparaître cette indication, vous pouvez sélectionner l'onglet Dossier dans le ruban, puis cliquer sur le bouton Vider le dossier. Après quoi, tous les éléments qu'il contenait ont définitivement disparu.

Enregistrer un message inachevé

Si vous êtes interrompu pendant la rédaction d'un e-mail, tout n'est pas perdu. Vous pouvez tout simplement enregistrer votre travail pour y revenir par la suite. Cliquez sur l'icône Enregistrer, celle qui représente une petite disquette bleue, à gauche de la barre de titre de la fenêtre d'Outlook ou appuyez tout bêtement sur Ctrl+S. Votre message est alors stocké dans le dossier Brouillons, comme le montre la Figure 4.10 (à moins que vous n'ayez rouvert ce message depuis la Boîte d'envoi, auquel cas c'est dans celle-ci qu'il sera enregistré). Autre méthode possible : activer l'onglet Fichier et choisir la commande Enregistrer (mais c'est moins intuitif).

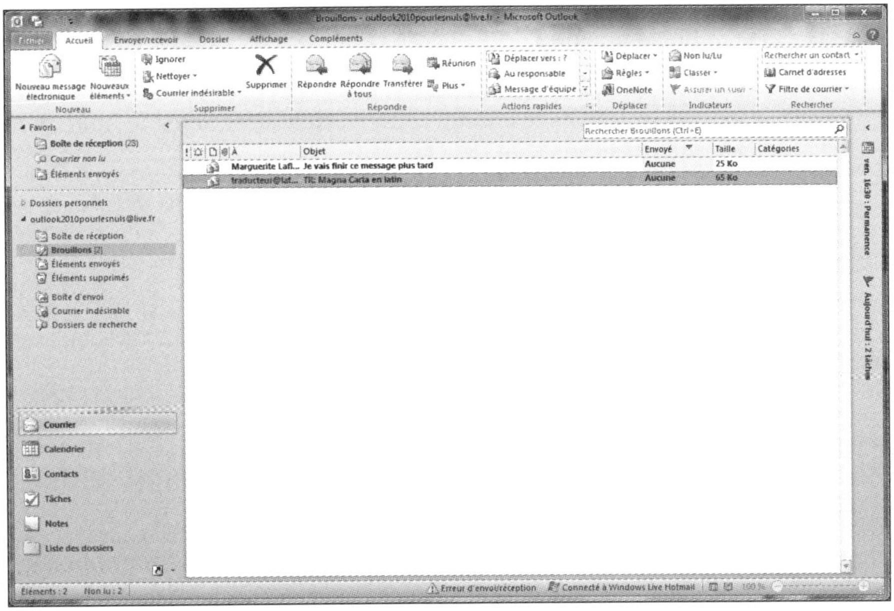

Figure 4.10 : Vous pouvez enregistrer un message inachevé pour le terminer par la suite.

Lorsqu'un message est prêt à être envoyé, son nom est affiché normalement en italique dans la Boîte d'envoi. Mais si vous l'avez sauvegardé pour y revenir par la suite, il apparaîtra en texte normal. Chaque fois que vous avez un message inachevé que vous voulez terminer plus tard, enregistrez-le (en appuyant sur Ctrl+S). Quand le message est terminé, vous pouvez l'envoyer (en appuyant sur Alt+S).

Enregistrer un message en tant que fichier

Il pourra vous arriver de créer ou de recevoir un message si merveilleux (ou si terrible) que vous voudrez absolument l'enregistrer. Vous pourrez ainsi l'imprimer pour le montrer à quelqu'un, l'enregistrer sur une clé USB ou encore l'exporter vers un programme de PAO.

Pour enregistrer un message en tant que fichier, suivez ces étapes :

1. **Le message étant ouvert, activez l'onglet Fichier du ruban.**

2. **Dans le Volet de navigation, à gauche de l'écran, choisissez Enregistrer sous (ou appuyez sur F12).**

   La classique boîte de dialogue Enregistrer sous apparaît.

3. **Sélectionnez le disque et le dossier dans lequel vous voulez enregistrer le message sous forme de fichier.**

   Par défaut, Outlook vous propose le dossier Documents, mais vous avez bien entendu totalement le droit de choisir un emplacement tout à fait différent.

4. **Cliquez dans le champ Nom de fichier et tapez le nom que vous voulez donner au fichier.**

   Vous pouvez donner au fichier le nom que vous voulez, dans les limites du moins imposées par Windows. Si vous entrez un nom invalide, Outlook va ouvrir une fenêtre pour vous le signaler.

5. **Pour changer le format du fichier, cliquez sur le triangle pointant vers le bas dans le champ Type, et sélectionnez le genre voulu (voir la Figure 4.11).**

   Plusieurs choix sont à votre disposition. Le format le plus courant, car le plus facile à ouvrir dans d'autres applications est Texte seulement. Mais voyons tout de même cela d'un peu plus près :

   - **Texte seulement (*.txt) :** Format de fichier très simple qui supprime toutes les mises en forme dans le message. En d'autres termes, il sauvegarde uniquement le texte contenu dans celui-ci.

   - **Format de message Outlook (*.msg) :** Ce format conserve toutes les mises en forme ainsi que les pièces attachées. Mais il ne peut être relu que dans Outlook.

   - **Format de message Unicode Outlook (*.msg) :** C'est comme le précédent, mais il utilise des caractères avec un codage « international » susceptible d'être relu par des versions plus ou moins exotiques d'Outlook. C'est celui qui vous est proposé par défaut.

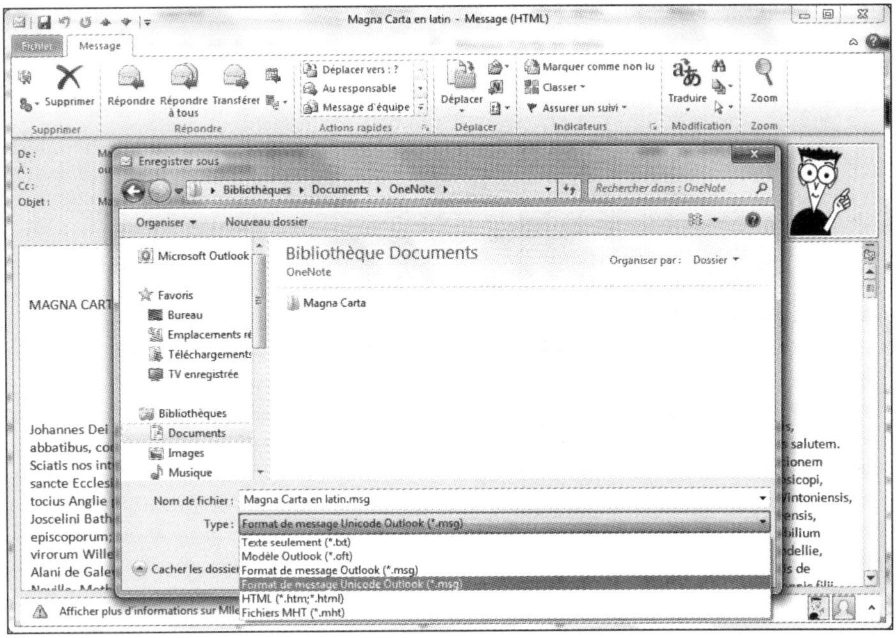

Figure 4.11 : La boîte de dialogue Enregistrer sous.

- **Modèle Outlook (*.oft) :** Ce format est utile si le message contient des mises en forme que vous voulez réutiliser dans d'autres e-mails. Il conserve également les pièces attachées.

- **HTML (*.htm, *.html) :** Sauvegarde le message dans un format qui peut être affiché dans un navigateur Web (comme Internet Explorer ou Firefox), ou par un programme capable du même exploit (comme Microsoft Word). Les pièces attachées ne sont pas enregistrées, mais la mise en forme du message est conservée. En plus du fichier HTML proprement dit, Outlook va créer un dossier destiné à contenir tous les éléments nécessaires à la gestion de celui-ci.

- **Fichier MHT (*.mht) :** C'est comme un fichier HTML, mais sans dossier supplémentaire. Les applications capables d'afficher des pages HTML devraient aussi savoir décoder ce format.

6. **Cliquez sur Enregistrer (ou appuyez sur la touche Entrée).**

   Le message est enregistré en tant que fichier dans le dossier que vous avez spécifié au cours de l'Étape 3.

Chapitre 5

Des outils de messagerie dont vous ne pouvez pas vous passer

Dans ce chapitre :

- Utiliser des indicateurs.
- Enregistrer des copies d'un message envoyé.
- Spécifier les options pour les réponses et les transferts.
- Insérer votre nom avec vos commentaires dans une réponse.
- Joindre un fichier à un message.
- Définir une signature.

Outlook peut faire toutes sortes de choses avec les messages que vous envoyez, comme avec ceux que vous recevez. Vous pouvez associer un indicateur à un message en guise de pense-bête, personnaliser vos messages avec une signature, ou appliquer une mise en forme spéciale aux réponses que vous envoyez.

Outlook est un peu comme la planche de bord de votre voiture. C'est la belle présentation de l'architecture technique élaborée qui fait fonctionner le courrier électronique. Vous pouvez utiliser cette planche de bord pour obtenir ce que vous voulez, mais ce que fait votre voiture dépend plus de ce qu'il y a sous le capot que de ce qu'il y a sur la planche de bord. De même, certaines fonctions d'Outlook ne sont opérationnelles que si le système sous-jacent les prend en charge. De surcroît, certaines ne peuvent fonctionner que si votre destinataire utilise un système qui les prend également en charge.

Exchange Server de Microsoft est un programme utilisé par de nombreux réseaux d'entreprise. Il ajoute un certain nombre de fonctions à Outlook comme l'expédition différée des messages ou leur redirection vers un autre destinataire. Dans ce chapitre, je ne parlerai pas des fonctions dont vous ne disposez sans doute pas, mais si vous voulez en savoir plus sur celles dont vous pouvez disposer sur un réseau d'entreprise équipé d'Exchange Server, reportez-vous au Chapitre 14. Si vous ne faites pas partie des privilégiés qui ont Exchange Server, ne vous inquiétez pas : Outlook peut déjà faire plein de choses tout seul.

Utiliser les indicateurs

Au fil des ans, les *indicateurs* sont devenus ma fonction préférée dans Outlook. Aux temps révolus où les messages étaient rares, ils n'avaient pas cette importance. Maintenant que j'en reçois des milliers par semaine, il me faut un moyen pour m'aider à me souvenir de ce qui est important, et qui autrement pourrait se perdre dans la masse. Si je ne suis pas en mesure de répondre immédiatement à un message important, je le mets en évidence par un indicateur dès que je l'ai lu. De cette façon, je ne risque pas d'oublier d'y revenir. Vous pouvez aussi associer un indicateur à un message que vous envoyez à une personne pour lui rappeler quelque chose, à condition que vous utilisiez tous les deux Microsoft Outlook.

Ajouter un indicateur à un message en un clic

Pourquoi ajouter un indicateur à un message ? Pour vous aider à être plus rapide ! Il vous faut donc connaître la manière la plus rapide d'ajouter un indicateur à un message. Difficile ? Pas du tout !

Lorsque vous regardez la liste de messages de votre Boîte de réception, vous voyez apparaître à l'extrémité droite de la ligne de chaque message une icône grise contenant un petit fanion (voir la Figure 5.1). Si vous cliquez sur cette icône, le petit fanion passe au rouge pour signaler qu'il y a maintenant un indicateur associé au message. En regardant votre liste d'emails, vous pouvez voir du premier coup d'œil quels sont ceux qui sont associés à un indicateur, et qui requièrent donc plus d'attention que les autres. Les messages auxquels vous avez associé un indicateur apparaissent aussi dans la Barre des tâches sur le côté droit de la fenêtre d'Outlook afin de vous permettre de les voir en toutes circonstances.

Si vous cliquez à nouveau sur un indicateur, il affiche une marque qui vous indique que l'affaire est traitée. Cliquez à nouveau, et vous revenez au drapeau rouge. Cliquez, c'est fait ! Cliquez, c'est à faire !

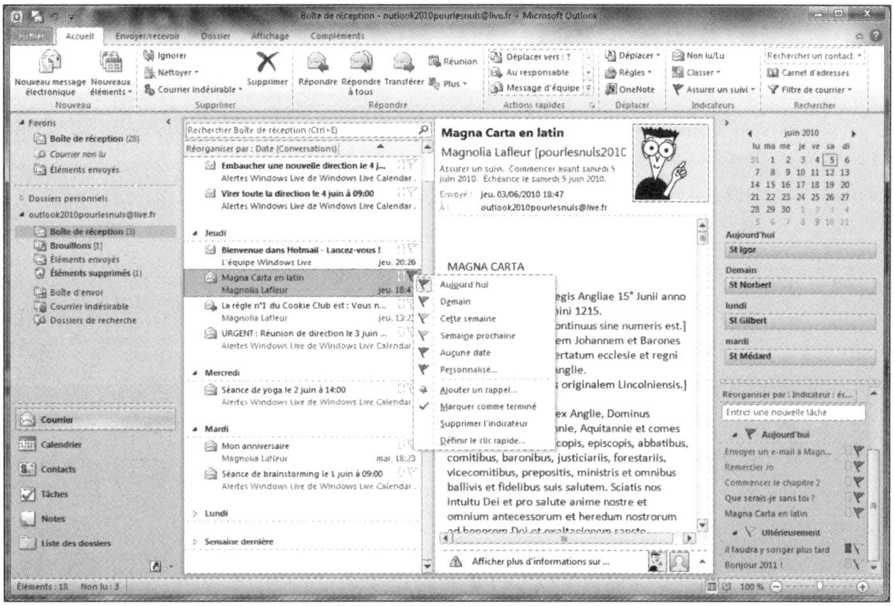

Figure 5.1 : Les indicateurs apparaissent dans la liste des messages.

Placer des indicateurs pour différents jours

Si vous cliquez une fois sur un message pour ajouter un indicateur, une copie de ce message s'affiche dans votre Barre des tâches au côté des choses que vous devez faire aujourd'hui. Il se peut que vous ne soyez pas prêt à traiter ce message dès maintenant. Vous préférerez peut-être vous en occuper demain ou la semaine prochaine. Si vous cliquez du bouton droit sur le bouton de l'indicateur à droite du message, une liste de choix en matière de date apparaît : Aujourd'hui, Demain, Cette semaine, Semaine prochaine, Aucune date et Personnaliser (revoyez la Figure 5.1). Et désolé, la Saint Glinglin n'est pas proposée. Une fois la date choisie, vous pouvez toujours la modifier en faisant glisser l'élément d'un groupe à l'autre (au sein de la Barre des tâches), par exemple d'Aujourd'hui à Semaine prochaine (si ces deux groupes sont visibles). Pour modifier un élément, vous pouvez également double-cliquer dessus et choisir une autre échéance. Si celle-ci est dépassée et que vous n'avez rien fait (marquer la tâche comme étant accomplie ou changer la date d'échéance), l'en-tête du message dans votre Boîte de réception et votre Barre des tâches vire au rouge.

Changer la date par défaut de l'indicateur

Les personnes particulièrement débordées et les inconditionnels de l'hésitation (vous, peut-être ?) peuvent changer la date par défaut des indicateurs en procédant comme suit :

1. **Cliquez du bouton droit sur n'importe quel indicateur.**

   Le menu contextuel des indicateurs apparaît.

2. **Choisissez Définir le clic rapide.**

   Une boîte de dialogue s'affiche (voir la Figure 5.2). Elle vous offre le choix entre différentes dates possibles.

3. **Sélectionnez la date qui vous convient.**

   La date sélectionnée devient celle prise par défaut par vos indicateurs.

Figure 5.2 : Voici un bel assortiment de choix par défaut pour vos indicateurs.

Si vous avez du mal à vous en tenir à une date (votre célèbre inconstance), vous pouvez opter pour l'option Pas de date et simplement attendre que quelqu'un se plaigne. En matière de gestion du temps, j'appelle cela l'école du « On verra bien ». Il s'agit de remettre une décision à plus tard jusqu'à ce que quelqu'un pousse des hurlements. C'est un principe très prisé dans l'administration.

Ajouter un indicateur avec un rappel personnalisé

Bien entendu, les indicateurs peuvent faire plus pour vous que rester là pendant une semaine. Ils sont aussi capables de surgir pour vous rappeler que vous avez quelque chose à faire à une heure que vous aurez définie. Ou encore de faire la même chose pour quelqu'un d'*autre* si vous l'avez attaché à un e-mail que vous avez envoyé (qui pourrait résister à ça ?). Pour associer un rappel à un indicateur, il faut un peu plus qu'un clic de souris, mais ce n'est pas bien sorcier. Suivez ces étapes :

1. **Cliquez sur le bouton Courrier dans le Volet de navigation (ou appuyez sur Ctrl+Maj+I).**

   La Boîte de réception apparaît.

2. **Cliquez du bouton droit sur l'icône de l'indicateur du message que vous voulez marquer.**

   Le menu des indicateurs apparaît.

3. **Sélectionnez L'option Ajouter un rappel.**

   La boîte de dialogue Personnalisé s'affiche. À ce stade, si vous cliquez sur OK (ou si vous appuyez sur la touche Entrée), votre message est associé à un indicateur, et il est paramétré pour vous rappeler à 16 heures la chose à laquelle vous devez penser. C'est peut-être un peu trop tôt. Surtout s'il est déjà plus de 16 heures… Mais les étapes suivantes vous permettent de définir des options un peu plus détaillées.

4. **Cliquez sur le triangle pointant vers le bas à l'extrémité droite du champ Indicateur pour. Sélectionnez l'un des éléments dans la liste (vous pouvez aussi entrer dans ce champ le texte que vous voulez).**

   Le paramètre « Assurer un suivi » est pratique pour vous rappeler de confirmer un rendez-vous ou un autre arrangement avec une tierce personne.

5. **Saisissez une date dans les champs Date de début, Échéance, Rappel ou dans tous les champs.**

   La date et l'heure saisies dans le champ Rappel est celle à laquelle un message surgira pour vous rafraîchir la mémoire. Les deux autres dates vous aident à savoir avec combien de tâches vous jonglez simultanément. Outlook n'est pas vraiment strict sur la façon dont vous saisissez les dates. Vous pouvez par exemple taper **05/03/11**, et il comprendra qu'il s'agit du 5 mars 2011. Vous pouvez aussi saisir **premier mercredi de mars**. Outlook saura de quoi il s'agit. Ou encore entrez **une semaine après mercredi**, et Outlook saura que vous avez voulu dire « sept jours après le premier mercredi qui suit aujourd'hui ». Vous n'avez même pas à vous occuper des majuscules. En revanche, ne tapez pas **Je déteste les lundis**. Moi, je suis d'accord avec vous, mais Outlook ne saura pas ce que vous voulez dire.

   Si vous trouvez plus pratique de sélectionner une date dans un calendrier, aucun problème. Cliquez sur le triangle pointant vers le bas à droite d'un des champs de date, puis sélectionnez le jour voulu dans le calendrier qui apparaît.

6. **Cliquez sur OK.**

Quand viendra le jour que vous avez spécifié comme échéance dans la boîte de dialogue Personnalisé, vous verrez apparaître une fenêtre qui vous rappellera gentiment ce que vous avez à faire.

Changer la date d'un indicateur

La procrastination fut un art, Outlook en fait une science. Si quelqu'un vous embête avec ses indicateurs, vous pouvez les enlever. On peut toujours remettre à plus tard ce qu'on aurait pu faire aujourd'hui.

Pour changer la date d'un indicateur dans un e-mail que vous avez reçu, suivez ces étapes :

1. **Cliquez sur le bouton Courrier dans le Volet de navigation (ou appuyez sur Ctrl+Maj+I).**

   La Boîte de réception apparaît.

2. **Cliquez sur le titre du message dont vous voulez changer l'indicateur.**

   Le message apparaît en surbrillance pour montrer qu'il est sélectionné.

   Vous pouvez cliquer droit sur l'icône de l'indicateur pour ouvrir la boîte de dialogue Personnalisé, ou bien procéder comme le propose l'Étape 3 ci-dessous.

3. **Activez l'onglet Accueil. Dans le ruban, cliquez sur le bouton Assurer un suivi (il se trouve sur la droite, dans le groupe Indicateurs), puis sur l'option Ajouter un rappel (vous pouvez aussi appuyer sur Ctrl+Maj+G).**

   La boîte de dialogue Personnalisé apparaît (voir la Figure 5.3).

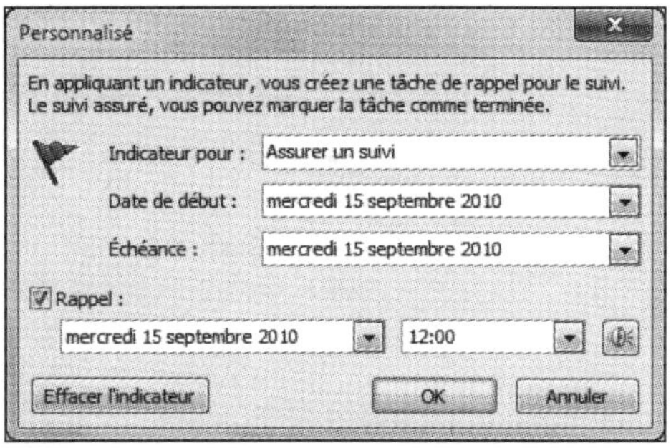

Figure 5.3 : La boîte de dialogue Personnalisé sert à ajouter des rappels à votre message.

4. **Sélectionnez la case à cocher Rappel, et tapez la nouvelle date à laquelle vous voulez voir apparaître le rappel de l'indicateur.**

   Si la case est déjà cochée, n'y touchez pas : sinon, vous la désactiveriez. Entrez la date et l'heure à laquelle vous pensez que vous serez prêt à répondre au rappel. Si vous tapez **dans 999 ans**, Outlook comprend de quoi il s'agit. C'est la pure vérité !

5. **Cliquez sur OK.**

Naturellement, vous pouvez toujours vous débarrasser d'un rappel quand il apparaît. Il vous suffit de cliquer sur le bouton Faire disparaître, exactement comme vous pouvez arrêter votre réveil.

Sauvegarder une copie de vos messages

Il est extrêmement pratique de savoir ce que vous avez envoyé et quand vous l'avez envoyé. Outlook vous permet d'enregistrer tous vos messages sortants, de manière que vous puissiez les retrouver et les consulter par la suite. Par défaut, il enregistre automatiquement les éléments envoyés dès que vous l'installez, mais vous pouvez désactiver et réactiver cette fonction à volonté. Avant de changer ce paramètre, regardez dans votre dossier Éléments envoyés pour voir s'il contient des messages.

Pour enregistrer une copie de vos messages, suivez ces étapes :

1. **Activez l'onglet Fichier, puis cliquez sur le bouton Options.**

   La boîte de dialogue Options Outlook apparaît.

2. **Dans le Volet de navigation, à gauche de la fenêtre, cliquez sur le bouton Courrier.**

   Outlook affiche les options de la messagerie (voir la Figure 5.4).

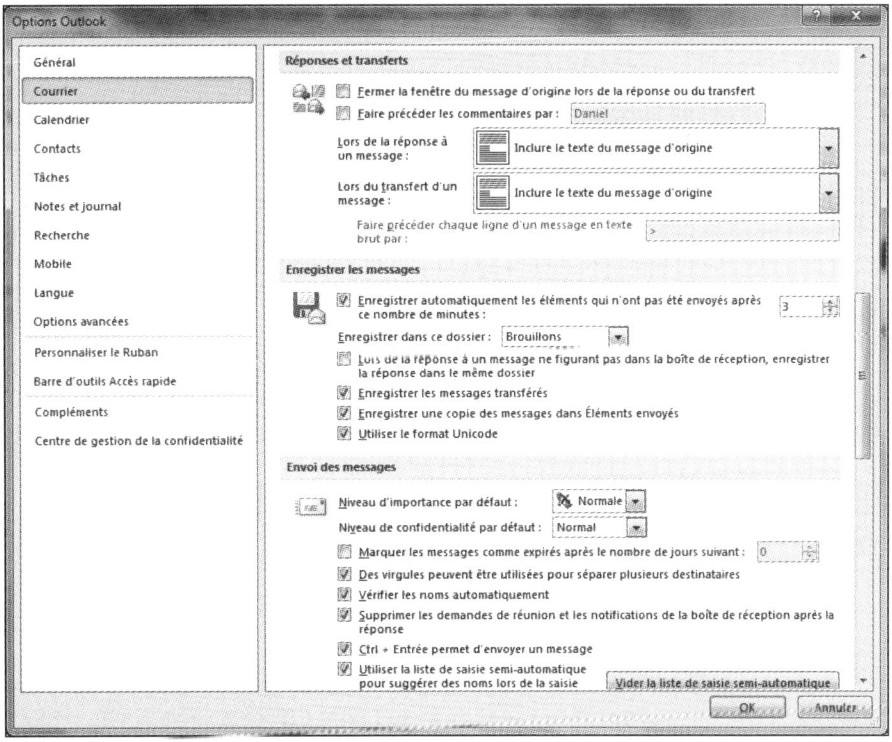

Figure 5.4 : La boîte de dialogue Options Outlook vous permet de décider si vous voulez ou non enregistrer une copie des messages envoyés.

3. **Faites défiler la liste des options, puis cochez la case Enregistrer une copie des messages dans Éléments envoyés.**

   Si cette case est déjà cochée, laissez-la (c'est ainsi qu'Outlook est configuré lors d'une première installation). Si vous cliquez dans cette case alors qu'elle est déjà cochée, vous désactivez l'option d'enregistrement des messages envoyés. Si vous faites une erreur, ne vous inquiétez pas, vous pourrez toujours la rectifier par la suite. Assurez-vous seulement que cette case est cochée si vous voulez enregistrer des messages que vous envoyez.

4. **Cliquez sur OK.**

Outlook stocke les messages envoyés pendant deux mois, et il place ceux qui sont plus anciens dans un fichier d'archives afin d'utiliser moins d'espace disque sur votre ordinateur.

Définir vos options pour les réponses et les transferts

Vous pouvez contrôler l'apparence des messages que vous transférez ou auxquels vous répondez. Si votre bureau utilise Microsoft Outlook, il est possible de donner un aspect assez incroyable à vos messages en ajoutant des graphismes, des styles de caractères plus ou moins exotiques ou bien encore des effets spéciaux (par exemple en faisant clignoter un avertissement). En revanche, il n'est pas du tout certain que ce genre de fantaisie soit correctement pris en compte lorsque vous envoyez des e-mails à des correspondants qui se servent d'un autre programme qu'Outlook, ou bien qui utilisent une messagerie basée sur le Web, par exemple Gmail (voyez le Chapitre 12 pour plus de détails sur ce sujet).

Pour sélectionner vos options, suivez ces étapes :

1. **Activez l'onglet Fichier, puis cliquez sur le bouton Options.**

   La boîte de dialogue Options Outlook apparaît.

2. **Dans le Volet de navigation, à gauche de la fenêtre, cliquez sur le bouton Courrier.**

   Outlook affiche les options de la messagerie.

3. **Faites défiler la liste des options jusqu'à ce que vous puissiez voir la rubrique Réponses et transferts. Cliquez alors sur le triangle qui suit l'intitulé Lors de la réponse à un message.**

Une liste de choix va se dérouler. L'option prise par défaut lors de l'installation d'Outlook est Inclure le texte du message d'origine. Le diagramme qui accompagne chaque option vous montre à quoi ressemblera la disposition des messages (voir la Figure 5.5).

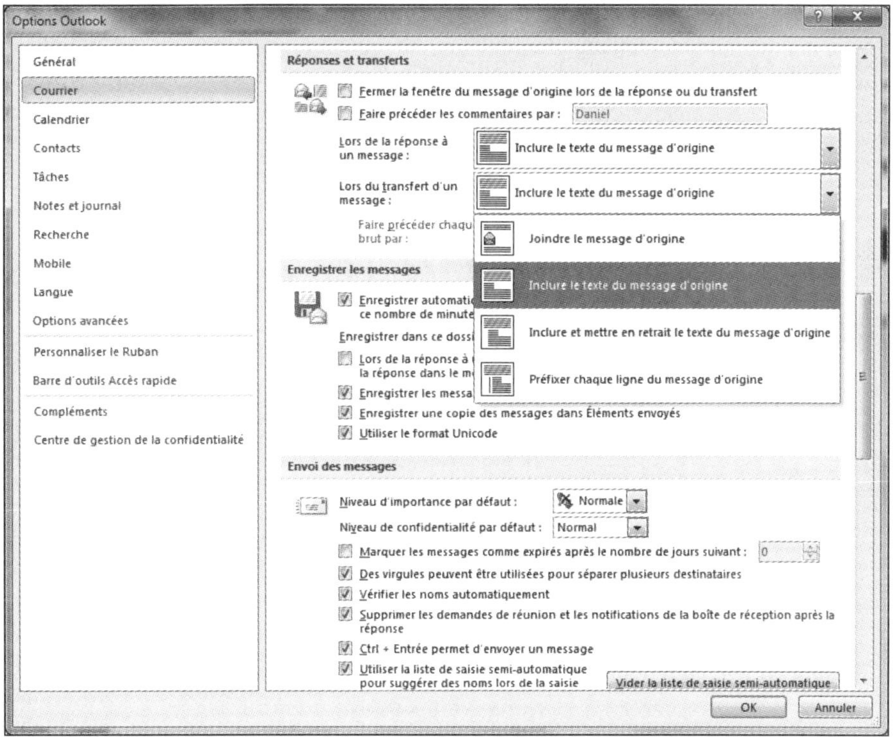

Figure 5.5 : Changez l'apparence de vos réponses et de vos transferts dans la boîte de dialogue Options Outlook.

4. **Choisissez le style que vous préférez utiliser dans vos réponses.**

   Vous avez en même temps un aperçu visuel de l'impact de votre choix sur les messages. Si le résultat ne vous convient pas, il vous suffit de changer d'option.

5. **Cliquez maintenant sur le triangle qui suit l'intitulé Lors du transfert d'un message.**

   Vous remarquerez que vous avez un peu moins de possibilités que pour les réponses (quatre au lieu de cinq), mais le menu fonctionne strictement de la même manière.

6. **Choisissez le style que vous préférez utiliser pour vos transferts.**

Là encore, vous pouvez parfaitement changer d'avis tout de suite ou plus tard.

7. **Cliquez sur le bouton OK.**

   La boîte de dialogue Options Outlook se referme.

Les séries d'options proposées par Outlook vous permettent de donner à vos messages un aspect amusant, original et même utile. Si les options avancées vous déroutent, ignorez-les tout simplement. Contentez-vous de cliquer sur Répondre ou sur Transférer et de taper votre texte.

Ajouter des commentaires à une réponse ou un transfert

Lorsque vous répondez à un e-mail, il est utile d'y inclure des extraits du message d'origine afin que la personne qui lit votre réponse sache exactement de quoi vous parlez. La question est : comment le lecteur pourra-t-il distinguer vos commentaires de ces extraits ?

Outlook vous permet de faire automatiquement précéder vos commentaires de votre nom ou de tout autre texte de votre choix. Si vous voulez vous faire comprendre, il vaut mieux utiliser votre nom. Mais si vous voulez semer la confusion dans l'esprit de l'adversaire, vous pouvez toujours écrire : « Sun Tse dit : »

Pour insérer votre nom avant vos commentaires :

1. **Activez l'onglet Fichier, puis cliquez sur le bouton Options.**

   La boîte de dialogue Options Outlook apparaît.

2. **Dans le Volet de navigation, à gauche de la fenêtre, cliquez sur le bouton Courrier.**

   Outlook affiche les options de la messagerie.

3. **Faites défiler la liste des options jusqu'à ce que vous puissiez voir la rubrique Réponses et transferts. Cochez alors la case Faire précéder les commentaires par.**

   Si cette case est déjà cochée, ne cliquez pas dessus. Vous ne feriez que la désactiver.

4. Cliquez maintenant dans le champ de texte Faire précéder les commentaires par. Saisissez le texte que vous voulez ajouter à vos annotations.

Le plus simple est de taper votre propre nom. Mais tout ce que vous allez entrer sera utilisé comme préfixe dans vos réponses aux e-mails que vous recevez (voir la Figure 5.6).

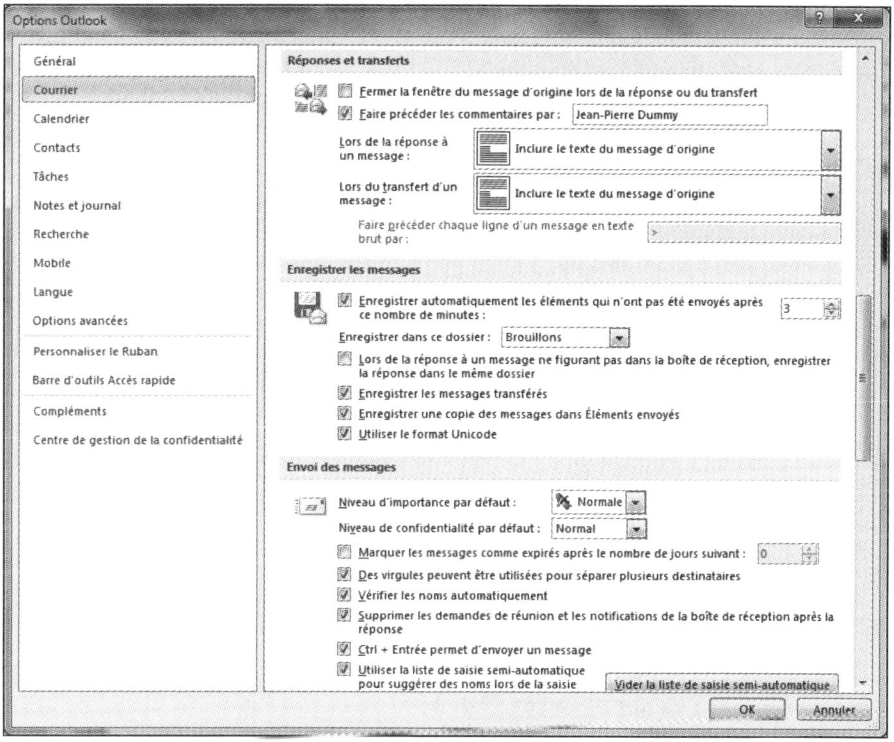

Figure 5.6 : Préfacez vos commentaires dans vos réponses et vos transferts.

5. Cliquez sur le bouton OK.

La boîte de dialogue Options Outlook se referme.

Vous pouvez sélectionner et supprimer le contenu du message original lorsque vous préparez une réponse ou un transfert. Mais inclure au moins une partie de ce contenu rend votre propre message plus facile à comprendre. Pour le reste, c'est vous qui décidez de ce qui est significatif, utile ou important, et de ce qui ne l'est pas.

Envoyer une pièce jointe

Si vous avez déjà créé un document que vous voulez envoyer à quelqu'un, il n'est pas nécessaire de le taper à nouveau dans Outlook (heureusement !). Il vous suffit de l'envoyer en tant que *pièce jointe* avec votre message. Vous pouvez attacher n'importe quel type de fichier : document de traitement de texte, feuille de calcul ou encore présentation provenant d'un programme tel que PowerPoint. Mais vous avez tout aussi bien la possibilité d'envoyer des photos ou de la musique, bref un ou plusieurs fichiers tout à fait quelconques. L'important, c'est que vos correspondants disposent des outils ou logiciels qui permettent de les ouvrir !

La manière la plus facile d'envoyer un fichier à partir d'un programme Microsoft Office, par exemple Word 2010, est d'ouvrir ce fichier dans l'application concernée, puis d'activer l'onglet Fichier et de cliquer sur le bouton Partager. Choisissez alors dans le menu Partager sur l'option Envoyer à l'aide de la messagerie, et cliquez enfin sur le bouton Envoyer en tant que pièce jointe. Vous obtenez alors une fenêtre de message tout à fait classique, à ceci près qu'elle contient une ligne appelée Attaché où apparaît le nom de votre fichier.

Si vous n'aimez pas procéder de cette manière, vous pouvez envoyer le fichier comme pièce jointe directement depuis Outlook en suivant ces étapes :

1. **Cliquez sur le bouton Courrier dans le Volet de navigation (ou appuyez sur Ctrl+Maj+I).**

   La Boîte de réception apparaît.

2. **Cliquez dans le ruban sur le bouton Nouveau message électronique (ou appuyez sur Ctrl+N).**

   Une fenêtre de nouveau message apparaît.

3. **Dans le ruban du formulaire de message, cliquez sur le bouton Joindre un fichier (il est associé à l'image d'un trombone).**

   La boîte de dialogue Insérer un fichier apparaît (voir la Figure 5.7). Elle se présente de la même manière que la boîte de dialogue que vous utilisez pour ouvrir un fichier dans la plupart des programmes Windows, et fonctionne aussi de même : sélectionnez le dossier voulu, puis cliquez sur le nom du fichier que vous voulez joindre à votre message et enfin sur le bouton Insérer (ou appuyez simplement sur Entrée).

   Si votre message est composé au format HTML ou Texte brut, le nom de votre document va apparaître dans le champ Attaché de l'en-tête du formulaire. Si vous avez opté pour le mode Texte enrichi, c'est une icône censée représenter le fichier qui va apparaître dans le texte du message. Dans tous les cas, votre correspondant va recevoir une copie de ce fichier en même temps que vous courrier électronique.

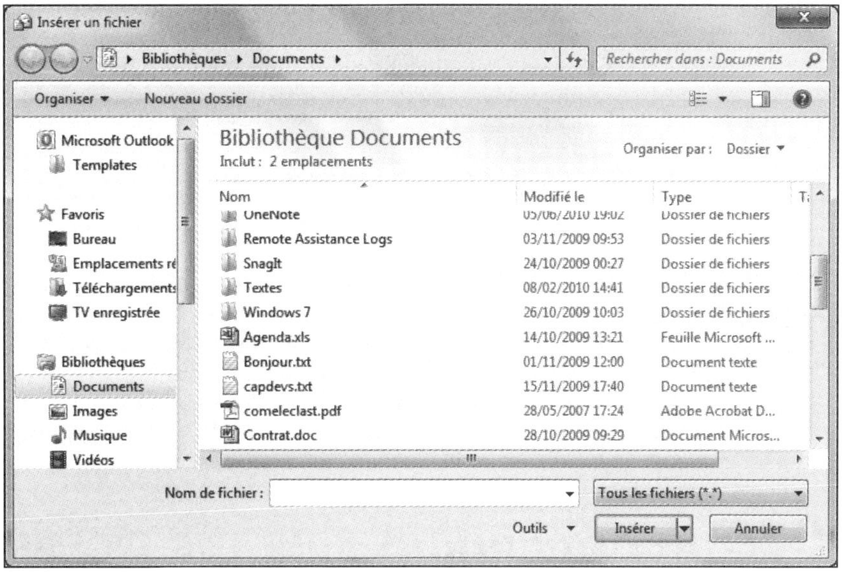

Figure 5.7 : La boîte de dialogue Insérer un fichier.

4. **Tapez le texte de votre message.**

   Il est tout à fait possible que vous n'ayez rien de particulier à dire et que vous vouliez simplement envoyer un fichier. Si tout ce que vous avez à dire se trouve dans ce document, c'est très bien, mais n'oubliez pas que son contenu n'apparaîtra sur l'écran du destinataire qu'une fois qu'il aura double-cliqué sur le fichier pour l'ouvrir.

5. **Cliquez sur le bouton À.**

   La boîte de dialogue Choisir des noms apparaît.

6. **Sélectionnez un nom dans le Carnet d'adresses et cliquez sur le bouton À.**

   Vous pouvez bien entendu choisir de cette manière toute une liste de destinataires. Si le nom de la personne à laquelle vous voulez envoyer votre message n'apparaît pas dans la liste, vous pouvez sélectionner l'option Contacts suggérés, ou plus brutalement cliquer sur le bouton Annuler pour revenir à la fenêtre du message, puis taper simplement l'adresse de messagerie de votre destinataire dans le champ À. Dans ce cas, passez directement à l'Étape 8.

7. **Cliquez sur OK.**

   Le nom du destinataire apparaît maintenant dans le champ À de la fenêtre du message.

8. **Cliquez dans le champ Objet, et tapez le sujet de votre message.**

   Il n'est pas obligatoire de remplir ce champ, mais c'est fortement recommandé si vous voulez que votre destinataire ait envie de lire votre message.

9. **Cliquez sur le bouton Envoyer.**

   Votre message est envoyé avec sa pièce jointe.

TRUC

Une autre méthode consiste à localiser le fichier sur votre ordinateur en utilisant l'Explorateur Windows. Quand vous avez mis le doigt dessus, cliquez du bouton droit sur le nom voulu et choisissez dans le menu contextuel Envoyer vers puis Destinataire. Il est également possible de faire glisser l'icône du fichier de la fenêtre de l'Explorateur Windows jusque sur celle du formulaire de message.

Créer des signatures pour vos messages

Beaucoup de gens aiment ajouter quelque chose à la fin de chaque message qu'ils envoient. C'est ce qu'on appelle une *signature*. Une signature est généralement un texte bref qui permet de vous identifier auprès de la personne qui reçoit votre message, tout en lui fournissant des informations que le monde entier devrait connaître. La plupart des gens y mettent leur nom, celui de leur entreprise, leur numéro de téléphone, parfois un slogan commercial ou encore quelques informations personnelles, voire un logo ou même une citation.

Vous pouvez demander à Outlook d'ajouter automatiquement une signature à tous vos messages sortants, mais vous devez pour cela commencer par créer un fichier de signature. Voici comment procéder :

1. **Activez l'onglet Fichier, puis cliquez sur Options dans le Volet de navigation.**

   La boîte de dialogue Options Outlook apparaît.

2. **Cliquez dans le volet de gauche sur le bouton Courrier.**

   Les options correspondantes vous sont proposées dans la partie droite de la fenêtre.

3. **Dans la section Composition des messages, cliquez sur le bouton Signatures.**

   La boîte de dialogue Signatures et thème apparaît (voir la Figure 5.8).

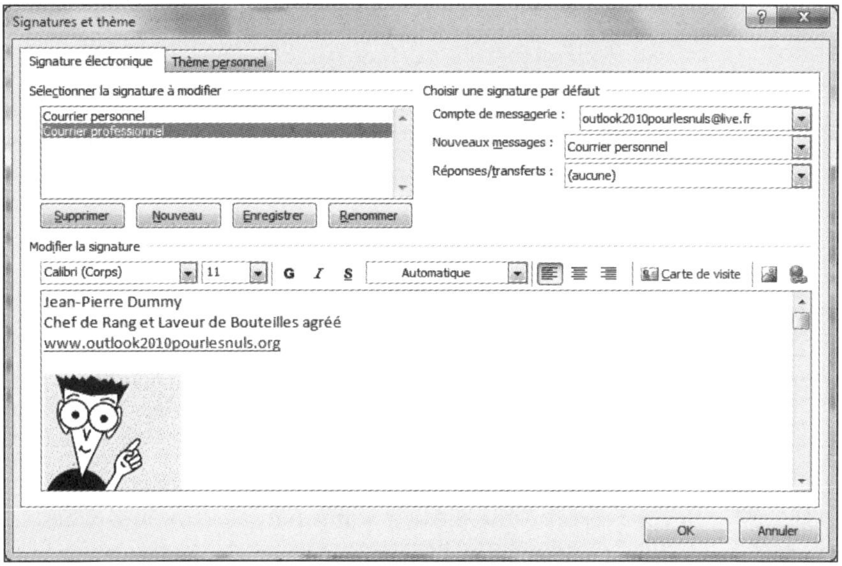

Figure 5.8 : La boîte de dialogue Signatures et thème.

4. **Cliquez sur le bouton Nouveau.**

   La boîte de dialogue Nouvelle signature apparaît.

5. **Tapez un nom pour votre nouvelle signature.**

   Vous pouvez donner à une signature le nom que vous voulez.

6. **Cliquez sur OK.**

   La boîte de dialogue Nouvelle signature se ferme. Le nouveau nom apparaît dans la zone Sélectionner la signature à modifier.

7. **Dans la zone de texte, saisissez le contenu de la signature que vous voulez créer, avec la mise en forme de votre choix.**

   Pour modifier la police, la taille, la couleur ou d'autres caractéristiques, utilisez les boutons situés juste au-dessus de la zone de texte. Si vous maîtrisez mieux la création de contenus sophistiqués dans Microsoft Word, vous pouvez fabriquer votre signature dans Word, la sélectionner puis la copier dans la boîte de dialogue Signatures et thème.

Nombreuses sont les personnes à recevoir du courrier électronique sur leur téléphone mobile et d'autres types d'appareils qui ne savent pas gérer les mises en forme fantaisistes. Il vaut peut-être mieux vous contenter d'une signature utilisant uniquement du texte. Essayez également de faire court. Pas besoin que la signature soit plus longue que le message proprement dit !

8. **Cliquez sur OK.**

   Votre signature est sauvegardée, et vous revenez à la boîte de dialogue Options Outlook.

9. **Cliquez sur OK.**

   La boîte de dialogue Options Outlook se referme.

   Votre nouvelle signature apparaîtra maintenant à la fin de chaque message que vous enverrez. Si vous créez plusieurs signatures, vous pouvez choisir celle que vous voulez en suivant les Étapes 1 à 3, et en sélectionnant la signature adéquate dans les listes Nouveaux messages et Réponses/transferts de la zone Choisir une signature par défaut de la boîte de dialogue Signatures et thème.

Si vous disposez de plusieurs adresses électroniques, deux moyens s'offrent à vous pour les sélectionner :

- **Paramétrer Outlook pour utiliser vos signatures en fonction de votre adresse électronique.** Par exemple, admettons que vous ayez une signature pour vos messages professionnels et une signature pour vos messages personnels. Si un courrier professionnel est généralement assez formel, un message personnel peut recevoir une signature plus fantaisiste. Pour désigner la signature qui va avec telle ou telle adresse, déroulez la liste Compte de messagerie de la boîte de dialogue Signatures et thème et faites votre choix.

- **Sélectionner la signature pour chaque message.** Quand vous avez fini de rédiger un message, activez l'onglet Insertion du formulaire, puis cliquez sur le bouton Signature. Il ne vous reste plus qu'à choisir dans la liste celle que vous voulez utiliser (ou à cliquer sur Signatures pour reprendre la procédure ci-dessus)

L'une de mes astuces préférées pour gagner du temps consiste à créer une signature qui contient un message que j'envoie fréquemment. Par exemple, quand je travaille sur un livre tel que celui-ci, je contacte souvent beaucoup de monde pour demander des informations sur des produits qui complètent bien Outlook ou améliorent son utilisation. Au lieu de taper inlassablement le même message, je transforme celui-ci en signature, puis j'insère cette « signature » à chaque fois que j'envoie le message. C'est un procédé un peu sournois car ce n'est pas la vocation première des signatures, mais cela m'épargne bien des frappes de texte.

Chapitre 6

À la conquête de votre montagne de messages

Dans ce chapitre :

- Créer un nouveau dossier de messagerie.
- Ranger les messages dans des dossiers.
- Passer en revue vos messages.
- Utiliser des règles.
- Traiter les messages indésirables.
- Archiver vos e-mails.

Vous passez trop de temps sur votre messagerie. Eh oui, je suis au courant ! C'est le cas de tout le monde. Certains experts estiment que l'employé d'entreprise lambda passe jusqu'à deux heures par jour sur sa messagerie et ce chiffre augmente chaque année. Bientôt, vous passerez plus de temps à gérer vos messages qu'à réellement travailler. (C'est déjà une réalité pour certains.) Puis, vous passerez plus de temps sur votre messagerie qu'éveillé. Ensuite… Je préfère ne pas y penser. J'aimerais plutôt qu'Outlook réduise le temps que je passe à me battre avec mes messages.

Outlook dispose d'un certain nombre d'outils pratiques pour traiter le torrent électronique qui se déverse dans votre Boîte de réception. Vous pouvez créer autant de dossiers que vous voulez pour y stocker vos messages, et vous pouvez utiliser la possibilité de personnaliser les affichages d'Outlook pour y voir encore plus clair. Ou bien encore archiver de vieux messages pour éviter que Boîte de réception ne soit trop envahie.

Mieux encore que les affichages, un assistant vous permet de traiter automatiquement les messages reçus selon des règles que vous définissez.

Vous pouvez ainsi déplacer tous les messages de certains expéditeurs vers le dossier de votre choix, envoyer automatiquement des réponses aux messages concernant un certain sujet, ou encore supprimer tout aussi automatiquement les messages qui contiennent des mots qui vous contrarient.

Il existe un moyen encore plus efficace de traiter les messages indésirables ou agressifs, qui consiste à utiliser les filtres de courrier d'Outlook. Dès que ces filtres sont activés (ce qui devrait d'ailleurs être le cas par défaut), vous avez beaucoup moins de messages parasites dans votre Boîte de réception.

Organiser les dossiers

Vous avez probablement l'habitude d'organiser vos documents à l'aide de dossiers. Avec Windows, tous vos documents figurent dans des dossiers. Pourquoi en serait-il autrement avec Outlook ? Eh bien, justement, Outlook se *démarque* un peu de Windows à ce sujet. Mais l'idée est la même : créer un dossier et y glisser des choses.

Créer un nouveau dossier de messagerie

La manière la plus simple de gérer le courrier entrant est de le classer dans des dossiers. Avant cela, il faut avoir créé au moins un dossier destiné à cet usage. Une fois ce miracle réalisé, il reste là aussi longtemps que vous ne le supprimez pas. Et vous pouvez définir autant de dossiers que vous en avez envie (ou besoin).

Par exemple, j'ai des dossiers dans lesquels je classe les messages venant de certains de mes clients. Tous les messages que je reçois au sujet de ce livre sont classés dans un dossier nommé `Outlook pour les Nuls`. J'ai aussi un dossier nommé `Personnel` dans lequel je classe tous les messages non professionnels que je reçois.

Pour créer un dossier de messagerie, suivez ces étapes :

1. **Cliquez sur le bouton Courrier dans le volet de navigation (ou appuyez sur Ctrl+Maj+I).**

   La liste des messages de votre Boîte de réception apparaît.

2. **Sélectionnez le dossier Boîte de réception, toujours dans le volet de navigation.**

   Le mot Boîte de réception est mis en surbrillance.

3. **Activez l'onglet Dossier du ruban, puis cliquez sur le bouton Nouveau Dossier.**

La boîte de dialogue Créer un dossier apparaît (Figure 6.1).

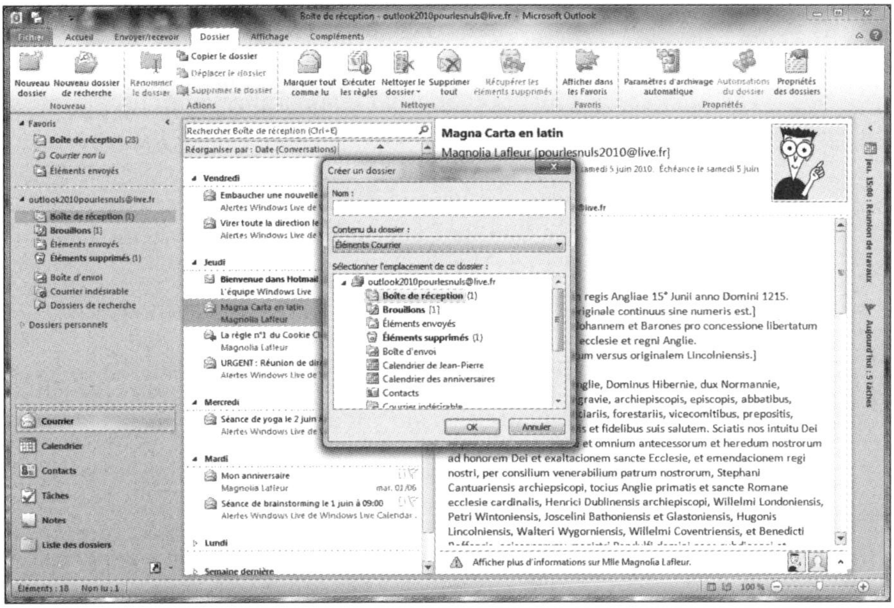

Figure 6.1 : La boîte de dialogue Créer un dossier.

4. **Dans le champ Nom, tapez un nom pour votre nouveau dossier, par exemple *Personnel*.**

   Vous pouvez donner à chaque dossier ou sous-dossier le nom que vous voulez. Vous avez également le droit de créer autant de dossiers que vous le souhaitez pour y classer vos messages entrants ou sortants. Si on laisse tous ses e-mails en vrac dans la Boîte de réception, le résultat n'est pas forcément très clair. En fabriquant trop de dossiers, d'un autre côté, la confusion n'est pas forcément moindre. C'est à vous de juger !

5. **Cliquez sur OK.**

   Le nouveau dossier apparaît dans la Liste des dossiers.

Vous avez maintenant un nouveau dossier nommé `Personnel` (ou le nom que vous lui avez donné) pour y classer des messages que vous aurez besoin de retrouver par la suite. Personnellement, j'utilise trois ou quatre dossiers pour les différents types de messages que je reçois afin de les retrouver plus facilement en cas de nécessité.

Si votre messagerie est exclusivement basée sur le Web (dans le cas par exemple d'un compte Gmail ou Microsoft Hotmail), Outlook refusera obstinément d'ajouter un sous-dossier à votre Boîte de réception.

Déplacer des messages vers un autre dossier

Pour classer des messages, il suffit de les faire glisser du dossier où ils se trouvent jusqu'à celui où vous voulez les mettre. Commencez par cliquer sur l'icône Boîte de réception pour faire apparaître votre liste de messages reçus, puis faites glisser chaque message vers le dossier où vous voulez le classer.

Pour déplacer un message vers un autre dossier :

1. **Cliquez sur le bouton Courrier dans le volet de navigation (ou appuyez sur Ctrl+Maj+I).**

   Votre liste de messages reçus apparaît.

2. **Cliquez sur le titre du message que vous voulez déplacer.**

   Le message apparaît en surbrillance.

3. **Activez si nécessaire l'onglet Accueil, puis cliquez sur le bouton Déplacer du ruban.**

   La liste des dossiers disponibles s'affiche.

4. **Cliquez sur le nom du dossier vers lequel vous voulez déplacer votre message.**

   Votre message est immédiatement envoyé dans le dossier que vous avez sélectionné. Si vous avez créé un dossier nommé Personnel (ou tout ce que vous voulez) dans la section précédente, vous pouvez le déplacer vers celui-ci.

N'OUBLIEZ PAS !

La plus grande qualité du bouton Déplacer est qu'il conserve en mémoire les dix derniers dossiers vers lesquels vous avez déplacé des messages. Ceci permet de déplacer facilement des messages vers des dossiers qui n'ont pas de bouton visible dans le volet de navigation. Mais le mieux est parfois l'ennemi du bien : si vous supprimez un dossier qui fait partie de la liste des « dix derniers », Outlook continuera tout de même à l'afficher dans la liste. Si vous essayez alors de déplacer un message vers ce dossier, Outlook affichera un message d'avertissement, et il n'exécutera évidemment pas l'opération demandée.

TRUC

Si vous créez une grande quantité de dossiers, celui qui vous intéresse peut parfaitement ne pas apparaître dans la liste associée au bouton Déplacer. Dans ce cas, cliquez sur le bouton Autre dossier, en bas de la liste. Choisissez alors la destination voulue dans la boîte de dialogue Déplacer les éléments.

Organiser vos messages avec les Dossiers de recherche

La fonction Dossiers de recherche d'Outlook est conçue pour vous aider à organiser les messages de votre Boîte de réception (et des autres dossiers de votre messagerie). Cette fonction vous permet de disposer d'un endroit dans lequel vous pouvez toujours rechercher un message d'un certain type. Un dossier de recherche ne sert pas à déplacer des e-mails. C'est plutôt une sorte d'emplacement imaginaire qui vous permet de retrouver vos messages selon leur nature.

Lorsque vous lancez Outlook pour la première fois aucun dossier de recherche n'est encore défini dans le volet de navigation. Vous devez donc constituer votre propre structure selon vos besoins personnels et/ou professionnels.

Créer un nouveau dossier de recherche

Pour créer un nouveau dossier de recherche, suivez ces étapes :

1. **Cliquez sur le bouton Courrier dans le volet de navigation (ou appuyez sur Ctrl+Maj+I).**

   Le module Courrier apparaît.

2. **Activez l'onglet Dossier dans le ruban. Cliquez ensuite sur le bouton Nouveau dossier de recherche (ou appuyez sur Ctrl+Maj+P).**

   La boîte de dialogue Nouveau dossier de recherche va s'afficher (voir la Figure 6.2).

3. **Dans la liste affichée par cette boîte de dialogue, sélectionnez le type de dossier de recherche que vous voulez créer.**

   Cette boîte de dialogue vous propose quatorze types de dossier de recherche prédéfinis. Vous pouvez utiliser l'un d'entre eux, ou créer votre propre type de dossier de recherche en sélectionnant Créer un dossier de recherche personnalisé, tout en bas de cette liste.

4. **Si un bouton Choisir apparaît dans la zone Personnaliser le dossier de recherche (au-dessous de la liste), cliquez dessus et entrez les informations demandées.**

   Lorsque vous sélectionnez un dossier de recherche d'un type prédéfini dans la liste, la partie inférieure de cette boîte de dialogue vous donne si nécessaire la possibilité d'entrer des informations pour ce genre de dossier (adresses, date, taille, etc.).

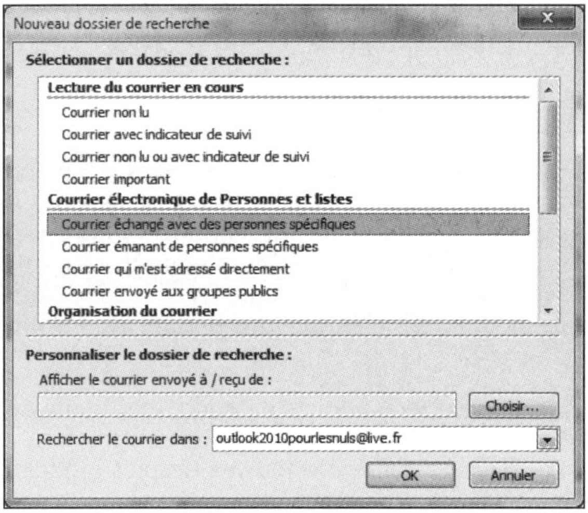

Figure 6.2 : La boîte de dialogue Nouveau dossier de recherche.

5. **Cliquez sur OK.**

   La boîte de dialogue se ferme, et votre nouveau dossier de recherche vient prendre sa place dans le volet de navigation.

TRUC

Certains dossiers de recherche prédéfinis peuvent être particulièrement utiles :

- **Courrier avec indicateur de suivi :** Ce dossier ne montre que les messages auxquels vous avez ajouté un indicateur. Si vous supprimez l'indicateur d'un message, celui-ci n'apparaît plus dans ce dossier, mais il est toujours présent dans votre Boîte de réception (ou là où vous l'avez rangé).

- **Courrier volumineux :** Ce dossier classe vos messages selon l'espace de stockage qu'ils nécessitent. Vous ne serez généralement pas très concerné par la taille des messages que vous recevez, mais ne soyez pas trop surpris si l'administrateur système de votre entreprise vous demande de ne pas stocker trop de messages dans votre Boîte de réception. Si vous avez beaucoup de messages avec des pièces jointes (ou des messages de vos amis dans lesquels ils insèrent leur photo), vous risquez de voir votre Boîte de réception se remplir assez rapidement.

TRUC

Vous pouvez utiliser ce dossier de recherche pour identifier les plus « lourds » de vos messages, et éliminer éventuellement certains d'entre eux. Les éléments que vous voyez dans ce dossier sont traités en fonction de leur taille.

- **Courrier non lu :** Ce dossier de recherche ne vous montre que les messages que vous n'avez pas encore ouverts. Si vous lisez l'un de ces messages, il disparaît de ce dossier, mais il reste bien sûr dans votre Boîte de réception.

N'OUBLIEZ PAS !

Vous n'avez en aucun cas besoin de vous limiter aux dossiers de recherche proposés par Outlook. Vous avez aussi la possibilité de créer des dossiers totalement personnels. Supposons par exemple que vous receviez régulièrement des e-mails concernant des ventes dans une certaine région. Il serait alors intéressant de définir un dossier de recherche qui vous montrerait automatiquement tous les messages qui contiennent cette information.

Utiliser un dossier de recherche

Il n'y a rien de particulier à faire pour utiliser un dossier de recherche. Cliquez seulement sur le nom du dossier que vous voulez consulter, et les messages correspondants apparaissent dans le Volet de lecture. Lorsque vous avez terminé votre lecture, cliquez simplement sur l'icône Boîte de réception dans le volet de navigation. Et c'est tout !

Supprimer un dossier de recherche

Une fois qu'un nouveau dossier de recherche a fait son office, il n'y a généralement pas de raison de le conserver. N'oubliez pas qu'un dossier de recherche ne contient rien : il ne fait qu'afficher ceux de vos messages qui correspondent à certains critères. Si vous supprimez ce dossier, aucun de ces messages ne sera affecté. Cliquez simplement sur le dossier de recherche à supprimer pour le sélectionner, activez l'onglet Dossier du ruban, puis cliquez sur le bouton Supprimer ce dossier. Et voilà : le critère de recherche s'évapore, mais pas votre courrier !

Utiliser un papier à lettres (électronique)

Comme il n'y a maintenant que quelques siècles que le papier à lettres préimprimé est devenu d'usage courant, je suppose qu'il n'est pas trop tôt pour introduire la même idée pour le courrier électronique.

Le papier à lettres est conçu pour donner un style visuel à votre message. Avec le choix approprié d'un papier à lettres, vous pouvez donner à votre message une allure martiale, commerciale ou même tout simplement amusante.

Contrairement au papier à lettres du monde physique, vous disposez d'un choix illimité de papiers à lettres pour vos messages, sans avoir à acheter des rames de papier préimprimé. Il vous suffit de sélectionner dans un menu celui qui vous convient.

Pour utiliser un papier à lettres :

1. **Activez l'onglet Accueil, puis cliquez dans le ruban successivement sur Nouveaux éléments, Message en utilisant, et enfin Davantage de papiers à lettres.**

   La boîte de dialogue Thème ou modèle apparaît. Elle propose une liste déjà étoffée de styles de composition et de papiers à lettres (voir la Figure 6.3). Lorsque vous cliquez sur le nom d'un papier à lettres, vous pouvez voir comment il se présente dans la zone d'aperçu, à droite de la fenêtre.

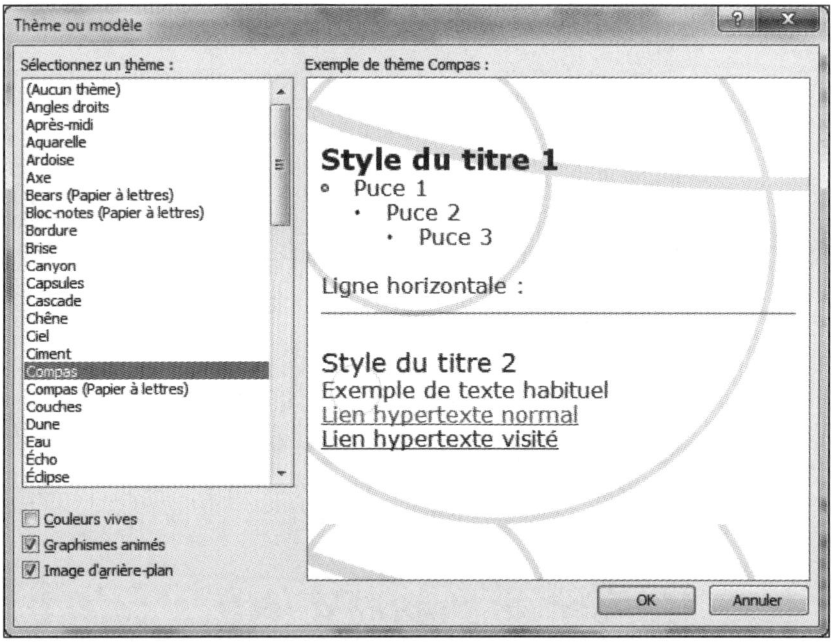

Figure 6.3 : La boîte de dialogue Thème ou modèle.

2. **Cliquez sur le papier à lettres de votre choix.**

   Le nom sélectionné est mis en surbrillance.

3. **Cliquez sur OK.**

   La fenêtre du nouveau message apparaît, avec le papier à lettres que vous venez de sélectionner. Sur l'exemple de la Figure 6.4, j'ai choisi le thème Après-midi.

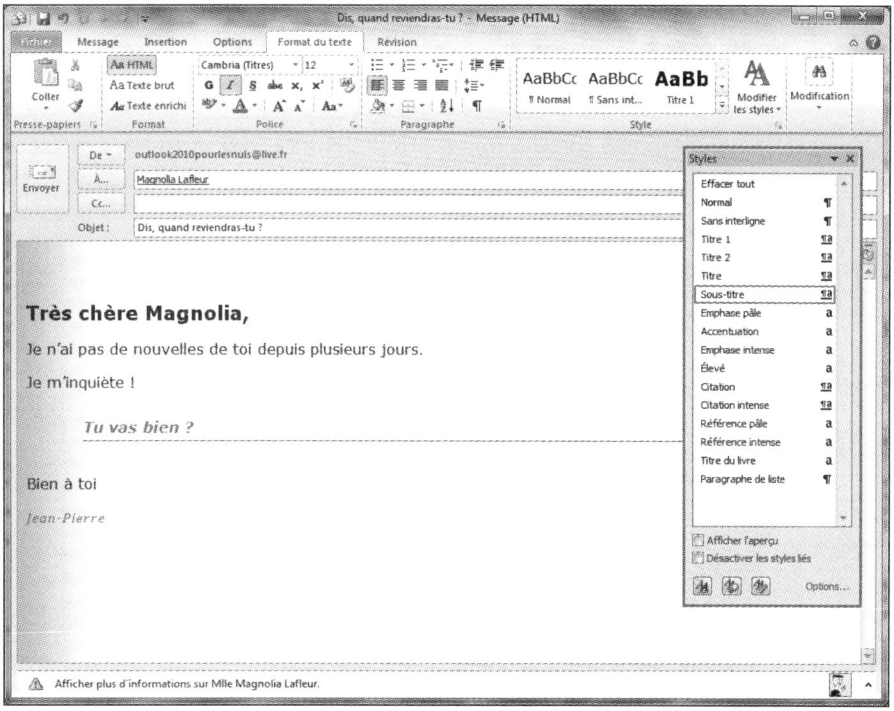

Figure 6.4 : Le thème Après-midi utilisé dans un message.

4. **Rédigez normalement votre message.**

   Choisissez votre correspondant(e) et entrez l'objet du message. Cliquez là où vous voulez insérer du texte, et tapez ce que vous voulez. Servez-vous des styles proposés sous l'onglet Format du texte pour agrémenter votre missive.

5. **Cliquez sur Envoyer.**

ATTENTION !

Comme tout le monde n'utilise pas Outlook pour lire son courrier électronique, la beauté de votre composition pourra se perdre en route pour certains des destinataires de vos messages (ou arrivera en tant que pièce jointe). Ne vous inquiétez pas : le texte, lui, arrivera quand même.

Utiliser le Volet de lecture

TRUC

Si vous avez besoin de passer en revue rapidement un grand nombre de messages, le Volet de lecture peut vous y aider. Il est normalement automatiquement ouvert à l'installation d'Outlook. Si ce n'est pas le cas, activez l'onglet Affichage du ruban, puis cliquez sur le bouton Volet de lecture et choisissez enfin À droite.

La fenêtre de la Boîte de réception se divise alors en deux sections :

- La partie de gauche montre la liste de vos messages reçus.
- La partie de droite affiche le contenu du message sélectionné dans la liste de gauche (voir la Figure 6.5).

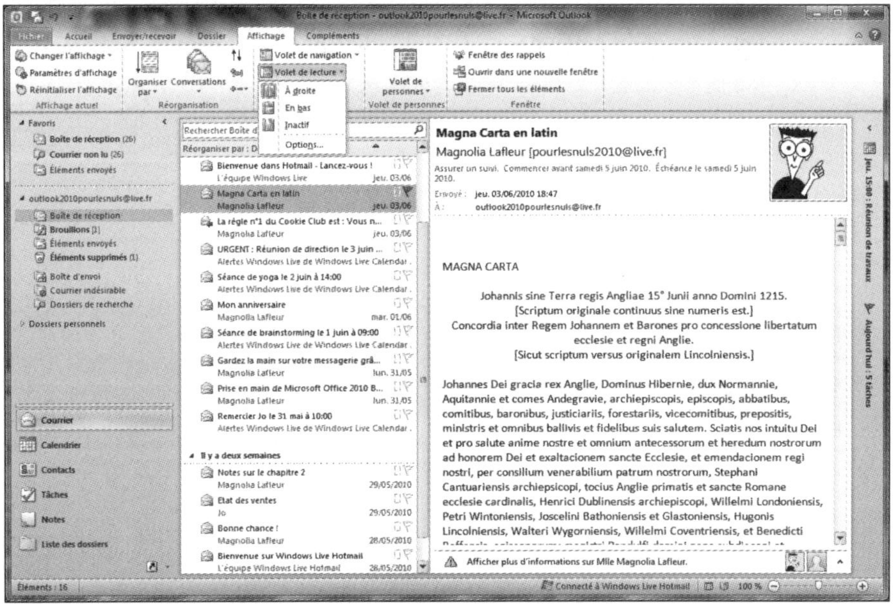

Figure 6.5 : Le Volet de lecture affiche le contenu du message sélectionné.

Pour passer d'un message au précédent/suivant, cliquez simplement sur la touche de la flèche ascendante/descendante de votre clavier. Vous pouvez aussi cliquer sur le titre d'un message dans la liste pour en faire apparaître le contenu dans la partie de droite. Je préfère généralement afficher le Volet de lecture sur la droite, bien que la Barre des tâches gêne parfois celui-ci. Vous pouvez offrir plus d'espace au Volet de lecture en cliquant sur la petite flèche située en haut de la Barre des tâches, ce qui permet de transformer celle-ci en un mini-ruban sur la droite de l'écran. Pour la rouvrir, il suffit de reproduire le même geste

Le Volet de lecture permet d'afficher plus de texte que le mode d'aperçu automatique, y compris les images et la mise en forme. Par exemple, si vos amis vous envoient des messages en utilisant les papiers à lettres d'Outlook, vous apprécierez mieux le résultat dans le Volet de lecture.

Jouer avec les règles

Les règles sont probablement la fonction que je préfère dans Outlook. Elles vous permettent de faire exécuter automatiquement par Outlook différentes actions sur certains types de messages. Par exemple, comme je reçois des tonnes de messages, je peux facilement perdre une journée entière à faire le tri parmi eux. J'ai des moyens beaucoup plus divertissants de gaspiller mon temps, comme me coller des Post-it sur le front. J'ai donc défini des règles pour trier automatiquement mes messages dans différents dossiers, de manière à retrouver avec plus d'efficacité ceux qui m'intéressent. Ainsi, je peux consacrer plus de temps à ma vie imaginaire débordante.

Je ne sais pas exactement combien de règles vous pouvez créer à l'aide de l'assistant d'Outlook, mais je suis sûr que vous pouvez en fabriquer beaucoup plus que vous n'en aurez jamais besoin.

La manière rapide et malpropre de créer une règle

Vous découvrez généralement la nécessité de créer une règle juste après la réception d'un message qui vous casse les pieds. Votre premier réflexe peut être de donner un coup de tête à votre ordinateur, mais retenez-vous. Vous pourriez vous faire mal, surtout si votre unité centrale est sur votre bureau. Sinon, vous pouvez créer une règle Outlook tout en lisant le message de celui-ci ou celui-là, message que vous feriez bien de ne pas lire du tout, sauf si celui-ci ou celui-là est votre patron (dans ce cas, il va vous falloir une *autre* règle).

L'assistant Gestion des messages vous guide pas à pas dans la création de chaque règle. C'est en fait une opération très simple. Voici comment créer une simple règle pour déplacer un message venant d'un certain expéditeur jusqu'à un certain dossier :

1. **Cliquez sur le bouton Courrier dans le volet de navigation (ou appuyez sur Ctrl+Maj+I).**

   La Boîte de réception apparaît.

2. **Activez l'onglet Accueil du ruban, puis cliquez sur le bouton Règles et enfin sur l'option Gérer les règles et les alertes.**

   Ne cliquez pas sur Créer une règle. Ce choix ne vous propose qu'une liste limitée de possibilités basées sur le message qui est actuellement ouvert. Préférez donc Gérer les règles et les alertes. Ceci ouvre la boîte de dialogue Règles et alertes. Et vous n'êtes plus qu'à un clic de l'assistant Gestion des messages.

3. **Cliquez sur le bouton Nouvelle règle.**

   L'Assistant Gestion des messages apparaît (voir la Figure 6.6). Il contient la liste des types de règle que vous pouvez créer.

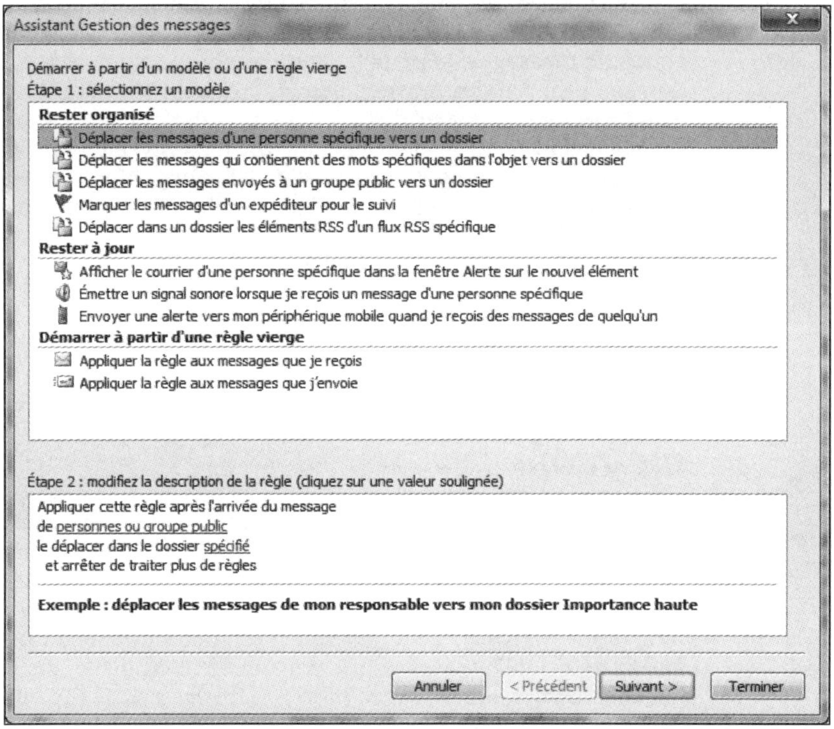

Figure 6.6 : L'assistant Gestion des messages vous permet de créer des règles.

4. **Sélectionnez le type de la règle que vous voulez créer.**

   L'assistant Gestion des messages propose un certain nombre de types de règle d'usage courant que vous pouvez avoir besoin de créer :

   - Déplacer vers un dossier les messages d'une personne spécifique.
   - Déplacer vers un dossier les messages contenant certains mots dans la zone Objet.
   - Déplacer vers un dossier les messages envoyés à une liste de distribution.

La collection de règles suggérées est divisée en catégories utiles telles que Rester organisé et Rester à jour. Je suis déçu qu'il n'y ait pas *Rester sain d'esprit*, *Rester en activité* ou même *Rester à la maison à ne rien faire tout en étant payé*. Je suis sûr que ces options figureront dans une future version d'Outlook. Dans cet exemple, je vous suggère d'utiliser Déplacer les messages d'une personne spécifique vers un dossier (c'est la première de la série). Une fois le choix opéré, la zone de description de la règle, en bas de la boîte de dialogue, affiche les mots Appliquer cette règle après l'arrivée du message de personnes ou groupe public, le déplacer dans le dossier spécifié et arrêter de traiter plus de règles (c'est lourd mais Outlook comprend.)

5. **Cliquez sur le bouton Suivant. Dans la zone Étape 1, en haut de la fenêtre, vérifiez que la première ligne, celle qui indique** de personnes ou groupe public**, est bien cochée. Cliquez alors dans la zone du bas, Étape 2, sur la partie soulignée de cette même expression.**

   La boîte de dialogue Adresse de la règle apparaît.

6. **Double-cliquez sur le nom de chacune des personnes dont vous voulez déplacer les messages vers un dossier.**

   Le nom et l'adresse de messagerie de chaque correspondant ainsi sélectionné apparaît dans le champ De, en bas de la boîte de dialogue.

7. **Une fois que vous avez sélectionné toutes les personnes dont vous voulez déplacer les messages, cliquez sur OK.**

   La boîte de dialogue Adresse de la règle se ferme, et les noms que vous avez sélectionnés remplacent les mots « personnes ou liste de distribution ».

8. **Cliquez sur la deuxième portion de texte souligné dans la description du type de règle (dans notre exemple,** spécifié**).**

   Une nouvelle boîte de dialogue apparaît pour vous permettre de choisir le dossier vers lequel vous voulez déplacer les messages concernés (voir la Figure 6.7).

9. **Double-cliquez sur le nom du dossier vers lequel vous voulez déplacer des messages.**

   La boîte de dialogue se ferme, et le nom du dossier que vous avez sélectionné apparaît dans la description du type de règle.

Notez que chaque règle est précédée d'une case qui contient une coche lorsque la règle est activée, et dans laquelle vous pouvez cliquer pour activer ou désactiver la règle correspondante. Remarquez que vous pouvez par conséquent cumuler diverses conditions dans une même règle, comme Lorsque mon nom est dans la zone Cc. Si vous cliquez plusieurs fois sur Suivant, vous avez la possibilité d'ajouter des actions (par exemple supprimer l'indicateur de message) ou de définir des exceptions (comme sauf si je suis l'unique destinataire).

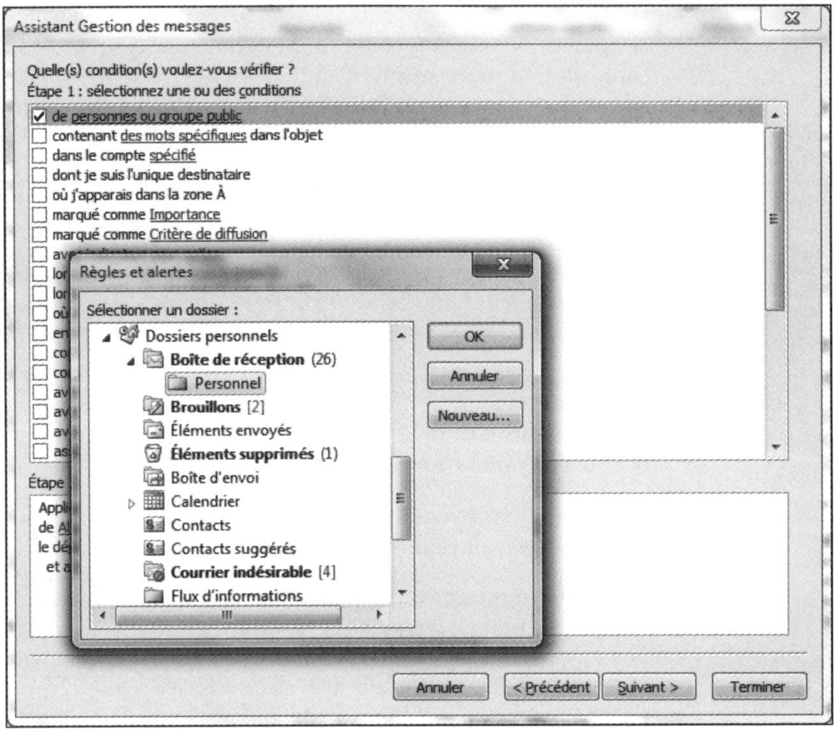

Figure 6.7 : Sélectionnez le dossier vers lequel vous voulez déplacer des messages.

10. **Cliquez sur Terminer.**

    Vous êtes de retour dans la boîte de dialogue Règles et alertes, la règle que vous venez de créer apparaît dans la partie supérieure de la fenêtre, avec la description de cette règle dans la partie inférieure.

11. **Cliquez sur OK pour fermer la boîte de dialogue Règles et alertes.**

Les règles peuvent faire bien plus que le tri des messages que vous recevez. Vous pouvez créer des règles qui répondent automatiquement aux messages dont l'objet contient un certain mot, ou leur assigner un indicateur, ou les supprimer si c'est celui-ci ou bien celui-là qui les a envoyés, et ainsi de suite. Il n'y a pratiquement pas de limites.

Exécuter une règle

Normalement, les règles se mettent en action dès qu'il arrive des messages dans votre Boîte de réception. Lorsque vous créez une règle pour déplacer les messages d'une certaine personne vers un certain dossier, les e-mails qui arrivent ensuite sont déplacés, mais ceux qui se trouvaient déjà dans votre Boîte de réception y restent. Si vous voulez appliquer une règle aux messages antérieurs à la définition de la règle, vous devez cliquer sur le bouton Exécuter les règles, vers le haut de la boîte de dialogue Règles et alertes. Cochez les cases des règles que vous voulez appliquer, sélectionnez éventuellement le dossier à traiter, puis cliquez sur le bouton Exécuter, en bas de cette boîte de dialogue.

Filtrer les messages indésirables

Si vous vous sentez submergé par les messages indésirables, sachez que vous n'êtes pas le seul. Le nombre des messages indésirables envoyés par Internet est *supérieur* à celui des messages légitimes. Il est maintenant raisonnable de supposer que tout utilisateur de messagerie électronique va recevoir des messages indésirables, ce que l'on appelle aussi des *spams*. Outlook comporte un système de filtrage. C'est une règle spéciale qui examine tout votre courrier entrant et déplace automatiquement tout ce qui lui semble suspect vers un dossier spécial, nommé Courrier indésirable. Après avoir vérifié dans ce dossier que rien n'y a été envoyé de façon intempestive (et cela arrive régulièrement), vous pouvez en supprimer tout le contenu pour vous en débarrasser.

Aucun ordinateur n'est parfait, et aucun programme d'ordinateur n'est lui non plus parfait. Je ne pourrai pas vous expliquer entièrement comment fait Outlook pour distinguer le courrier indésirable du reste. Pour ma part, je trouve qu'une partie du courrier vraiment indésirable passe au travers de ce filtre, mais je dois reconnaître qu'Outlook est capable d'en supprimer plus de la moitié. Il m'est aussi arrivé qu'un « bon » message se retrouve dans le dossier du courrier indésirable. Depuis que c'est arrivé avec un message de mon père, je vérifie systématiquement le contenu de ce dossier avant de le supprimer. Certaines personnes préfèrent utiliser un logiciel qui s'intègre dans Outlook pour effectuer ce type de besogne. Si vous pensez que celui-ci n'est pas à la hauteur de vos espérances, vous devriez envisager d'investir dans un *anti-spam*, que l'on trouve généralement associé à une suite d'applications destinées à protéger votre ordinateur tout entier.

Régler la sensibilité du filtre

Il n'y a rien de particulier à faire pour utiliser le filtre de courrier indésirable d'Outlook. Il est activé par défaut, mais avec le niveau de filtrage le plus faible.

Si vous trouvez qu'Outlook envoie trop ou trop peu de messages dans le dossier Courrier indésirable, vous pouvez changer le niveau de protection pour l'adapter à vos besoins, ou même désactiver entièrement le filtre.

Pour régler le niveau de protection du filtre de courrier indésirable :

1. **Cliquez sur le bouton Courrier dans le volet de navigation (ou appuyez sur Ctrl+Maj+I).**

   La Boîte de réception apparaît.

2. **Activez l'onglet Accueil du ruban, puis cliquez sur le bouton Courrier indésirable et enfin sur Options du courrier indésirable.**

   La boîte de dialogue Options du courrier indésirable apparaît, avec l'onglet Options au premier plan (voir la Figure 6.8).

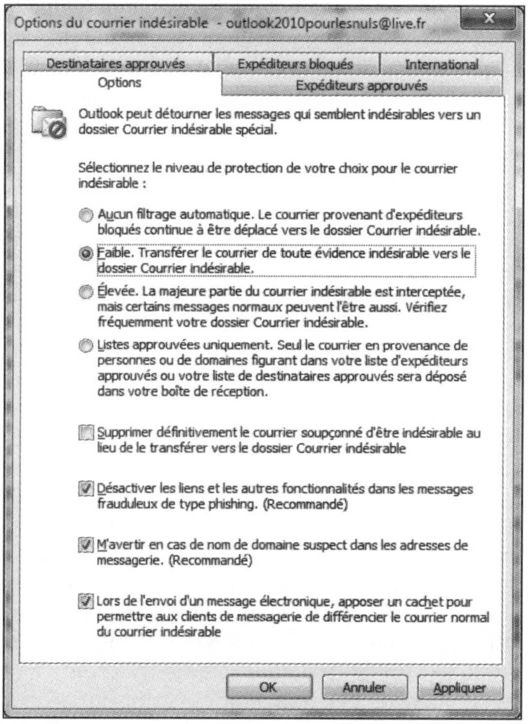

Figure 6.8 : Définissez la protection contre les Courriers indésirables sur Faible ou Élevée.

3. **Cliquez sur le bouton de l'option qui vous convient.**

   Un point noir apparaît devant l'option sélectionnée. Outlook vous propose les modes suivants :

   • **Aucun filtrage automatique :** Tous les messages reçus sont envoyés directement dans votre Boîte de réception, sans aucun filtrage. Si c'est ce qui vous convient, sélectionnez cette option. La plupart des gens préfèrent avoir au moins un peu de filtrage.

- **Faible :** Le « plus indésirable » du courrier indésirable est envoyé vers le dossier Courrier indésirable, mais une bonne partie passe encore au travers et se retrouve dans votre Boîte de réception.
- **Élevée :** Ce paramétrage est assez agressif pour que vous puissiez vous attendre à voir une certaine proportion de messages légitimes se retrouver dans le dossier Courrier indésirable. Si vous sélectionnez cette option, prenez soin de vérifier régulièrement le contenu de ce dossier pour être sûr de ne pas perdre des e-mails importants.
- **Listes approuvées uniquement :** Avec cette option, seuls les messages de personnes ou d'entreprises figurant dans votre liste Expéditeurs approuvés sont envoyés dans la Boîte de réception, tous les autres étant expédiés dans le dossier Courrier indésirable.

De plus, d'autres paramètres figurent en bas de l'onglet Options :

- **Supprimer définitivement le courrier soupçonné d'être indésirable :** Je trouve que c'est peut-être un peu trop énergique, mais c'est à vous de choisir. Comme je n'ai pas encore rencontré de filtre de courrier indésirable parfait, je pense qu'il est préférable d'envoyer le courrier soupçonné d'être un *spam* dans le dossier Courrier indésirable, et de vider celui-ci régulièrement après en avoir vérifié le contenu. D'un autre côté, vous travaillez peut-être dans une entreprise qui a limité le volume des messages qu'il vous est permis de stocker, et il vaut sans doute mieux dans ce cas vous débarrasser directement des messages indésirables.
- **Désactiver les liens et les autres fonctionnalités dans les messages frauduleux de type phishing :** L'*hameçonnage* ou phishing est un moyen de faire beaucoup de mal à un grand nombre de destinataires de messages qui ne se méfient pas. Il s'agit d'une arnaque consistant à se faire passer (généralement) pour une banque ou institution financière afin de vous dérober des informations personnelles. C'est la première étape d'une opération de vol d'identité. Ce type de délit est en hausse. Outlook essaie donc de détecter les faux messages et de désactiver les liens hypertexte qu'ils contiennent. De toutes façons, il ne faut jamais fournir d'informations financières personnelles, ni de mots de passe en réponse à un courrier électronique. Contactez immédiatement votre établissement financier ou allez directement sur son site Web (sans passer par le lien fourni dans le message frauduleux). Il peut vous arriver toutes sortes de problèmes si vous ne faites pas attention. En résumé : activez cette option !
- **M'avertir en cas de nom de domaine suspect dans les adresses de messagerie :** Sur le Web ou en dehors, certains endroits ont mauvaise réputation. Si vous recevez un message d'une adresse suspecte, Outlook vous avertit afin de vous éviter des ennuis. Votre maman vous a dit qu'il n'y avait pas que des gens bien le Web.

Elle vous a aussi dit de manger votre soupe. Vous l'avez écoutée ? Quelque chose me dit que non. Alors, activez aussi cette option.

- **Lors de l'envoi d'un message électronique, apposer un cachet pour permettre aux clients de messagerie de différencier le courrier normal du courrier indésirable :** Si vous activez cette option, tous les messages que vous enverrez contiendront un « cachet postal » électronique que certains programmes (dont évidemment Outlook) peuvent lire et interpréter comme n'étant probablement pas un spam. En fait, cela ralentit légèrement le traitement de vos e-mails. Rien que vous puissiez remarquer, mais cela suffit généralement à démotiver un *spammer* qui tente d'envoyer des milliers et des milliers de messages le plus vite possible. De surcroît, il est évident que ce genre d'individu ne va pas se tirer une balle dans le pied. Cette fonction ne peut que *les* gêner, pas vous. Autant donc l'activer sans se poser des questions inutiles.

4. **Cliquez sur OK.**

   La boîte de dialogue Options du courrier indésirable se ferme.

Et voilà ! Avec un peu de chance, vous n'aurez plus besoin de naviguer au milieu d'un torrent de messages publicitaires pour trouver ceux qui vous sont vraiment destinés.

Filtrer vos messages avec une liste d'expéditeurs et une liste de destinataires

La fonction de filtrage du courrier indésirable d'Outlook comporte une option que vous pouvez utiliser si vous voulez définir vos propres *listes d'expéditeurs et de destinataires approuvés* en fonction de la provenance et de la destination de vos messages. Vous avez ainsi la possibilité de définir une liste d'expéditeurs dont les messages doivent *toujours* (ou *jamais*) être envoyés dans le dossier Courrier indésirable. Les autres onglets de la boîte de dialogue Options de courrier indésirable vous permettent de définir autant de listes d'expéditeurs et de destinataires :

- **Expéditeurs approuvés :** Quand un message arrive avec comme indication d'expéditeur une adresse de messagerie ou un nom de domaine figurant dans cette liste, Outlook ne le traite jamais comme courrier indésirable, quel que soit son contenu.

- **Destinataires approuvés:** Si vous recevez des messages d'une liste de distribution en ligne, ceux-ci apparaissent souvent comme provenant de nombreuses personnes différentes, mais c'est à la liste qu'ils sont adressés (c'est ce que vous verrez, par exemple, si vous faites partie de l'un des groupes de Yahoo! ou autres). Dans ce cas, placez le nom de cette liste de distribution dans votre liste Destinataires approuvés.

- **Expéditeurs bloqués :** C'est le contraire des deux listes précédentes. Les messages provenant des expéditeurs qui se trouvent dans cette liste sont toujours traités par Outlook comme du courrier indésirable.
- **International :** La plupart des spams voyagent au-delà des océans (en fait, ils prennent des satellites pour aller plus vite). Nombre d'entre eux semblent provenir de gens dont l'adresse est curieuse (par exemple `spamsender@spam.ru`). Les lettres qui suivent le dernier point constituent ce que l'on appelle un *domaine de niveau supérieur*. Elles indiquent généralement un pays d'origine. En l'occurrence, `ru` signifie Russie, une terre d'asile pour les spams par les temps qui courent.

Si vous recevez régulièrement des spams provenant de l'un de ces domaines de niveau supérieur, vous pouvez demander à Outlook de les envoyer directement dans le dossier Courrier indésirable. Pour cela, cliquez sur le bouton qui se trouve au centre de cet onglet, puis cochez les noms de pays voulus dans la boîte de dialogue Liste des domaines de niveau supérieur bloqués (voir la Figure 6.9). De même, si vous recevez des tas de messages rédigés dans des langues plus ou moins exotiques, servez-vous du bouton Liste des codages bloqués pour les bannir de la même manière.

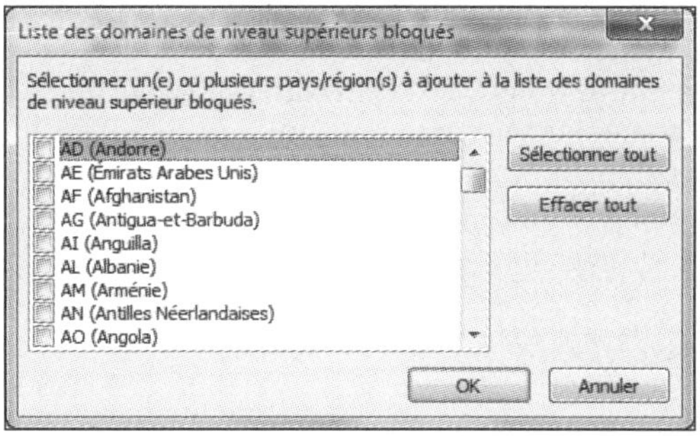

Figure 6.9 : Comment bloquer les messages provenant de certains pays.

Bien entendu, si vous avez des correspondants tout à fait légitimes dans diverses contrées, ou si vous échangez régulièrement des nouvelles dans des langues diverses et variées, vous n'allez pas bloquer tout le monde pour rester seul sur une île déserte. Mais vous devrez du même coup accepter aussi de gérer manuellement les spams qui vous arrivent.

Pour ajouter une personne à votre liste d'Expéditeurs bloqués, c'est très simple. Quand vous recevez un message d'un individu dont vous ne voulez plus jamais entendre parler, sélectionnez le message et cliquez dans l'onglet Accueil du ruban sur le bouton Courrier indésirable. Il ne vous reste plus qu'à choisir l'option Bloquer l'expéditeur. Utilisez la même méthode pour ajouter une personne, un domaine ou un groupe à la liste des destinataires et des expéditeurs approuvés. Sélectionnez le message, cliquez dans le ruban sur Courrier indésirable, puis choisissez dans la liste l'option Ne jamais bloquer qui convient.

Naturellement, si vous voulez être plus précis, vous pouvez aller directement dans l'onglet approprié de la boîte de dialogue Options du courrier indésirable et y entrer l'adresse que vous voulez filtrer.

Pour définir ces listes, vous disposez aussi des options suivantes :

- **Liste Contacts :** En bas de l'onglet Expéditeurs approuvés, vous pouvez voir une case à cocher intitulée Approuver également le courrier en provenance de mes Contacts. Si cette case est cochée, les messages provenant de toute personne figurant dans votre liste de contacts ne seront jamais traités comme courrier indésirable.
- **Vos destinataires :** Si vous cochez la case Ajouter automatiquement les personnes auxquelles j'envoie un courrier électronique à la liste des expéditeurs approuvés, Outlook accepte automatiquement les messages des personnes auxquelles vous écrivez.
- **Importer et Exporter :** Si vous avez beaucoup de noms à ajouter à l'une ou l'autre de ces trois listes, vous pouvez créer une liste dans le Bloc-notes de Windows pour l'importer dans Outlook en cliquant sur le bouton approprié dans l'un des onglets Expéditeurs approuvés ou Expéditeur bloqués. Une entreprise qui a une longue liste de clients (à ne pas considérer comme indésirables !) a intérêt à rendre une telle liste disponible à tout son personnel utilisant Outlook.

Filtrer les domaines

Parmi les options concernant les courriers indésirables, Outlook vous en offre une particulièrement puissante, mais à manier avec précaution : le filtrage des domaines. Si vous êtes en affaire avec une certaine entreprise, vous pouvez l'intégrer à votre liste d'expéditeurs approuvés. Sélectionnez un de ses messages, puis cliquez sous l'onglet Accueil du ruban sur le bouton Courrier indésirable. Choisissez alors Ne jamais bloquer le domaine de l'expéditeur (`@exemple.com`).

En revanche, si vous ajoutez par mégarde à votre liste des expéditeurs approuvés le domaine d'un ami qui vous envoie des messages via un grand fournisseur d'accès Internet, vous allez en partie à l'encontre de votre propre sécurité. En effet, des tas de courriers indésirables peuvent venir, ou prétendre venir, de clients de ce fournisseur. En résumé, utilisez la fonction de filtrage des domaines avec précaution.

Archiver pour la postérité

Il ne vous faudra pas bien longtemps pour accumuler plus de messages que vous ne pouvez en traiter. Certains suppriment leurs e-mails au fur et à mesure qu'ils les lisent ; d'autres conservent leurs anciens messages pour pouvoir les consulter par la suite. C'est d'ailleurs ce que je fais toujours, car on peut plus tard avoir besoin de vérifier ce qu'on a dit ou ce que quelqu'un vous a dit.

En outre, la loi oblige certaines entreprises à conserver tous ses messages pendant un certain temps. C'est un problème épineux si vous travaillez dans un secteur d'activité très réglementé tel que la banque, la finance ou la santé. Le non-respect du délai de conservation des données peut vous mettre, ainsi que votre entreprise, dans le pétrin. Il est donc vivement conseillé de connaître les règles en vigueur dans votre domaine d'activité. D'un autre côté, nombreuses sont les grandes entreprises à sauvegarder automatiquement tous les messages et à conserver ces enregistrements dans un endroit sûr et secret, ce qui met les employés à l'abri des problèmes de conservation de documents.

Le problème, c'est qu'Outlook finit par ralentir lorsque le « poids » de tous ces e-mails prend de l'ampleur. De plus, une énorme collection de messages est difficile à gérer, et, si vous utilisez une messagerie d'entreprise, votre administrateur système peut également ne pas vous laisser stocker plus d'un certain volume de messages pour éviter d'engorger le système.

L'archivage est une fonction intégrée dans Outlook pour vous aider à stocker vos messages (et d'autres éléments) dont vous n'avez plus besoin de façon permanente, mais que vous pouvez avoir à retrouver ou à consulter dans l'avenir. Si vous utilisez Outlook sur un réseau Exchange au travail, cet archivage vous permet de vous entendre facilement avec votre administrateur système en réduisant le nombre de courriers que vous stockez dans le système de messagerie.

Même si vous ne voulez pas utiliser dès maintenant la fonction d'archivage, il est bon de comprendre comment elle fonctionne. Outlook archive parfois certaines choses automatiquement, ce qui peut vous donner l'impression que des éléments disparaissent. Dans les sections qui suivent, je vais vous montrer comment retrouver les données archivées par Outlook.

Si la fonction Archivage automatique vous semble compliquée et effrayante, essayez de ne pas vous inquiéter. Je reconnais que Microsoft ne s'est pas surpassé pour la rendre compréhensible, mais une fois que vous en aurez saisi le principe, elle pourra vous être très utile.

Bien que les messages électroniques soient le genre de choses que les gens archivent le plus souvent, tous les autres éléments d'Outlook peuvent également subir le même traitement : rendez-vous, tâches… bref, tout. Sauf les contacts.

Paramétrer l'archivage automatique

Si vous n'avez pas changé les réglages par défaut d'Outlook depuis son installation, celui-ci n'archive *pas* automatiquement vos données. Il se peut en revanche que cela soit fait dans votre entreprise. Ou que celle-ci se serve d'un service de purge automatique pour éliminer les messages trop anciens. Dans ce cas, il vaut mieux s'informer auprès de l'administrateur système avant de toucher à quoi que ce soit.

Si vous voulez activer l'archivage automatique, voir comment Outlook traite vos vieux e-mails, ou changer certains paramètres, suivez ces étapes :

1. **Activez l'onglet Fichier du ruban puis cliquez sur le bouton Options.**

   La boîte de dialogue Options apparaît.

2. **Dans le volet de navigation, à gauche, cliquez sur le bouton Options avancées.**

   La page Options pour travailler avec Outlook s'affiche.

3. **Dans la section Archivage automatique, cliquez sur le bouton Paramètres d'archivage automatique.**

   Vous accédez alors à la boîte de dialogue Archivage automatique (voir la Figure 6.10).

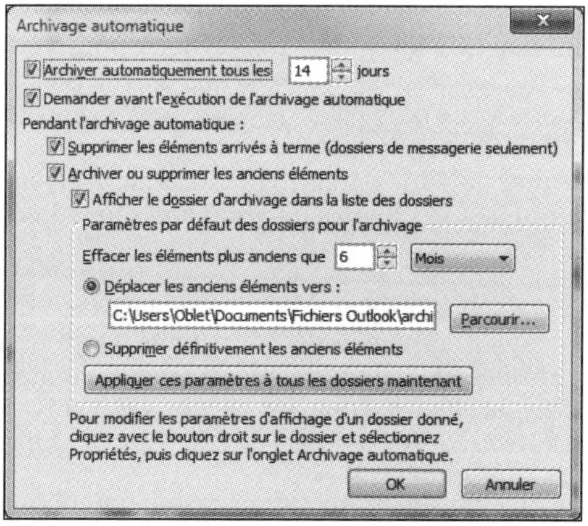

Figure 6.10 : La boîte de dialogue Archivage automatique.

Ne vous précipitez pas pour changer fébrilement telle ou telle chose dans cette boîte de dialogue. Attendez d'avoir fait connaissance avec le paramétrage existant. La boîte de dialogue Archivage automatique vous dit quatre choses importantes :

- Si l'archivage automatique est activé.
- À quelle fréquence Outlook archive des éléments.
- L'ancienneté des éléments qui seront archivés.
- Le nom et l'emplacement du fichier d'archive.

Si vous activez la première option, Outlook va archiver automatiquement les données tous les 14 jours et transférer celles qui ont plus de six mois vers le fichier d'archive indiqué dans le champ Déplacer les anciens éléments vers. Pour la plupart des gens, ce paramétrage convient parfaitement. Certains préfèrent toutefois désactiver la fonction d'archivage automatique et effectuer ce grand nettoyage manuellement (voir la section suivante). Pour activer ou désactiver l'archivage automatique, il suffit de cliquer en haut de la boîte de dialogue Archivage automatique sur la case de l'option Archiver automatiquement tous les 14 jours, et le cas échéant de remplacer cette valeur par un nombre entre 1 et 60.

Archiver des dossiers individuels

Il pourrait être plus intéressant de configurer l'archivage automatique pour chacun de vos dossiers individuels, plutôt que de traiter tout le monde sur un pied d'égalité. De cette manière, il devient possible de contrôler avec précision ce qui doit ou non être archivé automatiquement. Dans l'exemple qui suit, je vais utiliser le dossier Courrier pour lancer une opération d'archivage des e-mails tous les trois mois :

1. **Cliquez sur le bouton Courrier dans le volet de navigation (ou appuyez sur Ctrl+Maj+I).**

   Le module de messagerie s'affiche.

2. **Dans la liste des dossiers, sélectionnez Boîte de réception.**

   Ce nom est mis en surbrillance.

3. **Activez l'onglet Dossier du ruban, puis cliquez sur le bouton Paramètres d'archivage automatique.**

   Vous voyez apparaître la boîte de dialogue Propriétés, l'onglet Archivage automatique étant placé au premier plan.

4. **Cliquez sur l'option Archiver ce dossier à l'aide des paramètres suivants.**

5. **Cliquez sur la case qui se termine par un triangle, et choisissez Mois dans la liste proposée.**

Pour définir une période plus courte, optez pour Jours ou Semaines (désolé, vous ne trouverez ni Décade, ni Siècle, ni Millénaire).

6. **Dans le champ Effacer les éléments plus anciens que, tapez 3.**

   La boîte de dialogue devrait maintenant indiquer que tous les éléments de la Boîte de réception qui ont plus de trois mois seront automatiquement déplacés vers le dossier d'archivage par défaut (voir la Figure 6.11). Le champ Effacer les éléments plus anciens que peut recevoir une valeur allant de 1 à 999. En d'autres termes, l'intervalle entre deux archivages automatiques est capable d'aller de 1 jour à 999 mois (soit 83 ans et 3 mois, autrement dit pratiquement autant que l'âge légal de départ à la retraite dans quelques décennies de cela).

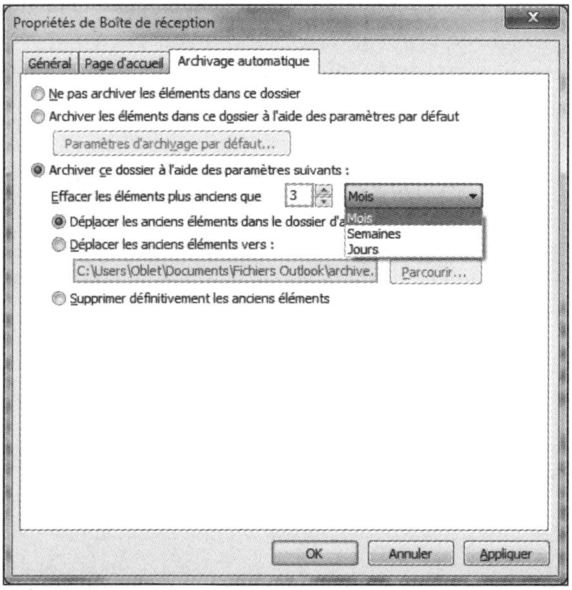

Figure 6.11 : Comment archiver automatiquement les messages ayant plus de trois mois d'ancienneté dans la Boîte de réception.

7. **Sélectionnez l'option Déplacer les anciens éléments dans le dossier d'archivage par défaut.**

   C'est probablement déjà ce qui est proposé. En revanche, vous devez vérifier que la case Supprimer définitivement les anciens éléments n'est *pas* cochée. Sinon, vos vieux messages seront purement et simplement détruits, et non archivés.

8. **Cliquez sur le bouton OK.**

Même si vous ne personnalisez la configuration que d'un seul dossier, les réglages généraux d'Outlook restent en vigueur. Si vous avez déjà activé l'archivage automatique comme nous l'avons vu dans la section précédente, la boîte de dialogue Propriétés se referme, et c'est parti.

Si, après avoir cliqué sur OK, vous voyez apparaître un message qui vous indique Aucune option d'archivage automatique générale n'est définie, cela signifie simplement que vous n'avez pas activé l'archivage automatique dans Outlook. Fort heureusement, il vous suffit de cliquer sur OK pour réparer cet oubli sans avoir besoin de revenir à la fenêtre Options.

Répétez les étapes ci-dessus pour chaque dossier que vous voulez automatiquement archiver. Et même si vous n'avez aucunement l'intention d'appliquer cette procédure à tel ou tel dossier spécifique, il est quand même intéressant d'aller voir comment il est configuré. Quand vous avez activé l'archivage automatique dans la boîte de dialogue Options d'Outlook, il est tout à fait possible que vous ayez par inadvertance défini son champ d'application au-delà de ce que vous auriez voulu. Retenez donc qu'il n'est pas possible d'archiver automatiquement tel ou tel dossier sans avoir au préalable activé cette fonction dans Outlook lui-même. Et, dans ce cas, ce processus va par défaut s'appliquer aussi au Calendrier, aux Tâches, au journal, ainsi qu'aux éléments envoyés et supprimés. Je vous avais bien dit que c'était effrayant et compliqué !

Et si la confusion règne toujours dans votre esprit, voici quelque chose qui devrait vous aider à y voir plus clair… Si vous avez suivi exactement les exemples qui précèdent (et pourquoi ne l'auriez-vous pas fait ?), Outlook va lancer un archivage automatique tous les 14 jours. Une fois en route, il va déplacer tous les messages de la Boîte de réception (ainsi que tous les sous-dossiers qu'elle possède) *et* qui sont là depuis plus de 3 mois vers le dossier d'archive par défaut. Par conséquent, les jeunes messages, donc ceux qui ont moins de 3 mois, vont rester bien au chaud dans la Boîte de réception. Est-ce que cela vous semble un peu moins effrayant et compliqué ?

Lorsque vous créez un nouveau dossier, il est configuré par défaut pour ne *pas* être automatiquement archivé. Et cela même si vous avez auparavant choisi dans la boîte de dialogue Options d'Outlook d'effectuer ce type de traitement pour tous les dossiers. Vous devrez le cas échéant reprendre les étapes ci-dessus en sélectionnant l'élément voulu. De plus, lorsque vous activez l'archivage automatique dans Outlook, le dossier Éléments supprimés reçoit les réglages par défaut. Si vous ne lui appliquez pas une règle spécifique, les messages que vous pensiez disparus pour toujours se retrouveront archivés pour la postérité. Vous devriez donc envisager de désactiver l'archivage automatique pour les dossiers Éléments supprimés.

Activer manuellement le processus d'archivage

Vous pouvez à tout moment archiver des messages en activant l'onglet Fichier dans le ruban, puis en cliquant sur le bouton Informations dans le volet de navigation, à gauche, puis sur Outils de nettoyage et enfin sur Archiver. Suivez alors les indications qui apparaissent (voir la Figure 6.12).

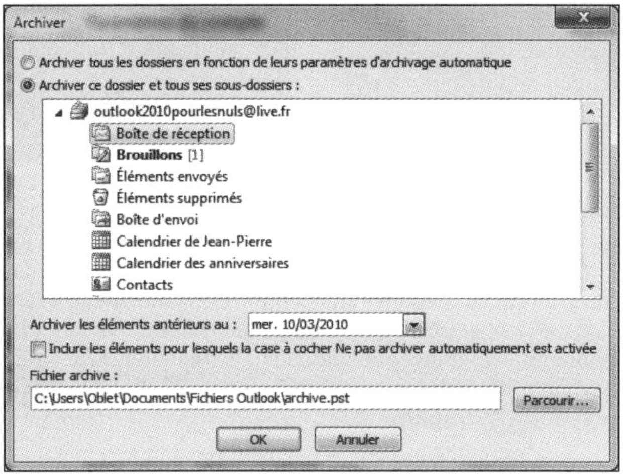

Figure 6.12 : Archiver manuellement la Boîte de réception.

- L'avantage de l'archivage manuel est qu'il vous donne un meilleur contrôle sur le processus. Vous pouvez donner à Outlook une date limite pour l'archivage des éléments, par exemple le 1er janvier de l'année en cours. Vous pouvez aussi indiquer à Outlook quels dossiers vous voulez archiver, et où vous voulez placer les éléments archivés. Et vous avez même la possibilité de créer un fichier d'archive différent pour chaque dossier Outlook.

- L'inconvénient de l'archivage manuel est qu'il est possible de faire une erreur innocente et d'envoyer des éléments archivés à un endroit que vous ne retrouverez pas facilement. Essayez de conserver toujours la même convention sur les noms et surtout le même emplacement pour vos fichiers d'archives. Il est étonnamment facile de les perdre, et, dans ce cas, Outlook ne peut rien faire pour vous aider à les retrouver.

Rechercher et consulter des éléments archivés

L'archivage automatique semble parfois un peu magique : les éléments les plus anciens disparaissent mystérieusement pour être classés sans la moindre action de votre part. Facile, non ? Oui, effectivement, jusqu'au moment où vous avez besoin de les retrouver. Il vous faut alors savoir où ils sont allés et comment les récupérer.

En général, je préfère parler des bons points d'Outlook, mais, pour être honnête, c'est justement ici que les développeurs de Microsoft n'ont pas été au mieux de leur forme. Bien qu'il soit facile d'archiver des éléments, on a un peu de mal à s'y retrouver quand il s'agit de les récupérer. À quoi sert ce luxe de précautions si tout cela conduit à une impasse ?

Quoi qu'il en soit, si vous voulez consulter des éléments archivés, il vous faut ouvrir le dossier d'archives, qu'Outlook appelle également *fichier de données*.

Pour ouvrir un fichier de données contenant des éléments archivés, suivez ces étapes :

1. **Activez l'onglet Fichier du ruban, cliquez à gauche sur le bouton Ouvrir, et enfin sur Ouvrir le fichier de données Outlook.**

   La boîte de dialogue Ouvrir le fichier de données Outlook apparaît.

2. **Sélectionnez le fichier que vous voulez ouvrir.**

   Il apparaît dans le champ Nom de fichier.

3. **Cliquez sur OK.**

   Le nom du fichier de données que vous venez d'ouvrir apparaît dans le volet de navigation, sous la liste de vos dossiers habituels.

Simple, non ? Oui, mais il y a un léger inconvénient. Vous ne connaissez pas forcément le nom du fichier d'archive que vous voulez ouvrir, et celui-ci n'apparaît pas forcément dans la liste de la boîte de dialogue Ouvrir le fichier de données Outlook.

TRUC

Pour trouver le nom du fichier d'archive que vous avez besoin d'ouvrir, activez l'onglet Fichier du ruban, et cliquez successivement sur Informations, Outils de nettoyage et Archiver. Regardez alors ce que contient le champ Fichier archive. Faites très attention à ne rien changer à ce qui se trouve là, car Outlook pourrait alors stocker vos archives dans un autre emplacement. Les informations contenues dans ce champ sont généralement incompréhensibles et impossibles à retenir pour le commun des mortels, mais c'est bel et bien là que devrait se trouver votre archive.

La méthode que je préfère pour capturer un nom de grande longueur dans une boîte de dialogue consiste tout simplement à copier le contenu du champ correspondant. Pour cela, cliquez d'abord dans le champ, et appuyez sur la touche Tab, puis sur Maj+Tab (le contenu du champ est mis en surbrillance). Appuyez ensuite sur Ctrl+C. Une fois que vous avez copié le nom du fichier (en fait le chemin d'accès complet au fichier), vous pouvez coller ce nom (par la combinaison Ctrl+V) dans le champ Nom de fichier de la boîte de dialogue Ouvrir le fichier de données Outlook. De cette manière, vous n'avez pas besoin de mémoriser ou de noter ce nom imprononçable.

Fermer le fichier d'archive

Vous pouvez laisser ouvert votre fichier d'archive dans la liste des dossiers aussi longtemps que vous voulez, mais la plupart des gens préfèrent le refermer après y avoir trouvé ce dont ils avaient besoin. Outlook fonctionne un peu plus vite si vous fermez les fichiers de données inutiles.

Pour fermer un fichier de données :

1. **Dans le volet de navigation, cliquez du bouton droit sur le nom du dossier d'archives que vous voulez fermer.**

   Un menu apparaît.

2. **Dans le menu, sélectionnez Fermer *nom du dossier*.**

   Votre dossier d'archives disparaît de la liste des dossiers.

Outlook a une manière un peu étrange de nommer les dossiers. Vous verrez quelquefois des « dossiers personnels » apparaître en plusieurs exemplaires. Pour éviter de ralentir le fonctionnement d'Outlook, fermez autant de ceux-ci que vous le pouvez. Comme le principal (celui que vous utilisez tous les jours) ne peut pas être fermé, vous n'avez pas à vous inquiéter d'une éventuelle mauvaise manipulation.

Organiser vos messages

Il n'y a plus grand monde aujourd'hui pour ne recevoir qu'un *petit* nombre de messages électroniques. Dès que vous commencez à utiliser votre messagerie, vous avez de fortes chances d'en recevoir des tonnes. Heureusement, Outlook vous offre de nombreux moyens d'organiser ce torrent pour vous permettre de distinguer plus facilement ce qui est important de ce qui peut attendre.

Si vous activez l'onglet Affichage, vous pouvez voir une rubrique Réorganisation qui comporte deux boutons. Le premier indique Organiser par. Il concerne le mode d'organisation utilisé par Outlook pour afficher la liste de vos messages. Le second s'intéresse aux conversations. Nous y reviendrons dans la prochaine section.

Pour changer la manière dont Outlook organise vos messages, cliquez sur le bouton Organiser par, puis sélectionnez l'un des modes disponibles dans le sous-menu qui apparaît (voir la Figure 6.13) :

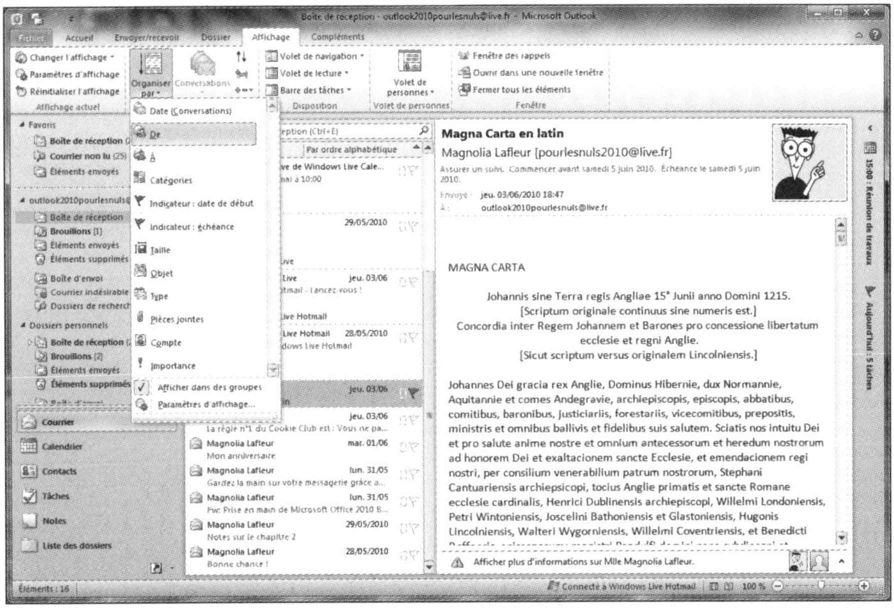

Figure 6.13 : Outlook offre de multiples modes de regroupement de vos messages.

- **Date :** C'est la manière la plus courante d'organiser les messages : ils sont triés par date. Lorsque vous lancez Outlook pour la première fois après l'avoir installé, c'est le mode d'organisation par défaut. Si vous avez échangé une série de messages avec d'autres personnes à propos d'un sujet spécifique, cette disposition facilite le suivi des échanges (ainsi d'ailleurs que la gestion au quotidien de votre Boîte de réception).

  Cette option ne fonctionne pas de la même manière que dans les versions précédentes d'Outlook (pas plus d'ailleurs que dans la plupart des autres programmes de messagerie). Une fois que vous y aurez goûté, vous vous demanderez certainement comment vous aviez pu vous en passer jusqu'ici. Mais nous y reviendrons dans la prochaine section de ce livre, consacré aux conversations.

- **De :** Comme vous l'avez peut-être deviné, cette option organise vos messages par expéditeur. Il est un peu plus rapide de sélectionner ce mode d'organisation que de définir un dossier de recherche, mais dans certains cas, ce dernier procédé reste le meilleur moyen d'identifier les messages venant de personnes *particulièrement* importantes.

- **À :** C'est à vous que sont adressés la plupart des messages que vous recevez, mais pas toujours. Vous pouvez aussi recevoir des messages adressés à une liste de destinataires, et votre nom n'apparaît pas nécessairement dans le champ À. Ce mode d'organisation vous permet de séparer les messages dans lesquels votre nom apparaît dans ce champ de tous les autres.

- **Catégories :** Vous pouvez assigner des catégories à tout message que vous envoyez, et d'autres personnes peuvent parfois assigner des catégories aux messages qu'elles vous envoient. Utilisez ce mode d'organisation pour voir vos messages classés selon ce mode.

- **Indicateur :** Lorsque vous ajoutez un indicateur à un message, c'est généralement parce que vous avez l'intention d'y revenir par la suite. Ce mode d'organisation place les messages dotés d'un indicateur en haut de la liste, et ceux qui n'en ont pas en bas. Si vous avez utilisé des indicateurs de différentes couleurs, les messages seront également triés en fonction de ces couleurs. Vous disposez ici de deux choix : par date de début ou par échéance.

- **Taille :** La taille de vos messages n'a peut-être pas d'importance à vos yeux, mais elle en a pour certains administrateurs système. Ce n'est donc pas *toujours* qu'un problème personnel. Certains e-mails contiennent des photos, de la musique, ou toutes sortes de fichiers « poids-lourds » qui sont réellement susceptibles d'engorger le serveur de messagerie de votre entreprise. Si votre administrateur système vous demande de faire subir une énergique cure d'amaigrissement à votre Boîte de réception, utilisez pour cela ce mode d'organisation. Il vous permettra d'identifier et de supprimer facilement les messages les plus pesants. Outlook définit toute une série de classements de masse : Très petite, Petite, Moyenne, Grande et Énorme. Peut-être bien que Microsoft y ajoutera dans la prochaine version d'Outlook Giganorme.

- **Objet :** Ce mode d'organisation repose sur la même idée que le mode Conversation, avec cette différence qu'il regroupe les messages qui ont le même objet. Et, bien entendu, ce n'est pas parce que deux messages comportent le même objet qu'ils relèvent de la même conversation.

- **Type :** Un élément qui arrive dans votre Boîte de réception n'est pas forcément un simple e-mail. Vous pouvez aussi recevoir une demande de réunion, une requête de tâche, ou toutes sortes d'autres éléments. Si vous voulez distinguer les messages des demandes de réunion et autres, utilisez ce mode d'organisation.

- **Pièces jointes :** Vous pouvez être amené à rechercher une pièce jointe dans votre Boîte de réception, plutôt qu'un message en tant que tel. Dans ce cas, ce mode d'organisation vous permettra de retrouver plus facilement celle que vous cherchez.
- **Compte :** Vous pouvez configurer Outlook pour collecter simultanément les e-mails de plusieurs adresses de messagerie différentes, et chacune d'entre elles possède sa Boîte de réception. Mais si vous déplacez le contenu de ces différentes adresses vers un même dossier (par exemple en faisant régulièrement le ménage dans vos Boîtes de réception), la confusion peut commencer à régner. Il se peut ainsi que vous vouliez consulter uniquement les messages destinés à telle ou telle adresse, ou bien savoir de quel dossier vient exactement tel ou tel message. Si vous recherchez les e-mails envoyés à une adresse donnée, choisissez le mode Comptes, puis cliquez sur la flèche qui se trouve à côté des comptes que vous n'avez pas envie de voir. De cette manière, Outlook affichera uniquement les dossiers des comptes qui vous intéressent. Pour autant, cette disposition ne vous servira pas à grand-chose lorsque vous consultez uniquement le contenu d'une Boîte de réception, à moins que vous ne jetiez tout votre courrier entrant dans le même dossier.
- **Importance :** Dans ce mode d'organisation, vos messages sont tout simplement classés par ordre d'importance.

TRUC

Lorsque vous cliquez sur le bouton Organiser par, vous voyez aussi une ligne qui vous indique Afficher dans des groupes. Lorsque cette option est activée (cochée), tous les éléments semblables dans le mode d'organisation choisi sont regroupés sous une même description, et ces groupes sont séparés par un trait mince. Dans le cas contraire, la disposition n'est pas changée, mais vous ne disposez plus d'indicateurs visuels vous montrant où se termine un groupe, et où le suivant commence. Activer cette option facilite donc la consultation de vos messages.

N'OUBLIEZ PAS !

Au lieu du bouton Organiser par du ruban, vous pouvez aussi cliquer sur le lien Réorganiser par qui se trouve au-dessus de votre liste de messages. Cependant, celui-ci n'apparaît que lorsque le volet de lecture est visible sur la partie droite de la fenêtre. Pour l'activer, servez-vous de l'onglet Affichage du ruban. Cliquez sur Volet de lecture, puis À droite. Pour réorganiser vos messages lorsque le volet de lecture est inactif, vous devrez passer par la méthode décrite ci-dessus (onglet Affichage, puis bouton Organiser par).

Visualiser des conversations

Que vous vous contentiez juste d'échanger quelques e-mails de temps à autre avec une seule personne, ou que vous engagiez de longs débats avec tout un tas de correspondants, le mode de disposition Conversations d'Outlook vous permet de regrouper tous les messages qui ont un même objet. Vous pouvez donc voir d'un coup d'œil la dernière participation à un *fil* de conversation, de même que les messages plus anciens qui se rattachent à celle-ci. Une conversation débute dès l'instant où quelqu'un répond à un e-mail en cliquant sur l'un des boutons Répondre ou Répondre à tous. Et peu importe qui clique et qui contribue à la discussion : tous ces messages deviennent membres à part entière de la conversation.

Vous pouvez dire si un message de votre Boîte de réception fait partie d'un fil de conversion de deux manières différentes :

- L'icône qui se trouve à sa gauche montre deux enveloppes qui se superposent (au lieu d'une simple enveloppe normale).
- Un petit triangle est positionné à la gauche de l'icône de message, indiquant ainsi que plusieurs e-mails sont présents à cet endroit.

Si vous cliquez sur un e-mail qui fait partie d'une conversation, le message le plus récent est affiché dans le Volet de lecture. Cliquez sur le triangle qui se trouve à gauche de l'icône de message pour développer tout le fil de la conversation (voir la Figure 6.14). Même les messages qui ont été déplacés vers le dossier Éléments envoyés ou qui ont été déplacés ailleurs devraient apparaître dans cette liste. En revanche, ce n'est pas le cas pour tout ce qui a été supprimé. Pour le contenu d'un message quelconque dans le fil de la conversation, il vous suffit de cliquer sur la ligne correspondante.

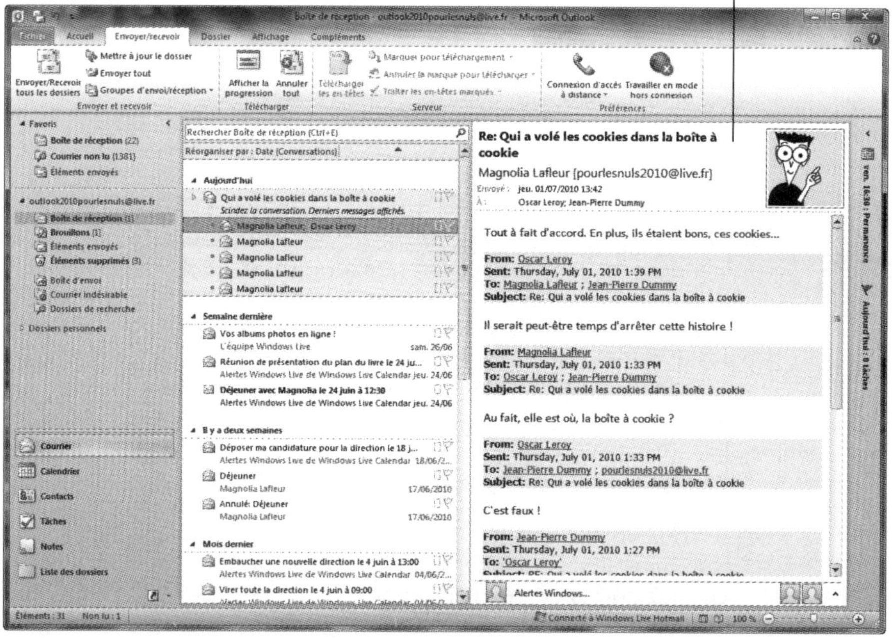

Figure 6.14 : Tous les messages d'un fil de conversation sont regroupés.

Si vous cliquez sur un message dans la liste, un ensemble de lignes apparaît à gauche de celle-ci. Ces lignes tracent comme une « carte » du fil en montrant qui a répondu à qui. Vous pouvez répondre à n'importe quel message de la liste. Mais si ce n'est pas le dernier en date, un avertissement va s'afficher en haut de la fenêtre de composition. Elle vous signale que vous êtes en retard, et vous propose d'ouvrir le message le plus récent dans la conversation.

Lorsque vous répondez à un e-mail dans un fil de conversation, ne changez surtout pas son objet. Sinon, Outlook va considérer qu'il s'agit d'autre chose (n'oubliez pas que c'est essentiellement ce champ qui définit la conversation). Mais ne vous faites pas de souci si vous recevez un message qui possède le même objet, mais qui n'a rien à voir avec le débat en cours : Outlook est assez malin pour s'en apercevoir et le classer ailleurs.

Ignorer une conversation

Dans une conversation, on en arrive souvent à un stade où la discussion perd de son intérêt, quand elle ne dérape pas. Vous partez par exemple de commentaires sur la prochaine réunion, et vous en arrivez à une chaîne apparemment sans fin de plaisanteries plus ou moins douteuses sur la température de la salle en hiver et sur celle de la directrice des ressources humaines en été.

Si vous voulez rompre le fil quand vous en avez assez, la procédure est très simple. Sélectionnez un message quelconque dans le fil, puis cliquez sous l'onglet Accueil du ruban sur le bouton fort judicieusement appelé Ignorer (vous retrouvez cette option dans le menu qui s'affiche en cliquant sur un message avec le bouton droit de la souris, ou encore en appuyant sur Ctrl+Suppr).

Lorsque vous faites cela, tous les messages qui appartiennent au fil, qu'ils se trouvent dans votre Boîte de réception ou dans un dossier dans lequel vous les avez déplacés, sont envoyés vers votre boîte Éléments supprimés. En revanche, ceux qui sont dans le dossier Éléments envoyés ne subissent aucun dommage. Toutes les traces de la conversation disparaissent donc. Mieux encore, si un énième e-mail relevant du même fil de conversation atterrit chez vous, il est lui aussi automatiquement détourné vers le dossier Éléments supprimés.

Si vous cliquez par inadvertance sur le bouton Ignorer, vous pouvez toujours faire machine arrière. Sélectionnez les éléments voulus dans le dossier Éléments supprimés et déplacez-les à nouveau vers votre Boîte de réception.

Faire le ménage dans les conversations

Lorsque quelqu'un répond à un e-mail, la plupart des programmes de messagerie incluent par défaut le texte original dans la réponse. C'est exactement ainsi qu'agit Outlook. Pour vérifier son comportement, activez l'onglet Fichier dans le ruban. Sélectionnez ensuite Options dans le Volet de navigation de la vue Backstage. Quand la fenêtre Options Outlook apparaît, cliquez dans la liste de gauche sur Courrier. Faites défiler le contenu de droite jusqu'à la section Réponses et transferts. Vous devriez constater que le champ Lors de la réponse à un message contient la mention Inclure le texte du message d'origine. Cela signifie qu'une réponse va contenir le texte du message précédent dans le fil de la conversation, que le suivant va faire de même en reprenant tout depuis le début, et ainsi de suite. Chaque e-mail devient comme un cliché de la totalité de la conversation. Ceci provoque une énorme redondance, puis les mêmes informations sont reproduites et amplifiées de message en message. Faut-il que je me répète ?

Outlook est capable de détecter cette redondance et de supprimer d'un fil de conversation les messages qui contiennent déjà des informations disponibles par ailleurs. C'est le grand *nettoyage*. La technique brutale consiste tout simplement à sélectionner un e-mail attaché à la conversation et à appuyer sur la combinaison de touches Alt+Suppr. La méthode douce se présente ainsi :

1. **Sélectionnez l'en-tête de la conversation que vous voulez nettoyer.**

2. **Activez ensuite l'onglet Accueil du ruban et cliquez sur le bouton Nettoyer.**

   Un menu déroulant comportant trois options apparaît (voir la Figure 6.15).

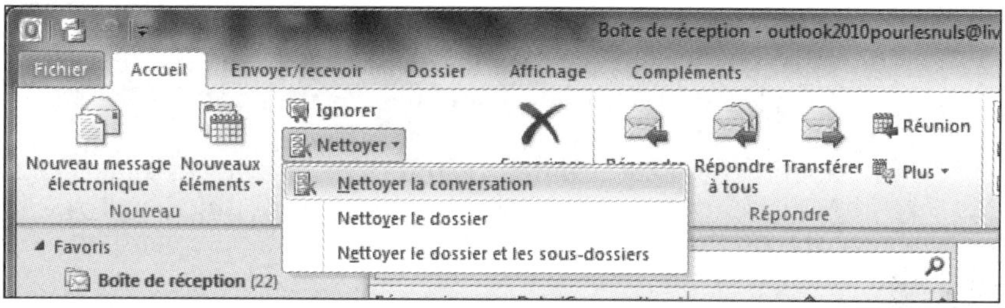

Figure 6.15 : Le menu Nettoyer.

3. **Choisissez l'option Nettoyer la conversation.**

   Tous les messages qu'Outlook détecte comme étant redondants sont supprimés des emplacements dans lesquels ils se trouvent et sont déplacés vers le dossier Éléments supprimés (sauf, comme d'habitude, ceux qui sont stockés dans le dossier Éléments envoyés).

Dans le menu Nettoyer, vous pouvez aussi choisir de traiter *toutes* les conversations du dossier courant, et même de descendre encore plus bas avec l'option Nettoyer le dossier et les sous-dossiers. Si vous avez par exemple créé un dossier appelé Personnel sous votre Boîte de réception, il faut suffit de sélectionner celle-ci, puis de demander à Nettoyer le dossier et les sous-dossiers pour que les conversations présentes dans Personnel soient aussi époussetées.

Ne soyez pas surpris si Outlook laisse en place de nombreux messages. Il a un comportement plutôt conservateur quant à ce qu'il considère comme étant redondant (histoire de ne pas prendre trop de risques). De plus, il ne touche pas aux réponses qui ont modifié un message précédent, pas plus qu'aux e-mails pour lesquels vous avez demandé à assurer un suivi.

Si vous voulez donner à Outlook davantage de latitude dans la manière dont il nettoie un fil de conversation, vous devez modifier quelques réglages :

1. **Activez l'onglet Fichier et cliquez sur le bouton Options.**

   La boîte de dialogue Options Outlook apparaît.

2. **Dans le volet de navigation, à gauche, cliquez sur Courrier.**

   La liste des paramètres pour le courrier s'affiche sur la droite de la fenêtre.

3. **Faites défiler la liste jusqu'à la rubrique Nettoyage de conversation.**

   Vous trouvez là toute une série d'options qui régissent la façon dont Outlook déplace ou non par défaut les messages vers le dossier Éléments supprimés (voir la Figure 6.16). Ajustez les paramètres proposés en fonction de vos besoins et/ou de vos préférences.

   Faites attention au champ Les éléments nettoyés seront placés dans ce dossier. Par défaut, Outlook se sert du dossier Éléments supprimés. Mais vous pouvez faire un autre choix en entrant ici le nom d'un autre dossier, par exemple dans un fichier d'archive. Cliquez sur le bouton Parcourir et sélectionnez l'emplacement voulu.

TRUC

Si vous constatez qu'Outlook ne jette rien lorsque vous lui demandez de nettoyer une conversation, cela signifie probablement que quelqu'un a modifié dans sa réponse le texte repris des messages précédents avant de cliquer sur le bouton Envoyer. Pour ne pas vous retrouver dans ce genre de situation, décochez l'option Lorsqu'une réponse modifie un message, ne pas déplacer le message d'origine. Le danger est que la personne qui a procédé à ce changement peut l'avoir fait pour d'excellentes raisons. C'est donc à vous de bien peser votre décision.

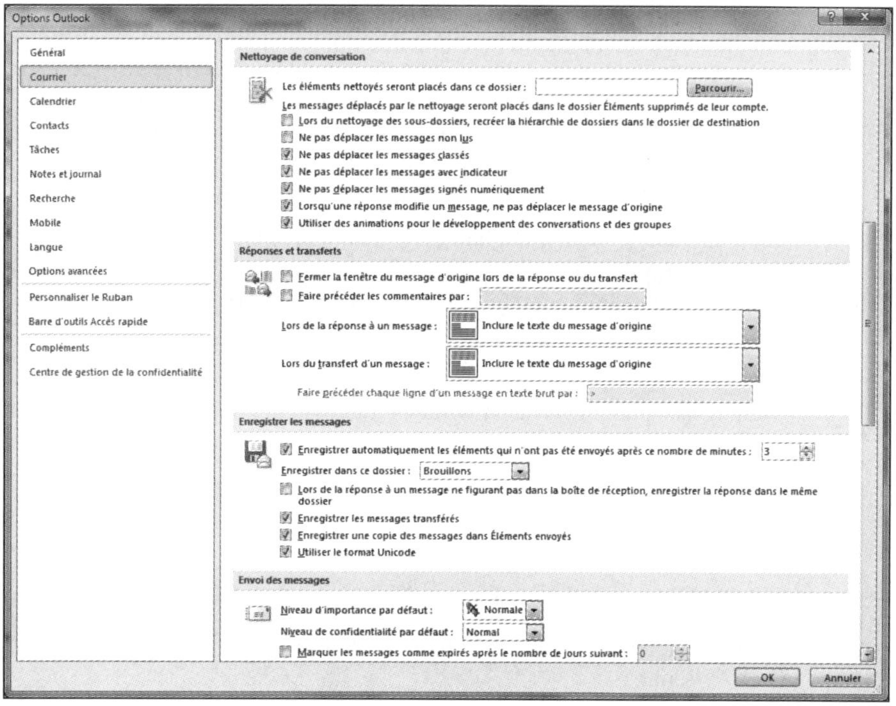

Figure 6.16 : Options de nettoyage des conversations.

Simplifiez-vous la vie avec les Actions rapides

Vous avez certainement remarqué que certaines actions Outlook demandent de multiples clics de souris pour être exécutées, par exemple pour répondre à un message puis supprimer celui-ci. Ce n'est évidemment pas un vrai problème si vous n'exécutez certaines tâches que de temps à autre. En revanche, tout ce qui est réellement répétitif peut vite devenir un véritable calvaire. C'est pourquoi Outlook met à votre disposition ce qu'il appelle les Actions rapides. Celles-ci vous permettent en effet de réduire toute une série de tâches à un seul clic.

Vous trouverez ces Actions rapides dans le module Courrier, vers le milieu de l'onglet Accueil du ruban. Même si cette rubrique n'apparaît qu'en un seul endroit, vous pouvez les utiliser pour accélérer vos traitements dans la plupart des modules Outlook, par exemple Calendrier ou Tâches.

Lorsque vous installez Outlook, six actions rapides sont déjà définies (voir la Figure 6.17).

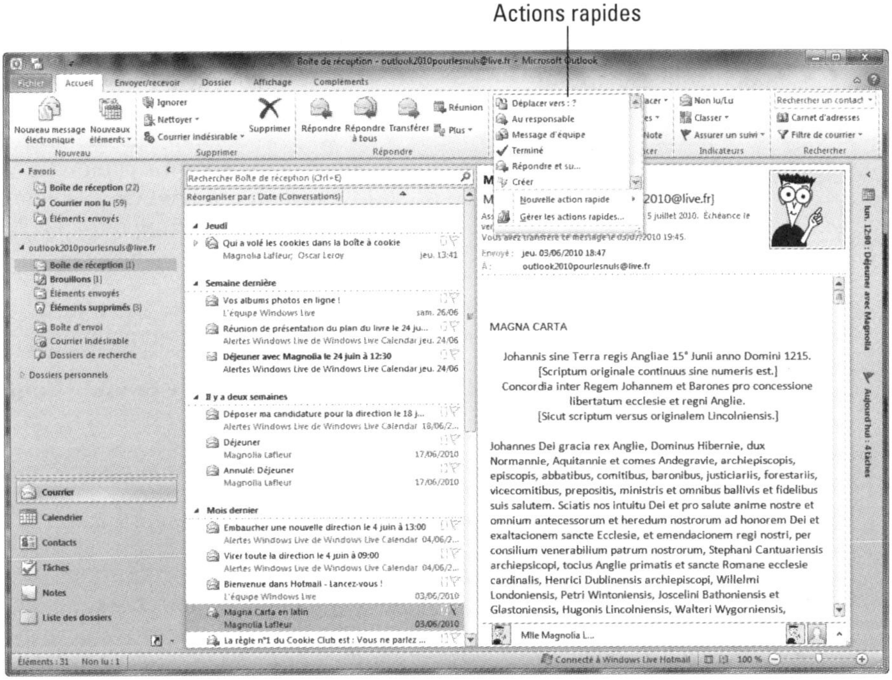

Figure 6.17 : Les actions rapides se trouvent au milieu de l'onglet Accueil du ruban.

- **Déplacer vers :** Déplace le message sélectionné vers un dossier de messagerie que vous spécifiez et marque le message comme lu.
- **Au responsable :** Transfère sans le supprimer le message à votre responsable (disons à un destinataire particulier). Si votre organisation utilise Microsoft Exchange Server, le nom de votre responsable est détecté dans une liste d'adresses globale créée et gérée par votre administrateur réseau.
- **Message d'équipe :** Transfère le message à d'autres membres de votre équipe en remplissant automatiquement le champ À par un jeu particulier de destinataires. Si votre organisation utilise Microsoft Exchange Server, les noms des membres de votre équipe sont détectés dans une liste d'adresses globale créée et gérée par votre administrateur réseau.
- **Terminé :** Déplace le message vers un dossier de messagerie spécifié et marque le message comme terminé et lu.
- **Répondre et supprimer :** Ouvre un formulaire de réponse au message sélectionné et supprime l'original.

- **Créer :** Vous pouvez créer votre propre Action rapide afin d'exécuter une séquence de commandes de votre choix, la nommer et lui appliquer une icône pour vous aider à l'identifier.

Mis à part Répondre et supprimer, chacune de ces actions rapides vous demande de prendre une décision lorsque vous les utilisez pour la première fois. Ce qui est normal, puisqu'Outlook ne peut pas savoir par avance vers quel dossier vous voulez déplacer vos messages, ou qui est votre responsable. Et s'il le savait, vous auriez de quoi vous sentir espionné. Vous devez donc indiquer à Outlook ce qu'il doit faire quand vous sélectionnez une action rapide particulière. Après quoi, vous n'aurez plus qu'à le laisser faire, vos choix étant mémorisés par le programme.

Chacune des actions rapides a un comportement légèrement différent. Je vais utiliser Déplacer vers pour les étapes qui suivent :

1. **Sélectionnez votre Boîte de réception dans le module Courrier (ou appuyez sur Ctrl+Maj+I).**

   La liste des messages qui vous avez reçus va s'afficher.

2. **Sélectionnez un message dans la Boîte de réception.**

   N'importe quel e-mail fera l'affaire. Et ne vous inquiétez pas pour la suite des événements. Si vous utilisez l'action rapide Déplacer vers pour la première fois, Outlook va uniquement vous demander de la configurer sans rien faire de plus, donc sans déplacer le message choisi.

3. **Activez l'onglet Accueil du ruban, puis cliquez sur l'icône qui se trouve en haut de la rubrique Actions rapides, celle qui devrait indiquer `Déplacer vers : ?`.**

   La boîte de dialogue Première installation va s'ouvrir (voir la Figure 6.18). Chez vous, il se peut qu'elle n'affiche pas la phrase `Déplacer vers : ?` dans le champ Nom, mais qu'elle contienne un nom de dossier, par exemple Personnel. Cela signifie normalement qu'Outlook essaie de vous aider en vous proposant le dernier dossier vers lequel vous avez déplacé un message. Mais l'important ici, c'est bien la présence des mots Première installation.

4. **Sélectionnez le dossier dans lequel vous voulez déplacer vos messages.**

   Cliquez dans le champ Déplacer vers un dossier. Si celui auquel vous aviez pensé n'est pas proposé dans la liste, choisissez l'option Autre dossier. Vous voyez alors s'afficher la boîte de dialogue Sélectionner un dossier. Cliquez sur le nom voulu ou utilisez le bouton Nouveau pour créer un dossier spécifique.

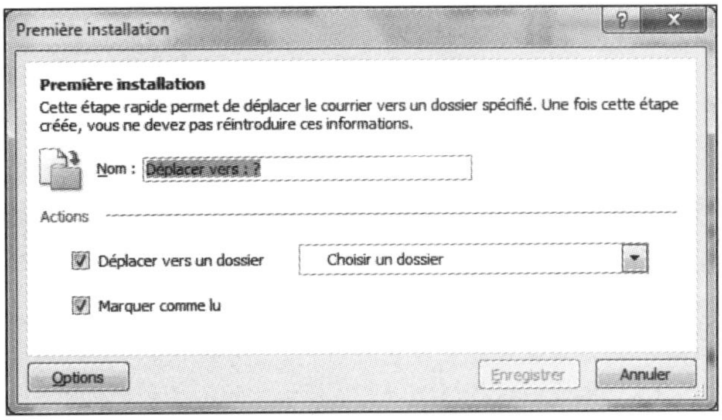

Figure 6.18 : La boîte de dialogue Première installation.

Assurez-vous que la case Déplacer vers un dossier est cochée. Si vous voulez aussi que le message déplacé par l'action rapide soit marqué comme étant lu, laissez cochée la case correspondante.

Vous pouvez également personnaliser l'icône de l'action rapide, ajouter à celle-ci une tâche supplémentaire ou encore lui associer un raccourci clavier. Pour cela, cliquez sur le bouton Options et faites vos choix.

5. **Donnez un nom à votre action dans le champ du haut.**

   Au cours de l'étape précédente, vous avez certainement remarqué que, dès que vous sélectionnez un dossier dans le champ Déplacer vers, Outlook insère automatiquement son nom dans le champ Nom. Si cela vous convient, il vous suffit de passer à l'étape suivante. En revanche, vous pouvez personnaliser cette appellation en tapant un intitulé à votre convenance dans le champ Nom. Vous devriez de toute manière donner à votre action rapide un nom qui vous aide à vous souvenir de ce qu'elle fait. Exemple : **Déplacer vers le dossier Personnel**. Si l'action rapide déplace le message vers un dossier appelé Personnel, c'est un bon choix, non ? Je trouve aussi. Mais se limiter à **Personnel** n'est pas non plus une mauvaise idée.

6. **Cliquez sur le bouton Enregistrer.**

   La boîte de dialogue Première installation se referme.

Chaque fois que vous voudrez déplacer un message vers un dossier spécifique, il vous suffira de le sélectionner puis de cliquer sur l'action rapide que vous venez de personnaliser. Votre e-mail sera automatiquement envoyé à l'emplacement prévu et marqué comme étant non lu.

Quand vous aurez réussi à maîtriser les Actions rapides existantes, la création de nouveaux raccourcis « en un clic » (autrement dit, de commandes qu'Outlook ne vous propose pas par défaut) ne devrait pas vous poser beaucoup de problèmes.

Créer et gérer des Actions rapides

Outlook vous propose lors de son installation six Actions rapides pour vous aider à mieux gérer vos tâches quotidiennes. Mais l'histoire ne s'arrête pas là. D'autres modèles sont à votre disposition pour encore plus d'efficacité. Pour les découvrir, suivez ces étapes :

1. **Activez votre Boîte de réception (ou appuyez sur Ctrl+Maj+I).**

   La liste des messages que vous avez reçus apparaît.

2. **Activez l'onglet Accueil du ruban. Cliquez alors sur la flèche surlignée qui se trouve en bas de la liste des Actions rapides.**

   Un menu comportant deux options s'affiche : Nouvelle action rapide et Gérer les actions rapides.

3. **Sélectionnez Nouvelle action rapide.**

   Une liste de modèles d'actions s'affiche dans un sous-menu (voir la Figure 6.19). Sélectionnez celui qui vous intéresse pour ouvrir la boîte de dialogue Première installation correspondante. Par exemple, l'option Classer et déplacer vous propose trois options : le dossier vers lequel vous voulez déplacer vos messages, la catégorie que vous désirez leur affecter et leur marquage comme étant lus.

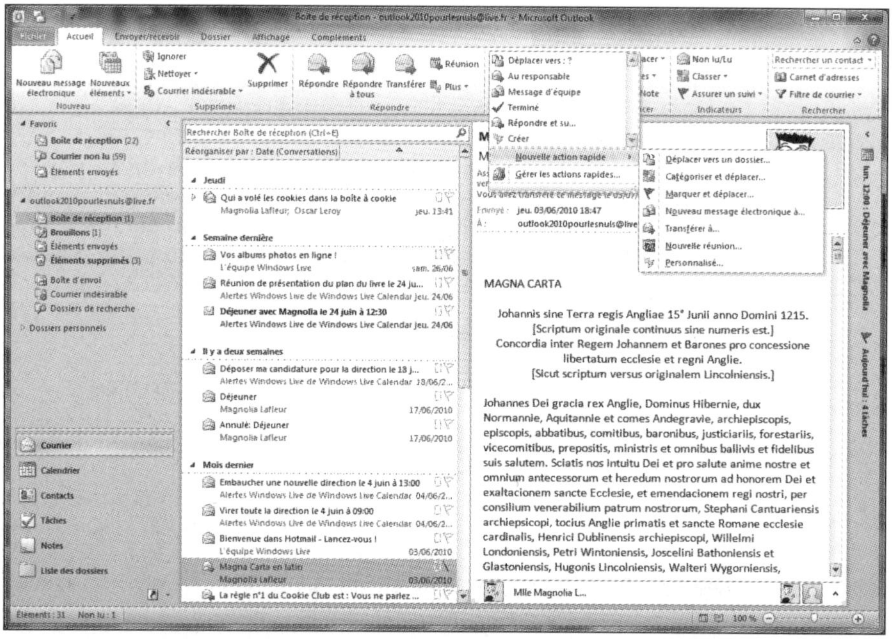

Figure 6.19 : Choisissez un nouveau type d'action rapide.

Les modèles d'actions rapides proposés par défaut sont les suivants :

- *Déplacer vers un dossier :* C'est pratiquement comme Déplacer vers.
- *Catégoriser et déplacer :* Déplace le message sélectionné vers un certain dossier tout en le marquant comme étant non lu et en lui affectant la catégorie choisie.
- *Marquer et déplacer :* Déplace le message sélectionné vers un certain dossier tout en le marquant comme étant non lu et en lui affectant l'indicateur choisi.
- *Nouveau message électronique à :* Ouvre le formulaire de composition de nouveau message dans lequel le champ du ou des destinataires est prérempli en fonction de ce que vous définissez dans la boîte de dialogue Première installation.
- *Transférer à :* C'est pratiquement la même chose que l'action rapide Au responsable.
- *Nouvelle réunion :* Si vous envoyez souvent les invitations à une réunion au même groupe de gens, utilisez cette action rapide pour ouvrir la fenêtre Nouvelle réunion, le champ du ou des destinataires étant prérempli en fonction de ce que vous définissez dans la boîte de dialogue Première installation.
- *Personnalisé :* Ouvre la boîte de dialogue Modifier l'étape rapide, afin de créer une action rapide personnelle.

4. **Sélectionnez l'un des modèles d'action rapide proposés.**

   Comme vous vous en doutiez, la boîte de dialogue Première installation va s'ouvrir. Selon votre choix, vous devrez indiquer à Outlook où déplacer votre message, comme lui affecter une catégorie, ou un indicateur, à qui envoyer ou transférer le message, qui inviter à une réunion, et ainsi de suite. N'oubliez pas de donner un nom à votre action rapide afin de vous aider à vous souvenir de ce qu'elle fait.

5. **Cliquez sur le bouton Terminer.**

   La boîte de dialogue Première installation se referme.

Au lieu de choisir Nouvelle action rapide dans la liste déroulante, vous pourriez opter pour Gérer les actions rapides. Ceci ouvre la boîte de dialogue de même nom (voir la Figure 6.20). Celle-ci vous propose tout un tas d'options pour adapter Outlook à vos besoins, qu'il s'agisse tout simplement de modifier l'ordre dans lequel les Actions rapides sont disposées dans le ruban, de modifier leur comportement, de les dupliquer, de les supprimer, ou bien encore d'en créer des nouvelles. Si vous en faites de trop et que vous n'arrivez plus à vous y retrouver, et que vous voulez repartir d'un bon pied, cliquez sur le bouton Rétablir les paramètres par défaut. Vous retrouverez alors votre Outlook d'origine, dans l'état où il se trouvait lors de son installation.

Figure 6.20 : La boîte de dialogue Gérer les actions rapides.

Troisième partie

Gérer les contacts, les dates, les tâches et bien d'autres choses encore

« Deux secondes, Barbara. Je lance Outlook et je vais voir si je peux trouver un flux RSS pour résoudre ton problème. »

Dans cette partie…

La plupart des gens que j'ai formés n'utilisaient à la base qu'une petite fraction de la puissance d'Outlook. Dans cette partie, je vais vous montrer comment les fonctions d'organisation d'Outlook peuvent vous aider à traiter rapidement vos tâches quotidiennes, vos rendez-vous et autres obligations. Il n'y a rien de bien compliqué dans ces chapitres. En fait, vous serez surpris de découvrir combien il est facile d'améliorer considérablement sa productivité en prenant appui sur la force d'Outlook.

Chapitre 7

Votre petit carnet : créer des listes de contacts

Dans ce chapitre :

- Enregistrer des noms et des adresses.
- Choisir l'affichage.
- Trier et réorganiser l'affichage.
- Utiliser un affichage par regroupement.
- Rechercher des noms dans votre liste de contacts.
- Envoyer une carte de visite professionnelle.
- Ajouter des photos à vos contacts.

On dit généralement « Ce n'est pas ce que tu connais qui importe mais qui tu connais ». Mais, comment garder une trace de ce que vous savez sur vos connaissances ? Il vous faut une mémoire extraordinaire ou un outil très pratique qui retient tout.

Il y a des années de cela, j'avais l'habitude de faire appel à ma mémoire pour me souvenir des gens. Puis il est arrivé quelque chose qui m'a poussé à changer. Qu'est-ce que c'était ? J'ai oublié. Mais, croyez-moi, depuis, je ne mémorise plus aucun nom ni numéro. Je les mets tous dans Outlook et c'est mon ordinateur qui se charge de les retenir. Désormais, je passe du bon temps avec mes chers amis Machin et Machin Chouette au lieu de perdre des heures à essayer de retenir leur nom.

Blague à part, je travaille comme consultant et j'écris pour des revues d'informatique. Les informations dont j'ai besoin sur mes clients en tant que consultant (systèmes, logiciels, heures de travail, adresses, etc.) sont différentes de celles qui concernent les magazines (rédacteurs en chef, dates de bouclage, sujets à traiter, et ainsi de suite). Mais je poursuis toujours en même temps une activité de chanteur et d'auteur de films, et mes contacts dans ces domaines appartiennent à une espèce entièrement différente des précédents. Si quelqu'un me téléphone, ou si je veux faire un publipostage destiné à un groupe de gens d'un domaine ou d'un autre, il me faut un moyen de retrouver très rapidement les bons renseignements sur les personnes concernées, quelle que soit la catégorie à laquelle elles appartiennent.

Outlook dispose de toute la souplesse nécessaire pour vous permettre de conserver dans un même endroit toutes les informations sur les gens avec lesquels vous êtes en contact, tout en vous permettant de les trier, de les afficher, de les rechercher et de les imprimer différemment selon ce que vous voulez en faire. Vous pouvez très bien dans Outlook conserver les informations sur vos amis et les membres de votre famille au même endroit que vos contacts professionnels, et pourtant les distinguer facilement et rapidement les uns des autres chaque fois que cela vous est nécessaire.

Stocker des noms et des numéros (et d'autres choses aussi)

Il n'y a rien d'extraordinaire à enregistrer un grand nombre de noms, d'adresses et de numéros de téléphone, mais il peut falloir un peu de magie pour retrouver ceux que vous cherchez, à moins que vous ne disposiez d'un outil comme Outlook. Vous avez peut-être déjà utilisé d'autres programmes pour stocker des renseignements personnels et/ou professionnels, mais Outlook est, de loin, le programme le plus prisé pour exploiter des noms, des adresses et des numéros de téléphone.

Si vous avez déjà utilisé un carnet d'adresses de poche, vous savez déjà vous servir du module Contacts d'Outlook. Entrez simplement le nom, l'adresse, le numéro de téléphone, plus quelques informations supplémentaires si besoin est, et le tour est joué.

La manière rapide et malpropre d'entrer un contact

Entrer un nouveau nom dans votre liste de contacts est une opération d'une simplicité incroyable. Lorsque vous êtes dans le module Contacts, cliquez sur le bouton Nouveau contact dans le ruban. Vous voyez apparaître un formulaire. Remplissez les champs appropriés dans ce formulaire, puis cliquez sur Enregistrer & Fermer. Voilà, il n'en faut pas plus. Il n'est pas nécessaire de saisir immédiatement tous les détails sur un contact. Vous pourrez y ajouter par la suite toutes les informations que vous voudrez.

La manière lente mais complète d'entrer un contact

Si vous le souhaitez, vous pouvez mettre des quantités de détails sur chaque personne que vous faites entrer dans votre liste de contacts, ainsi que faire votre choix parmi des dizaines d'options, mais rien ne vous empêche de ne saisir que l'essentiel et de passer au suivant. Pour ceux qui aiment la précision, voici comment s'y prendre :

1. **Cliquez sur le bouton Contacts dans le Volet de navigation (ou appuyez sur Ctrl+3).**

   La liste des contacts s'affiche (voir la Figure 7.1).

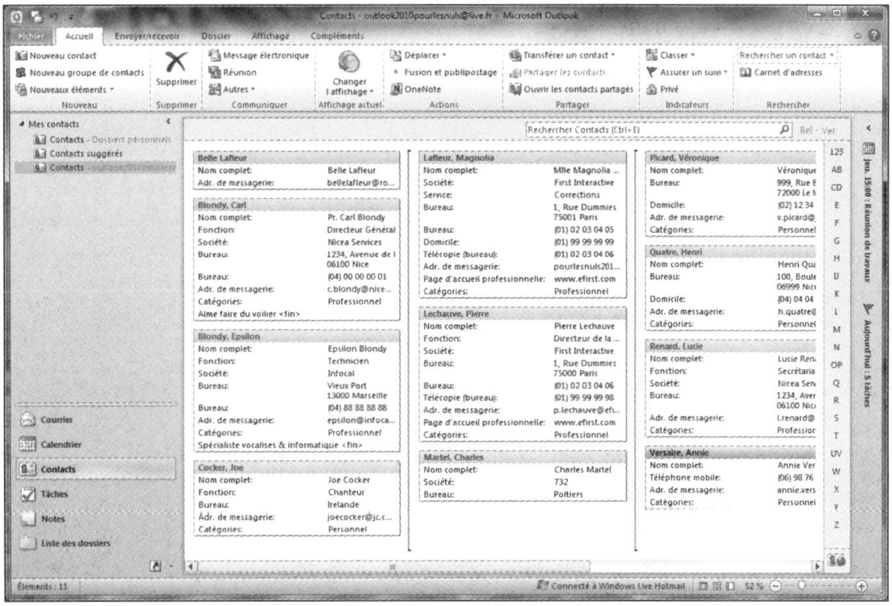

Figure 7.1 : La liste Contacts.

2. **Sous l'onglet Accueil du ruban, cliquez sur le bouton Nouveau contact.**

   Un formulaire de contact sans titre apparaît.

   TRUC

   Si vous voulez aller plus vite, appuyez sur Ctrl+Maj+C pour faire apparaître le formulaire de nouveau contact montré Figure 7.2.

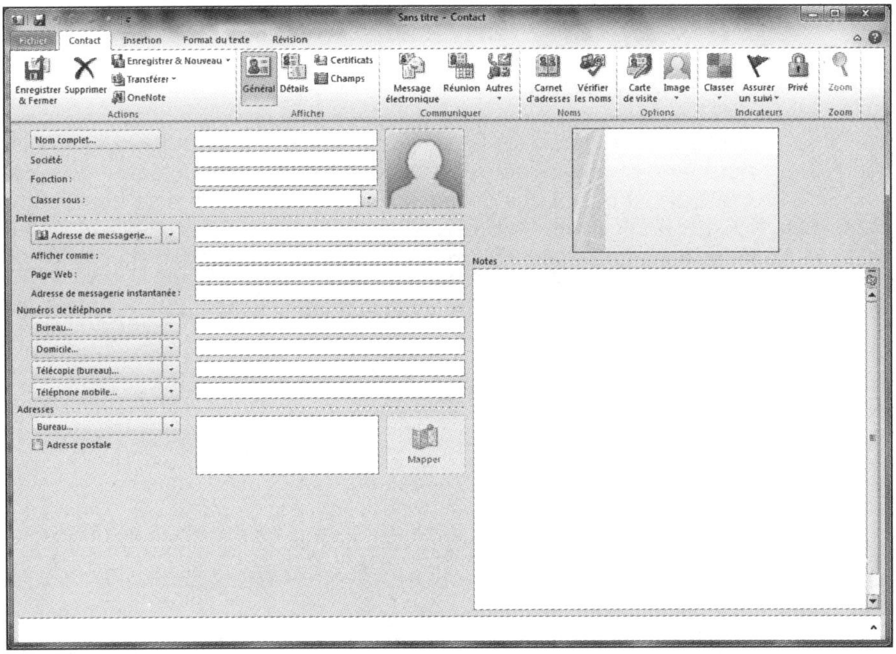

Figure 7.2 : Le formulaire de nouveau contact.

3. **Cliquez sur le bouton Nom complet.**

La boîte de dialogue Vérifier le nom complet apparaît (voir la Figure 7.3).

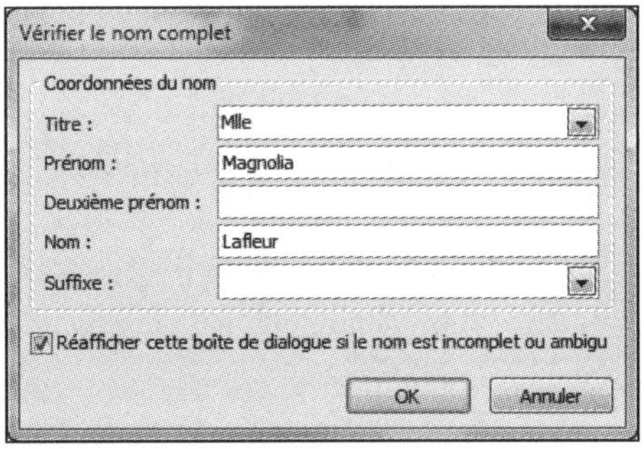

Figure 7.3 : La boîte de dialogue Vérifier le nom complet.

- Cliquez sur le triangle pointant vers le bas dans le champ Titre, et sélectionnez un titre dans la liste déroulante qui apparaît, par exemple Mgr, Mme ou Mlle, ou tapez celui qui vous convient, par exemple **Mamamouchi**, ou **Technogourou**, ou ce que vous voulez.

- Cliquez dans le champ Prénom, et tapez le prénom de la personne.

- Cliquez dans le champ Deuxième prénom, et tapez le deuxième prénom de la personne (ou son initiale), si vous le connaissez.

- Cliquez dans le champ Nom, et tapez le nom de famille de la pcrsonnc.

- Cliquez sur le triangle pointant vers le bas dans le champ Suffixe, et sélectionnez un suffixe si besoin est, ou tapez celui qui vous convient (ou laissez tout simplement ce champ vide).
- Cliquez sur OK. La boîte de dialogue Vérifier le nom complet se ferme, et vous êtes de retour dans le formulaire de nouveau contact où vous voyez apparaître le nom que vous avez entré dans les champs Nom complet et Classer sous.

4. **Cliquez dans les champs appropriés, et entrez les renseignements dont vous disposez sur votre nouveau contact.**

   Si une information n'est pas disponible (par exemple, si vous ne connaissez pas le titre de votre contact), laissez le champ en blanc. Un triangle pointant vers le bas à l'extrémité droite d'un champ donne accès à une liste déroulante dans laquelle vous pouvez choisir une option. Si vous ne trouvez pas ce qui vous convient dans la liste, vous pouvez taper ce que vous voulez dans le champ.

   - Si vous avez entré un nom dans le champ Nom complet, celui-ci sera repris dans la ligne Classer sous.
   - Si vous voulez que ce contact soit rangé sur la base d'une autre information que son nom, cliquez dans le champ Classer sous, et tapez ce qui vous convient.
   - Vous pouvez par exemple vouloir que votre dentiste soit classé sous le terme *Dentiste* plutôt que par son nom. Si vous entrez **Dentiste** dans le champ Classer sous, ce contact apparaîtra sous cette appellation dans le classement alphabétique, et non pas sous le nom du praticien. L'existence de ces champs différents dans le formulaire de contacts vous donne deux moyens de retrouver un contact : par son nom ou par l'appellation sous laquelle il est classé.

5. **Dans la zone Adresse, cliquez sur le triangle pointant vers le bas, et sélectionnez dans le menu qui apparaît le type de l'adresse que vous voulez entrer.**

   Vous avez le choix entre Bureau, Domicile, ou Autre.

6. **Dans la zone Adresse, cliquez sur le bouton portant maintenant le nom du type d'adresse que vous venez de sélectionner pour ouvrir la boîte de dialogue Vérifier l'adresse.**

   - Cliquez dans le champ Rue, et saisissez le numéro et le nom de la rue de votre contact.
   - Cliquez dans le champ Ville, et saisissez la ville.
   - Cliquez dans le champ Dép/Région, et saisissez le département ou la région de votre contact.

- Cliquez dans le champ Code postal, et saisissez le code postal de votre contact.
- Cliquez sur le triangle pointant vers le bas dans le champ Pays, et sélectionnez le pays si Outlook n'a pas déjà identifié le bon.

La Figure 7.4 donne un exemple de la boîte de dialogue Vérifier une fois l'adresse remplie.

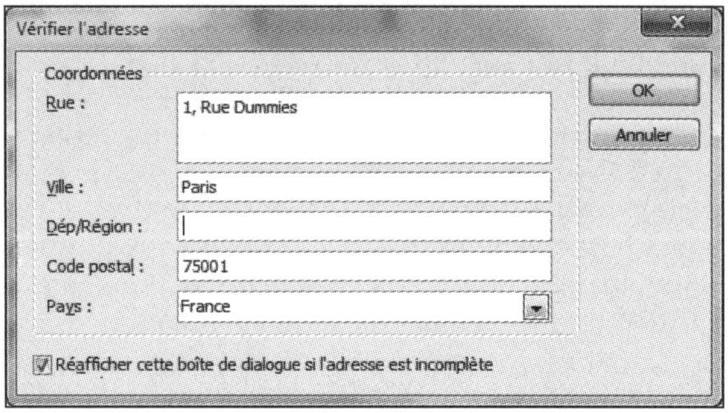

Figure 7.4 : La boîte de dialogue Vérifier l'adresse.

7. **Cliquez sur OK.**

   La boîte de dialogue Vérifier l'adresse se ferme.

8. **Dans le formulaire de nouveau contact, cochez la case Adresse postale, au-dessous de la zone d'affichage de l'adresse, si l'adresse que vous venez d'entrer est bien l'adresse postale de votre contact.**

9. **Dans la zone Numéros de téléphone, cliquez dans le champ Bureau, et entrez le numéro de téléphone professionnel de votre contact.**

10. **Dans cette même zone, cliquez dans le champ Domicile et entrez le numéro de téléphone personnel de votre contact.**

    Pour les numéros de téléphone, vous disposez de quatre champs que vous pouvez personnaliser. Pour cela, cliquez sur le triangle pointant vers le bas, et sélectionnez dans la liste qui apparaît le type de numéro de téléphone correspondant à celui que vous voulez entrer, puis saisissez le numéro dans le champ correspondant.

    Vous pouvez même ajouter des champs supplémentaires si vous avez plus de quatre numéros pour votre contact.

    Cette liste vous donne le choix entre dix-neuf types de numéros de téléphone ou de fax (voir la Figure 7.5).

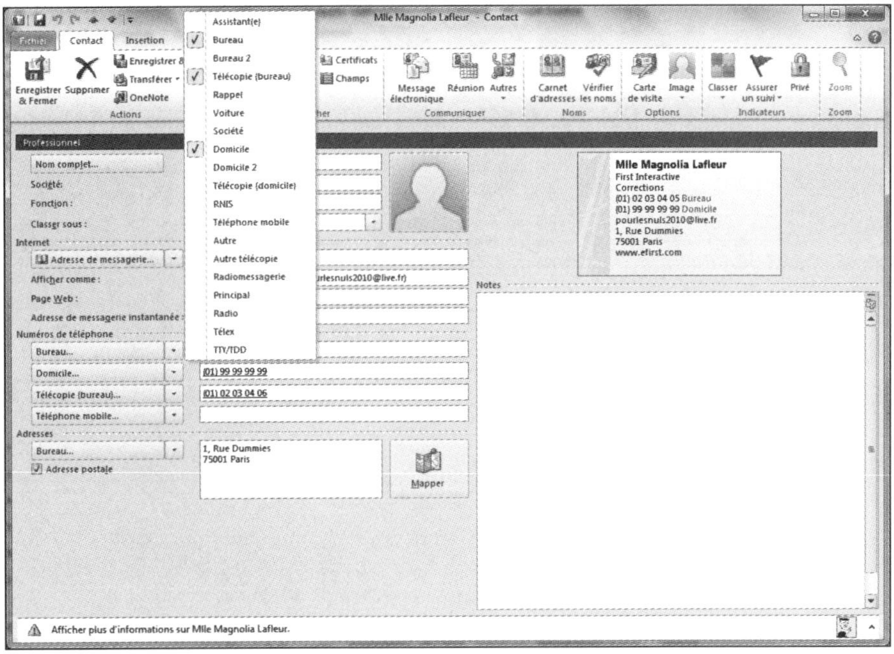

Figure 7.5 : Il y a toujours quelqu'un qui a des tas de numéros de téléphone.

11. **Cliquez dans le champ Adresse de messagerie, et saisissez l'adresse de messagerie de votre contact.**

    Si votre contact a plusieurs adresses e-mail, cliquez sur le triangle pointant vers le bas devant le champ Adresse de messagerie (voir la Figure 7.6), sélectionnez par exemple Adresse de messagerie 2, puis cliquez dans le champ et saisissez la seconde adresse.

12. **Si votre contact a une page ou un site Internet, cliquez dans le champ Page Web, et saisissez l'URL (l'adresse) correspondante. De cette manière, vous disposerez d'un lien vers cette page directement dans l'enregistrement du contact.**

URL est le nom barbare sous lequel se cache tout simplement l'adresse d'une page sur le World Wide Web. Lorsque vous voyez à la télévision une publicité qui indique quelque chose du genre `www.souslespavesla-plage.fr`, ce que vous lisez là est une URL (Uniform Resource Locator), qui, comme son nom l'indique, permet de localiser sur le Web la *ressource* qu'est la page correspondante.

Vous pouvez accéder à une page Web en saisissant son URL dans le champ d'adresse de votre navigateur Web. Si l'une des personnes de votre liste de contacts (ou son entreprise) est présent sur l'Internet, vous pouvez entrer l'URL de celle-ci dans le champ Page Web. Pour y accéder, il vous suffit d'ouvrir l'enregistrement du contact et de lien sur le lien contenu dans le champ Page Web. Votre navigateur s'ouvre et charge la page correspondant à cette URL.

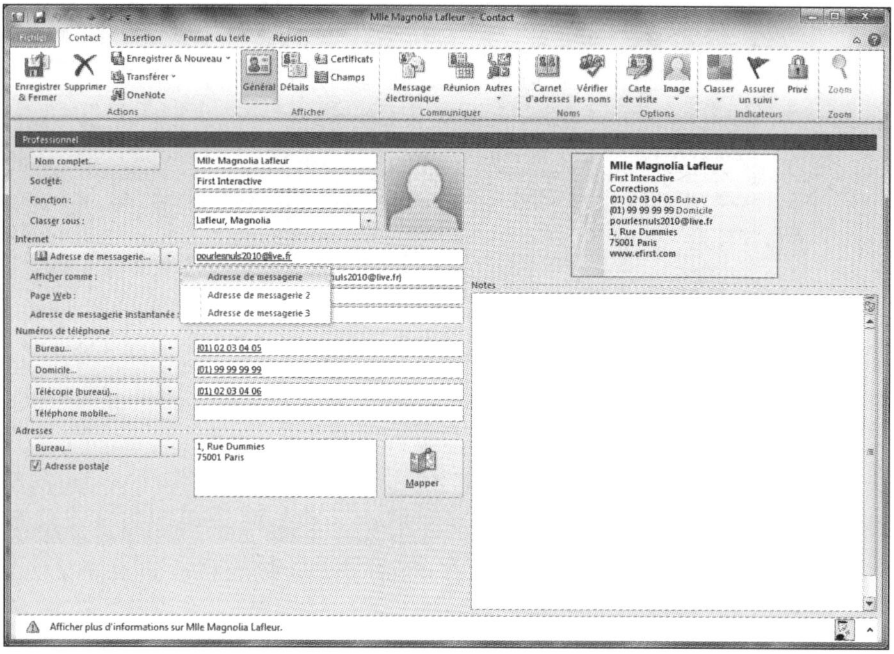

Figure 7.6 : Vous pouvez entrer plusieurs adresses de messagerie pour un même contact.

13. **Cliquez dans la grande zone de texte, à droite du formulaire, et saisissez les informations que vous voulez.**

Vous pouvez y mettre des indications diverses, des détails sur vos réunions, ou tous les commentaires que vous voulez (de préférence, quelque chose qui puisse vous être utile dans vos relations avec ce contact).

Si vous en avez envie, vous pouvez mettre en forme le texte de cette zone de texte en utilisant les boutons de l'onglet Format du texte du ruban (voir la Figure 7.7). Ces outils sont identiques à ceux de tout programme de traitement de texte : police, taille, gras, italique, justification et couleur. Vous pouvez changer la mise en forme de toute ou partie de votre annotation, depuis un simple caractère jusqu'au contenu entier de la zone de texte. En revanche, vous ne pouvez pas formater le contenu des différents champs de ce formulaire.

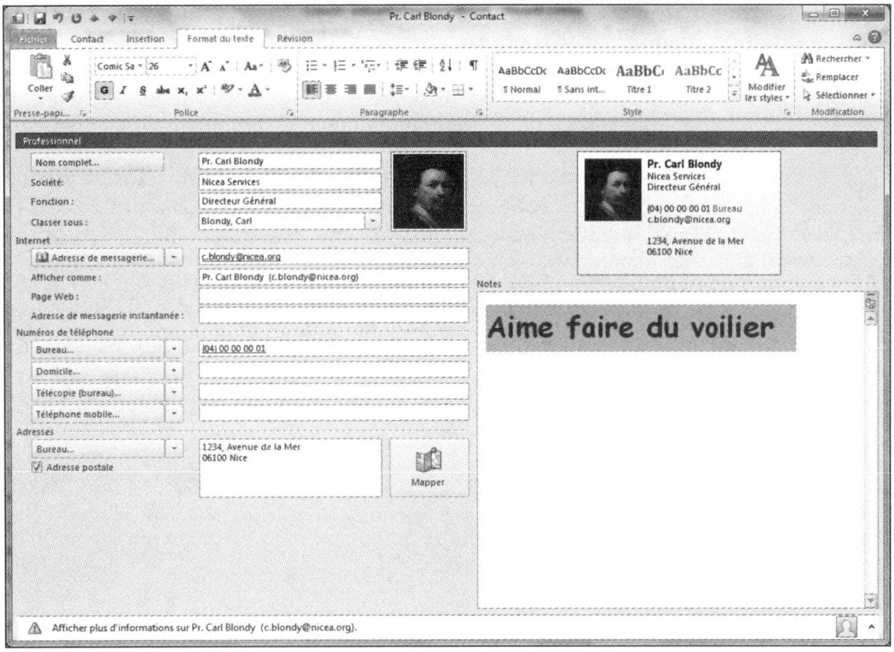

Figure 7.7 : Vous avez de quoi vous amuser avec la zone Notes du formulaire de contact.

14. **Une fois que vous avez terminé, cliquez sur Enregistrer & Fermer (sous l'onglet Contact du ruban).**

Une fois que vous avez entré toutes les informations que vous vouliez (ou dont vous disposez), il ne vous reste plus qu'à vous servir de votre liste de contacts.

Afficher les contacts

Une fois que vous avez entré vos renseignements sur vos contacts, Outlook vous permet de les visualiser de nombreuses manières différentes et utiles, appelées de façon pertinente *affichages*. Afficher vos contacts et les trier vous permet d'avoir rapidement une vue d'ensemble de vos informations. Pour chaque module, Outlook dispose de cinq à douze affichages prédéfinis, que vous pouvez en plus facilement personnaliser. Il vous suffira ensuite de donner un nom à un affichage particulier et de l'enregistrer pour l'utiliser exactement comme les vues prédéfinies d'Outlook.

Pour changer l'affichage de votre liste de contacts :

1. **Cliquez sur le bouton Contacts dans le Volet de navigation (ou appuyez sur Ctrl+3).**

   La liste des contacts apparaît dans la partie principale de la fenêtre d'Outlook.

2. **Dans la catégorie Affichage actuel du ruban, cliquez sur le bouton Changer l'affichage et sélectionnez dans la liste qui vous est proposée la disposition voulue.**

- Vous pouvez changer d'affichage comme vous changez de chaîne sur votre poste de télévision (Les informations sont présentées différemment, mais ce sont les mêmes partout ? Et bien, c'est pareil ici !). La Figure 7.8 illustre le mode Carte de visite. Vous disposez aussi des choix Carte, Téléphone et Liste (ou toute autre vue personnalisée ayant été enregistrée).

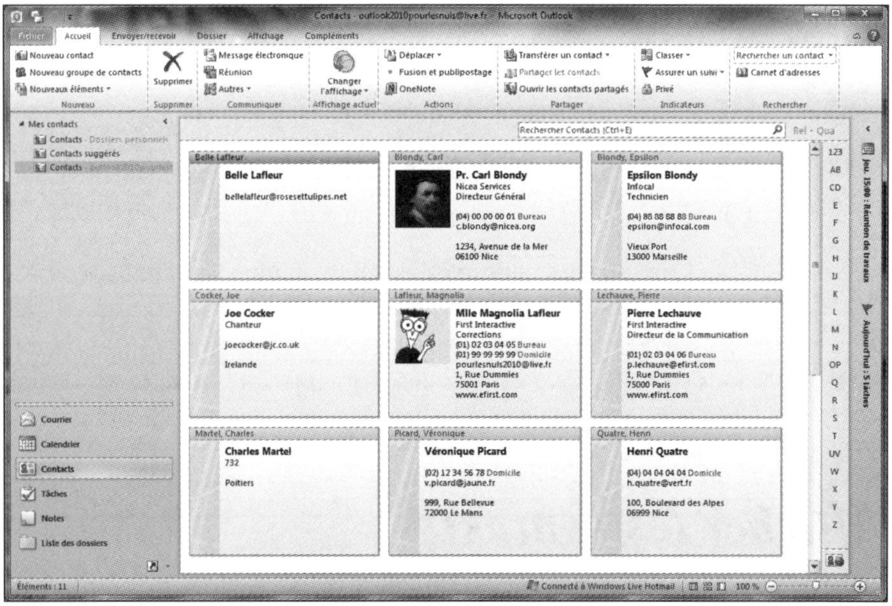

Figure 7.8 : L'affichage Carte de visite.

Trier un affichage

Certains affichages sont de simples listes, comme le mode Téléphone illustré sur la Figure 7.9 : une colonne pour le nom, puis une colonne pour la société, et ainsi de suite.

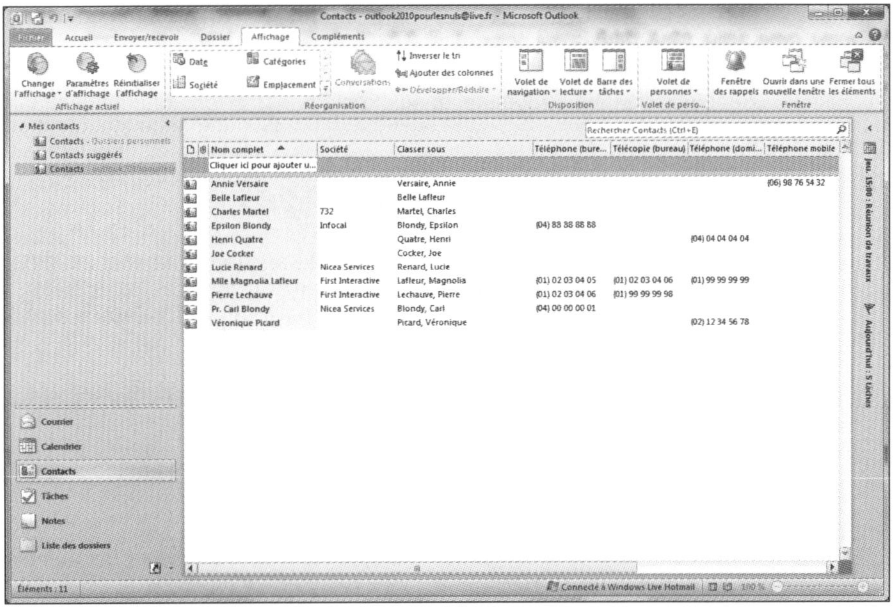

Figure 7.9 : L'affichage Téléphone.

Si vous n'arrivez pas retrouver un certain contact dans un affichage disposé en colonnes, il vous suffit de cliquer sur le titre de la colonne selon laquelle vous voulez trier vos correspondants. Supposons par exemple que vous vouliez trouver dans votre liste de contacts les noms de tous les gens qui travaillent dans une certaine entreprise. Vous pouvez le faire facilement en triant par la colonne Société :

1. **Cliquez sur le bouton Contacts dans le Volet de navigation (ou appuyez sur Ctrl+3).**

   La liste des contacts s'affiche dans la partie principale de la fenêtre d'Outlook.

2. **Cliquez sur le bouton Changer l'affichage (sous l'un des onglets Accueil ou Affichage du ruban). Sélectionnez alors la vue Téléphone.**

   Votre liste de contacts apparaît dans le mode d'affichage Téléphone.

3. **Cliquez sur l'en-tête de la colonne Société.**

   Vos contacts sont triés dans l'ordre alphabétique sur la base du nom figurant dans la colonne Société. Si vous cliquez une seconde fois sur l'en-tête de cette colonne, les contacts sont triés dans l'ordre alphabétique inverse.

Une fois votre liste triée, il est plus facile d'y retrouver le nom d'une personne en faisant défiler le contenu de la fenêtre vers le bas. Si vous triez par société, vous voyez se suivre les noms de tous les gens qui travaillent pour la même entreprise.

Réorganiser les affichages

Vous pouvez réorganiser vos listes en faisant simplement glisser le titre d'une colonne et en le déposant à l'endroit que vous voulez. Par exemple, pour déplacer la colonne Téléphone (domicile) dans l'affichage Téléphone, suivez ces étapes :

1. **Cliquez sur le bouton Contacts dans le Volet de navigation (ou appuyez sur Ctrl+3).**

   La liste des contacts s'affiche dans la partie principale de la fenêtre d'Outlook.

2. **Cliquez sur le bouton Changer l'affichage (sous l'un des onglets Accueil ou Affichage du ruban). Sélectionnez alors la vue Téléphone.**

   Votre liste de contacts apparaît dans le mode d'affichage Téléphone.

3. **Cliquez sur l'en-tête de la colonne Téléphone (domicile), et faites-le glisser vers la gauche.**

   Vous voyez apparaître une paire de flèches rouges entre les deux colonnes qui se trouvent à gauche de la colonne Téléphone (domicile). Ces flèches vous indiquent l'endroit où sera déposée la colonne que vous êtes en train de faire glisser lorsque vous relâcherez le bouton de la souris (voir la Figure 7.10).

4. **Relâchez le bouton de la souris.**

   La colonne Téléphone (domicile) vient de changer de place. Vous pouvez de cette façon organiser toutes les colonnes dans l'ordre qui vous convient. Par exemple, certaines personnes préfèrent intercaler les numéros de téléphone professionnels entre les champs Société et Classer sous, et même renvoyer cette dernière colonne juste à la droite de Nom complet.

Vous pouvez faire la même chose avec n'importe quel affichage d'Outlook organisé en colonnes. Comme l'écran n'est généralement pas assez large pour que toutes les informations y tiennent à la fois, vous aurez besoin de temps à autre des colonnes pour voir ce qu'elles contiennent. Par exemple, l'affichage Téléphone de la Figure 7.11 montre six colonnes (et même un peu plus), alors qu'il y en a en réalité douze en tout. Pour voir celles de droite, vous devez vous servir de la barre de défilement qui se trouve en bas de la fenêtre.

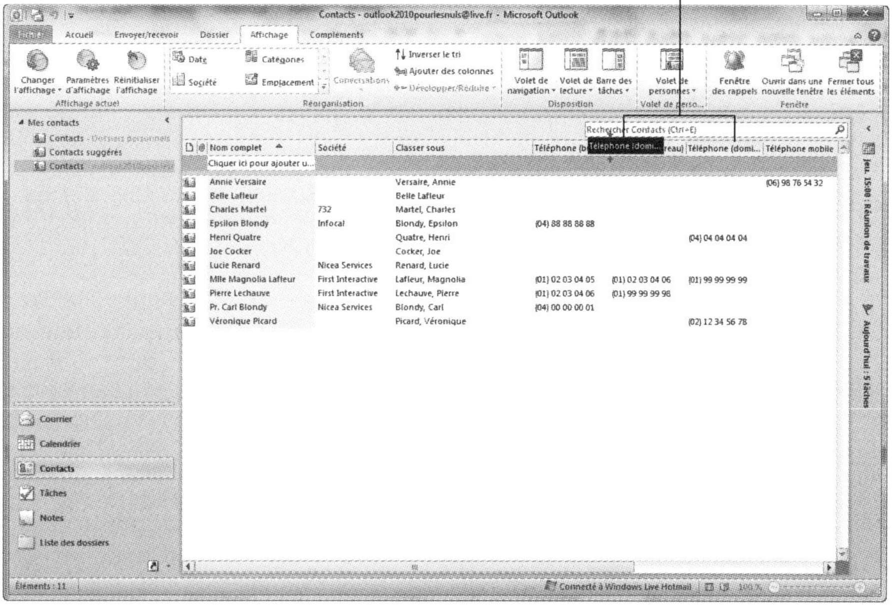

Figure 7.10 : Vous pouvez réorganiser un affichage en faisant glisser l'en-tête de chaque colonne jusqu'à l'emplacement voulu.

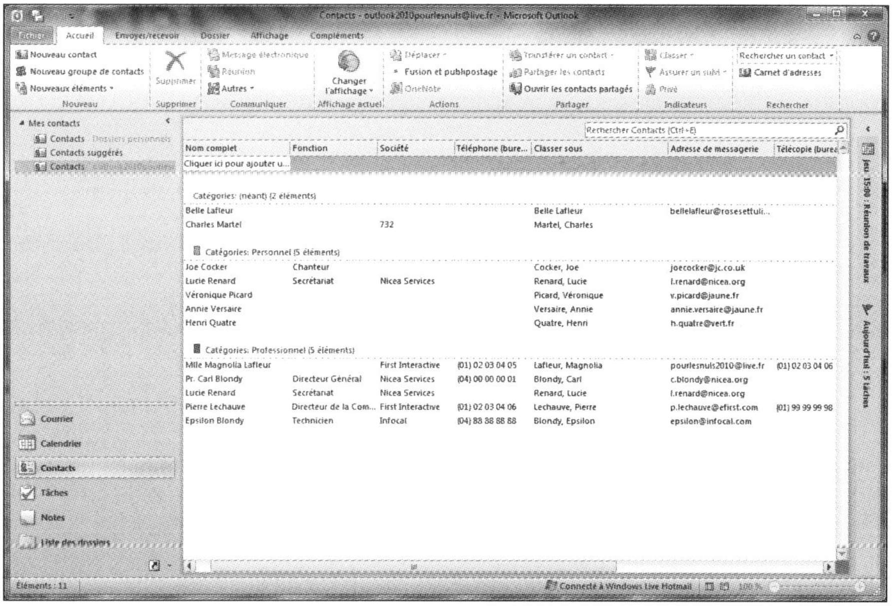

Figure 7.11 : Affichage de type Liste.

Utiliser des affichages groupés

Il arrive que le tri ne soit pas suffisant. Avec le temps, une liste de contacts devient généralement assez longue. En quelques années, on peut facilement arriver à plusieurs milliers de noms. Le simple tri d'une liste de cette longueur signifie que, si vous cherchez quelque chose commençant par la lettre *M*, l'élément que vous voulez localiser se trouvera près d'un mètre au-dessous du bas de votre écran, quoi que vous fassiez.

Les groupes sont la réponse à ce problème, et Outlook vous offre plusieurs affichages prédéfinis qui les utilisent.

Outlook vous permet d'afficher plusieurs types de liste : une liste triée est un peu comme un paquet de cartes à jouer classées par valeur numérique, en commençant par les deux, puis les trois, puis les quatre, et ainsi de suite jusqu'aux rois et aux as. Dans un affichage groupé, vous aurez d'abord tous les cœurs dans une rangée, puis les piques, puis les carreaux, puis les trèfles (notez en passant qu'Outlook contient aussi plusieurs autres types d'affichage groupés qui ne s'appliquent pas aux contacts, comme le classement des rendez-vous par jour, semaine ou mois).

Il est pratique de rassembler en groupes des éléments de type similaire si vous avez besoin par exemple de retrouver toutes les personnes qui travaillent pour une certaine entreprise (pour leur envoyer vos félicitations à propos du dernier produit de la maison, ou au contraire manifester vivement votre mécontentement sur une évidente erreur marketing). Comme le regroupement par société est très souvent utile, Outlook propose cette option dans ses affichages prédéfinis.

Pour le vérifier, suivez ces étapes :

1. **Cliquez sur le bouton Contacts dans le Volet de navigation.**

   Le module Contacts s'ouvre sur son affichage en cours.

2. **Ouvrez l'onglet Affichage. Cliquez à gauche sur le bouton Changer l'affichage, puis sélectionnez le mode Liste.**

3. **Dans la rubrique Réorganisation du ruban, cliquez sur le bouton Société.**

   Vous voyez maintenant une série de groupes, chacun se signalant par une barre grisée surmontée des mots Société : (*nom de l'entreprise*) suivie d'une valeur entre parenthèses qui vous indique le nombre d'éléments de chaque groupe. Le petit triangle placé devant le nom Société vous permet de développer ou de réduire ce groupe.

4. **Cliquez sur un triangle pour faire apparaître ou masquer les contacts de l'entreprise correspondante.**

Si vous ne trouvez pas ce qui vous convient parmi les groupes prédéfinis, vous pouvez regrouper vos éléments par tous les critères que vous voulez, à condition d'avoir entré les données correspondantes.

Le regroupement est un très bon moyen de gérer les éléments d'Outlook, en particulier des contacts. Une fois que vous serez habitué à l'utilisation des groupes, ils vous permettront de gagner énormément de temps pour retrouver ce dont vous avez besoin

Attribuer des indicateurs à vos amis

On a parfois besoin d'un aide-mémoire pour se rappeler de faire une chose qui concerne une tierce personne. Par exemple, si vous promettez de téléphoner à quelqu'un dans un mois, le meilleur moyen d'y penser le moment venu est d'associer un indicateur au nom de cette personne dans votre liste de contacts. Un rappel apparaîtra à la date spécifiée pour vous signaler que vous avez quelqu'un à appeler.

Les contacts ne sont pas les seuls éléments auxquels il est possible d'associer des indicateurs. Vous pouvez assigner des rappels aux tâches, aux messages et aux rendez-vous pour obtenir le même effet.

Pour affecter un indicateur à un contact :

1. **Dans le module Contacts, cliquez du bouton droit sur le contact auquel vous voulez associer un indicateur.**

   Un menu contextuel apparaît (voir la Figure 7.12).

2. **Sélectionnez l'option Assurer un suivi.**

3. **Choisissez la date de suivi pour le contact en question.**

   Vous avez le choix entre Aujourd'hui, Demain, Cette semaine et Semaine prochaine (ou bien Aucune date, ou encore Personnalisé). En revanche, le choix pourtant bien pratique Quand les poules auront des dents ne figure hélas pas dans la liste.

4. **Cliquez sur OK.**

Lorsque vous associez un indicateur à un contact, le nom de ce dernier apparaît dans votre calendrier Outlook au jour choisi. Si vous préférez, vous pouvez renforcer l'impact de votre indicateur en choisissant Ajouter un rappel. Ce rappel apparaît, accompagné d'un son au moment choisi, juste au cas où vous auriez de bonnes raisons d'éviter de parler à cet individu. C'est la façon dont Outlook fait un nœud à votre mouchoir informatique.

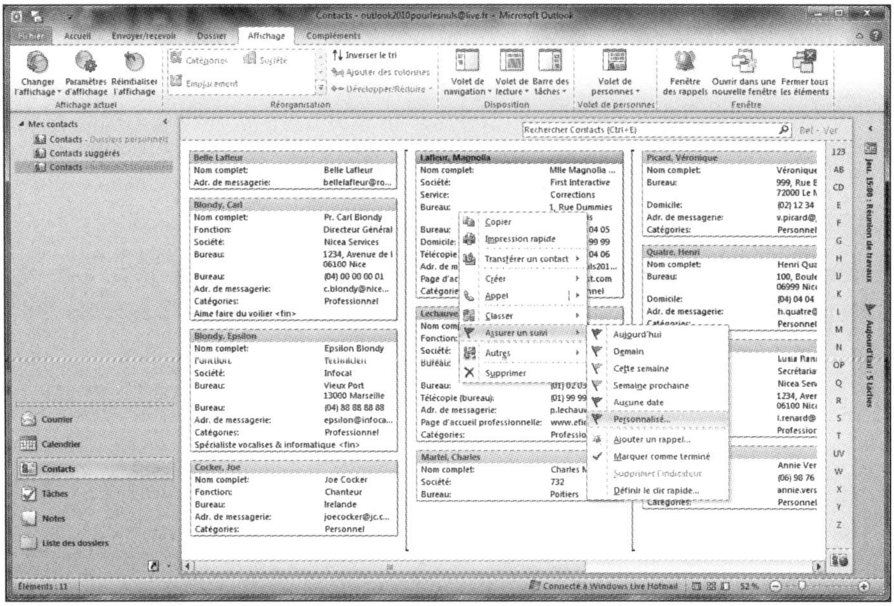

Figure 7.12 : Cliquez du bouton droit sur un contact pour lui assigner un indicateur.

Utiliser les informations sur les contacts

Traitez-moi d'idiot si vous en avez envie, mais je parie que si vous entrez tous ces renseignements sur vos contacts, c'est que vous avez l'intention de vous en servir un jour ou l'autre. Et je suis sûr que vous ne m'en voudrez pas si je vous montre quelques manières d'extraire et d'utiliser les nombreuses informations disséminées dans votre liste de contacts.

Rechercher des contacts dans le module Contacts

Si on crée une liste de contacts, c'est pour pouvoir les retrouver plus tard. Autrement, à quoi bon ?

Retrouver un nom dans le module Contacts d'Outlook est un jeu d'enfant. La méthode la plus facile est celle qui consiste à rechercher le nom de famille dans l'affichage Carte (ou Carte de visite).

Pour rechercher un contact par son nom de famille :

1. **Cliquez le bouton Contacts dans le Volet de navigation.**

   Votre liste de contacts apparaît.

2. **Cliquez dans le ruban sur le bouton Changer l'affichage, puis sur l'option Carte (ou Carte de visite) dans la liste proposée.**

   L'affichage Carte apparaît. Par pur esprit de contradiction, la Figure 7.13 illustre l'autre mode, Carte de visite.

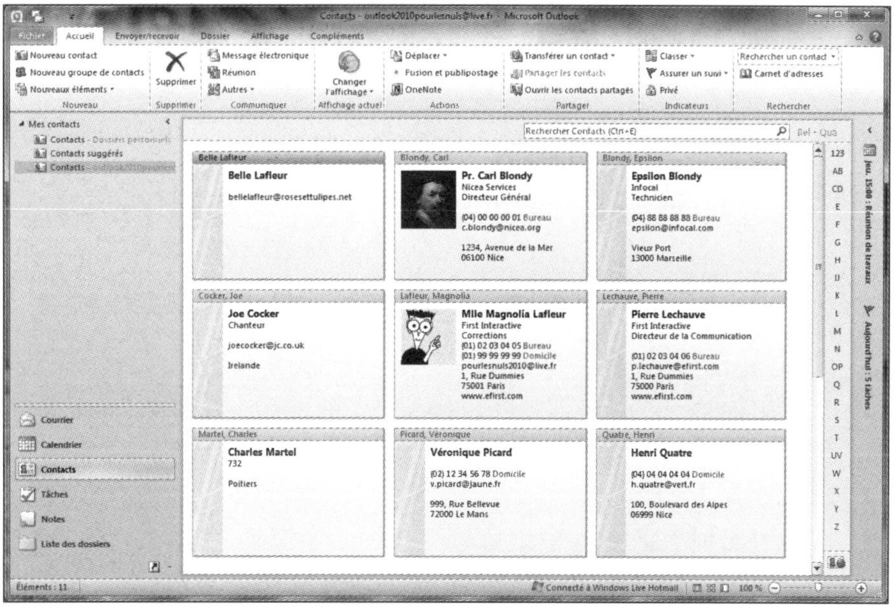

Figure 7.13 : L'affichage Carte de visite.

Vous pouvez voir sur le bord droit de la fenêtre un ensemble d'onglets correspondant aux lettres de l'alphabet. Vous pouvez cliquer sur l'un de ces onglets pour afficher directement la section correspondante de vos contacts, mais il existe une méthode plus simple : tapez simplement la première lettre du nom que vous recherchez. Par exemple, si vous recherchez Magnolia Lafleur (et si vous avez demandé à Outlook de la classer sous Lafleur, Magnolia), tapez la lettre **L**. Vous voyez alors apparaître tous les noms de votre liste de contacts qui commencent par L.

Naturellement, vous pourrez avoir besoin de rechercher un contact sur la base d'une autre information que le nom, par exemple l'entreprise. Vous pouvez aussi vouloir rechercher tous les gens de votre liste qui habitent dans un certain pays ou dans un certain département. Ou ceux à qui vous avez fait partager une certaine conviction (si vous avez inclus cette information dans leur enregistrement de contact). Pour cela, vous devez utiliser l'outil Rechercher.

Pour trouver des contacts en utilisant l'outil Rechercher :

1. **La fenêtre des contacts étant ouverte, tapez le texte à trouver dans la zone de recherche.**

   Cette zone de recherche se trouve au-dessus de votre liste de contacts, juste en dessous du ruban. La liste se rétrécit pour ne plus afficher que les informations saisies (voir la Figure 7.14).

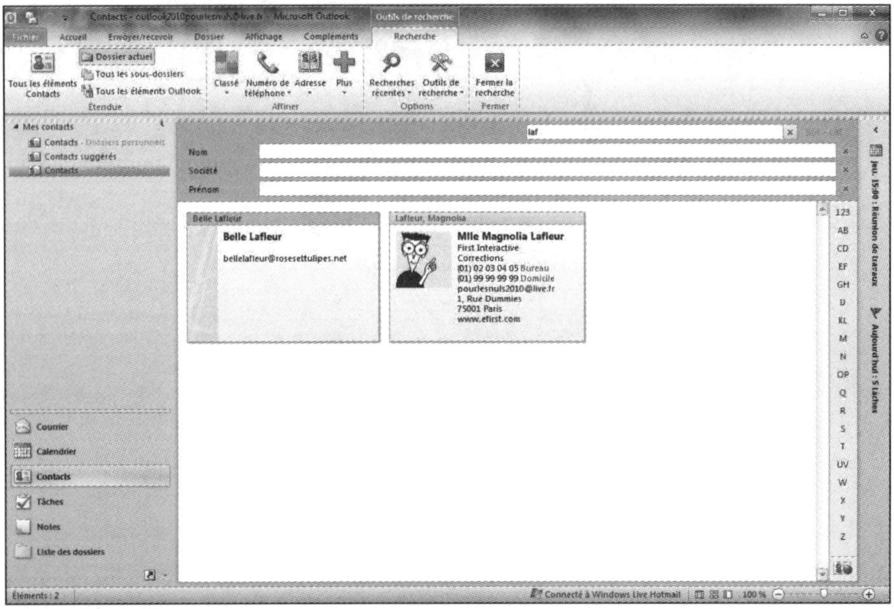

Figure 7.14 : L'outil Rechercher vous permet de sélectionner le type d'élément que vous recherchez.

2. **Double-cliquez sur le contact qui vous intéresse pour ouvrir son formulaire.**

   Si Outlook n'a trouvé aucun contact correspondant à ce que vous avez tapé, vérifiez que vous n'avez pas fait de faute de frappe.

N'OUBLIEZ PAS!

N'oubliez pas que les ordinateurs ne brillent pas par leur intelligence. Ils ne peuvent pas deviner ce que vous avez voulu dire. Si vous voyez *Magnolia Lflure*, vous comprenez que vous vouliez dire *Magnolia Lafleur*, mais c'est justement ce qu'un ordinateur n'est pas capable de deviner. Les fautes de frappe ne pardonnent pas.

D'un autre côté, si vous ne connaissez qu'un fragment du nom que vous recherchez, Outlook peut vous le retrouver, où qu'il soit. Si vous faites une recherche sur « al », vous allez trouver Albert Einstein et Al Capone (s'ils font partie de vos relations), mais aussi tous les Alexandre et tous les Rufalin de votre liste de contacts, de même en passant que ceux qui habitent au Sénégal.

Rechercher un contact dans n'importe quel module d'Outlook

Le champ du ruban qui affiche Rechercher un contact, vous permet de retrouver un contact en un clin d'œil, quel que soit le module d'Outlook dans lequel vous vous trouvez.

1. **Cliquez dans le champ Rechercher un contact, à droite du ruban.**
2. **Tapez le nom du contact.**
3. **Appuyez sur Entrée pour qu'Outlook ouvre l'enregistrement de ce contact.**

   Si vous ne tapez qu'une partie d'un nom, Outlook affiche la liste des contacts qui contiennent ce fragment en vous permettant de sélectionner celui que vous voulez. Par exemple, si vous tapez *laf*, vous pouvez obtenir Magnolia Lafleur et Marie Laforêt (si elles font partie de votre liste de contacts), ainsi que tous les noms qui contiennent *laf* (comme Henri Pilaf). Double-cliquez sur le nom du contact que vous voulez afficher.

Remarquez le triangle pointant vers le bas, à droite du champ Rechercher un contact. Si vous cliquez dessus, vous voyez apparaître la liste des douze dernières personnes que vous avez recherchées, ce qui est pratique lorsque vous avez besoin de consulter fréquemment les renseignements attachés à une certaine personne. Cliquez simplement sur le nom voulu pour afficher directement son formulaire.

Utiliser la page Activités

Le formulaire d'enregistrement de contact contient, en bas de la fenêtre, un bandeau qui indique Afficher plus d'informations sur, suivi du nom du contact. C'est l'endroit qui vous permet de retrouver tous les éléments Outlook associés à cette personne. Lorsque vous cliquez sur ce bandeau, Outlook déroule un volet qui permet de visualiser tous les éléments liés à votre contact. Ceci vous permet de retrouver des choses spécifiques, comme les e-mails échangés, des pièces jointes, ou encore des calendriers de réunion.

Pour aller plus loin dans les relations, vous devrez en passer ici par la nouvelle fonction d'accès aux réseaux sociaux (ou si vous préférez aux réseaux d'amis). Nous y reviendrons dans le Chapitre 11.

Envoyer une carte de visite

Outlook vous donne aussi la possibilité d'envoyer une « carte de visite » électronique à toute autre personne qui utilise Outlook ou tout autre programme capable d'utiliser ce type d'objet. C'est un moyen simple de communiquer à quelqu'un d'autre différents éléments de votre liste de contacts.

Le plus naturellement du monde, vous allez tôt ou tard utiliser cette fonction pour envoyer vos propres coordonnées. Il vous suffit pour cela de créer un enregistrement contenant toutes les informations personnelles et/ou professionnelles que vous voulez communiquer, puis de suivre ces étapes :

1. **Cliquez sur le bouton Contacts dans le Volet de navigation.**

   Votre liste de contacts apparaît.

2. **Double-cliquez sur l'enregistrement de contact contenant les informations que vous voulez envoyer.**

   L'enregistrement de contact sélectionné s'ouvre.

3. **Cliquez sur le bouton Transférer, dans la section Actions de l'onglet Accueil du ruban.**

   Un menu offre trois choix : Comme carte de visite, Au format Internet (vCard), Comme contact Outlook. Si vous avez configuré un service de messagerie texte (SMS) ou multimédia (MMS), deux autres options seront activées (voyez le Chapitre 17 pour plus de détails)

4. **Sélectionnez le format que vous préférez.**

   Si vous hésitez, choisissez Comme carte de visite. Cela permet d'envoyer les deux types de cartes (voir la Figure 7.15).

5. **Dans le champ À, tapez l'adresse de la personne à laquelle vous voulez envoyer votre message.**

   Vous pouvez aussi cliquer sur le bouton À, et sélectionner un nom dans le Carnet d'adresses.

6. **Cliquez sur le bouton Envoyer.**

   Le message est envoyé à son destinataire avec comme pièce jointe la carte de visite au format vCard.

Lorsque vous recevez une carte de visite dans un e-mail, vous pouvez ajouter celle-ci à votre liste de contacts. Pour cela, double-cliquez sur son icône dans le message pour ouvrir l'enregistrement de contact correspondant, puis sélectionnez Enregistrer & Fermer pour l'intégrer à votre liste (en même temps que toutes les informations qui vous sont transmises par ce procédé).

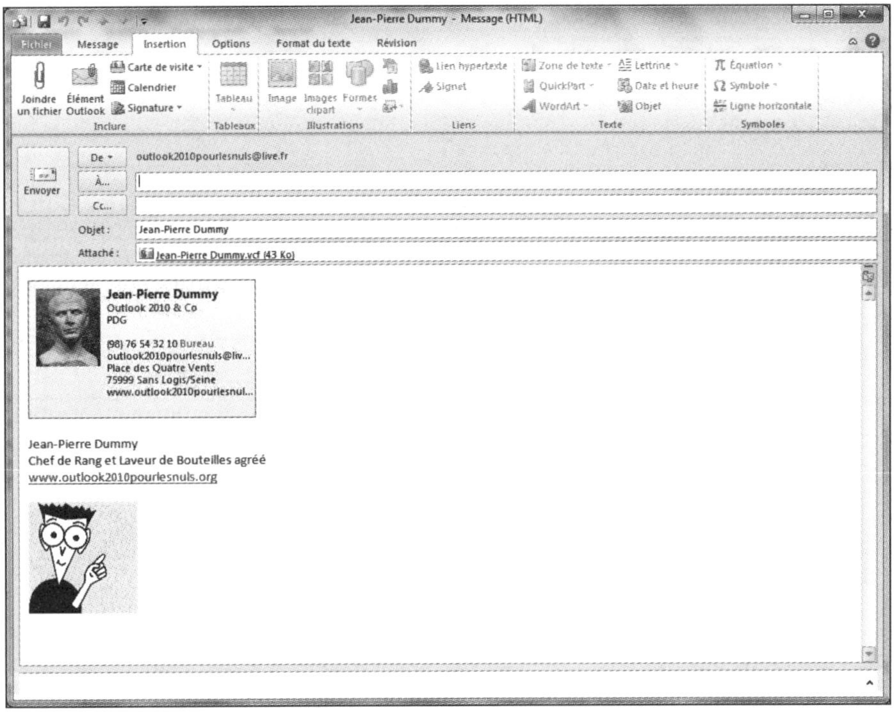

Figure 7.15 : Envoyer une carte de visite.

Groupes de contacts

Dans le module Contacts, vous pouvez créer une liste de distribution réunissant autant de contacts que vous le souhaitez pour les occasions où vous avez besoin d'envoyer un message à plusieurs personnes en même temps. Vous avez aussi la possibilité d'assigner des catégories à vos listes de distribution (comme pour un contact individuel), et envoyer le contenu d'une telle liste à une tierce personne en tant que pièce jointe dans un e-mail (mais il faudra qu'elle utilise aussi Outlook pour en tirer parti).

Créer un groupe de contacts

Créer un groupe de contacts (ou une liste de distribution, c'est la même chose) revient simplement à lui donner un nom et à sélectionner dans votre liste de contacts ceux qui vont en faire partie. Une liste de distribution ne contient pas les numéros de téléphone ni les adresses postales des gens qui y figurent, elle ne contient que leurs adresses de messagerie.

Pour créer une liste de distribution dans le module Contacts :

1. **Cliquez sur le bouton Nouveau groupe de contacts dans le ruban (ou appuyez sur Ctrl+Maj+L).**

   Un formulaire apparaît.

2. **Dans le champ Nom, tapez l'intitulé que vous voulez donner à votre groupe de contacts, et appuyez sur Entrée.**

   Le nom apparaît dans la barre de titre du formulaire.

3. **Cliquez dans le ruban sur le bouton Ajouter des membres, et choisissez le menu qui affiche l'option A partir des contacts Outlook.**

   La boîte de dialogue Sélectionner les membres apparaît. Elle affiche les noms disponibles pour créer votre groupe de contacts, ainsi qu'un champ vide appelé Membres (voir la Figure 7.16).

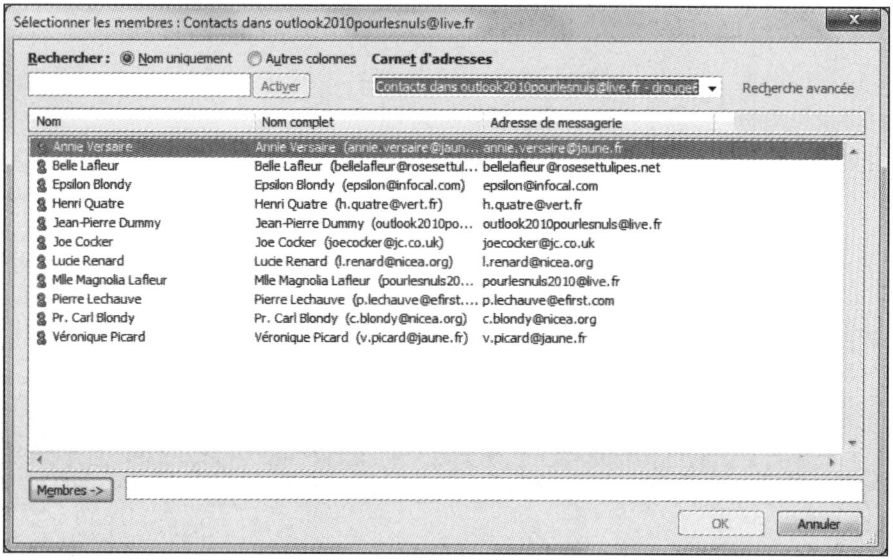

Figure 7.16 : Choisir les membres de votre groupe de contacts.

4. **(Facultatif) Si vous avez plusieurs comptes de messagerie, choisissez sous le titre Carnet d'adresses celui qui va vous donner la liste de contacts voulus.**

   Vous avez par exemple une adresse de messagerie professionnelle, un autre personnelle, et vous ne voulez pas établir de vases communicants entre les deux. Dans ce cas, il s'agit d'une étape importante, puisque certains contacts peuvent être enregistrés dans tel ou tel dossier spécifique.

5. **Double-cliquez sur le nom de chaque personne que vous voulez ajouter au groupe de contacts.**

   Tous les noms sur lesquels vous double-cliquez apparaissent dans le champ Membres, en bas de la boîte de dialogue.

6. **Une fois que vous avez ajouté tous les noms voulus, cliquez sur OK.**

   La boîte de dialogue Sélectionner les membres se ferme.

7. **Cliquez sur Enregistrer & Fermer (ou appuyez sur Alt+S).**

   Le formulaire se ferme, et votre liste de distribution apparaît parmi vos contacts, avec simplement comme mention Groupe.

Lorsque vous créez une liste de distribution, vous pouvez aussi inclure des personnes qui ne font pas partie de votre liste de contacts, ou du Carnet d'adresses Outlook. Pour cela, au lieu d'exécuter l'Étape 3 ci-dessus, cliquez sur le bouton Ajouter des membres, puis choisissez l'option Nouveau contact de messagerie. Dans la boîte de dialogue qui apparaît, entrez le nom et l'adresse e-mail de la personne que vous voulez ajouter au groupe de contacts, puis cliquez sur OK et suivez le reste des étapes de la même manière.

Modifier un groupe de contacts

Comme partout ailleurs, il y a pas mal de va-et-vient dans les groupes de contacts. Les uns s'en vont, et d'autres arrivent. Il est évidemment nécessaire de pouvoir modifier vos listes de distribution. Pour cela, cliquez sur le bouton Contacts dans le volet de navigation, puis double-cliquez sur le nom du groupe à modifier. Un tel groupe se distingue d'un contact ordinaire par l'icône qui apparaît à droite de son nom et qui représente deux visages de profil. Quand vous ouvrez un groupe de contacts, vous voyez apparaître le formulaire qui vous a permis de le créer. Vous disposez alors de différentes possibilités :

- Pour retirer un membre du groupe, cliquez sur son nom, puis sur le bouton Supprimer le membre (espérons que, dans l'avenir, Microsoft trouvera une appellation moins violente).
- Pour ajouter à la liste de distribution un membre qui se trouve déjà dans votre liste de contacts ou dans le Carnet d'adresses Outlook, cliquez sur Ajouter des membres, et suivez la même procédure que lorsque vous avez créé la liste.
- Pour ajouter une personne qui ne se trouve ni dans votre liste de contacts ni dans le Carnet d'adresses Outlook, cliquez sur le bouton Ajouter des membres, puis sur Nouveau contact de messagerie.

Saisissez le nom et l'adresse de messagerie de la personne dans la boîte de dialogue qui apparaît, et cliquez sur OK.

Utiliser un groupe de contacts

Un groupe de contacts apparaît comme un élément de votre liste de contacts, exactement comme s'il s'agissait d'une simple personne. Comme vous l'avez sans doute deviné, vous pouvez donc utiliser ce groupe pour adresser un message électronique à toute une partie de la population comme vous le feriez avec n'importe quel contact. Vous pouvez par exemple faire glisser la carte de visite d'un groupe depuis le module Contacts sur l'icône de votre Boîte de réception. Ou bien taper le nom de la liste de distribution dans le champ À d'un nouveau message et cliquer sur le bouton Vérifier les noms dans le ruban. Quand Outlook souligne le nom qui apparaît dans le champ À, vous savez qu'il l'a reconnu, et que le message sera envoyé à tous les membres enregistré dans le groupe de contacts.

Pour communiquer la liste des membres d'un groupe à quelqu'un d'autre, ouvrez son formulaire de définition, puis cliquez dans le ruban sur le bouton Transférer le groupe. Choisissez alors le format voulu, et continuez exactement comme s'il s'agissait d'un simple contact.

Ajouter une photo à un contact

Il est possible d'ajouter une photo aux informations sur les contacts que vous recueillez, et pas seulement pour faire beau. Maintenant que nombre de téléphones cellulaires et autres appareils mobiles sont capables de communiquer avec la liste de contacts Outlook, vous pouvez faire en sorte que la photo d'une personne s'affiche sur votre portable à chaque fois qu'elle vous appelle ou vous envoie un SMS. Ces photos apparaissent également lorsque vous choisissez le mode d'affichage Carte de visite dans le module Contacts d'Outlook. Si vous êtes du genre à oublier les noms mais jamais les visages, sachez que les deux sont maintenant à portée de souris.

Pour ajouter une photo à l'enregistrement d'un contact, suivez ces étapes :

1. **La fenêtre des contacts étant ouverte, double-cliquez sur le nom de la personne à laquelle vous souhaitez ajouter une photo (ou n'importe quelle image à votre convenance).**

   L'enregistrement choisi s'ouvre.

2. **Double-cliquez sur l'icône qui représente une sorte de photo d'identité grisée, au centre et en haut de l'enregistrement.**

   La boîte de dialogue Ajouter une photo du contact s'ouvre.

3. **Double-cliquez sur le nom du fichier qui contient la photo que vous souhaitez ajouter.**

   La photo choisie apparaît dans l'enregistrement du contact.

4. **Cliquez sur Enregistrer & Fermer.**

   Un autre visage souriant illumine maintenant votre univers (voir la Figure 7.17). Merveilleux, n'est-ce pas ? Si vous avez l'occasion d'envoyer votre propre carte de visite, cela vaut peut-être la peine d'ajouter une belle photo de vous afin de faire bonne impression.

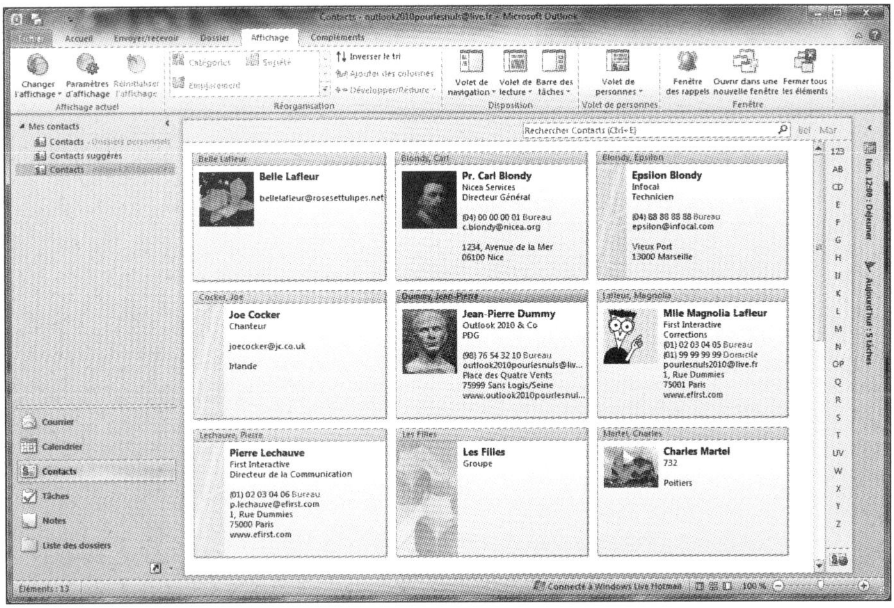

Figure 7.17 : Une image vaut mieux qu'un millier de mots, du moins dans certains cas.

En outre, si vous disposez d'un programme de retouche de photos, vous pouvez ajouter des moustaches et des dents noires aux personnes que vous détestez, juste pour rire un bon coup. Mais, si votre patron est susceptible de voir sa photo sur votre écran, réfléchissez-y à deux fois avant « d'améliorer » sa photo de manière… peu flatteuse.

Chapitre 8

Comment libérer la puissance du Calendrier

Dans ce chapitre :

- Utiliser le Navigateur de date.
- Rechercher une date (sous forme numérique).
- Créer et reporter des rendez-vous.
- Afficher le Calendrier.
- Imprimer vos rendez-vous.
- Ajouter des fêtes et événements dans le Calendrier.

Est-ce que les salariés travaillent toute la journée ? Non. La plupart passent leur temps dans des réunions. Et quand elles sont terminées, ils restent tard au bureau pour effectuer tout le travail tombé pendant ces réunions. Comme si cette interminable litanie ne suffisait pas, il existe la réunion de programmation de la prochaine réunion, qui vient juste après la réunion de programmation de la réunion servant à programmer cette réunion. Un vrai truc de fou ! Si le calendrier Outlook ne peut rien faire contre ce genre de (dés)organisation, il permet d'accélérer le processus de programmation et vous aide à caser encore plus de réunions dans votre emploi du temps…

Découvrir le Calendrier

Comme c'est sans doute loin d'être la première fois que vous voyez un calendrier, celui d'Outlook ne devrait pas vous poser des problèmes particuliers de compréhension. Il ressemble effectivement à un calendrier : des dates disposées par rangées du lundi au vendredi, plus les week-ends, et ainsi de suite. Il est inutile de s'y connaître en informatique pour comprendre tout cela.

Si vous voulez voir des informations plus détaillées sur un élément quelconque de votre calendrier, il vous suffit dans la plupart des cas de cliquer dessus avec la souris. Si ce n'est pas assez, double-cliquez. Et si ça ne vous donne pas tout ce que vous cherchez, lisez ce qui suit. Je vais tout vous dire. Je pense en fait que le calendrier d'Outlook va vous paraître si facile qu'il ne vous faudra pas beaucoup de pratique avant de le trouver utile.

Pour être franc, je crois bien que l'appellation « navigateur de date » n'a rien d'officiel, mais elle est pertinente et évocatrice. C'est un outil extrêmement pratique qui vous permet d'accéder rapidement à la période de temps que vous voulez afficher dans le module Calendrier (voir la Figure 8.1). Il peut apparaître dans le volet de navigation (si la Liste des tâches n'est pas affichée), ou dans le coin supérieur droit du volet de lecture (si la Liste des tâches est affichée).

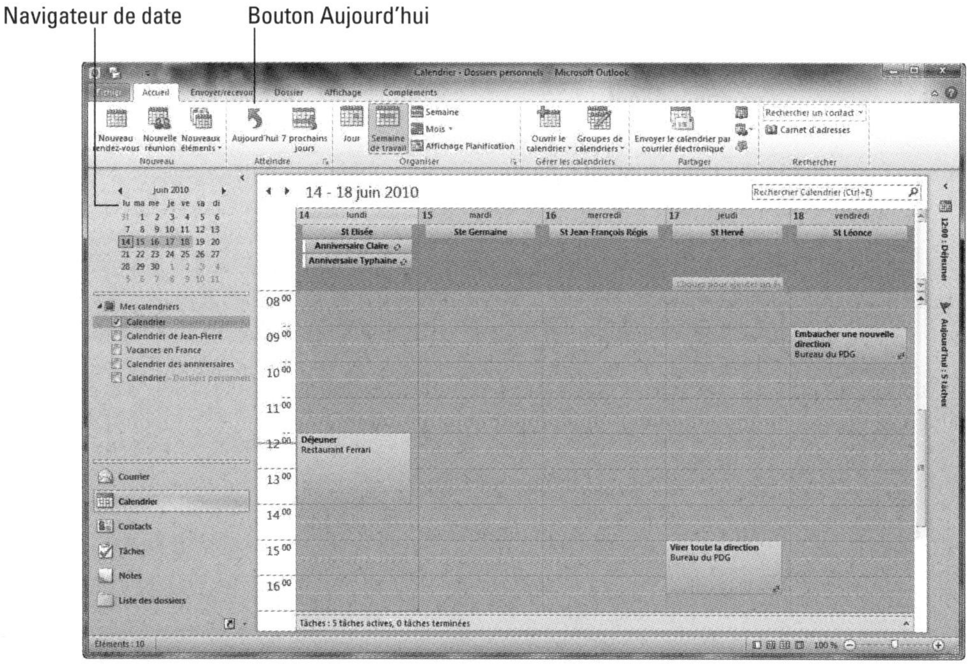

Figure 8.1 : Le navigateur de date d'Outlook.

Croyez-le ou non, cette petite zone de la fenêtre est probablement le moyen le plus rapide de changer l'affichage du calendrier et de vous déplacer dans celui-ci. Il vous suffit de cliquer sur la date ou sur la semaine que vous voulez afficher pour la voir apparaître. On ne pouvait pas faire plus simple.

Pour utiliser le navigateur de date, suivez ces étapes :

1. **Cliquez sur le bouton Calendrier dans le Volet de navigation (ou appuyez sur Ctrl+2).**

   Le calendrier apparaît.

2. **Cliquez sur le mot Jour, Semaine de travail, Semaine ou encore Mois sous l'onglet Accueil du ruban.**

   Le bouton choisi apparaît en surbrillance. Le navigateur de date est le petit calendrier qui occupe le haut du volet de navigation (revoyez la Figure 8.1).

   - Pour afficher les détails d'un jour particulier, cliquez dessus dans le navigateur de date. Vous voyez apparaître les rendez-vous et autres événements du jour sélectionné.
   - Pour avancer mois par mois, cliquez sur l'un des triangles présents de chaque côté du nom de celui-ci.
   - Avec le temps, vous verrez que vous finirez par utiliser un certain mode d'affichage du calendrier plus souvent que les autres, tout simplement parce qu'il vous conviendra mieux. Personnellement, j'aime bien l'affichage par semaine, parce qu'il rassemble à la fois le calendrier et la liste des tâches dans une même fenêtre facile à lire. Pour avoir toujours les informations à portée de main, le plus commode est de laisser Outlook ouvert en permanence.

Le voyage dans le temps n'est pas que de la science-fiction. Vous pouvez vous déplacer dans le calendrier d'Outlook en moins de temps qu'il n'en faut pour dire « machine à remonter le temps ». Si vous aimez rêver du futur, le calendrier d'Outlook vous permet de définir des rendez-vous jusqu'à l'an 4500 ! Pensez-y : d'ici là, il y a plus de 130 000 samedis soir ! Il est vrai qu'il y a aussi plus de 130 000 lundis matin, mais il faut toujours voir le bon côté des choses. Pour vous et moi, il y en a tout au plus 4 500 dans une vie moyenne, mais comme il faut en faire bon usage, autant commencer à planifier tout de suite.

Lorsque vous avez besoin d'accéder rapidement à une date :

1. **Appuyez sur Ctrl+B.**

La boîte de dialogue Atteindre la date apparaît, avec une date en surbrillance (voir Figure 8.2).

2. **Pour atteindre une autre date, tapez-la simplement, par exemple 15 janvier 2015 ou 15/01/15.**

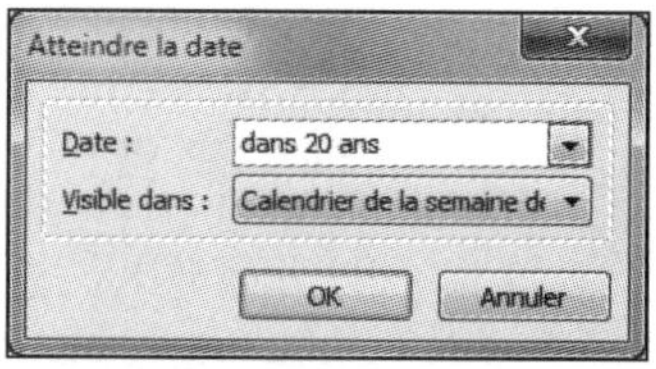

Figure 8.2 : La boîte de dialogue Atteindre la date.

Et comme je l'ai déjà dit en d'autres occasions, vous pouvez aussi taper **dans 45 jours** ou **au jour de l'an**. Outlook comprend le français relativement simple quand il s'agit de dates. Mais Outlook ne comprend pas **à la Saint-Michel** (j'ai essayé). Soyez raisonnable.

Si vous voulez atteindre la date du jour, cliquez tout simplement sur le bouton Aujourd'hui du ruban. Vous arrivez directement à la date donnée par l'horloge de votre ordinateur, et (si elle est à jour) vous pouvez inscrire vos rendez-vous pour la journée. Pour créer un rendez-vous, vous pouvez double-cliquer sur l'heure correspondante et entrer les informations voulues, de même que vous pouvez double-cliquer sur un rendez-vous déjà défini pour en vérifier les détails ou pour les modifier. Et si vous avez envie de vous amuser, recherchez quel jour de la semaine tombe votre anniversaire dans 1000 ans. Le mien tombe un mardi. Ne l'oubliez pas !

Réunions à gogo : Prendre des rendez-vous

Beaucoup plus de gens qu'on ne le croit vivent et meurent *par* et *pour* leur agenda. L'agenda papier a toujours un grand succès, parce qu'il est très facile d'y noter ce que l'on veut (bien que ce ne soit pas toujours simple de s'y retrouver). Les trucs électroniques tels que les ordinateurs de poche, les iPhone et les BlackBerry peuvent également servir d'agendas, mais ils sont si petits qu'il n'est pas forcément aisé d'y entrer des rendez-vous (à moins d'avoir des doigts pourvus d'un bout carré de moins de cinq millimètres de côté). Heureusement, de nombreux gadgets numériques sont capables de se synchroniser avec Outlook. Dans ce cas, vous avez le meilleur des deux mondes : le beurre et l'argent du beurre ! Quant au sourire de la crémière, la numérisation est en cours.

Outlook permet de définir des rendez-vous facilement et même de retrouver encore plus facilement ce qu'on y a entré. En plus, il vous prévient si vous essayez de créer deux rendez-vous au même moment (ce qui peut être très embarrassant).

Définir un rendez-vous à la volée

Certains rendez-vous ne nécessitent pas beaucoup d'explications. Si vous allez déjeuner chez votre mère vendredi, il n'y a pas de raison de faire de longs commentaires. Si vous consultez votre calendrier dans un affichage qui montre les heures de la journée dans une colonne, comme l'affichage Semaine de travail, cliquez simplement sur l'heure de début de votre rendez-vous, et tapez la description, par exemple **Déjeuner chez maman**, puis appuyez sur Entrée. Votre déjeuner fait maintenant officiellement partie de votre calendrier.

Définir un rendez-vous de A à Z

Un rendez-vous professionnel nécessite généralement un peu plus d'explications qu'un déjeuner avec sa mère. Vous pouvez avoir besoin d'en indiquer l'adresse, les différents participants s'il y en a plusieurs, le programme de la rencontre, et pourquoi pas quelques notes pour vous aider à vous souvenir de son objet. Il est aussi possible de lui assigner une catégorie, par exemple pour tenir le compte du temps que vous passez avec chacun de vos clients. Pour définir un rendez-vous qui nécessite le grand jeu, utilisez la méthode complète.

Pour définir un rendez-vous de A à Z, suivez ces étapes :

1. **Cliquez sur le bouton Calendrier dans le volet de navigation.**

   Votre calendrier apparaît.

2. **Sous l'onglet Accueil du ruban, cliquez sur le bouton Nouveau rendez-vous.**

   Le formulaire de nouveau rendez-vous apparaît (voir la Figure 8.3).

   TRUC

   Vous avez aussi la possibilité d'appuyer sur Ctrl+N pour ouvrir l'écran vous permettant de créer un nouvel élément dans votre calendrier. Et où que vous soyez dans Outlook, appuyez sur Ctrl+Maj+A pour ajouter un rendez-vous. L'inconvénient est que vous ne verrez pas le résultat tant que vous ne serez pas passé dans le module Calendrier.

3. **Cliquez dans le champ Objet, et tapez une brève description qui vous permette de vous rappeler immédiatement ce dont il s'agit.**

   Par exemple, tapez **Dentiste pour soigner ma carie** ou **Cérémonie des Césars**. C'est ce texte qui apparaîtra dans le calendrier.

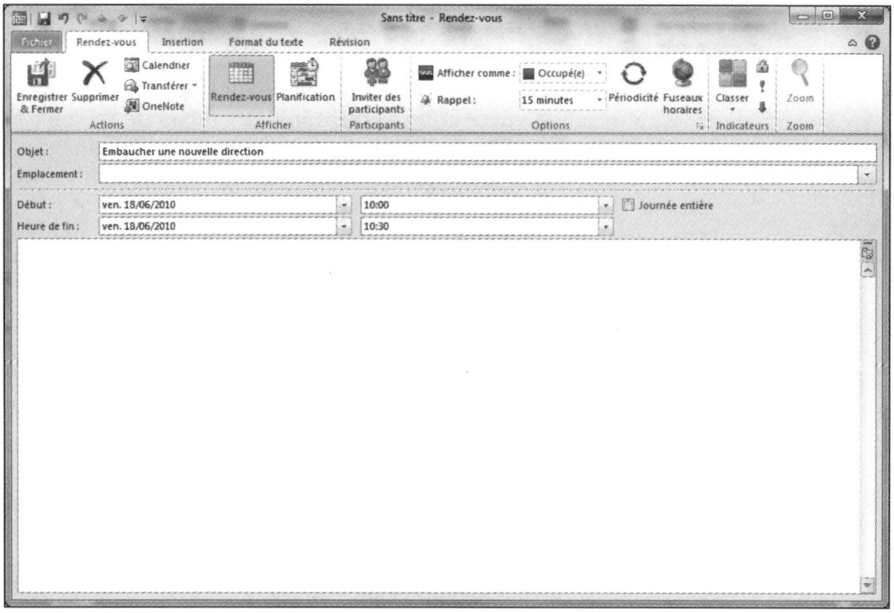

Figure 8.3 : Le formulaire de création de rendez-vous.

4. **(Facultatif) Cliquez dans le champ Emplacement, et tapez le lieu du rendez-vous.**

   Remarquez le triangle pointant vers le bas, à l'extrémité droite de ce champ. Si vous cliquez dessus, vous voyez apparaître la liste des emplacements de vos derniers rendez-vous, afin que vous puissiez les utiliser sans avoir à les saisir à nouveau. Cette liste présente aussi l'avantage de vous permettre de trier vos rendez-vous selon leur emplacement (afin par exemple de voir si une salle de conférence est libre).

5. **Ajoutez toutes les autres informations utiles pour vous rappeler le quand, le comment et le pourquoi de votre rendez-vous.**

   La grande boîte vide qui occupe l'essentiel de l'espace est l'endroit idéal pour y donner des indications sur l'itinéraire à suivre pour se rendre au rendez-vous, sur les participants à celui-ci, de même que tout autre renseignement qui pourra vous servir à épater tout le monde.

6. **Cliquez sur Enregistrer & Fermer.**

   Le rendez-vous que vous venez de définir apparaît maintenant dans votre calendrier (voir la Figure 8.4). Pour voir dans votre calendrier le rendez-vous que vous venez de créer, il vous faudra peut-être utiliser le navigateur de date pour afficher le jour correspondant.

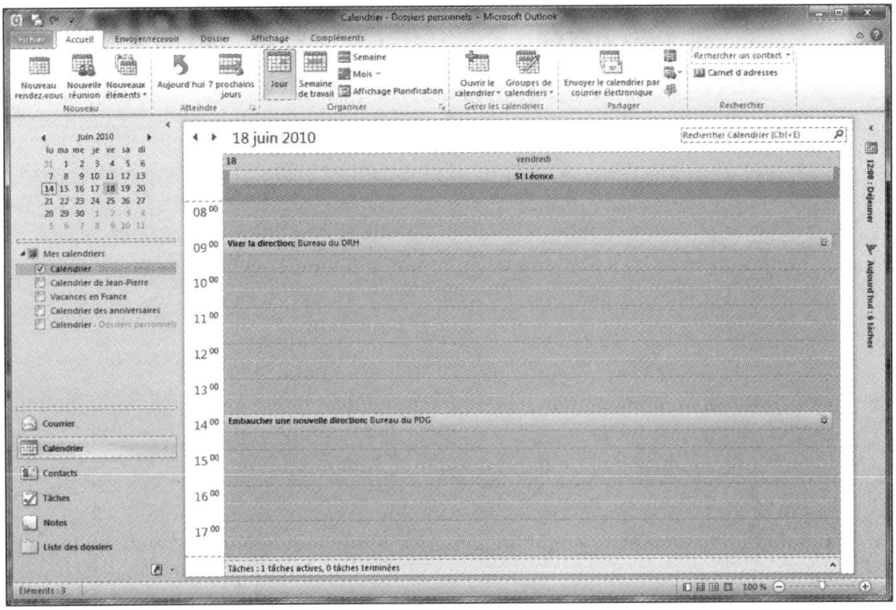

Figure 8.4 : Quand vous avez fini de créer un rendez-vous, il apparaît dans le Calendrier.

Si vous voulez voir des rappels pour tous vos rendez-vous importants, vous devez laisser Outlook ouvert en permanence pour qu'ils puissent apparaître. Outlook est parfaitement capable de rester présent en arrière-plan pendant que vous travaillez avec un autre programme, par exemple Microsoft Word. Lorsque le rappel apparaît, il prend la forme d'une boîte de dialogue semblable à celle qui est illustrée sur la Figure 8.5.

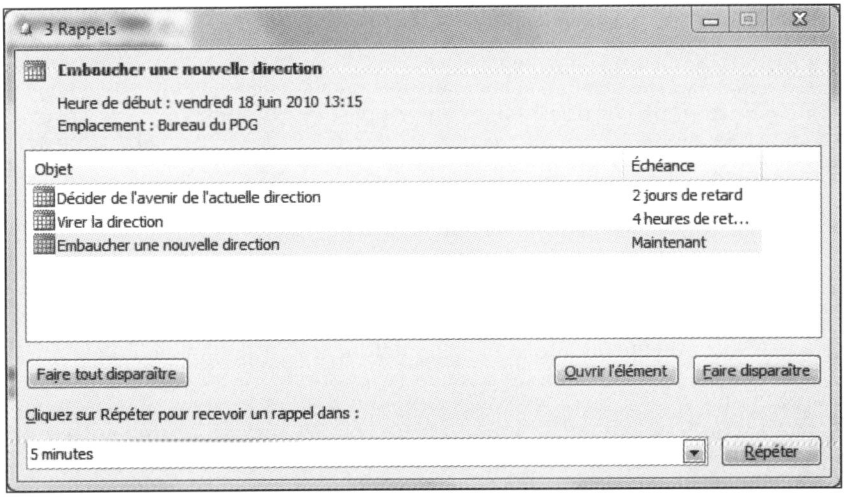

Figure 8.5 : Outlook affiche une boîte de dialogue pour vous rappeler vos rendez-vous.

Pas ce soir, j'ai mal à la tête : Changer la date

Avec Outlook, vous avez le droit de faire des caprices. En fait, pour changer l'heure d'un rendez-vous déjà défini, il vous suffit de le faire glisser de là où il se trouve jusqu'à l'endroit où vous voulez le mettre (voir la Figure 8.6). Et vous pouvez changer d'avis autant de fois que vous voulez.

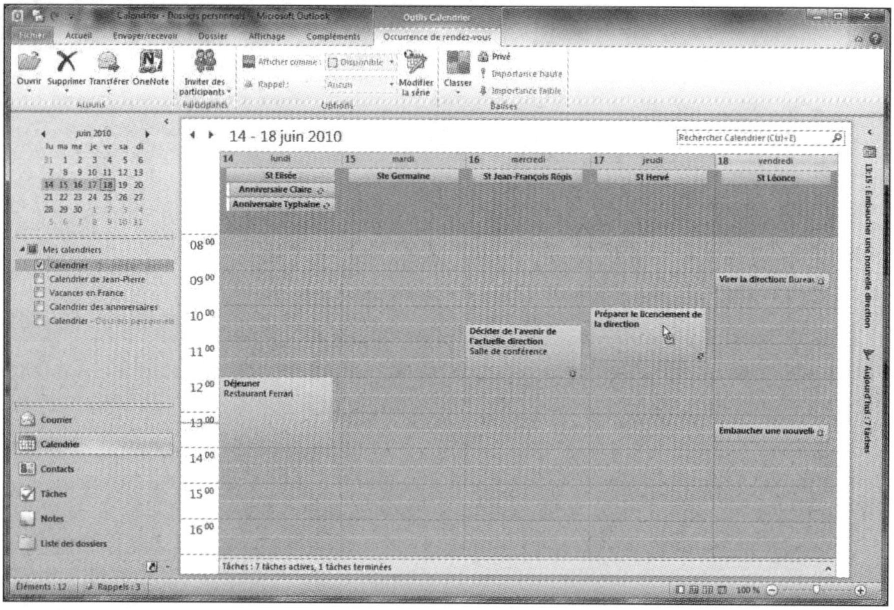

Figure 8.6 : Si votre rendez-vous ne va pas, faites-le glisser jusqu'à une autre heure ou un autre jour.

Pour déplacer un rendez-vous, suivez ces étapes :

1. **Cliquez sur le rendez-vous dans le Calendrier.**

   Un cadre noir apparaît autour du rendez-vous.

2. **Faites glisser le rendez-vous jusqu'au jour et à l'heure voulus.**

   Si vous êtes dans l'affichage Jour, faites glisser le rendez-vous jusqu'à une autre date sur le navigateur de date, dans le coin supérieur gauche (ou droit selon le cas) de la fenêtre.

   TRUC

   Si vous voulez dupliquer un rendez-vous pour une autre période, vous pouvez facilement en créer une copie. Pour cela, maintenez enfoncée la touche Ctrl tout en faisant glisser le rendez-vous vers l'heure ou la date voulue. Par exemple, si vous avez prévu une journée d'accueil de stagiaires en deux groupes, l'un de 9:00 à 11:00 et l'autre de 13:00 à 15:00, vous pouvez commencer par définir le rendez-vous pour la session de la matinée, puis le faire glisser sur 13:00 tout en maintenant enfoncée la touche Ctrl. Vous avez maintenant deux rendez-vous avec le même objet, le même emplacement et la même date, mais à des heures différentes.

Si vous copiez un rendez-vous à une autre date en le faisant glisser jusqu'au navigateur de date tout en maintenant enfoncée la touche Ctrl, le nouveau rendez-vous conserve la même heure que l'original.

Vous pouvez aussi déplacer un rendez-vous à une date que vous ne pouvez pas voir dans le Calendrier :

1. **Double-cliquez sur le rendez-vous.**

   Le formulaire du rendez-vous s'ouvre.

2. **Cliquez sur le triangle pointant vers le bas dans le premier champ de la ligne Début.**

   Un calendrier se déroule dans la fenêtre (voir la Figure 8.7).

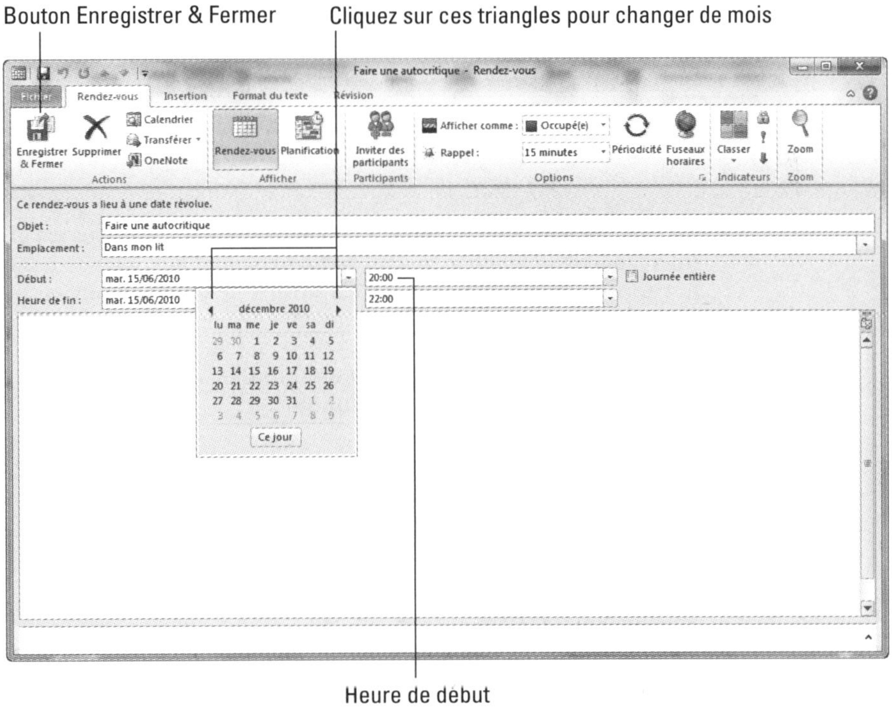

Figure 8.7 : Le calendrier dans le formulaire de rendez-vous.

3. **Affichez le mois que vous voulez en cliquant sur les triangles qui se trouvent de part et d'autre du mois affiché.**

   Le triangle de gauche permet d'afficher le mois précédent et celui de droite le mois suivant.

4. **Cliquez sur le jour voulu.**

5. **Cliquez dans le deuxième champ de la ligne Début, et entrez si nécessaire la nouvelle heure de votre rendez-vous.**

6. **Effectuez toutes les autres modifications utiles dans le formulaire du rendez-vous en cliquant dans chaque champ approprié pour y saisir les nouvelles données.**

7. **Cliquez sur le bouton Enregistrer & Fermer.**

Imaginez maintenant que votre client vous téléphone pour vous dire qu'il n'a pas le temps d'aller déjeuner avec vous, mais que vous pouvez l'accompagner au café d'en face pour prendre un sandwich en vitesse. Pour changer la durée d'un rendez-vous :

1. **Cliquez sur le rendez-vous.**

2. **Placez le pointeur sur le bord du haut ou du bas du cadre noir qui entoure maintenant le cadre.**

   Le pointeur prend la forme d'une flèche à double pointe qui indique que vous pouvez faire glisser le bord correspondant, c'est-à-dire l'heure de début ou de fin de votre rendez-vous.

3. **Pour augmenter la durée de votre rendez-vous, faites-en glisser le bord inférieur vers le bas ou le bord supérieur vers le haut. Pour la réduire, faites glisser le bord inférieur vers le haut ou le bord supérieur vers le bas.**

   Ce procédé ne vous permet de modifier la durée de votre rendez-vous que par segments de trente minutes.

Vous pouvez également raccourcir un rendez-vous de moins de trente minutes :

1. **Double-cliquez sur le rendez-vous, puis cliquez dans le champ de l'heure de fin.**

2. **Tapez la nouvelle heure de fin du rendez-vous.**

3. **Cliquez sur Enregistrer & Fermer.**

Pour entrer une heure dans Outlook, il n'est pas nécessaire de mettre le caractère deux-points (:). Outlook traduit **443** par 4:43 et **1535** par 15:35. Il n'y a pas d'ambiguïté entre le matin et l'après-midi. Mais **10AM**, **335PM** ou encore **3:35PM** fonctionnent tout aussi bien.

Plus jamais : Supprimer un rendez-vous

Il arrive que ce que l'on a prévu ne marche pas. Désolé. Vous aviez prévu un rendez-vous amoureux inoubliable, et la belle le décommande ! Vous pouvez rageusement le faire disparaître d'un clic de souris. Enfin, *deux* clics. C'est la vie.

Pour faire disparaître un rendez-vous (après confirmation, bien sûr), suivez ces étapes :

1. **Cliquez sur le rendez-vous du bouton droit.**
2. **Dans le menu qui apparaît, cliquez sur Supprimer.**

   Votre rendez-vous a disparu.

Vous pouvez aussi utiliser un raccourci clavier pour supprimer un rendez-vous. Cliquez d'abord sur l'élément pour le sélectionner, puis appuyez sur Ctrl+D. Adieu, ma belle !

Voyons-nous régulièrement : Créer un rendez-vous périodique

Il y a des rendez-vous qu'on aime renouveler, et des rendez-vous qu'il faut bien renouveler. Dans les deux cas, Outlook vous permet de créer facilement des événements qui se reproduisent à des échéances régulières.

Pour créer un rendez-vous périodique (ou récurrent), suivez ces étapes :

1. **Cliquez dans le bouton Calendrier dans le Volet de navigation (ou appuyez sur Ctrl+2).**

   Le Calendrier apparaît.

2. **Cliquez sur le rendez-vous que vous voulez rendre périodique.**

   Le rendez-vous est marqué d'un cadre noir pour montrer qu'il est sélectionné.

3. **Cliquez sur le bouton Périodicité dans le ruban (voir la Figure 8.8).**

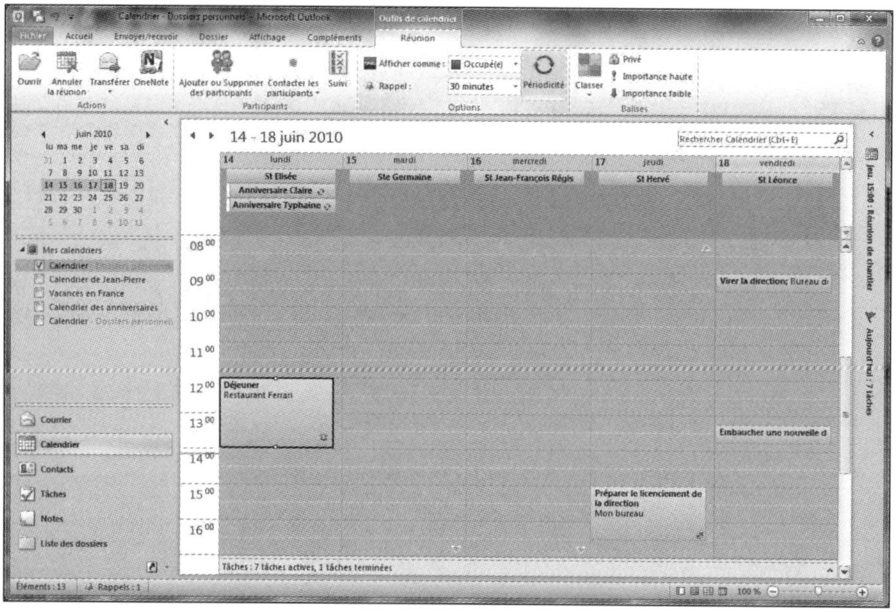

Figure 8.8 : Créez des rendez-vous périodiques.

La boîte de dialogue Périodicité du rendez-vous apparaît (voir la Figure 8.9). Si vous cliquez simplement sur OK pour accepter les choix prédéfinis par Outlook, votre rendez-vous se répétera le même jour et la même heure chaque semaine pour l'éternité. Mais, vous n'êtes peut-être pas prêt à programmer des réunions jusqu'à la fin des temps. Il est donc possible que vous souhaitiez définir les autres options, juste par mesure de précaution.

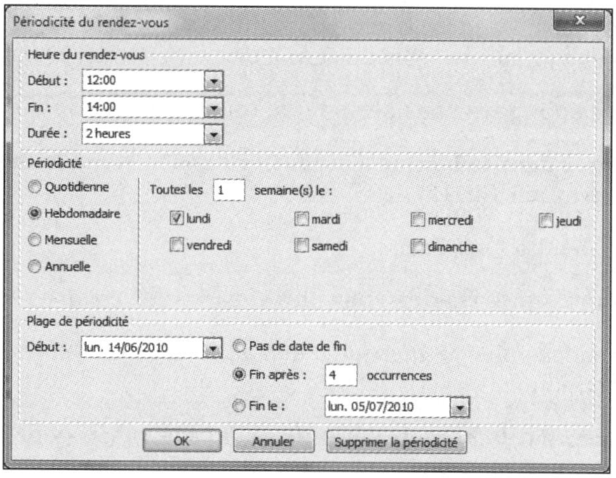

Figure 8.9 : La boîte de dialogue Périodicité du rendez-vous.

4. **Cliquez dans le champ Début, et entrez l'heure de début du rendez-vous.**

   Outlook suppose par défaut que la durée de votre rendez-vous est de trente minutes. Vous pouvez naturellement modifier cette valeur en entrant dans le champ Fin l'heure à laquelle vous pensez terminer ce rendez-vous.

5. **Dans la zone Périodicité, cliquez sur l'un des boutons radio Quotidienne, Hebdomadaire, Mensuelle ou Annuelle, pour définir l'intervalle entre deux occurrences du rendez-vous.**

6. **Dans le reste de cette zone, spécifiez les détails de la périodicité de votre rendez-vous (par exemple, toutes les deux semaines le jeudi).**

7. **Dans la zone Plage de périodicité, définissez dans le champ Début la date du premier rendez-vous.**

8. **Définissez la fin de la série de rendez-vous.**

   Vous avez le choix entre Pas de date de fin, Fin après un certain nombre d'occurrences, ou Fin à une certaine date.

9. **Cliquez sur OK quand vous avez fini.**

   La boîte de dialogue Périodicité du rendez-vous se ferme et le formulaire de rendez-vous apparaît (reportez-vous à la Figure 8.3).

10. **Cliquez dans le champ Objet, et tapez l'objet de votre rendez-vous.**

11. **Cliquez dans le champ Emplacement, et entrez le lieu de votre rendez-vous.**

12. **Cliquez sur le bouton Enregistrer & Fermer du ruban.**

Votre rendez-vous apparaît dans votre calendrier Outlook avec un symbole dans le coin inférieur droit qui montre qu'il s'agit d'un rendez-vous périodique (voir la Figure 8.10). Ce symbole ressemble à deux petites flèches qui se poursuivent en tournant en rond.

Même un rendez-vous périodique peut être modifié au bout d'un certain temps. Pour cela, suivez ces étapes :

1. **Double-cliquez sur le rendez-vous que vous voulez modifier.**

   La boîte de dialogue Ouvrir un élément périodique apparaît.

2. **Choisissez si vous voulez ouvrir seulement l'occurrence sur laquelle vous avez cliqué ou l'ensemble de la série.**

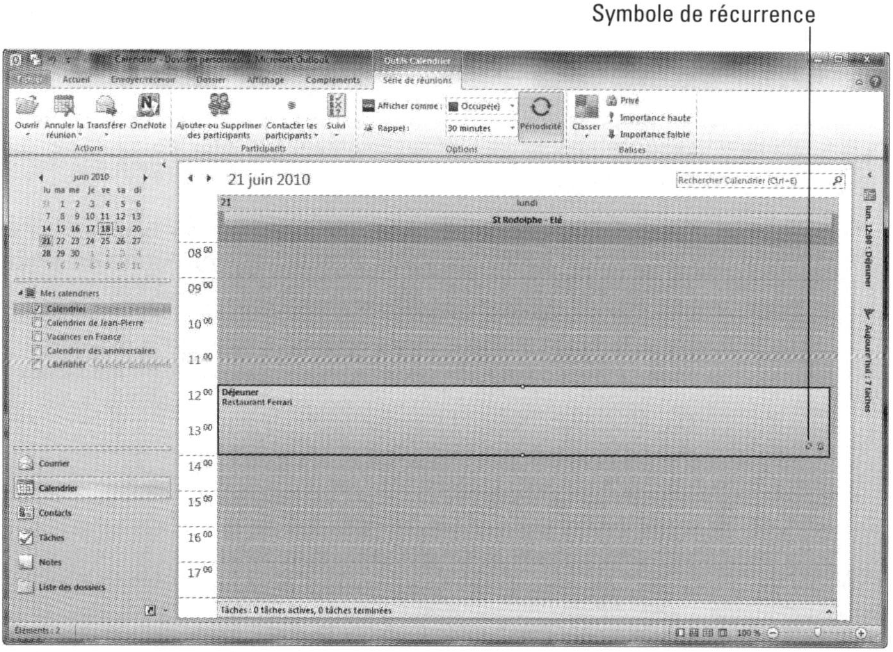

Figure 8.10 : Les rendez-vous périodiques affichent un symbole de périodicité dans le coin inférieur droit.

3. **Cliquez sur OK.**

   Le formulaire du rendez-vous périodique apparaît (voir la Figure 8.11).

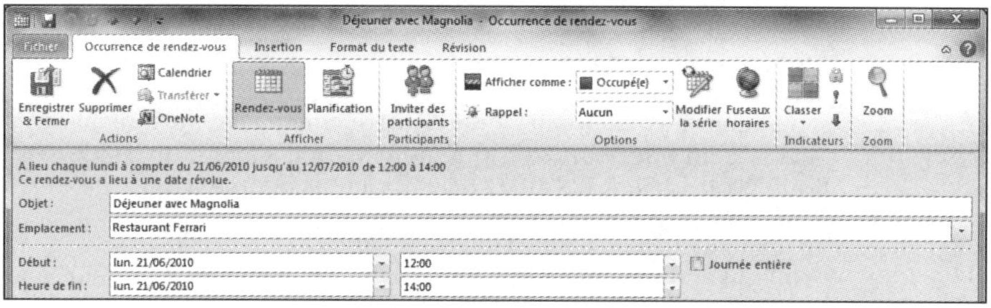

Figure 8.11 : Un rendez-vous périodique contient une description indiquant quand et comment il est programmé.

4. **Modifiez les paramètres que vous voulez changer.**

   Pour modifier le schéma de récurrence du rendez-vous, cliquez sur le bouton Périodicité. Dans la boîte de dialogue Périodicité du rendez-vous, changez les paramètres voulus et cliquez sur OK.

5. **Cliquez dans le ruban sur Enregistrer & Fermer.**

Je trouve utile de définir comme périodiques les rendez-vous qui reviennent régulièrement (cours de yoga, anniversaires familiaux, etc.), même si je suis sûr que je ne risque pas de les oublier. En inscrivant par avance toutes mes activités dans le calendrier d'Outlook, j'évite le risque de prévoir deux rendez-vous en même temps.

Choisir l'affichage de votre calendrier

Outlook vous permet de faire pratiquement tout ce que vous voulez des informations que vous mettez dans ses différents modules, au gré de votre imagination et de vos besoins, en utilisant pour cela différents affichages. On pourrait facilement faire un livre de recettes de cuisine avec toutes les vues que vous pouvez créer, mais je vais m'en tenir aux manières les plus classiques d'afficher un calendrier, celles qui sont utilisées par la plupart des gens. Si vous voulez inventer une disposition du calendrier à laquelle personne n'avait jamais pensé avant vous, Outlook vous permettra sans doute de le faire. C'est sans danger : si vous n'aimez pas le résultat, vous pouvez la supprimer.

Les affichages de base du Calendrier sont l'affichage Jour (voir la Figure 8.12), Semaine de travail (voir la Figure 8.13), Semaine (voir la Figure 8.14) et Mois (voir la Figure 8.15). D'autres vues (comme l'affichage Planification) peuvent être utiles si vous essayez de retrouver quand vous *avez* fait quelque chose, ou bien quand vous *allez* le faire.

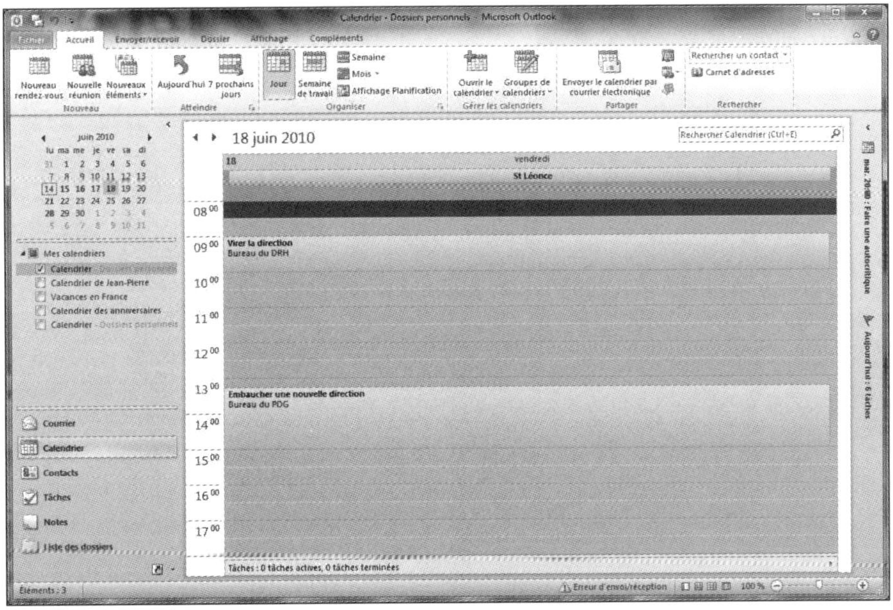

Figure 8.12 : Affichage en mode Jour.

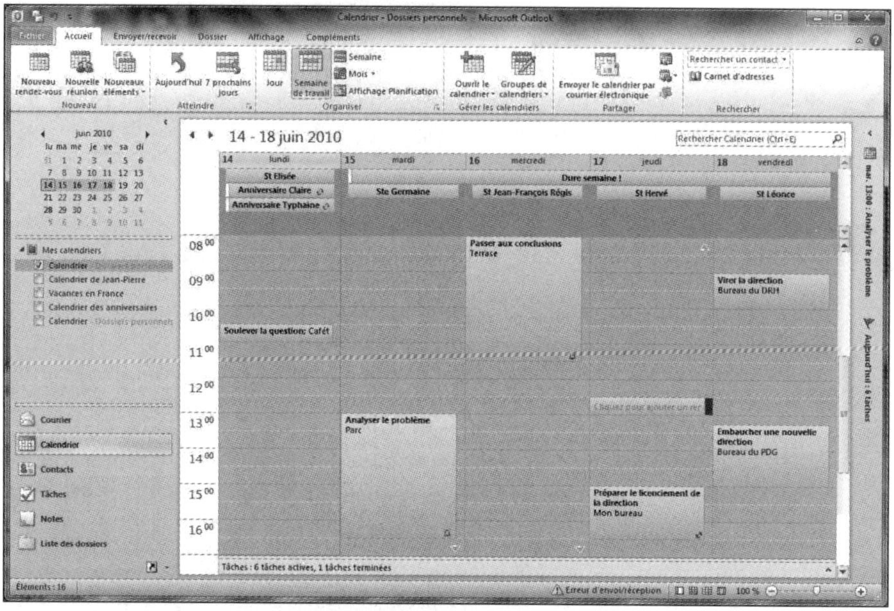

Figure 8.13 : Affichage en mode Semaine de travail.

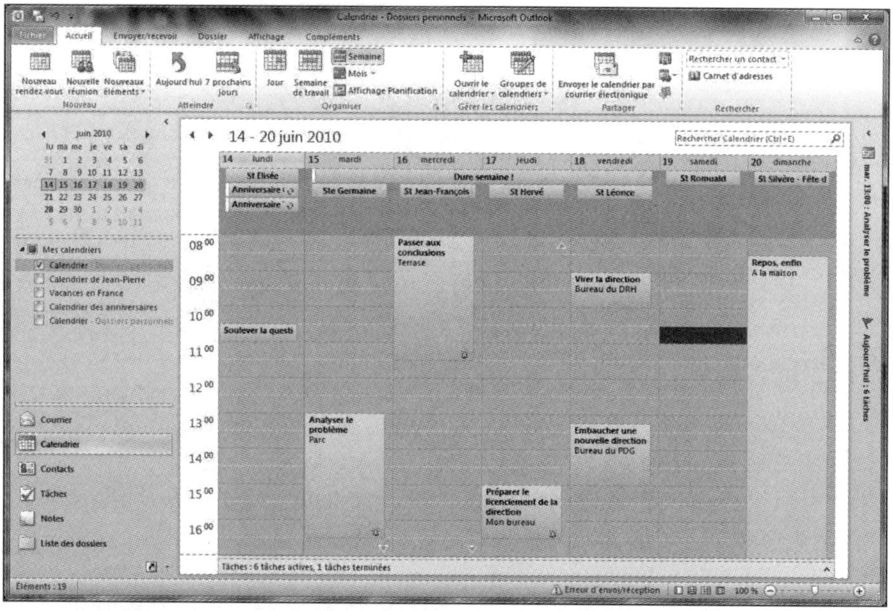

Figure 8.14 : Affichage en mode Semaine.

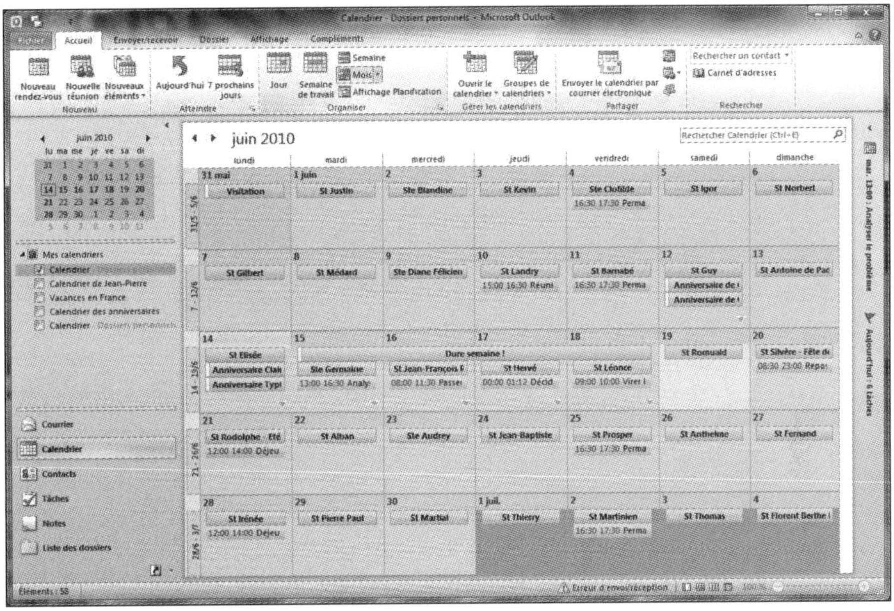

Figure 8.15 : Affichage en mode Mois.

Outlook affiche des boutons pour toutes les vues du Calendrier dans le ruban. Vous pouvez alors passer d'un affichage à l'autre en cliquant simplement sur le bouton voulu. Si le mode courant ne vous convient pas, pas de problème : choisissez tout simplement une vue différente. Avec le bouton Affichage Planification, illustré sur la Figure 8.16, vous pouvez voir une disposition dans laquelle les horaires sont présentés horizontalement et où il est possible de superposer plusieurs agendas. Un affichage bien utile pour avoir une vue plus linéaire de votre emploi du temps et pour vérifier par exemple s'il n'y a pas chevauchement entre plusieurs rendez-vous et/ou agendas.

Imprimer vos rendez-vous

Pour ce qui est de lire, le bon vieux papier est toujours le support favori pour tout le monde. Quelles que soient les qualités de votre programme d'organisation personnelle, vous aurez peut-être encore besoin d'en venir à l'encre et au papier pour le rendre réellement utile. Pour être tout à fait honnête, la fonction d'impression du calendrier Outlook n'est vraiment pas terrible. Si vous ne parvenez pas à imprimer votre calendrier de la façon dont vous voulez, ce n'est probablement pas de votre faute.

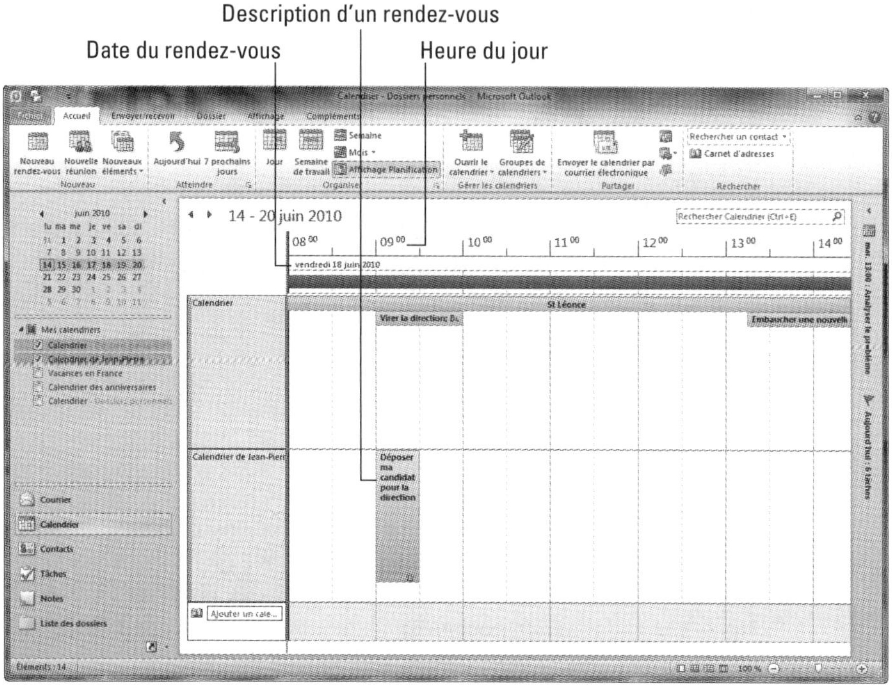

Figure 8.16 : L'affichage Rendez-vous en cours.

Pour tous les modules d'Outlook, les principes de base pour imprimer sont les mêmes. Voici comment imprimer vos rendez-vous :

1. **Sélectionnez la plage de dates que vous voulez imprimer.**

   Pour imprimer un seul jour, cliquez seulement sur celui-ci. Pour imprimer une plage de dates, cliquez d'abord sur le premier jour de celle-ci, puis maintenez enfoncée la touche Maj et cliquez sur le dernier jour voulu. Toute la plage est maintenant en surbrillance pour montrer qu'elle est sélectionnée.

2. **Activez l'onglet Fichier et choisissez Imprimer (ou appuyez sur Ctrl+P).**

   La page Imprimer apparaît (voir la Figure 8.17).

3. **Dans la zone Style d'impression, sélectionnez le style de votre choix (Journalier, Semainier, Mensuel, Dépliant ou encore Détaillé).**

   Comme Outlook vous permet de définir vos propres styles d'impression, vous pouvez avoir ici un choix assez abondant.

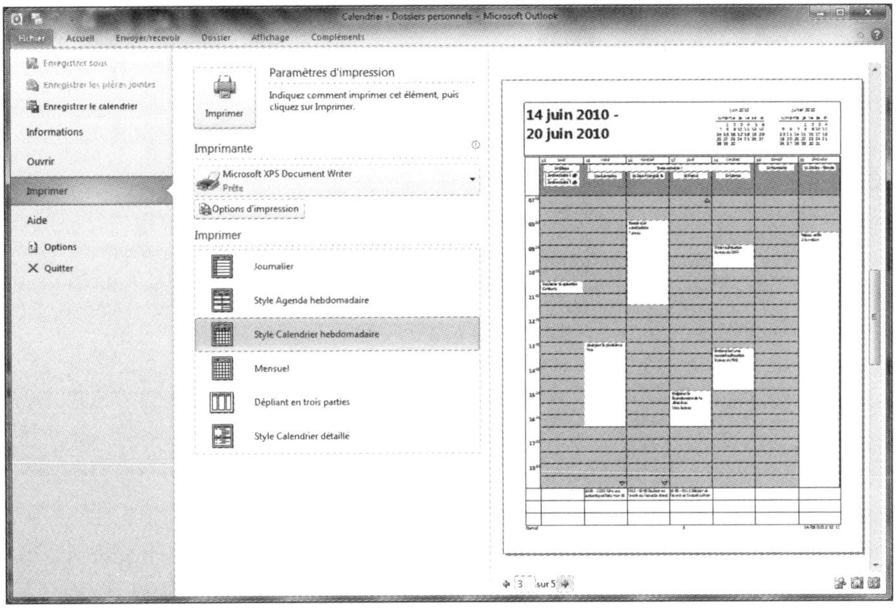

Figure 8.17 : Les options d'impression.

4. **Dans la zone Étendue, spécifiez la plage de dates que vous voulez imprimer.**

   Si vous avez sélectionné l'étendue de dates correcte avant d'ouvrir la boîte de dialogue Imprimer, les dates qui apparaissent dans cette zone doivent déjà être les bonnes. Si vous avez fait une erreur, vous pouvez utiliser le bouton Options d'impression pour la rectifier.

5. **Cliquez sur le bouton Imprimer.**

   Les jours sélectionnés sont imprimés.

Ajouter des jours fériés dans le Calendrier

Quels sont les jours les plus importants pour les gens qui travaillent ? Les jours où on ne travaille pas ! Outlook peut faire apparaître automatiquement dans votre Calendrier les jours fériés et les saints du pays que vous voulez pour vous prémunir contre le risque d'oublier de ne pas travailler ce jour-là, ou pour toute autre raison (par exemple pour ne pas oublier la fête de votre chère tante Marguerite). Outlook connaît les jours fériés de plus de soixante-dix pays, ainsi que les fêtes des principales religions. Si, pour une raison ou pour une autre, vous avez besoin de savoir quels sont les jours fériés en Uruguay ou au Japon, vous pouvez les afficher dans votre Calendrier Outlook !

TRUC

Programmer vos principaux événements

Vous pouvez entrer plus que des rendez-vous dans votre calendrier. Vous pouvez aussi y introduire des événements en cochant la case Journée entière dans le formulaire de rendez-vous, ou bien en cliquant dans le ruban sur le bouton Nouveaux événements, puis sur Journée entière. Suivez alors les mêmes étapes que pour créer un rendez-vous (voyez la section « Réunions à gogo : Prendre des rendez-vous », plus haut dans ce chapitre).

Les événements permettent d'introduire différentes choses dans votre calendrier (comme des voyages professionnels ou des conférences durant une journée complète) tout en autorisant leur combinaison avec des rendez-vous susceptibles d'avoir lieu pendant ceux-ci. Vous pouvez par exemple créer un événement intitulé « Journée portes ouvertes » et y prévoir un rendez-vous avec un premier client à neuf heures du matin, un autre avec un deuxième à midi, et encore un autre avec un troisième à trois heures de l'après-midi.

Pour ajouter des jours fériés dans votre Calendrier, cliquez sur l'onglet Fichier du ruban, sélectionnez Options, puis Calendrier dans le volet de navigation. Cliquez alors sur le bouton Ajouter les jours fériés dans la rubrique Options du calendrier. Vous voyez alors une boîte de dialogue contenant une liste de pays. Cochez ceux qui vous intéressent pour les incorporer dans votre Calendrier (ils sont en fait définis sur le même mode que les événements durant une journée entière, ce qui est somme toute logique).

Gérer des calendriers multiples

Les gens qui ont une double vie inspiraient autrefois méfiance et crainte. Maintenant, on dit simplement qu'ils sont *surbookés*. Comment, vous n'avez *que* deux vies ? Allez, au travail : ajoutez en trois ! Outlook vous permet de créer et de gérer autant de calendriers que vous avez de vies. Même si vous aimez surtout la paix et la tranquillité, vous devriez envisager de séparer vos rendez-vous professionnels des événements personnels et familiaux en créant pour cela deux calendriers bien distincts. C'est cela aussi, la tranquillité...

Créer plusieurs calendriers

Pour créer un nouveau calendrier Outlook, activez l'onglet Dossier. Cliquez alors dans le groupe Partager sur le bouton Ouvrir le calendrier. Dans la liste qui s'affiche, choisissez l'option Créer un calendrier vide. Donnez un nom à celui-ci et cliquez sur le bouton OK. Après cela, votre nouveau calendrier vient prendre sa place dans le volet de navigation, à droite d'une case à cocher vierge. Si vous cochez cette case, le calendrier va s'afficher dans la partie principale de la fenêtre. Vous pouvez disposer l'un à côté de l'autre un calendrier, disons principal, et un autre secondaire, tous deux dans le même mode d'affichage (voir la Figure 8.18). Décochez une case, et le calendrier correspondant se referme.

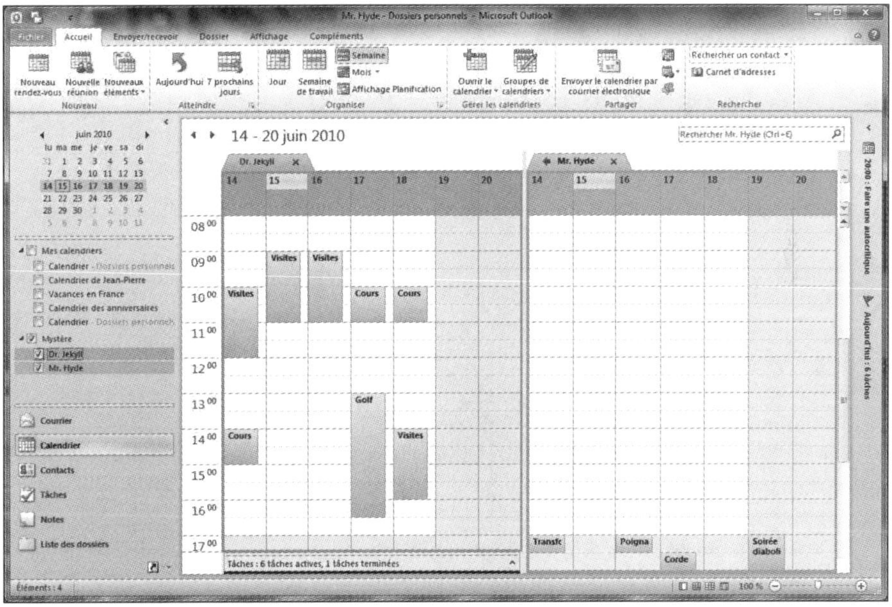

Figure 8.18 : Deux calendriers côté à côte.

TRUC

Vous avez même la possibilité de créer des groupes entiers de calendriers. Pour cela, revenez à l'onglet Accueil, cliquez sur le bouton Groupes de calendriers, et choisissez l'option Créer un groupe de calendriers. Regardez sur la droite de la Figure 8.18 pour juger de ce que cela peut donner.

Gérer plusieurs calendriers

Vous ne pouvez pas être à deux endroits différents en même temps. Et même si c'était possible, vous n'aimeriez pas que votre patron le sache. Sinon, vous finiriez par être partout à la fois pour le même salaire. C'est pourquoi vous apprécierez de pouvoir superposer deux calendriers Outlook afin d'éviter des conflits. Lorsque vous ouvrez deux calendriers l'un à côté de l'autre, l'un d'entre eux affiche une flèche à l'intérieur de son onglet de titre. En cliquant sur cette flèche, vous allez afficher vos agendas afin de mieux voir s'il y a chevauchement entre les rendez-vous. C'est ce qu'illustre la Figure 8.19.

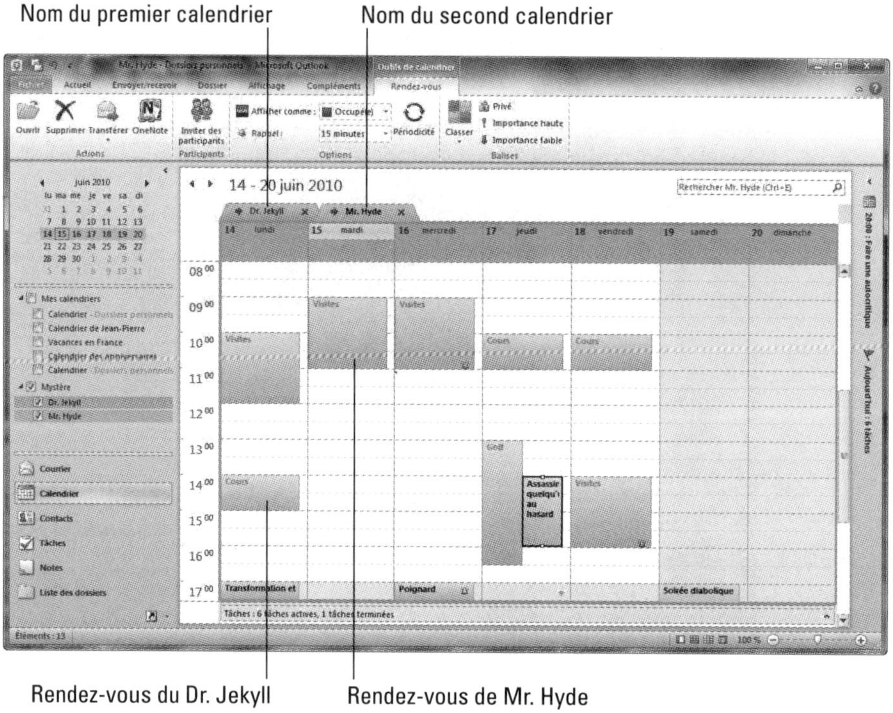

Figure 8.19 : Superposez deux calendriers pour éviter de trouer le continuum espace-temps en prenant plusieurs rendez-vous à la même heure.

Chapitre 9

Maîtriser les raffinements des tâches

Dans ce chapitre :

- Entrer une nouvelle tâche.
- Modifier, copier et supprimer une tâche.
- Créer des tâches périodiques et des tâches à régénération automatique.
- Marquer une tâche comme achevée.
- Utiliser les affichages des tâches.

Vous pouvez stocker et gérer dans Outlook plus d'informations sur vos tâches que vous ne voudriez peut-être en savoir à leur sujet, mais vous trouverez certainement qu'Outlook vous permet de piloter facilement votre travail quotidien. L'organisation de vos tâches ne doit pas être une tâche en elle-même.

Il y a des gens qui affirment que le travail a naturellement tendance à s'étendre pour remplir tout l'espace de temps disponible, et il y a des chances que votre patron soit de ceux-là. Qui d'autre mettrait un zèle si permanent à allonger votre travail jusqu'à ce qu'il occupe toutes vos journées ? L'un des moyens de gagner du temps est de tenir à jour une liste des tâches qui peuplent votre existence. Vous pourrez ainsi éviter d'en accumuler plus que ce qu'il est humainement faisable.

J'avais autrefois l'habitude de gribouiller ma liste de tâches sur un bout de papier, espérant la retrouver à temps pour faire ce que j'y avais noté. Maintenant, Outlook m'affiche une boîte de dialogue pour me rappeler ce que j'essaie d'oublier de faire, juste avant que je n'oublie de le faire. Il me permet aussi de savoir quand je suis censé avoir effectué telle ou telle chose, et quand je l'ai effectivement réalisée. Grâce à cela, je peux me servir de tout ce que j'étais censé avoir fait hier comme excuse pour ne pas faire ce que je suis censé faire aujourd'hui (ce n'est pas Outlook qui se charge du travail pour moi : il se contente de me dire de combien je suis en retard – vous êtes averti).

La Barre des tâches

Outlook 2010 possède une fonction, appelée Barre des tâches, qui réunit toutes les choses que vous devez faire et les affiche à un endroit bien précis de la fenêtre (voir la Figure 9.1). L'objectif de cet outil est de vous permettre de voir en un clin d'œil les tâches à exécuter, au lieu de vous obliger à chercher dans votre calendrier, puis dans votre Boîte de réception et enfin dans votre liste de tâches. Les éléments que vous verrez le plus souvent dans la Barre des tâches sont les suivants :

- Les tâches que vous avez entrées.
- Vos prochains rendez-vous.
- Les messages dotés d'un indicateur.

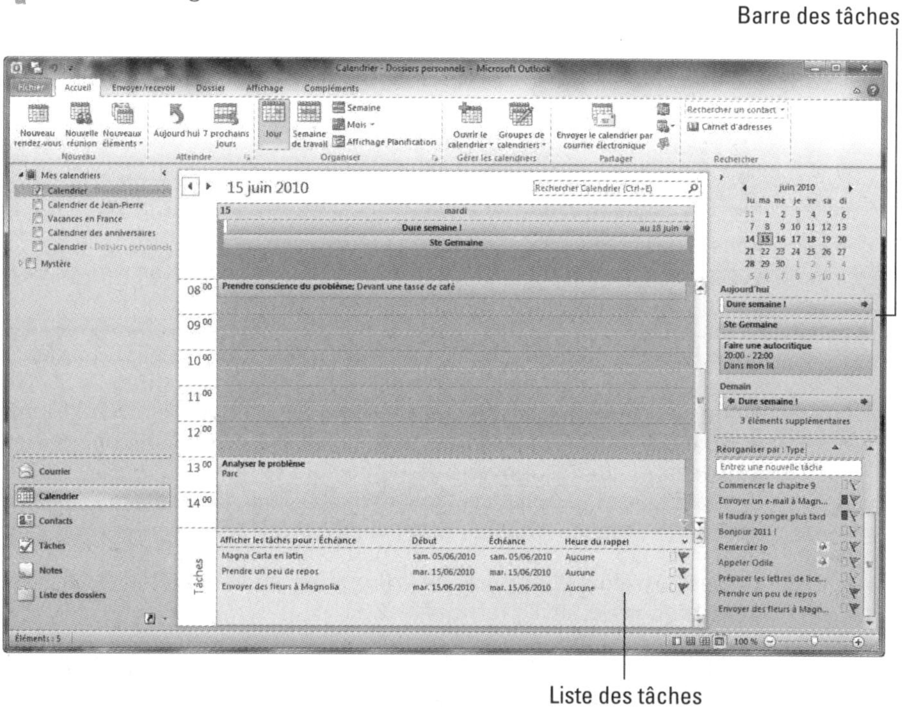

Figure 9.1 : La Barre des tâches montre plus que vous espériez avoir à faire.

Au premier abord, la Barre des tâches peut sembler un peu déroutante car il y figure des choses que vous n'auriez peut-être pas mises spontanément. Par exemple, si vous recevez un message un lundi et vous lui appliquez l'indicateur Cette semaine, il ressurgira deux vendredis plus tard, alors que vous l'aurez peut-être oublié. C'est justement la mission de la Barre des tâches : vous empêcher d'oublier.

Ajouter un élément à la Barre des tâches

Je ne veux pas alourdir un peu plus votre programme de travail déjà si chargé. Mais ajouter un élément à la Barre des tâches Outlook n'est pas sorcier. Même si Outlook vous permet de stocker des tas d'informations à propos de vos tâches, vous disposez d'une méthode rapide et d'une méthode ultrarapide pour entrer une nouvelle tâche.

Vers le milieu de la fenêtre de la Barre des tâches figure une petite zone de texte qui dit Entrez une nouvelle tâche. Obtempérez ! (Si vous ne voyez pas cette zone de texte, allez à la section suivante pour découvrir la méthode normale et un peu plus longue de saisie d'une tâche.)

Pour entrer très rapidement une tâche, suivez ces étapes :

1. **Cliquez sur la phrase qui dit** `Entrez une nouvelle tâche`**.**

   L'intitulé disparaît et vous voyez le point d'insertion (un trait vertical clignotant).

2. **Entrez le nom de votre tâche.**

   Votre tâche apparaît dans la Liste des tâches de la Barre des tâches (voir la Figure 9.2).

3. **Appuyez sur la touche Entrée.**

   Votre nouvelle tâche est placée dans la Liste des tâches avec ses consœurs.

Facile, non ? Si seulement les tâches par elles-mêmes pouvaient être aussi simples à exécuter. Dans la prochaine version d'Outlook peut-être (bon, d'accord, même pas en rêve).

Bien entendu, vous n'avez que le nom de la tâche, pas de date d'échéance, de rappel ou d'autres choses sympathiques. Pour disposer de ces informations, vous devez utiliser la procédure normale de saisie d'une tâche, via le module Tâches.

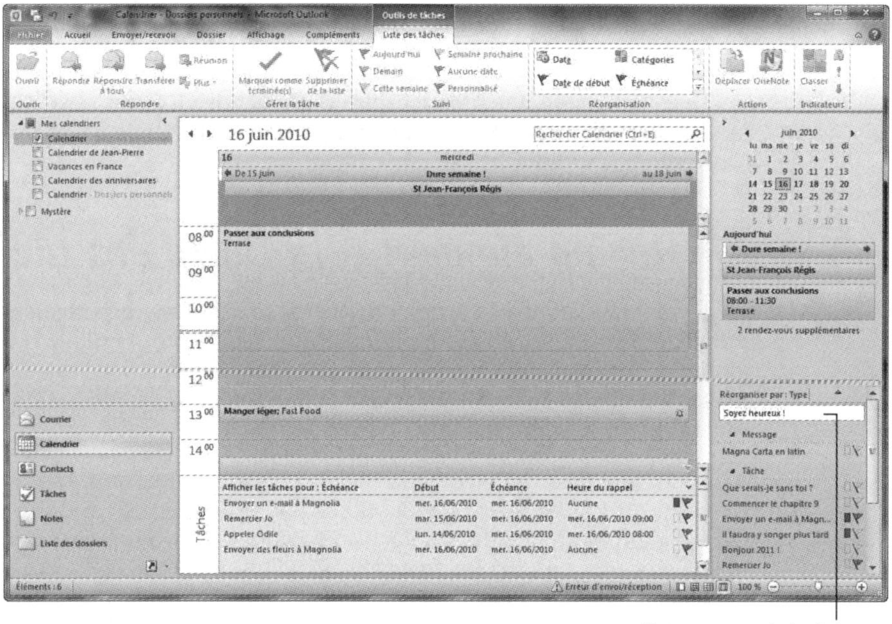

Figure 9.2 : Entrez votre tâche dans la Barre des tâches.

Réduire la Barre des tâches

Bien que pratique, la Barre des tâches prend un peu de place à l'écran, ce qui est gênant lorsque vous lisez un message ou consultez votre calendrier. Vous pouvez la ranger en cliquant sur la flèche qui se trouve tout en haut de la barre. Elle se transforme alors en ruban vertical sur la droite de l'écran (voir la Figure 9.3).

Une autre méthode consiste à activer l'onglet Affichage du ruban, puis à cliquer sur le bouton Barre des tâches, et enfin sur l'option Inactif dans la liste qui apparaît.

Lorsque la Barre des tâches est réduite, vous ne pouvez plus y changer ou ajouter quoi que ce soit. Mais elle se rappelle toujours à vous d'une manière subtile : elle montre en effet (quoique verticalement) combien de rendez-vous vous avez aujourd'hui, et combien de tâches vous attendent.

Dans le ruban qui montre la Barre des tâches en réduction, cliquez sur un des éléments affichés pour faire surgir provisoirement le contenu de cette barre. Cliquez ensuite où vous voulez dans la fenêtre d'Outlook pour la replier à nouveau.

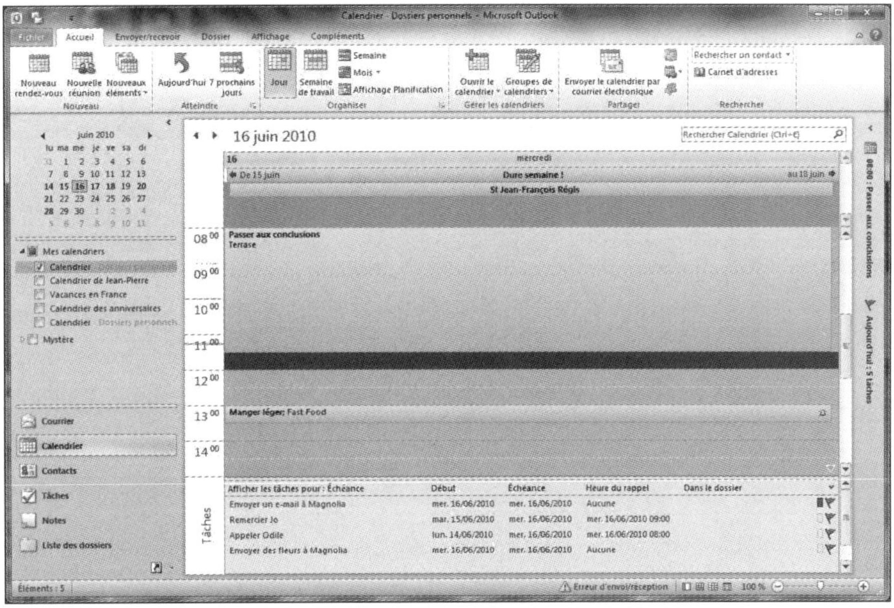

Figure 9.3 : La Barre des tâches se transforme en ruban sur le côté droit de la fenêtre quand vous la réduisez.

Créer une tâche via le module Tâches

La manière officielle de créer une tâche consiste à passer par le formulaire Tâches, ce qui demande un peu plus d'efforts, mais permet d'entrer des informations plus détaillées. Pour autant, vous n'avez pas besoin de faire craquer vos phalanges. Dès que vous avez donné un nom à une tâche, vous avez fait tout ce qui était obligatoire. Si vous voulez faire du zèle et entrer toutes sortes de dates d'échéance, ou vous faire rappeler par Outlook d'accomplir *effectivement* les tâches que vous avez entrées (le ciel nous en préserve !), il vous suffit d'entrer les renseignements correspondants dans les champs adéquats.

Pour ajouter une tâche à votre liste, suivez ces étapes :

1. **Cliquez sur le bouton Tâches dans le Volet de navigation (ou appuyez sur Ctrl+4).**

   Votre liste de tâches apparaît.

2. **Cliquez sous l'onglet Accueil du ruban sur le bouton Nouvelle tâche (ou appuyez sur Ctrl+N).**

Le formulaire de nouvelle tâche apparaît (voir la Figure 9.4).

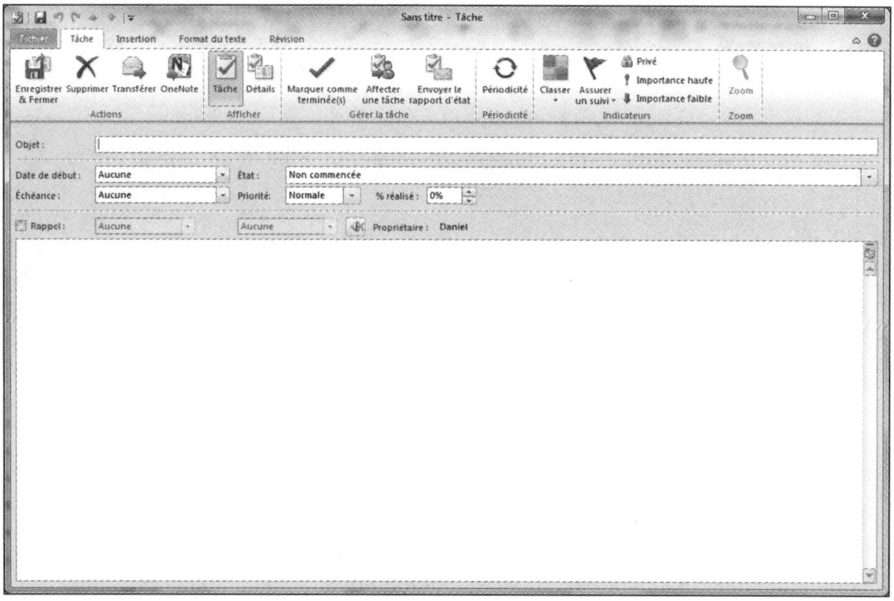

Figure 9.4 : Entrez votre nouvelle tâche dans le formulaire Tâche.

3. **Dans le champ Objet, tapez le nom de la tâche.**

   Définissez un objet qui vous permettra de vous rappeler sans ambiguïté de quoi il s'agit. La principale raison de créer une tâche est de vous aider à vous rappeler de l'accomplir.

   Vous pouvez vous arrêter là et passer directement à l'Étape 13 (sélectionnez Enregistrer & Fermer ou appuyez sur Alt+S) si vous voulez vous contenter d'ajouter le nom de la nouvelle tâche à votre liste. Si vous souhaitez y introduire une date d'échéance, une date de début, des rappels, et ainsi de suite, vous avez encore un peu de travail à faire. Toutes les étapes qui suivent sont facultatives. Vous pouvez sauter celles qui ne vous intéressent pas.

4. **(Facultatif) Pour assigner une date d'échéance à la tâche, cliquez dans le champ Échéance.**

5. **(Facultatif) Tapez la date d'échéance voulue.**

   Vous disposez de plusieurs moyens d'entrer une date dans Outlook. Vous pouvez taper **7/4/11**, ou **le premier mercredi de novembre**, ou **trois semaines après mercredi**. Vous pouvez aussi cliquer sur le triangle pointant vers le bas dans ce champ, et sélectionner la date voulue dans le calendrier qui apparaît.

6. **(Facultatif) Pour assigner une date de démarrage à la tâche, cliquez dans le champ Date de début, et saisissez le jour voulu.**

   Si vous n'avez pas encore commencé l'exécution de votre tâche, vous pouvez sauter cette étape. Pour entrer la date de début, vous pouvez utiliser les mêmes procédés que pour la date d'échéance.

   Lorsque vous entrez des informations dans une boîte de dialogue comme le formulaire Tâche, vous pouvez appuyer sur la touche de tabulation pour faire passer le curseur d'un champ au suivant. Il est bien sûr possible d'utiliser la souris pour cliquer dans chaque champ avant d'y entrer ce que vous voulez, mais la touche de tabulation est plus rapide.

7. **(Facultatif) Cliquez sur le triangle pointant vers le bas dans le champ État pour spécifier l'état de la tâche.**

   Si vous n'avez pas encore débuté l'exécution de votre tâche, laissez la valeur par défaut, Non commencée. Vous pouvez aussi sélectionner En cours de réalisation, Terminée, Attente de quelqu'un d'autre ou Différée.

8. **(Facultatif) Cliquez sur le triangle pointant vers le bas dans le champ Priorité pour sélectionner celle-ci.**

   Si vous ne changez rien, la priorité reste Normale. Vous pouvez aussi choisir Haute ou Faible.

9. **(Facultatif) cochez la case Rappel si vous voulez qu'Outlook vous rappelle la tâche avant son échéance.**

   Si vous préférez oublier la tâche, oubliez aussi le rappel. Mais alors, pourquoi créer une tâche ?

10. **(Facultatif) Cliquez dans le champ de la date du rappel et entrez la date à laquelle vous voulez voir apparaître le rappel.**

    Si vous avez entré une date d'échéance, Outlook l'a déjà reprise dans le champ Rappel. Vous pouvez y mettre la date que vous voulez (voir la Figure 9.5). Si vous spécifiez une date dans le passé, Outlook vous dira qu'il ne peut pas définir un rappel pour celle-ci. Si vous ouvrez le menu déroulant en cliquant sur le triangle qui se trouve à droite de ce champ, un calendrier apparaît, dans lequel vous pouvez sélectionner la date qui vous convient.

    Il n'y a aucune raison pour que la date du rappel soit identique à celle d'échéance. En effet, vous pouvez souhaiter que le rappel intervienne suffisamment longtemps avant l'échéance, afin d'éviter les angoisses de dernière minute si jamais vous avez oublié la tâche à accomplir (à moins, bien sûr, que vous adoriez le stress du dernier instant, auquel cas passez-vous des rappels).

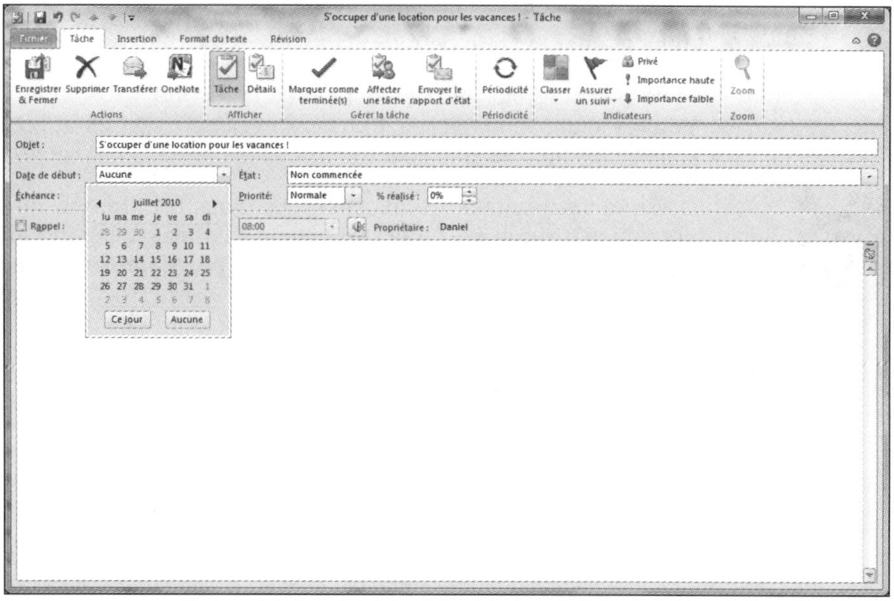

Figure 9.5 : Vous pouvez sélectionner la date voulue dans ce calendrier déroulant.

11. **(Facultatif) Dans le champ de l'heure du rappel, entrez le moment auquel vous voulez voir apparaître celui-ci.**

    La manière la plus facile de spécifier une heure est de taper les chiffres correspondants. Vous n'avez pas besoin d'y mettre le caractère deux-points (:) ou tout autre caractère spécial. Si vous voulez voir apparaître votre rappel à 14:35, tapez 1435. Il n'y a pas d'ambiguïté entre le matin et l'après-midi. Bien sûr, les noctambules apprécieront de pouvoir saisir **235a** pour être réveillé à 2 heures 35 du matin.

12. **(Facultatif) Dans la zone de texte qui occupe tout le bas du formulaire, entrez toutes les informations que vous voulez sur cette tâche.**

    C'est l'endroit où vous pouvez mettre tous les commentaires que vous trouvez utiles, par exemple des indications sur la route à suivre, une liste d'objets, des notes sur ce que vous voulez dire, et ainsi de suite.

13. **Cliquez sur le bouton Enregistrer & Fermer pour terminer.**

    Votre nouvelle tâche apparaît maintenant en haut de votre liste de tâches, n'attendant plus que d'être accomplie.

Ajouter un lien Internet dans une tâche

Si vous tapez l'adresse d'une page Web, par exemple `www.efirst.com`, dans la zone de texte du bas du formulaire Tâche, Outlook l'affiche en bleu souligné, ce qui signale un lien comme ceux sur lesquels vous cliquez dans les pages Web. Il devient ainsi particulièrement facile de conserver des informations sur un site Web intéressant : il vous suffit de taper ou de copier son adresse dans votre tâche. Pour accéder à la page dont vous avez entré l'adresse, cliquez simplement sur ce lien pour l'ouvrir dans votre navigateur Web.

Modifier une tâche

À peine a-t-on créé une tâche qu'on veut déjà la modifier. Il m'arrive de créer une tâche de la manière rapide pour la modifier par la suite (ajouter une date d'échéance, un rappel, un commentaire, etc.). Heureusement, c'est très facile à faire.

La manière rapide de modifier une tâche

Pour les paresseux dans mon genre, Outlook offre une manière rapide de modifier une tâche, tout comme il existe une manière rapide de créer une tâche. Le nombre de détails que vous pouvez changer de cette façon est limité, mais le processus est rapide.

Si vous voyez le nom d'une tâche, et si vous voulez modifier quelque chose dans ce qui est affiché, suivez les étapes que je décris dans cette section. Sinon, utilisez la méthode que je décris dans la section suivante de ce chapitre.

Pour modifier une tâche par la méthode rapide :

1. **Cliquez deux fois de suite (sans double-cliquer) sur l'élément que vous voulez modifier.**

   Vous voyez apparaître le curseur d'insertion clignotant dans le champ correspondant, un triangle pointant vers le bas à l'extrémité droite du champ, ou encore un menu contenant une liste de choix.

2. **Sélectionnez l'information périmée.**

   Le texte correspondant est mis en surbrillance pour montrer qu'il est sélectionné (voir la Figure 9.6).

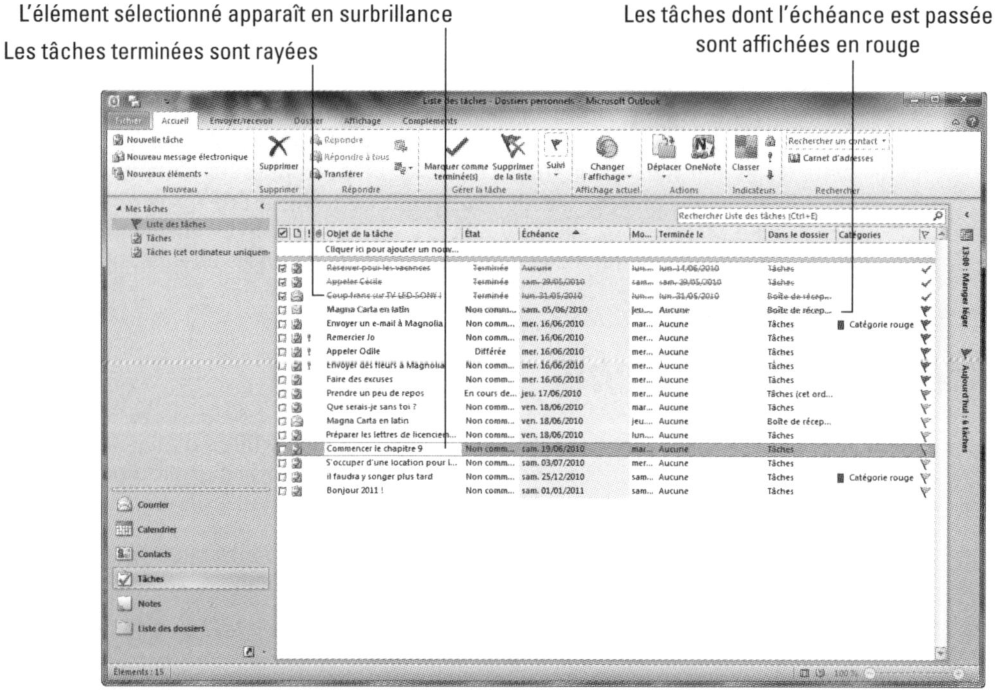

Figure 9.6 : Le nom d'une tâche en surbrillance dans la Liste des tâches.

3. **Tapez la nouvelle information.**

   Ce que vous tapez remplace l'information précédente. Si vous cliquez dans le champ État, un menu apparaît, dans lequel vous pouvez sélectionner ce que vous voulez.

4. **Appuyez sur la touche Entrée.**

Rien de plus facile. Si vous voulez simplement changer le nom, l'état ou la date d'échéance, la méthode rapide suffit.

La manière officielle de modifier une tâche

Si vous n'êtes pas un fanatique de la vitesse, ou si les informations que vous voulez modifier n'apparaissent pas dans la liste, il vous faut emprunter un chemin un peu plus long. La méthode officielle demande un peu plus d'efforts, mais tout cela reste très raisonnable.

Pour modifier une tâche par la méthode officielle, suivez ces étapes :

1. **Cliquez sur le bouton Tâches dans le Volet de navigation (ou appuyez sur Ctrl+4).**

   Le module Tâches apparaît.

2. **Dans la rubrique Affichage actuel de l'onglet Accueil du ruban, cliquez sur le bouton Changer l'affichage, puis sur l'option Liste simple.**

   Vous pouvez sélectionner un autre affichage si vous savez qu'il vous permet de voir la tâche que vous voulez modifier. Comme cette disposition est l'affichage de base de la Liste des tâches, vous êtes sûr d'y trouver la tâche qui vous intéresse.

3. **Double-cliquez sur le nom de la tâche que vous voulez modifier.**

   Le formulaire de la tâche apparaît. Vous pouvez maintenant y modifier tout ce que vous voulez. Cliquez sur le paramètre que vous voulez éditer, tapez la nouvelle information, puis cliquez sur Enregistrer & Fermer.

4. **Changez le nom de la tâche.**

   Le choix du nom vous appartient. Choisissez quelque chose qui vous permette de vous souvenir de quoi il s'agit. Il n'y a rien de pire qu'un ordinateur qui vous rappelle de faire quelque chose qui ne vous évoque rien.

5. **Pour modifier la date d'échéance, cliquez dans le champ Échéance.**

6. **Entrez la nouvelle date d'échéance.**

   Dans Outlook, vous disposez de différents moyens pour définir une date : **7/11/11**, **le premier mercredi de novembre**, **dans six semaines**, ou ce que vous voudrez en bon français pourvu que cela décrive la date de façon intelligible pour Outlook.

7. **Cliquez dans le champ Date de début, et entrez la nouvelle date de début.**

   Si vous n'avez pas encore commencé l'exécution de cette tâche, vous pouvez sauter cette étape. Il n'est pas indispensable de spécifier une date de début. Ce n'est qu'une indication destinée à votre propre usage.

8. **Cliquez sur le triangle pointant vers le bas dans le champ État pour faire apparaître une liste dans laquelle vous pouvez sélectionner l'état de la tâche.**

   TRUC

   Si vous utilisez Outlook sur un réseau d'entreprise, le paramètre État est l'un des moyens de tenir votre patron informé de l'état d'avancement de la tâche. Vérifiez auprès de votre administrateur système (ou de votre patron) si c'est le cas.

Si c'est chez vous que vous utilisez Outlook, il y a des chances pour que personne d'autre ne soit concerné, mais vous vous sentirez plus à l'aise si vous savez où vous en êtes. Pour autant, vous ne pouvez pas taper ce que vous voulez dans le champ État (du genre « Demain, c'est sûr, je me mets au travail »). La Figure 9.7 illustre le menu du champ État.

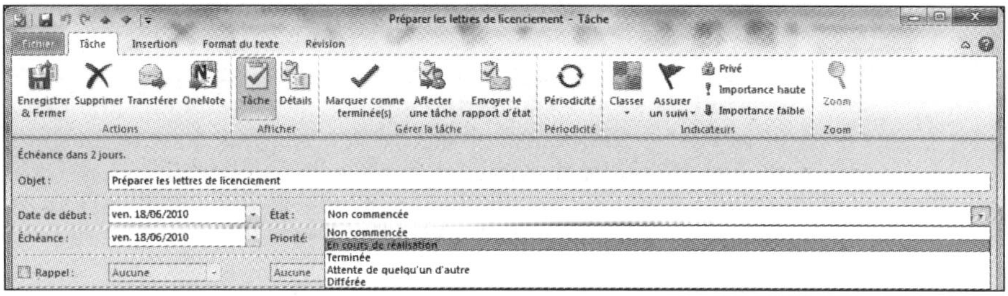

Figure 9.7 : Sélectionnez l'état d'avancement de votre tâche dans ce menu.

9. **Cliquez sur le triangle pointant vers le bas dans le champ Priorité pour changer la priorité de la tâche.**

   Vous avez le choix entre Normale, Haute ou Faible (Figure 9.8).

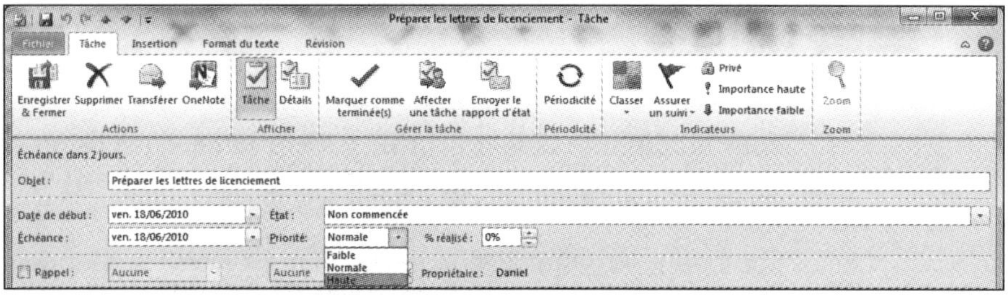

Figure 9.8 : Utilisez ce menu pour modifier la priorité d'une tâche.

10. **Pour activer ou désactiver le rappel, cliquez dans la case Rappel.**

    Un rappel est facile à définir et ne peut pas nuire. Si vous ne l'aviez pas encore fait, vous pouvez vous en occuper maintenant.

11. **Cliquez dans le champ qui suit la case Rappel pour entrer ou modifier la date de celui-ci.**

    Vous pouvez entrer la date que vous voulez. Il n'est pas nécessaire que ce soit la date d'échéance. Vous pouvez demander un rappel beaucoup plus tôt, ou même mettre une date postérieure à la date d'échéance, ce qui n'est pas forcément utile. Outlook utilise automatiquement la date d'échéance comme date de rappel par défaut.

12. **Pour changer l'heure du rappel, cliquez dans le champ suivant.**

Pour spécifier une heure, choisissez la simplicité. Tapez simplement **1430** pour 14h30, ou **930** pour 9h30.

13. **Cliquez dans la zone de texte pour ajouter des commentaires ou des informations, ou pour modifier ce qui s'y trouve déjà.**

    Vous pouvez placer ici toutes les informations qui n'ont pas leur place ailleurs dans ce formulaire (comme l'illustre la Figure 9.9). On ne voit ces informations que quand on ouvre le formulaire. Elles n'apparaissent pas dans la Liste des tâches.

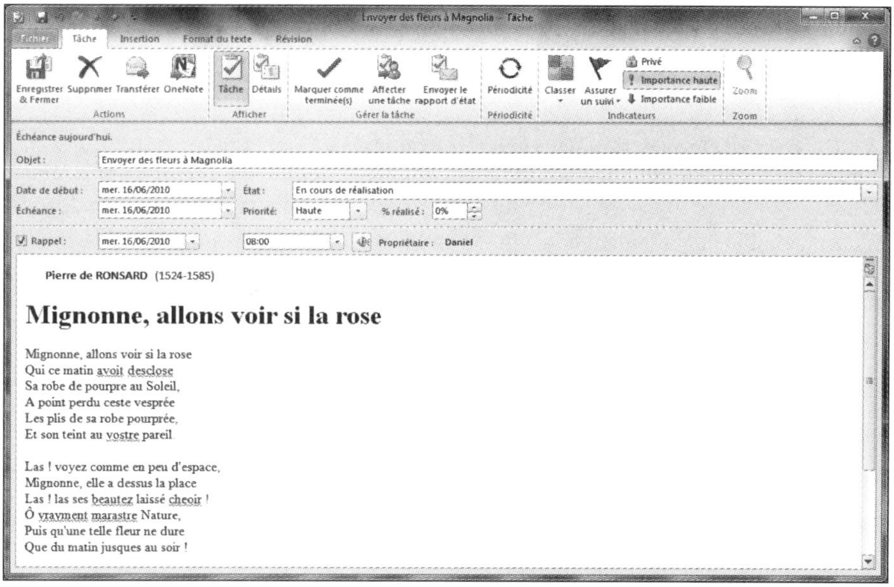

Figure 9.9 : Mettez dans la zone de texte tous les commentaires qui vous semblent utiles.

14. **Cliquez sur Enregistrer & Fermer pour terminer.**

    C'est fait. Vous avez modifié votre tâche !

Copier une tâche

Vous êtes peut-être en train de vous dire : « Je me suis bien amusé en créant une tâche, j'aimerais bien en créer une autre. » Si c'est la même tâche que la précédente pour un autre jour, le plus facile est de copier la première.

Pour copier une tâche, suivez ces étapes :

1. **Sélectionnez la tâche que vous voulez copier.**
2. **Appuyez sur Ctrl+C pour copier.**

3. **Sous l'onglet Accueil du ruban, cliquez sur le bouton Déplacer, puis sélectionnez l'option Copier dans un dossier (désolé, un simple Ctrl+V ne marche pas !).**

4. **Dans la boîte de dialogue Copier les éléments, sélectionnez le dossier Tâches puis cliquez sur OK.**

   Une nouvelle tâche, identique à la précédente, apparaît dans la liste. L'inconvénient, c'est que pour le moment c'est exactement la même, et qu'il ne sert à rien d'avoir une tâche en double. Il vous reste donc à changer la date de la nouvelle tâche, ce qui vous donnera deux tâches identiques à des moments différents. Double-cliquez sur la nouvelle tâche pour l'ouvrir et en changer la date.

Supprimer une tâche

Ce qu'il y a de plus gratifiant avec les tâches, c'est de s'en débarrasser, de préférence après avoir réalisé celles que vous avez entrées. Vous pouvez aussi supprimer une tâche si vous avez changé vos projets entre-temps. Bien sûr, rien ne vous empêche de marquer comme terminée une tâche avec laquelle vous ne voulez tout simplement pas vous embêter. Cette version d'Outlook n'est pas capable de vous dire si vous avez réellement terminé une tâche. Une rumeur persistante assure que la version suivante sera capable de le deviner et de vous dénoncer le cas échéant à qui de droit. Mais ce n'est qu'une rumeur...

Pour supprimer une tâche, suivez ces étapes :

1. **Sélectionnez la tâche.**

2. **Cliquez sur le bouton Supprimer du ruban (ou appuyez sur Ctrl+D, ou bien encore sur la touche Suppr de votre clavier).**

   Et voilà. Votre tâche a disparu.

Gérer des tâches périodiques

Toutes sortes de tâches se répètent régulièrement, jour après jour, semaine après semaine, mois après mois. Vous en avez sûrement l'habitude. Pour vous épargner l'effort de répéter autant de fois que nécessaire la création d'une tâche, par exemple un rapport de ventes mensuel, ou votre déclaration trimestrielle de TVA, il vous suffit de la définir comme périodique. Outlook peut alors vous la rappeler le moment venu.

Pour créer une tâche périodique, suivez ces étapes :

1. **Ouvrez la tâche en double-cliquant dessus.**

   Le formulaire de la tâche apparaît.

2. **Cliquez sur le bouton Périodicité dans le ruban.**

   La boîte de dialogue Périodicité de la tâche apparaît (voir la Figure 9.10).

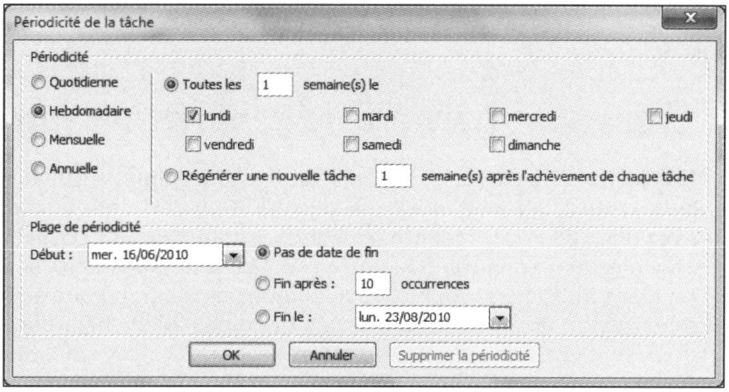

Figure 9.10 : Quand voulez-vous que cette tâche se répète ?

3. **Sélectionnez l'option Quotidienne, Hebdomadaire, Mensuelle ou Annuelle pour définir la périodicité de la tâche.**

   Lorsque vous sélectionnez l'une de ces options, les paramètres disponibles dans la partie droite de la zone Périodicité changent en conséquence. Par exemple, l'option Quotidienne permet de définir un intervalle de répétition (tous les jours, tous les cinq jours ou ce que vous voulez d'autres). Avec l'option Mensuelle, vous spécifiez le jour où la tâche est programmée, par exemple le 15 de chaque mois, ou encore le second vendredi de chaque mois.

4. **Selon l'option sélectionnée à l'étape précédente, sélectionnez les paramètres voulus dans la partie de droite de la zone Périodicité.**

   Par exemple, si vous avez sélectionné l'option Mensuelle, vous pouvez cliquer sur les triangles pointant vers le bas dans les champs de la deuxième ligne pour sélectionner « premier », puis « lundi » pour définir votre tâche comme se produisant le premier lundi de chaque mois.

5. **Dans la zone Plage de périodicité, entrez la date de commencement de la tâche dans le champ Début.**

6. **Dans la même zone, définissez la manière dont vous voulez que la répétition de la tâche prenne fin (Pas de date de fin, Fin après un certain nombre d'occurrences, ou Fin à une date spécifiée).**

7. **Cliquez sur OK.**

   Une bannière apparaît dans la partie supérieure du formulaire. Elle sert à décrire la périodicité de la tâche.

8. **Cliquez sur Enregistrer & Fermer.**

Votre tâche apparaît dans la liste, avec une icône légèrement différente de celle des tâches non périodiques, ce qui vous permet de distinguer d'un coup d'œil les unes des autres.

Créer une tâche à régénération automatique

Une *tâche à régénération automatique* est identique à une tâche périodique, avec cette différence qu'elle se reproduit un certain temps après que vous ayez marqué la précédente occurrence comme étant terminée. Je m'explique. Imaginez que vous tondiez votre pelouse toutes les deux semaines. S'il pleut pendant huit jours, vous allez accomplir cette tâche une semaine plus tard que prévu, mais ça n'empêche pas que vous allez ensuite attendre à nouveau deux semaines pour la tondre à nouveau. Pour programmer vos travaux de jardinier dans Outlook, vous allez utiliser la régénération automatique (remarquez combien mon exemple est particulièrement bien choisi : quand vous avez fini de tondre, l'herbe continue à pousser, et donc elle se régénère automatiquement).

Pour créer une tâche à régénération automatique, suivez ces étapes :

1. **Double-cliquez sur la tâche pour l'ouvrir.**

   Le formulaire de la tâche apparaît.

2. **Cliquez sur le bouton Périodicité dans le ruban (ou appuyez sur Ctrl+B).**

   La boîte de dialogue Périodicité de la tâche apparaît.

3. **Cliquez sur la case de l'option Régénérer une nouvelle tâche (voir la Figure 9.11).**

4. **Dans le champ de cette option, entrez le nombre de jours, de semaines, de mois ou d'années après lequel la tâche doit se régénérer.**

5. **Cliquez sur OK.**

   Une bannière apparaît dans la partie supérieure du formulaire. Elle sert à décrire le mode de régénération de la tâche.

6. **Cliquez sur Enregistrer & Fermer.**

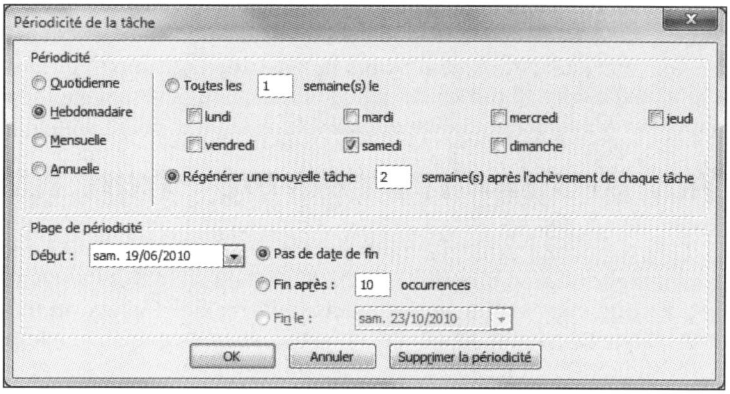

Figure 9.11 : La boîte de dialogue Périodicité de la tâche vous permet de définir une tâche à régénération automatique.

Votre tâche apparaît dans la liste, affublée d'une icône spécifique.

Passer une occurrence dans une tâche périodique

Vous pouvez passer une simple occurrence d'une tâche périodique, sans avoir à modifier pour cela la définition de la périodicité de la tâche.

Pour sauter une occurrence d'une tâche périodique, suivez ces étapes :

1. **Cliquez sur le bouton Tâches dans le Volet de navigation (ou appuyez sur Ctrl+4).**

   La Liste des tâches apparaît.

2. **Dans la section Affichage actuel du ruban, cliquez sur le bouton Changer l'affichage, puis choisissez Liste simple dans les options proposées.**

   Peu importe l'affichage dans lequel vous vous trouvez, pourvu qu'il vous permette de voir la tâche dont vous voulez passer une occurrence. Si je suggère ici Liste simple, c'est tout simplement parce que… c'est simple.

3. **Double-cliquez sur le nom de la tâche à modifier.**

   Le formulaire de la tâche apparaît.

4. **Cliquez dans le ruban sur le bouton Ignorer cette occurrence.**

   La date d'échéance devient celle de l'occurrence suivante.

5. **Cliquez sur Enregistrer & Fermer.**

   Votre tâche apparaît dans la liste avec sa nouvelle date d'échéance.

Marquer des tâches comme étant terminées

Il est beaucoup plus gratifiant et beaucoup plus facile de marquer une tâche comme terminée que de la créer. Si l'affichage actuel vous permet de voir celle que vous voulez rayer (dans la Barre des tâches ou dans votre liste de tâches), cliquez dessus du bouton droit et choisissez Marquer comme terminée(s). On ne peut pas faire plus simple.

Pour la procédure complète, suivez ces étapes :

1. **Cliquez sur le bouton Tâches dans le Volet de navigation (ou appuyez sur Ctrl+4).**

   La Liste des tâches apparaît.

2. **Dans la section Affichage actuel du ruban, cliquez sur le bouton Changer l'affichage, puis choisissez Liste simple dans les options proposées.**

   Une nouvelle fois, peu importe l'affichage dans lequel vous vous trouvez, pourvu qu'il vous permette de voir la tâche dont vous voulez passer une occurrence. Je suggère donc à nouveau Liste simple. C'est *plus* simple.

3. **Cliquez dans la case qui se trouve juste à gauche du nom de la tâche que vous voulez marquer comme terminée.**

   Cette case se trouve dans la deuxième colonne à partir de la gauche (voir la Figure 9.12).

   Lorsque vous cochez cette case, le nom de la tâche apparaît en gris et barré, de même que la date d'échéance dans la colonne suivante. Vous avez terminé.

Vous pouvez afficher une liste des tâches marquées comme étant accomplies en cliquant sur le bouton Changer l'affichage du ruban, puis sur l'option Terminées. Toutes vos missions réussies y figurent fièrement. Quelle satisfaction ! Gagner la Guerre 1939-45 à moi tout seul ? Bon, ça c'est fait ! Terminé ! Inventer la théorie de la relativité ? C'est fait aussi ! Terminé !

Il existe dans Outlook plusieurs endroits dans lesquels vous pouvez marquer une tâche comme terminée : la Liste des tâches, comme nous venons de le faire, mais aussi certains affichages du Calendrier, de même que la Liste des tâches dans Outlook Aujourd'hui.

La priorité de vos tâches est indiquée au-dessus de chaque groupe

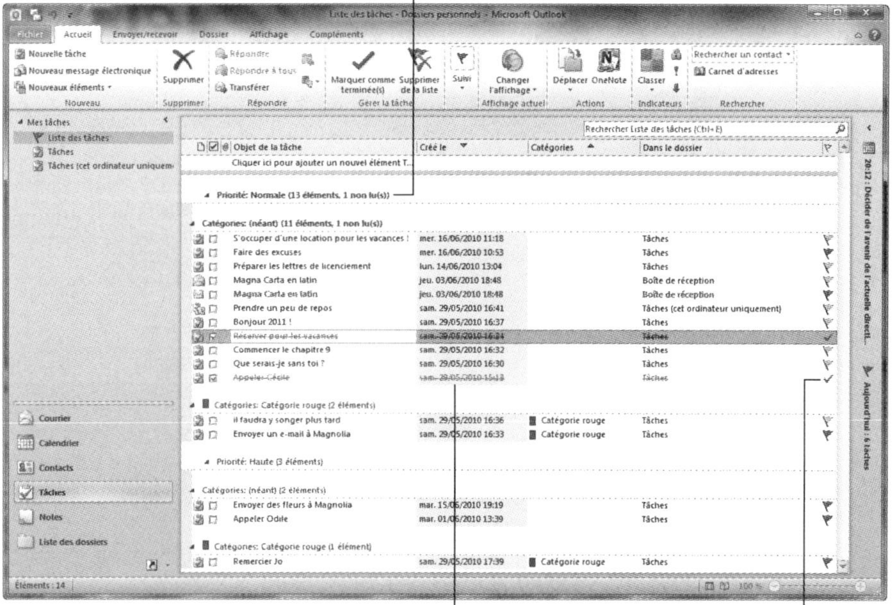

La date à laquelle vous avez entré chaque tâche

Une coche apparaît à la suite de chaque tâche terminée

Figure 9.12 : Une coche dans la deuxième colonne indique que la tâche est terminée.

TRUC

Si vous voulez traiter d'un seul coup plusieurs tâches, commencez par les sélectionner dans la liste tout en appuyant sur la touche Ctrl. Il ne vous reste plus ensuite qu'à cliquer dans le ruban sur le bouton Marquer comme terminée(s). C'est tout simple.

Sélectionner une couleur pour les tâches terminées ou en retard

Quand une tâche est terminée ou quand elle est arrivée à échéance, Outlook change la couleur de son nom respectivement en gris et en rouge. Ce qui vous permet de les distinguer des autres d'un coup d'œil. Si vous n'aimez pas les couleurs par défaut d'Outlook, vous pouvez faire des choix plus personnels.

Pour changer la couleur des tâches terminées et arrivées à échéance :

1. **Activez l'onglet Fichier puis cliquez sur Options.**

La boîte de dialogue Options apparaît.

2. **Cliquez sur Tâches dans le Volet de navigation.**

   La page des options des tâches apparaît (voir la Figure 9.13).

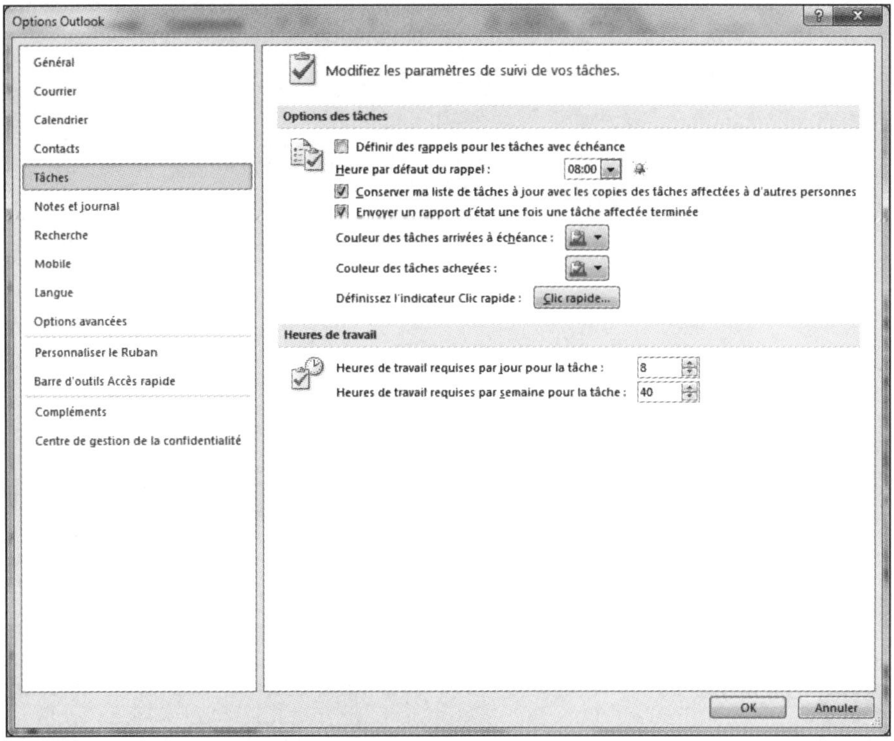

Figure 9.13 : Définir les options des tâches.

3. **Cliquez sur le bouton qui suit l'intitulé Couleur des tâches arrivées à échéance.**

   Une liste de couleurs apparaît.

4. **Sélectionnez une couleur parmi celles qui vous sont proposées.**

5. **Cliquez sur le bouton qui suit l'intitulé Couleur des tâches achevées.**

   La liste des couleurs disponibles réapparaît.

6. **Sélectionnez une couleur.**

7. **Cliquez sur OK pour refermer la boîte de dialogue Options.**

Les tâches terminées et les tâches arrivées à échéance apparaissent dans la liste avec les couleurs que vous venez de choisir.

Afficher vos tâches

Outlook dispose de plusieurs modes d'affichage de votre liste de tâches. Il vous permet aussi d'inventer et d'enregistrer autant d'affichages personnalisés que vous voulez. Une fois que vous savez vous en servir, les affichages d'Outlook vous permettent d'aller loin.

Pour observer vos tâches selon différents angles, sélectionnez l'une des options suivantes après avoir cliqué sur le bouton Changer l'affichage du ruban :

- **Liste simple** ne présente que les faits : le nom de chaque tâche, et la date d'échéance que vous lui avez assignée (si vous en avez défini une). Cet affichage permet d'ajouter facilement de nouvelles tâches et de marquer tout aussi facilement celles qui sont terminées. Mais il ne vous montrera pas plus d'informations que cela. Si vous voulez voir plus de détails, lisez la suite.
- **Liste détaillée** est un peu plus… détaillé que l'affichage Liste simple. En fait, c'est la même chose, avec en plus l'état de la tâche, le pourcentage d'achèvement, et la catégorie assignée à chaque tâche.
- **Actives** ne montre que les tâches qui ne sont pas encore marquées comme terminées. Aussitôt que vous marquez une tâche comme terminée, elle disparaît de cet affichage, ce qui vous permet de vous concentrer sur celles qui restent à accomplir.
- **Les 7 prochains jours** est un affichage encore plus restrictif que la vue Actives. Il ne montre que les tâches qui ne sont pas encore marquées comme terminées et dont la date d'échéance se situe dans les sept prochains jours. C'est très bien pour les gens qui vivent dans l'instant, ou au moins dans la semaine.
- **En retard** est l'affichage des tâches pour lesquelles vous n'avez pas fait votre boulot (ou que vous avez oublié de marquer comme terminées). Vous auriez dû vous en occuper hier, mais elles sont toujours là aujourd'hui.
- **Assignées** affiche la liste de vos tâches, classées dans l'ordre des noms des personnes auxquelles vous avez affecté (autrement dit, délégué) chaque tâche.
- **Par personne responsable** contient les mêmes informations que l'affichage Assignées, mais la liste est regroupée selon les noms des personnes chargées de chaque tâche.
- **Terminées** montre les tâches que vous avez marquées comme terminées (vous aviez sans doute deviné). Le travail est achevé, mais la contemplation de cette liste peut donner un puissant sentiment d'accomplissement.

- **Liste des tâches** présente toutes les tâches entrées ainsi que tous les messages dotés d'un indicateur qui figurent dans la Barre des tâches. Les autres vues qui ont un nom semblable ne s'occupent, de leur côté, que de ce que vous avez ajouté directement dans la liste des tâches.
- **Prioritaires** présente un diagramme qui permet de visualiser le début et la fin de chaque tâche (voir la Figure 9.14). C'est très pratique pour vous faire d'un coup d'œil une idée du travail que vous avez devant vous.

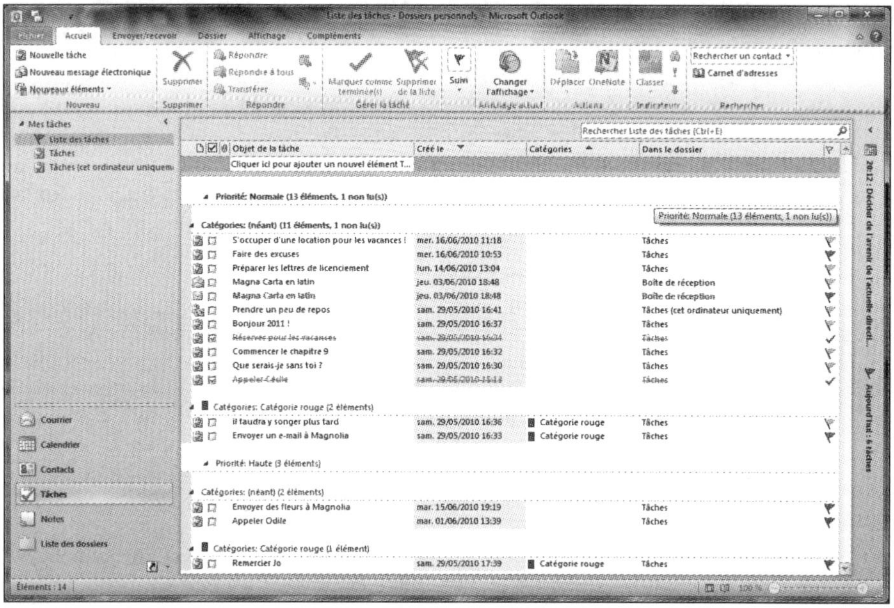

Figure 9.14 : L'affichage par priorité vous aide à équilibrer votre charge de travail.

Des tâches dans le calendrier

La Liste des tâches et la Barre des tâches vous aident à suivre ce que vous avez à faire. Ensuite, il faut trouver le temps de le faire ! C'est pourquoi Outlook offre un aperçu des tâches à venir dans l'affichage par Semaine de votre calendrier (voir la Figure 9.15). Dans un bandeau situé en bas de l'écran, des icônes représentent les tâches dont les dates d'échéance tombent les jours qui sont affichés. Si vous estimez avoir trop de choses à faire un certain jour, choisissez-en un autre en déplaçant la tâche au bon endroit. Vous pouvez même choisir de cette manière une heure et une durée précises.

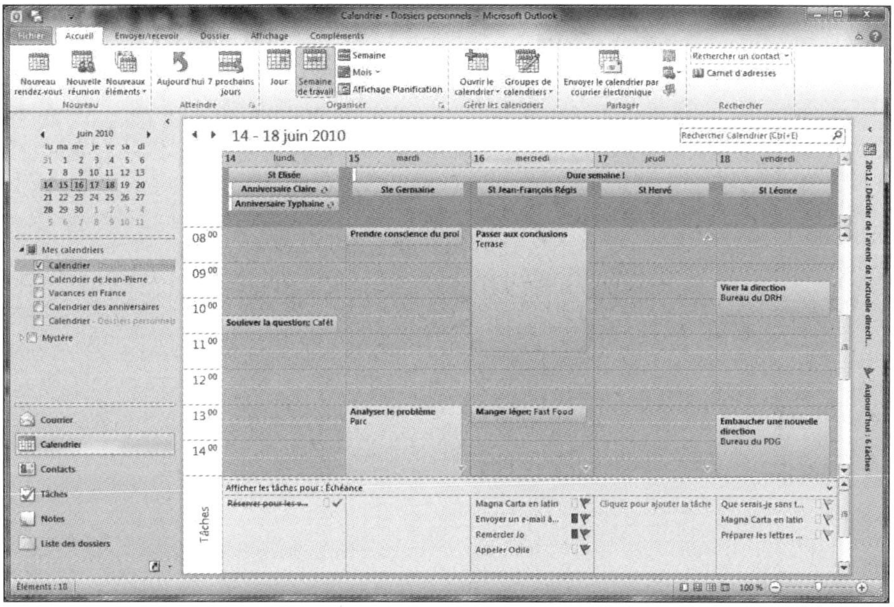

Figure 9.15 : Avec l'affichage Semaine du calendrier, vous pouvez à la fois gérer le temps et les tâches.

Chapitre 10

Un sujet qui colle : Notes et Journal

Dans ce chapitre :

- Composer, rechercher, redimensionner ou supprimer une note.
- Ouvrir et lire une note.
- Imprimer une note.
- Changer vos couleurs.
- Enregistrer des éléments dans le Journal.
- Rechercher un contact dans les entrées du Journal.
- Imprimer le Journal.
- Changer l'affichage du Journal.

Les fonctions les plus simples et les plus banales d'un programme sont souvent mes préférées, c'est-à-dire celles que je finis par utiliser tout le temps. C'est le cas des notes et du Journal d'Outlook. Les notes n'ont rien de révolutionnaire, et certainement rien de difficile. Cette fonction est simplement à votre disposition, quand vous en avez besoin, pour enregistrer toutes les idées qui peuvent vous passer par la tête, si étranges soient-elles, pendant que vous travaillez. (Comme vous l'avez peut-être remarqué, je suis quelqu'un à qui il passe toutes sortes d'idées étranges par la tête. C'est pour ça que j'aime tellement les notes.)

Le Journal est l'endroit où l'on consigne qui a fait quoi et quand. C'est la fonction d'Outlook la plus sous-estimée. Elle est si peu utilisée qu'elle ne mérite même plus d'avoir son bouton dans le Volet de navigation, comme c'était le cas quand Outlook était un nouveau produit. Mais, ce n'est pas parce qu'il est facile de l'oublier qu'il ne peut pas vous être très utile.

Écrire une note

Comment pouvait-on vivre avant l'invention de ces petites notes jaunes autocollantes ? Maintenant, elles sont partout ! Ce qui est amusant, c'est qu'elles sont le résultat d'une invention ratée. En cherchant à mettre au point une formule pour une nouvelle colle, un chimiste inspiré par la providence avait obtenu une colle qui ne collait pas très bien. Imitant de façon prémonitoire les informaticiens qui étaient le futur de l'époque, il se dit : « C'est pas un bug ! C'est une fonction ! » Puis il trouva comment faire fortune en vendant ces petits bouts de papier qui collaient un petit peu, mais pas trop. Il n'est que naturel qu'une aussi belle invention ait été adaptée aux ordinateurs.

Une note est le seul type d'élément que l'on peut créer dans Outlook sans passer par une boîte de dialogue, un menu, une barre d'outils ou par le ruban. Les notes sont plus faciles à utiliser, mais un peu plus délicates à expliquer, que d'autres éléments d'Outlook, car je ne peux décrire que les objets que vous êtes censé faire glisser avec la souris. Une icône de note n'a pas de nom, et la partie de la note que vous faites glisser pour la redimensionner n'en a pas non plus (voir la Figure 10.1).

Figure 10.1 : Une note est au départ une zone de texte vierge.

TRUC

Astuces pour notes

Chaque fois que vous lancez un programme, un bouton apparaît dans la barre des tâches de Windows, en bas de l'écran. Vous savez ainsi combien de programmes sont en cours d'exécution. Si vous cliquez sur l'un de ces boutons dans la barre des tâches, vous revenez au programme correspondant. Par exemple, si vous lancez Word et Excel, vous voyez deux boutons dans la barre des tâches.

Quand vous créez un nouvel élément dans Outlook, une seconde icône reste disponible dans la barre des tâches pour accéder à cet élément. Cette icône reste là jusqu'à ce que vous fermiez l'élément. L'avantage de cette disposition est que vous pouvez garder une note ouverte pendant un long moment et y revenir quand vous voulez pour y ajouter des commentaires. L'inconvénient est que si vous ne surveillez pas la barre des tâches, vous pouvez créer trop de notes par inadvertance, alors que vous préféreriez peut-être n'en avoir qu'une.

Il y a un autre avantage à cela qui est que vous pouvez avoir deux notes ouvertes en même temps, ou une note et un message, et faire glisser du texte de l'une à l'autre.

Voici comment prendre des notes quand il vous vient une idée en travaillant :

1. **Cliquez sur le bouton Notes en bas du Volet de navigation (ou appuyez sur Ctrl+5).**

   Le module Notes apparaît.

   En fait, il n'est pas nécessaire d'aller dans le module Notes pour créer une nouvelle note. Vous avez aussi la possibilité d'appuyer directement sur Ctrl+Maj+N pour passer directement à l'Étape 3. Si je vous suggère de commencer par aller dans le module Notes, c'est pour que vous puissiez voir apparaître votre note dans la liste une fois que vous l'aurez créée. Sinon, vous risquez d'avoir l'impression que votre note se dissout dans l'air. Ne vous inquiétez pas : Outlook enregistre automatiquement vos cogitations dans le module Notes, à moins que vous ne fassiez un effort spécial pour les envoyer ailleurs.

2. **Cliquez dans le ruban sur le bouton Nouvelle Note.**

   Une note vierge apparaît.

3. **Tapez le texte que vous voulez noter (voir la Figure 10.2), et cliquez sur l'icône qui occupe le coin supérieur gauche de la note. Un menu apparaît.**

4. **Cliquez sur Enregistrer & Fermer.**

Et voilà. C'est fait !

Figure 10.2 : Vous pouvez écrire une note pour vous rappeler de faire quelque chose.

Rechercher une note

Contrairement aux notes autocollantes en papier, celles d'Outlook vous permettent de toujours retrouver ce que vous avez noté (tout au moins, votre ordinateur est capable de le faire pour vous). En fait, vous pouvez retrouver tout élément créé dans Outlook en utilisant l'outil Rechercher (je serais très content d'avoir ce genre d'outil pour les tiroirs de mon bureau).

Pour rechercher une note égarée :

1. **Cliquez sur le bouton Notes, en bas du Volet de navigation (ou appuyez sur Ctrl+5).**

   Votre liste de notes apparaît. Le champ Rechercher Notes se trouve au-dessus de la zone d'affichage des notes (voir Figure 10.3).

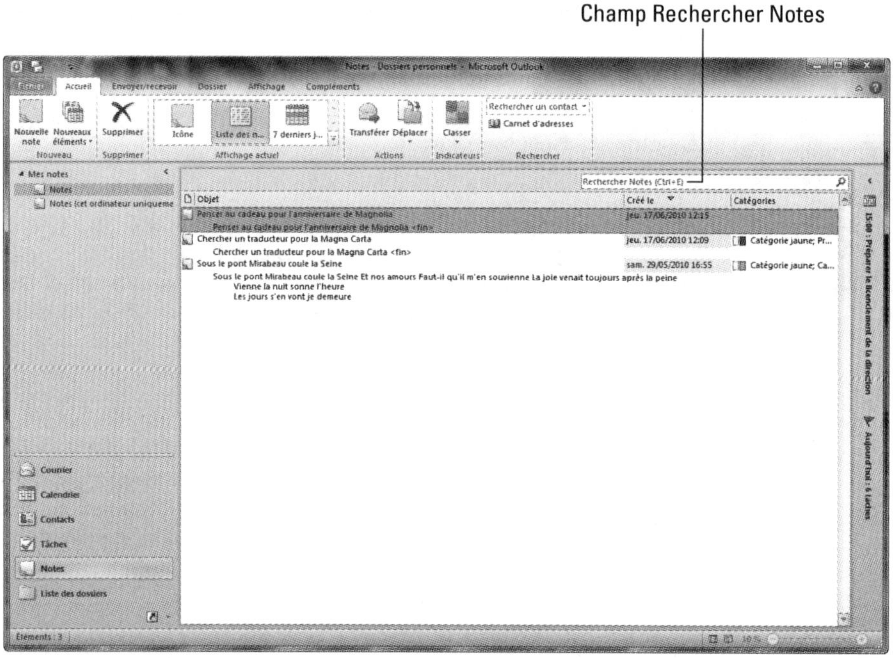

Figure 10.3 : La barre de recherche, avec le champ Rechercher Notes.

2. **Dans le champ Rechercher Notes, tapez le texte que vous voulez localiser.**

   Ne vous préoccupez pas des majuscules. Outlook les ignore.

3. **Si vous voyez la note que vous recherchez, double-cliquez sur son icône pour l'ouvrir et en lire le contenu.**

Lire une note

Si vous écrivez une note, c'est sans doute parce que vous avez l'intention de la lire par la suite. Il est encore plus facile de consulter une note que de l'écrire. Pour lire une note :

1. **Cliquez sur le bouton Notes, en bas du Volet de navigation (ou appuyez sur Ctrl+5).**

   Votre liste de notes apparaît.

2. **Double-cliquez sur l'icône de la note que vous voulez ouvrir.**

La note s'ouvre (voir la Figure 10.4). Pour la fermer une fois que vous avez fini de la lire, appuyez sur la touche Échap.

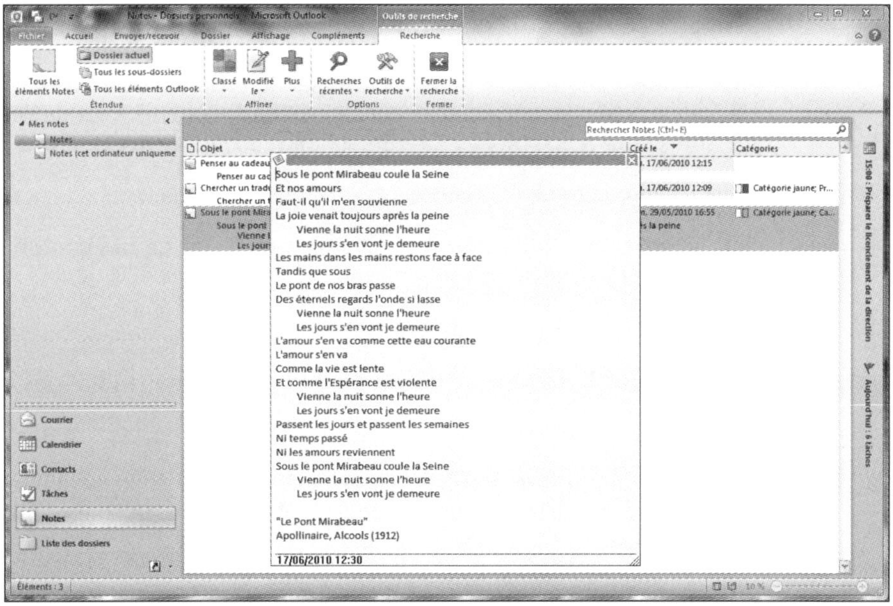

Figure 10.4 : Double-cliquez sur l'icône d'une note pour en lire le contenu.

Vous avez remarqué que les notes ont la même apparence quand vous les écrivez et quand vous les lisez ? Surprenant, non ?

Supprimer une note

Une note n'est pas éternelle. Vous pouvez très bien en écrire une le matin et la jeter l'après-midi. C'est la vie.

Pour supprimer une note :

1. **Cliquez sur le bouton Notes, en bas du Volet de navigation (ou appuyez sur Ctrl+5).**

   Votre liste de notes apparaît.

2. **Cliquez sur le titre ou l'icône de la note que vous voulez supprimer.**

3. **Cliquez sur le bouton Supprimer du ruban (ou appuyez sur la touche Suppr).**

   Envolée, la note !

Changer la taille d'une note

Peut-être êtes-vous un vieux briscard du déplacement et du redimensionnement des fenêtres sous Windows. Si oui, vous n'aurez aucune difficulté ici, car les notes suivent les règles générales de toutes les fenêtres Windows. Si vous découvrez Windows et les boîtes de dialogue, ne vous inquiétez pas : les notes sont aussi faciles à redimensionner qu'à écrire et à lire.

Pour redimensionner une note :

1. **Cliquez sur le bouton Notes, en bas du Volet de navigation (ou appuyez sur Ctrl+5).**

   Votre liste de notes apparaît.

2. **Double-cliquez sur le titre de la note que vous voulez redimensionner.**

   La note s'ouvre.

3. **Placez le pointeur sur le coin inférieur droit de la note jusqu'à ce qu'il prenne la forme d'une flèche à double pointe en diagonale.**

   Utilisez cette flèche pour faire glisser les bords de la note pour la redimensionner. Ne vous laissez pas intimider. Il est beaucoup plus facile de redimensionner une fenêtre que de lire ces instructions. Quand vous l'aurez fait avec une première fenêtre, vous n'aurez aucune difficulté avec les suivantes.

4. **Tout en maintenant enfoncé le bouton gauche de la souris, faites glisser le coin de la note jusqu'à ce qu'elle ait la taille voulue.**

   Pendant que vous faites glisser le coin de la note, la taille de sa fenêtre varie (voir la Figure 10.5). Si la taille n'est pas parfaite du premier coup, ne vous inquiétez pas : vous pouvez recommencer autant de fois que vous voulez jusqu'à ce que vous obteniez le résultat souhaité.

Changer les couleurs

La question de la couleur peut paraître insignifiante, mais c'est vraiment un bon moyen de mieux vous y retrouver dans vos notes. Vous pouvez associer une couleur à un niveau d'importance, par exemple, ou à une tâche particulière, de manière à pouvoir retrouver facilement celle qui vous intéresse dans votre liste. Plus loin dans ce chapitre, j'expliquerai comment on peut trier une liste de notes selon leur couleur. Comme le tri est souvent très utile, le temps que vous passez à donner différentes couleurs à vos notes n'a pas essentiellement une finalité esthétique, mais plutôt productive.

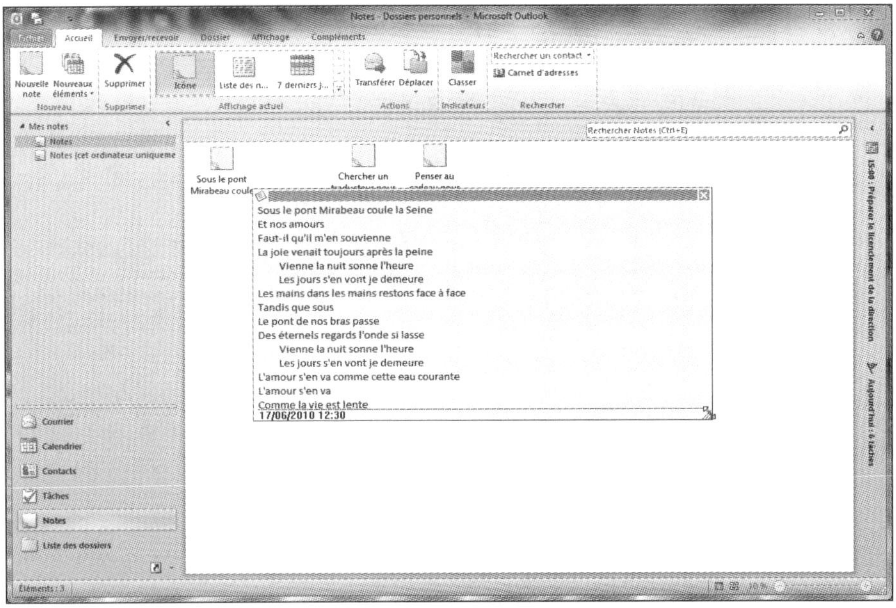

Figure 10.5 : Redimensionnez les fenêtres de vos notes à volonté.

TRUC

Sélectionner plusieurs notes

Lorsque vous triez vos notes ou lorsque vous leur assignez des catégories, vous pouvez travailler un peu plus vite en en sélectionnant plusieurs en même temps. Pour sélectionner un groupe de notes contiguës dans une liste, cliquez sur la première, puis maintenez enfoncée la touche Maj tout en cliquant sur la dernière. Cette action sélectionne toutes les notes comprises entre celles sur lesquelles vous avez cliqué.

Pour sélectionner plusieurs éléments non contigus, maintenez enfoncée la touche Ctrl, tout en cliquant sur chacun d'entre eux. Chaque note sur laquelle vous cliquez est mise en surbrillance. Vous pouvez ensuite ouvrir, déplacer, supprimer ou associer à une catégorie, en une seule opération, tout ce que vous avez sélectionné. Pour afficher toutes les notes sélectionnées d'un coup, cliquez du bouton droit sur l'une d'entre elles, puis sur l'option Ouvrir dans le menu qui apparaît.

Pour changer la couleur d'une note :

1. **Ouvrez la note et cliquez sur l'icône qui en occupe le coin supérieur gauche.**

Cette icône représente une note en miniature, et elle donne accès à un menu qui permet d'appliquer différentes commandes à la note.

2. **Placez le pointeur sur Classer.**

   Un menu de catégories de couleurs apparaît, donnant le choix entre six couleurs : bleu, jaune, orange, rouge, vert et violet. Pour un éventail plus large, choisissez Toutes les catégories (voir la Figure 10.6).

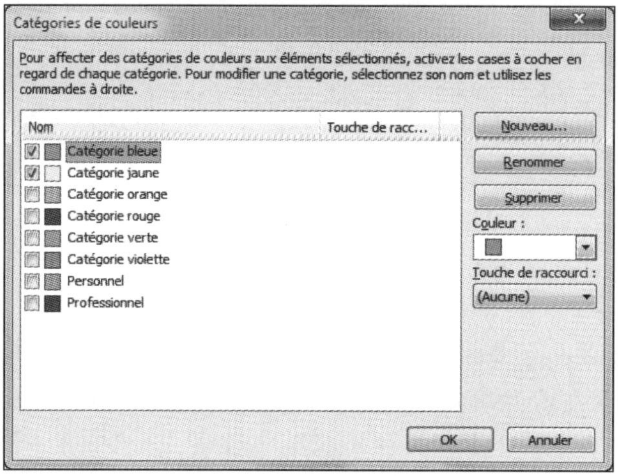

Figure 10.6 : La boîte de dialogue Toutes les catégories de couleurs.

3. **Sélectionnez une ou plusieurs couleurs.**

Consulter vos notes

Les notes sont très pratiques pour mettre de côté tout ce qui vous vient à l'esprit à tout instant, mais ce qui les rend vraiment très utiles, c'est ce qui se passe quand vous voulez récupérer vos informations. Bien sûr, vous pouvez ouvrir vos notes une par une pour en consulter le contenu, mais le module Notes offre de bien plus vastes possibilités pour organiser, trier et afficher vos notes de la manière la plus pertinente pour vous.

L'affichage Icônes

Il y a des gens qui aiment l'affichage Icônes. Les notes y apparaissent simplement les unes à côté des autres sous forme de grandes icônes, comme sur mon bureau. Comme je vois déjà un tapis de notes chaque fois que je regarde mon bureau, je préfère les organiser sous forme de liste dans Outlook.

À vous de choisir la présentation que vous préférez. Pour utiliser ce mode d'affichage, cliquez sur le bouton Icônes dans la section Affichage actuel du ruban (voir la Figure 10.7). La fenêtre d'Outlook se remplit alors d'icônes de notes, avec pour chacune d'elles les premiers mots du texte correspondant.

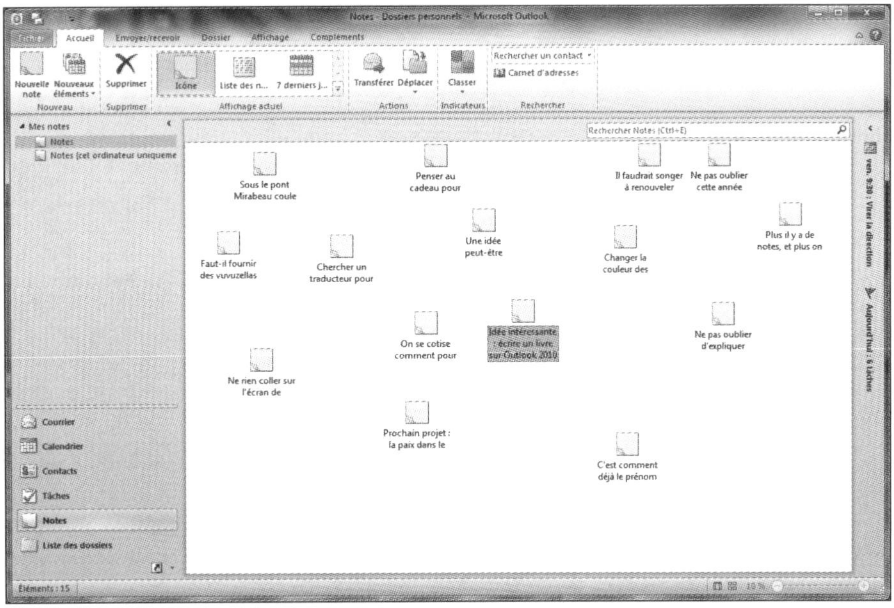

Figure 10.7 : L'affichage Icônes, avec un troupeau de notes plus ou moins ordonnées.

Si vous aimez le mode de classement « en vrac », cet affichage est pour vous. Dans le cas contraire, continuez à lire ce chapitre.

L'affichage Liste des notes

La liste des notes est aussi simple que son nom l'indique. Les faits, rien que les faits. Elle affiche l'icône (donc la couleur), le texte (l'objet), la date de création, et la catégorie de chaque note, de même que le début de leur contenu. Pour afficher vos notes dans ce mode, cliquez sur Liste des notes dans la section Affichage actuel du ruban (voir la Figure 10.8).

TRUC

Je recommande en général l'affichage Liste des notes pour ouvrir, transférer, lire ou manipuler des notes d'une manière ou d'une autre, parce qu'il est le plus direct pour réaliser ces opérations. Tout ce qu'il est possible de faire avec une note dans l'affichage Liste des notes peut aussi se faire dans les autres modes de présentation. La différence est que ceux-ci ne vous permettent pas toujours de voir la note qui vous intéresse.

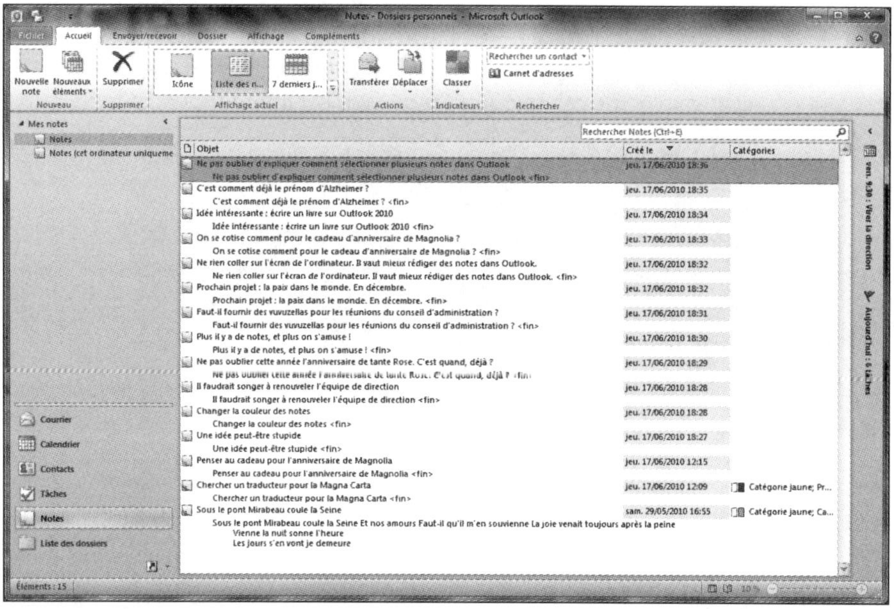

Figure 10.8 : L'affichage Liste des notes.

L'affichage 7 derniers jours

Il y a des chances pour que les notes dont vous avez besoin aujourd'hui fassent partie de celles que vous avez créées ou modifiées au cours des sept derniers jours. Il y a donc dans Outlook un affichage prédéfini pour celles-ci. Si c'est bien une de ces notes que vous cherchez, vous la trouverez plus facilement en utilisant ce type de disposition. Cliquez sur le bouton 7 derniers jours dans la section Affichage actuel du ruban.

Si vous n'avez créé ou modifié aucune note au cours des sept derniers jours, cet affichage sera vide. Si vous avez horreur du vide, créez une note. Vous aurez quelque chose à vous mettre sous la dent pour la semaine.

Imprimer vos notes

Il y a tant de manières si utiles et intelligentes d'organiser et d'afficher vos notes que vous allez vouloir imprimer ce que vous voyez, ou au moins la liste de ce que vous voyez.

Le Volet de lecture

Une fois que vous aurez accumulé un nombre significatif de notes, vous apprécierez de disposer d'un moyen rapide de naviguer parmi elles. Certes, il vous suffit de faire un double-clic sur une note pour la consulter. Mais si vous avez l'habitude d'écrire de longues notes et que vous avez régulièrement besoin de voir leur texte en entier, il est sans doute préférable de vous servir du Volet de lecture (comme pour les e-mails). Pour afficher celui-ci, activez l'onglet Affichage, cliquez ensuite sur le bouton Volet de lecture, et choisissez enfin l'emplacement de celui-ci (à droite, en bas ou inactif). Vos notes vont s'afficher pour occuper la moitié de la fenêtre.

Les écrans d'ordinateur sont pratiques, mais il n'y a quand même rien de tel que de l'encre sur du papier. Bien sûr, vous pouvez imprimer vos notes. Mais n'oubliez pas une chose : les couleurs que vous leur affectez n'apparaissent pas lors de l'édition, quelle que soit par ailleurs la nature de votre imprimante. Ces couleurs servent uniquement à organiser et repérer vos notes dans Outlook, c'est tout.

Pour imprimer une ou plusieurs notes, ou encore la liste de vos notes :

1. **Cliquez sur le bouton Notes, en bas du Volet de navigation (ou appuyez sur Ctrl+5).**

   La liste de vos notes apparaît.

2. **Sélectionnez un ou plusieurs dans la liste (si nécessaire, revoyez plus haut l'encadré « Sélectionner plusieurs notes »).**

3. **Activez l'onglet Fichier du ruban, puis cliquez sur Imprimer (ou appuyez sur Ctrl+P).**

   La fenêtre Imprimer apparaît (voir la Figure 10.9).

4. **Cliquez sur l'une des options Tableau ou Mémo.**

   Si vous choisissez Tableau, vous allez uniquement imprimer la *liste* de vos notes. Avec Mémo, vous imprimez le contenu de la ou des notes sélectionnées.

5. **Choisissez éventuellement l'imprimante de destination puis cliquez sur Imprimer.**

TRUC

Pour imprimer le contenu de certaines notes, mais pas toutes, commencez par cliquer sur la première, puis maintenez enfoncée la touche Maj tout en cliquant sur la dernière.

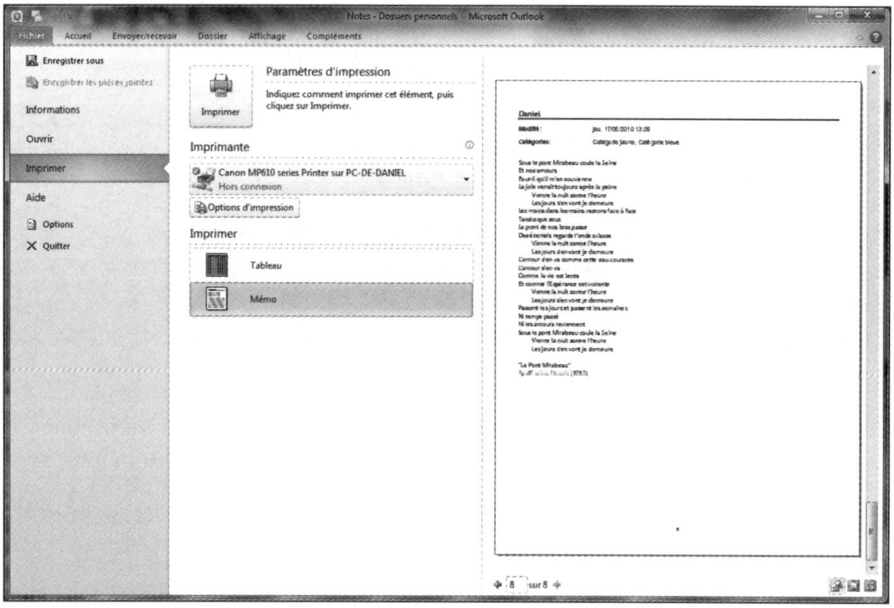

Figure 10.9 : La fenêtre Imprimer.

Modifier les options par défaut pour les nouvelles notes

Pour la plupart des gens, les options par défaut d'Outlook pour les notes conviennent très bien, et il n'est pas nécessaire d'y toucher. Mais si vous voulez quand même les modifier, la boîte de dialogue Options, accessible depuis l'onglet Fichier, vous offre plusieurs... options. Vous pouvez y spécifier la taille, la couleur et d'autres caractéristiques des notes que vous allez ensuite créer. Et vous aurez toujours la liberté de modifier ces caractéristiques pour chaque note après l'avoir créée.

Changer la taille et la couleur par défaut

Pour changer la taille et la couleur par défaut de vos notes, suivez ces étapes :

1. **Activez l'onglet Fichier du ruban, puis cliquez sur Options.**

   La boîte de dialogue Options apparaît.

2. **Cliquez dans la liste de gauche sur Notes et journal.**

   La page correspondante s'affiche dans la boîte de dialogue Options. Elle vous permet de modifier les caractéristiques par défaut des notes que vous allez créer ensuite.

3. **Cliquez sur le triangle pointant vers le bas à la suite de l'intitulé Couleur par défaut.**

   La liste des couleurs disponibles (Bleu, Vert clair, Rose, Jaune, Blanc) apparaît (voir la Figure 10.10). Sélectionnez la couleur par défaut qui sera celle des notes que vous allez créer à l'avenir. Vous remarquerez au passage que les gars de chez Microsoft aiment les couleurs pastel. D'ailleurs, la palette n'a pas évolué depuis la première version d'Outlook, en 1996. Ils devraient regarder l'une de ces émissions de décoration à la télévision pour se rendre compte que les modes évoluent. Mais, bien sûr, ils travaillent tellement pour vous rendre service qu'ils n'ont pas le temps de s'amuser à cela.

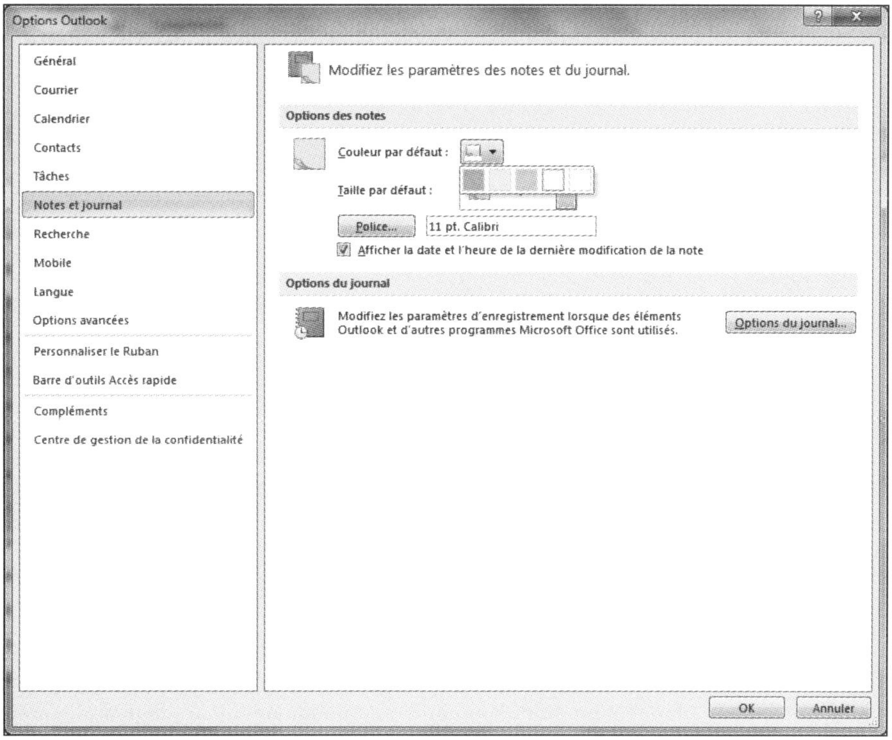

Figure 10.10 : Choisissez la couleur par défaut de vos notes.

4. **Choisissez une couleur.**

5. **Cliquez sur le triangle pointant vers le bas, derrière l'intitulé Taille par défaut.**

   Vous avez le choix entre Petite, Moyenne et Grande. De même que pour la couleur que vous venez de sélectionner, cette taille s'appliquera à toutes les nouvelles notes que vous allez créer ensuite.

6. **Servez-vous le cas échéant du bouton Police pour choisir un autre style d'écriture que Colibri.**

7. **Cliquez sur OK.**

   Les notes que vous allez créer à partir de maintenant auront la taille et la couleur que vous venez de sélectionner.

Activer et désactiver l'affichage de la date et de l'heure

En bas de chaque note, Outlook affiche la date et l'heure de la dernière modification que vous lui avez apportée. Si vous êtes comme moi, vous vous apercevrez que vous avez tendance à modifier beaucoup de notes le lundi aux alentours de 9 h 45. Comme vous allez peut-être vouloir vous voiler la face devant cette triste réalité, vous pouvez désactiver cette fonction en dépit de son évidente utilité.

Pour désactiver l'affichage de la date et de l'heure, suivez ces étapes :

1. **Activez l'onglet Fichier du ruban, puis cliquez sur Options.**

   La boîte de dialogue Options apparaît.

2. **Cliquez dans la liste de gauche sur Notes et journal.**

   La page correspondante s'affiche dans la boîte de dialogue Options (reportez-vous à la Figure 10.10). Elle vous permet de modifier les caractéristiques par défaut des notes que vous allez créer ensuite.

3. **Ôtez la coche de la case `Afficher la date et l'heure de la dernière modification de la note` (en cliquant dedans).**

   Cliquer dans cette case fait apparaître ou disparaître la marque. La coche indique que la fonction correspondante est activée, son absence qu'elle est désactivée.

4. **Cliquez sur OK.**

   La date et l'heure n'apparaîtront plus dans vos notes, à moins que vous n'activiez à nouveau cette fonction en suivant les mêmes étapes.

Transférer une note

Transférer une note signifie envoyer un message avec la note comme pièce jointe. Ce n'est utile que si la personne à laquelle vous l'envoyez utilise également Outlook.

Pour transférer une note, suivez ces étapes :

1. **Cliquez sur le bouton Notes, en bas du Volet de navigation (ou appuyez sur Ctrl+5).**

   Votre liste de notes apparaît.

2. **Cliquez sur le titre de la note que vous voulez transférer.**

3. **Sous l'onglet Accueil du ruban, cliquez sur le bouton Transférer (ou appuyez sur Ctrl+F).**

   Le formulaire de nouveau message apparaît, avec la note comme pièce jointe et le texte de la note comme objet (voir la Figure 10.11).

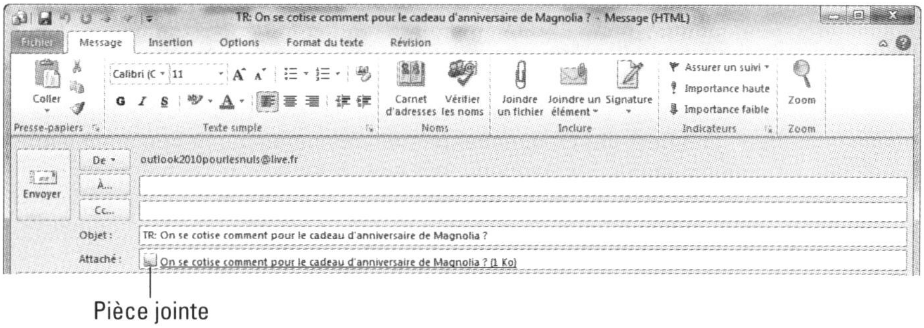

Figure 10.11 : Un nouveau message avec une note comme pièce jointe.

4. **Cliquez dans le champ À, et tapez l'adresse de messagerie de la personne à laquelle vous voulez envoyer la note.**

   Vous pouvez aussi cliquer sur le bouton À pour ouvrir le Carnet d'adresses. Sélectionnez le nom du ou des destinataires, cliquez sur le bouton À, puis sur OK.

5. **Si nécessaire, retapez l'objet du message dans le champ Objet.**

   Ce champ est en fait déjà rempli par le texte de la note que vous transférez. Vous pouvez le laisser tel quel ou le remplacer si vous le souhaitez.

6. **Si vous le souhaitez, tapez un texte pour le message dans la zone principale de la fenêtre.**

Ce n'est pas forcément nécessaire. Votre note dit peut-être tout ce qu'il y a à savoir, mais vous pouvez l'accompagner de quelques commentaires si bon vous semble.

7. **Cliquez sur le bouton Envoyer.**

   Votre message est expédié à son ou ses destinataire(s).

Si votre note contient l'adresse d'une page Web, par exemple `www.souslespaveslaplage.fr`, Outlook en fait automatiquement un lien sur lequel il suffit de cliquer pour accéder à cette page, exactement comme dans tous les autres modules.

Tenir un journal

Parfois, lorsque vous avez besoin de retrouver un document ou une note sur une conversation, vous ne savez plus où vous l'avez classé, mais vous savez *quand* vous l'avez créé ou reçu. Dans cette situation, vous pouvez jeter un coup d'œil dans le Journal, et voir ce qu'il contient à la date dont vous vous souvenez pour trouver l'information qui vous intéresse.

Toutefois, avant de pouvoir faire bon usage du Journal, vous devez le mettre en fonctionnement (détails, détails...). Vous pouvez configurer Outlook afin qu'il crée automatiquement des entrées du Journal pour pratiquement tout ce que vous faites, ou désactiver entièrement le Journal pour ne rien y faire entrer du tout. Si vous ne faites rien entrer dans le Journal, vous n'obtiendrez évidemment rien de celui-ci.

Ne faites rien ! Il s'en occupe pour vous !

Quelle est la meilleure méthode pour faire entrer quelque chose dans le Journal ? Ne rien faire. Le Journal enregistre automatiquement toutes les opérations que vous faites sur un document de toute application Office, qu'il s'agisse de le créer, de le modifier ou de l'imprimer. Il piste tout aussi automatiquement les messages, les demandes de rendez-vous et leurs réponses, ou encore les demandes de tâches et leurs retours. Il existe quelques programmes autres que les applications d'Office qui permettent d'enregistrer des entrées dans le Journal, mais c'est avec Office que cette fonction est la plus utilisée.

Attention ! Vous *devez* dire à Outlook que vous voulez activer l'enregistrement automatique dans le Journal (je reconnais donc qu'il vous faut faire un peu plus que rien). Heureusement, si vous n'avez pas activé cette fonction, Outlook va vous demander si vous voulez le faire chaque fois que vous cliquerez sur l'icône Journal.

Pour activer l'enregistrement automatique dans le Journal :

1. **Activez l'onglet Fichier du ruban, puis cliquez sur Options.**

   La boîte de dialogue Options apparaît.

2. **Cliquez dans la liste de gauche sur Notes et journal.**

   La page correspondante s'affiche.

3. **Cliquez sur le bouton Options du journal.**

   La boîte de dialogue éponyme apparaît (voir la Figure 10.12). Elle présente des cases à cocher pour toutes les activités que vous pouvez enregistrer automatiquement, et pour les noms de toutes les personnes avec lesquelles vous pouvez enregistrer automatiquement des transactions, par exemple des messages ou encore des réunions.

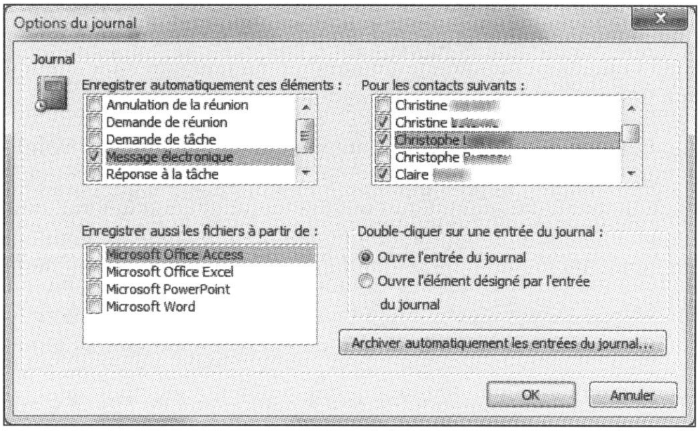

Figure 10.12 : La boîte de dialogue Options du journal.

4. **Cochez la case (en cliquant dedans) de chaque élément et de chaque fichier d'application que vous voulez enregistrer automatiquement, ou encore de chaque contact dont vous voulez enregistrer les transactions.**

   Les noms qui apparaissent dans la zone Pour les contacts suivants sont ceux de votre liste de contacts. Vous pouvez créer manuellement des entrées du Journal pour les gens qui ne sont pas dans votre liste de contacts. Voyez pour cela la section suivante, « Enregistrer manuellement un élément Outlook dans le Journal ».

5. **Cliquez sur OK.**

À partir de là, le Journal va commencer à enregistrer automatiquement toutes les opérations que vous effectuez avec les éléments, fichiers et contacts que vous avez sélectionnés.

Enregistrer manuellement un élément Outlook dans le Journal

Si vous ne voulez pas encombrer votre Journal en y faisant tout entrer automatiquement, vous pouvez y enregistrer manuellement les éléments que vous voulez. Un simple glisser et déposer peut y suffire. Par exemple, vous pouvez ne pas vouloir enregistrer toutes les transactions avec un éventuel futur client avant qu'il ne vous achète effectivement quelque chose. Vous pouvez faire glisser un message particulier sur l'icône Journal pour conserver la trace d'un échange important. Et puis, une fois que vous commencez à travailler vraiment avec *ce* nouveau client, vous pouvez activer l'enregistrement automatique pour celui-ci.

Pour entrer manuellement un élément dans le Journal :

1. **Cliquez sur le bouton Liste des dossiers dans le Volet de navigation (ou appuyez sur Ctrl+6).**

   La Liste des dossiers, qui comprend une petite icône pour le journal, apparaît dans la moitié supérieure du Volet de navigation.

2. **Faites glisser l'élément que vous voulez enregistrer (par exemple un message) jusqu'à l'icône Journal dans la Liste des dossiers.**

   Le formulaire Entrée du journal apparaît (voir la Figure 10.13). Dans la zone de texte de celui-ci, vous voyez une icône représentant l'élément que vous enregistrez, avec son nom au-dessous.

3. **Saisissez les informations que vous voulez enregistrer.**

   TRUC

   En fait, vous n'avez rien à saisir. Tous les champs sont déjà remplis automatiquement, mais la zone de texte vous donne de la place pour ajouter des commentaires à toutes fins utiles.

4. **Cliquez sur le bouton Enregistrer & Fermer.**

   Vous avez créé manuellement une entrée du Journal avec un élément que vous avez choisi. Vous pourrez voir cette nouvelle entrée en consultant votre Journal, comme je l'expliquerai à la section « Afficher le Journal », plus loin dans ce chapitre.

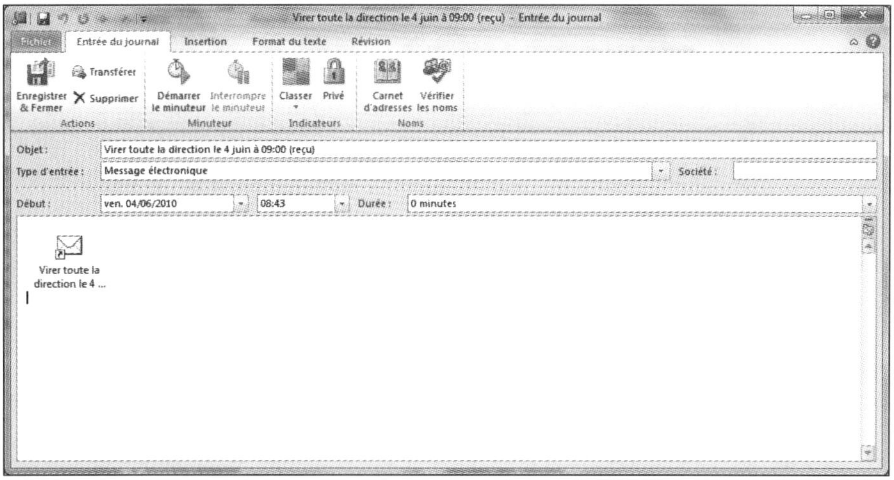

Figure 10.13 : Une entrée du Journal avec l'icône d'un message électronique dans la zone de texte.

Imprimer votre Journal

Je ne sais pas pourquoi, je n'arrive pas à me faire une idée claire de quelque chose à partir des informations affichées sur un écran. Je préfère toujours imprimer le résultat sur une feuille de papier pour me rendre compte de ce que j'ai fait. Imprimer votre Journal (ou des parties de celui-ci) vous permet de voir une liste imprimée de vos activités récentes ou à venir. Vous pouvez même l'épingler au mur pour l'avoir en permanence sous les yeux.

Pour imprimer votre Journal, suivez ces étapes :

1. **Le Journal étant ouvert, sélectionnez la ou les entrée que vous voulez imprimer.**

   Si vous ne sélectionnez rien, c'est la liste entière qui sera imprimée. D'autre part, si vous utilisez l'un des affichages que je décris plus loin dans ce chapitre (ou même si vous créez votre propre affichage avec regroupement, tri ou filtrage), vous imprimerez ce que vous voyez.

2. **Activez l'onglet Fichier, puis cliquez sur Imprimer (ou appuyez sur Ctrl+P).**

   La fenêtre Imprimer apparaît (voir la Figure 10.14).

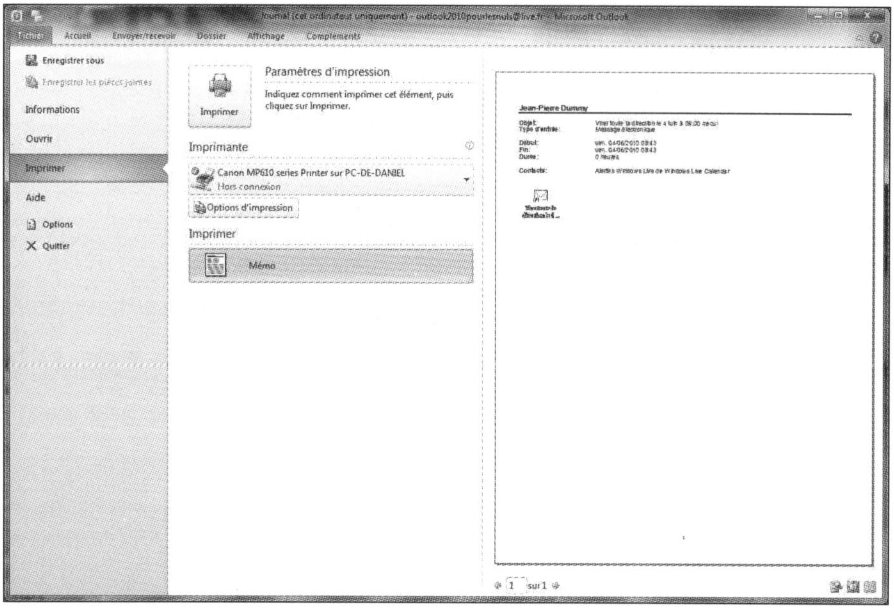

Figure 10.14 : Imprimer votre journal.

3. **Sélectionnez le style d'impression Tableau (si vous voyez cette option) ou Mémo.**

   Le style Tableau permet d'imprimer une liste d'entrées du Journal, et non le contenu d'une ou de plusieurs entrées. Le style Mémo imprime le contenu des entrées du Journal sélectionnées, chaque élément imprimé apparaissant comme une note séparée.

4. **Cliquez sur Imprimer.**

   La liste des entrées du Journal sélectionnées s'imprime.

Dans cette version d'Outlook, c'est encore à vous d'épingler au mur ce que vous avez imprimé.

Afficher le Journal

Comme les autres modules d'Outlook, le Journal comporte plusieurs modes d'affichage prédéfinis qui vous permettent d'en voir les éléments de différentes manières, selon ce dont vous avez besoin. Vous pouvez ne vouloir voir que les entrées correspondant à vos conversations téléphoniques, ou une liste triée en fonction des noms des personnes avec lesquelles vous avez été en relation. Les rubriques Affichage actuel et Réorganisation du ruban vous permettent de passer rapidement d'un affichage à un autre.

Affichage Liste d'entrées

Cet affichage vous montre toutes vos entrées de Journal, quel que soit leur contenu. Pour le faire apparaître, cliquez simplement dans le ruban sur le bouton Changer l'affichage, puis sur l'option Liste d'entrées (Figure 10.15).

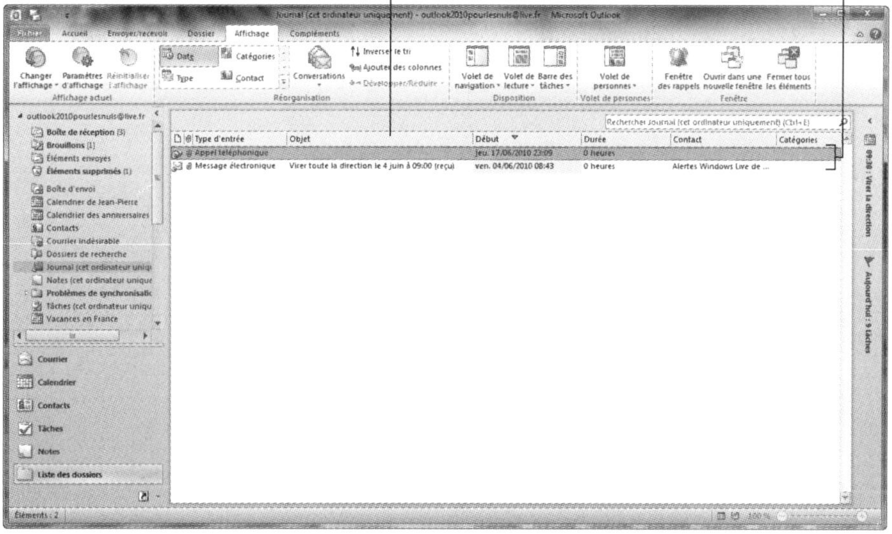

Figure 10.15 : L'affichage Liste d'entrées montre toutes les entrées du Journal.

Pour trier la liste selon les informations d'une colonne particulière, cliquez simplement sur son en-tête. Par exemple, si vous voulez trier la liste en fonction de l'objet des entrées du Journal, cliquez sur l'en-tête contenant le mot Objet.

Affichage des 7 derniers jours

Les éléments dont vous risquez d'avoir besoin en premier sont les plus récents. L'affichage 7 derniers jours vous permet d'avoir d'un coup d'œil une vue d'ensemble de vos dernières activités en date. Pour afficher les entrées de votre Journal dans ce mode, cliquez sur le bouton 7 derniers jours dans la rubrique Affichage actuel du ruban.

Les documents que vous avez créés, les coups de téléphone que vous avez donnés, les messages que vous avez reçus et envoyés, tout ce que vous avez fait au cours des sept derniers jours, vous le voyez dans cet affichage. Ne perdez pas de vue que ce sont vos *activités* des sept derniers jours qui apparaissent ici. Vous pouvez très bien y voir un enregistrement concernant un document créé il y a plus d'un an, tout simplement parce que vous avez modifié ce document il y a cinq jours !

Affichage Appels téléphoniques

Comme le Journal peut effectuer un suivi de vos appels téléphoniques, il vous permet aussi d'afficher la liste de vos appels. Pour cela, cliquez sur le bouton Appels téléphoniques sous l'onglet Accueil du ruban. Pour imprimer la liste de vos appels, activez ce mode d'affichage puis appuyez sur Ctrl+P.

Affichage Chronologie

Je n'ai jamais, jamais vu quelqu'un utiliser la vue Chronologie, autrement dit une disposition dans laquelle Outlook vous présente une sorte de diagramme bizarre dans lequel les entrées du Journal vous sont présentées dans l'ordre de leur création. Si vous vous intéressez par exemple à la durée de vos appels téléphoniques, il est évident que les plus longs prendront plus de temps que les plus courts. Cliquer sur le bouton Chronologie ne vous portera aucun tort. Mais cela ne vous fera pas non plus beaucoup de bien.

Tout est dans le Journal

Le Journal peut vous être extrêmement utile, que vous choisissiez de l'utiliser régulièrement ou rarement. Vous n'êtes pas obligé de vous limiter à enregistrer vos activités sur des documents ou sur des éléments d'Outlook. Vous pouvez effectuer un suivi de vos appels téléphoniques ou des demandes de vos clients, ou de toutes les autres transactions pour lesquelles le temps qui passe (ou que vous passez) a de l'importance. Si vous configurez le Journal pour enregistrer automatiquement vos entrées, vous pouvez l'oublier entièrement, du moins jusqu'au moment où vous aurez besoin de voir ce qui y a été enregistré. Vous pouvez aussi vous conduire comme le capitaine Kirk et mémoriser tout ce que vous faites. Je n'ai pas encore essayé Outlook dans l'espace intersidéral, mais il m'arrive d'en rêver la nuit.

Quatrième partie

Au-delà des bases : Trucs et astuces à ne pas manquer

« Mon filtre de courrier indésirable vérifie l'adresse de l'expéditeur, les liens http et tout discours qui encense le romantisme postmoderne anglais et traduit avec suffisance le graphisme narratif du XXe siècle. »

Dans cette partie...

Parmi les fonctions les plus puissantes d'Outlook, force est de reconnaître que certaines ne sont pas d'un accès évident. De plus, certaines aussi apparaissent ou disparaissent selon les circonstances. Cette partie aborde les talents particuliers dont Outlook sait faire preuve pour répondre à vos besoins spécifiques, y compris la possibilité de suivre des blogs ou des podcasts, de vous connecter depuis chez vous, ou encore de communiquer avec des groupes de toutes tailles.

Chapitre 11

Outlook, un réseau social à lui tout seul

Dans ce chapitre :

- Comprendre les médias « sociaux ».
- S'abonner à des chaînes YouTube.
- Explorer les blogs.
- Comprendre les podcasts.
- Lire des flux RSS.
- Outlook et les réseaux d'amis en ligne.

Tout le monde y est. C'est cela, les réseaux sociaux. Vous avez certainement entendu parler de YouTube, de Twitter, Facebook ou DailyMotion, bref de ces services Web qui semblent avoir hypnotisé des myriades de gens. Et si vous avez du mal à vous retrouver dans tout cela, sachez que vous n'êtes pas seul(e). Nous sommes dans un domaine qui évolue vite, et même très vite. Donc parfois difficile à suivre. En 2006, par exemple, MySpace était la destination numéro un sur l'Internet. En 2009, tous les experts que je rencontrais dans des conférences techniques étaient d'accord pour dire que le temps de MySpace était passé. Tout le monde ne jurait plus que par Facebook. En l'espace de trente mois, MySpace était passé du statut d'espoir pour demain au rang d'une histoire d'amour déjà passée.

Pour autant, ces médias, ou réseaux, sociaux sont importants. Si vous êtes toujours dans le monde du travail, ces nouveaux services sont tout sauf une mode passagère. Ils tendent à exercer une forte influence sur les activités économiques, la culture, ou encore les comportements. Le fait de savoir quel est le service qui prédomine à un certain moment n'a pas d'importance. Mais si ce n'est pas votre tasse de thé, vous devez garder un œil attentif sur les développements qui se produisent dans le monde des réseaux sociaux, car cela pourrait bien influer un jour sur votre métier et votre carrière.

Comprendre les médias sociaux

Il est facile de se perdre dans un monde où des médias sociaux peuvent surgir un jour et s'évanouir presque aussitôt. Heureusement Outlook 2010 vous aide à rester sur le pont au milieu de la tempête en se chargeant de suivre vos abonnements à certains réseaux sociaux, de même que vos e-mails, vos contacts, vos rendez-vous, bref tout ce dont vous avez besoin pour vous organiser (voir la Figure 11.1).

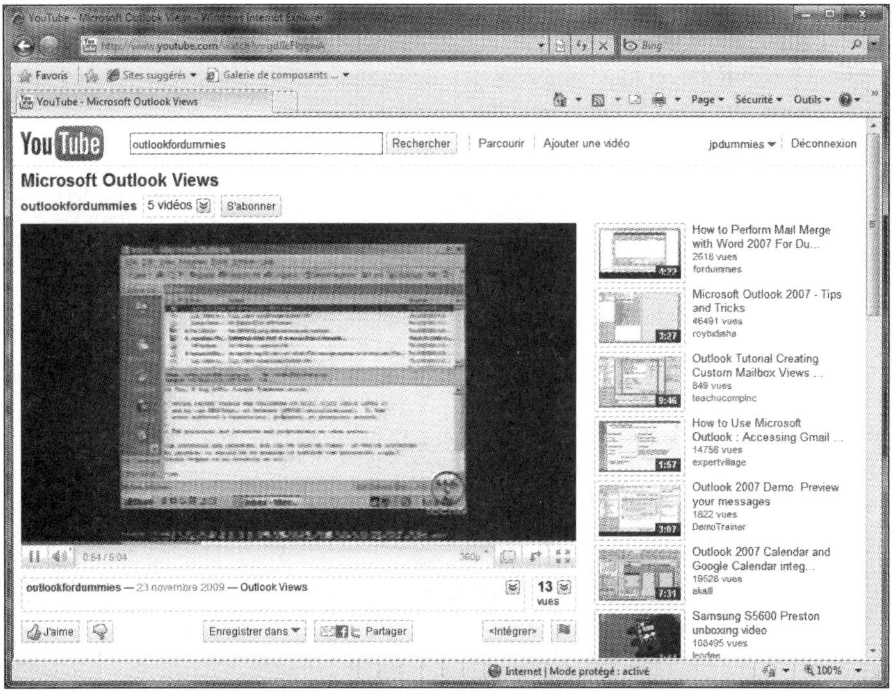

Figure 11.1 : Vous pouvez trouver des informations, des vidéos, des blogs ou encore des flux RSS sur pratiquement n'importe quel sujet.

Les blogs, les podcasts ou encore YouTube sont trois segments importants dans le monde des médias sociaux. Vous pouvez tous les ignorer si vous en avez envie, mais il y a bien des chances pour que vous les ayez déjà rencontrés. Mais si vous êtes un petit nouveau dans ces univers, voici quelques notions utiles à leur sujet :

- **YouTube :** C'est le must du moment, là où environ 80 pour cent des visiteurs du Web se rendent pour regarder des vidéos. Tous les mois, ce sont plus d'un milliard de vidéos qui sont ainsi consultées. Et en plus, c'est gratuit. Vous vous connectez sur `www.youtube.com`, vous faites vos choix, et vous regardez ce qui vous plaît. Chaque personne ou société qui ouvre un compte et poste des fichiers dispose d'une « chaîne » qui permet d'organiser son petit monde virtuel. Vous n'avez évidemment pas besoin d'Outlook pour vous rendre sur YouTube. En revanche, il peut vous prévenir lorsque de nouvelles vidéos apparaissent dans vos chaînes favorites. YouTube a son propre mécanisme de souscription, mais il n'est pas très pratique. Outlook est donc un bon relais dans votre quête permanente de nouveautés.

- **Podcasts :** La plupart des stations de radio, qu'elles soient orientées vers la musique, l'information ou la distraction, offrent des éditions numériques et téléchargeables de leurs programmes. C'est ce que l'on appelle des *podcasts*. Vous avez très probablement déjà entendu ce mot dans les émissions que vous avez l'habitude d'écouter. Ces podcasts ont été inventés à l'origine pour être diffusés sur des matériels portables. Mais, de nos jours, la plupart des gens les écoutent sur leur ordinateur. Si le vôtre peut exécuter Outlook 2010, il est forcément capable de faire de même avec Windows Media Player, le complément multimédia de Windows, évidemment conçu pour rejouer aussi des podcasts. Ceux-ci se présentent en règle générale sous la forme très simple de fichiers audio (éventuellement bridés dans le temps). Selon les cas, vous pouvez les charger un par un, à la demande, ou bien souscrire une forme d'abonnement qui vous permet de le recevoir automatiquement. Avec Outlook 2010, il est possible de gérer les podcasts auxquels vous souscrivez et de les organiser exactement de la même manière que votre courrier électronique.

- **Blogs :** Il y a seulement quelques années, tout le monde parlait des blogs comme d'une nouvelle technologie révolutionnaire. Mais, en réalité, ce n'est pas du tout le cas. Si vous surfez sur le Web pour y détecter nouvelles et informations (comme tout un chacun, d'ailleurs), vous risquez fort de tomber sur des blogs sans même vous en rendre compte. La plupart des services en ligne offrent des espaces pour les blogs, là où commentateurs plus ou moins avisés, reporters plus ou moins compétents et spécialistes souvent autoproclamés postent journellement (ou presque) billets, observations, analyses, images, et ainsi de suite. Bref, un blog n'est en réalité rien d'autre qu'une page Web qui est conçue pour être mise à jour régulièrement. Comme pour les chaînes YouTube et les podcasts, vous pouvez utiliser Outlook 2010 pour suivre vos blogs favoris de manière à être en permanence informé des derniers développements sans avoir à parcourir le Web pour savoir ce qui se passe.

La technique utilisée par Outlook pour suivre toutes ces informations volatiles et changeantes est appelée flux (ou fil) RSS. RSS veut dire *Really Simple Syndication* ou *Rich Site Summary*, ou encore *Regarde Sœur Sourire* (d'accord, ça, c'est une plaisanterie). La technologie RSS vous permet de vous abonner à des informations fréquemment mises à jour. Vous recevez donc automatiquement les données actualisées. Par exemple, la plupart des organes de presse offrent des flux RSS. Pour disposer des dernières nouvelles, vous n'avez pas besoin d'ouvrir un site Web. Consultez simplement les flux RSS pour lire les titres des sujets qui vous intéressent. À chaque fois qu'une nouvelle dépêche est mise en ligne sur le site Web correspondant, l'histoire est également racontée sur le flux RSS (à condition d'y être abonné).

Revenons un peu sur cette affaire de flux. Rien à voir avec le courant d'une onde pure, ni avec les marées océanes. Un *flux* est tout simplement un mécanisme servant à actualiser des informations au fur et à mesure qu'elles changent et deviennent disponibles. Les blogs et podcasts proposent généralement des flux RSS qui vous permettent de suivre les nouvelles entrées ou épisodes. Outlook dispose d'un dossier spécial pour recevoir les flux RSS afin de vous permettre d'organiser les informations à votre guise. Il n'est pas nécessaire de savoir quoi que ce soit sur le fonctionnement proprement dit des flux RSS, mais il est bon de savoir qu'ils existent, qu'ils sont massivement gratuits et qu'ils peuvent vous être utiles.

Vous avez dit blog ?

Le mot *blog* vient de l'expression *Web log*, sorte de journal public que les gens alimentent régulièrement via un site Web pour que le monde entier y ait accès. Des millions et des millions de personnes tiennent des blogs. La plupart de ces blogs sont stupides, ou terribles, ou complètement inutiles, ou les trois à la fois. Mais, dans le même temps, nombreux sont ceux qui constituent une source d'informations incontournable. Comme le disait je ne sais plus qui : « Parlant du domaine de l'information, les blogs ne sont même plus un choix. Ils sont devenus un prérequis. »

Souscrire à une chaîne YouTube depuis Outlook

De nos jours, la plupart des gens regardent des vidéos sur YouTube (et d'autres aussi sur DailyMotion). Et certains en regardent même trop (mais je ne donnerai aucun nom). Bon nombre de ces vidéos présentent de l'intérêt, mais la plupart ne sont qu'une perte de temps. Combien de chiens tombés dans l'eau (par exemple) avez-vous réellement besoin de regarder ?

Lorsque vous trouvez une chaîne YouTube qui vous paraît intéressante, vous pouvez y souscrire en quelques clics de souris. Il vous suffit pour l'essentiel de vous connecter à YouTube (`www.youtube.com`), via votre navigateur Internet, et de localiser grâce à la fonction de recherche la chaîne qui vous intéresse (essayez avec, disons par hasard, **Outlookfordummies**). Autre solution : taper le début de l'adresse (soit `http://www.youtube.com`), suivie d'une barre oblique (/) et du nom de la chaîne. Exemple :

```
http://www.youtube.com/outlookfordummies
```

Eh oui, ce livre a *sa* chaîne YouTube ! En américain, certes. Mais pourquoi s'en priver ?

Vous pouvez aussi découvrir de nouvelles chaînes et surfant sur YouTube et en voyant ce que vous obtenez. Mais attention : YouTube peut rapidement devenir *addictif*. Si vous constatez que vous avez tendance à sauter des repas ou à arriver en retard au travail parce que vous êtes scotché devant votre écran, il est temps de consulter. Et, mieux encore, de souscrire à quelques chaînes YouTube dans Outlook et de ne regarder qu'elles. Votre famille et votre entreprise vous diront merci.

Il est plutôt évident que votre navigateur Internet est le meilleur endroit pour vous abonner à une chaîne YouTube, et qu'Internet Explorer est le compagnon idéal d'Outlook. Il faut pour cela que vous disposiez de la version 7 ou plus d'Internet Explorer. Lorsque vous souscrivez à un flux dans celui-ci ou dans Outlook, ce flux devient disponible pour les deux applications.

TRUC

Il est clair qu'Internet Explorer est mieux adapté qu'Outlook pour ce type de procédure. Si vous avez le choix, préférez Internet Explorer pour vous inscrire. Et utilisez ensuite Outlook pour ne pas perdre le fil.

Pour souscrire à une chaîne YouTube depuis Internet Explorer, commencez par naviguer vers celle-ci, puis suivez ces étapes :

1. **Cliquez sur le bouton Flux RSS, dans la barre d'outils d'Internet Explorer.**

   Une nouvelle page s'ouvre.

   Lorsque vous ouvrez une page Web qui propose un abonnement à un flux RSS, le bouton correspondant passe du gris à l'orange.

2. **Cliquez sur la ligne M'abonner à ce flux, vers le haut de la fenêtre.**

   Une boîte de dialogue portant le même nom s'affiche (voir la Figure 11.2).

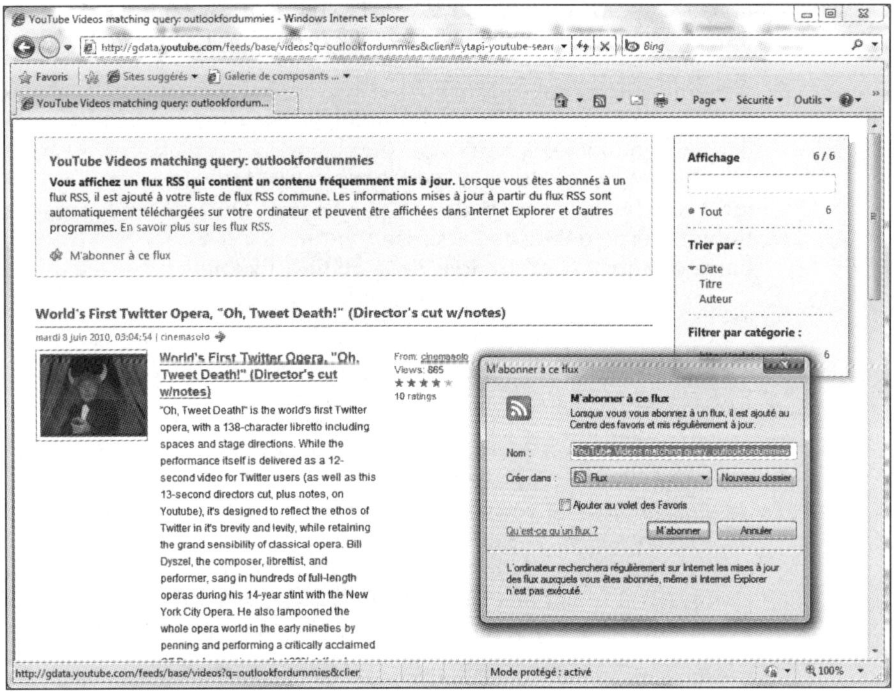

Figure 11.2 : La boîte de dialogue M'abonner à ce flux.

3. **Cliquez sur le bouton M'abonner.**

   C'est fait. La boîte de dialogue se referme et votre souscription est enregistrée.

Vous pouvez maintenant consulter ce que devient votre flux sous Internet Explorer 7 ou 8, ainsi que dans Outlook 2010. Chaque fois que vous souscrivez à une chaîne YouTube, un nouveau dossier apparaît sous la rubrique Flux RSS dans le Volet de navigation d'Outlook. Il vous suffit d'ouvrir ce dossier pour découvrir ce qui s'est passé depuis la dernière fois. Vous pouvez y voir une entrée pour chaque vidéo, exactement comme s'il s'agissait d'un e-mail auquel cette vidéo serait attachée. Cliquez ou double-cliquez (selon que vous voyez un lien ou une image), et la vidéo va se lancer.

TRUC

Si les abonnements auxquels vous souscrivez dans Internet Explorer n'apparaissent pas dans Outlook, vous avez sans doute besoin d'apporter une légère modification à la configuration de celui-ci. Cliquez sur l'onglet Fichier, puis choisissez Options. Dans la boîte de dialogue qui s'affiche, cliquez sur Options avancées dans le Volet de navigation à gauche. Dans la section Flux RSS, cochez la case qui indique Synchroniser les flux RSS avec la liste des flux communs de Windows. Cliquez sur OK et la situation devrait être rétablie.

Souscrire à des blogs dans Outlook

Du point de vue d'Outlook, il n'y a pas de différence entre une chaîne YouTube et un blog. Vous pouvez donc souscrire à des blogs en suivant exactement les mêmes étapes que ci-dessus. Les blogs sont légèrement plus faciles à comprendre car ils ne contiennent généralement que du texte (accompagné le cas échéant d'images). Dans les entrées associées à des blogs, vous pouvez voir un lien qui vous propose de lire l'article. Cliquez dessus pour découvrir toute l'histoire.

Souscrire à des podcasts via Outlook

Des tas de gens croient que les podcasts sont uniquement destinés à des lecteurs portables, genre iPod. Pas du tout. Et d'autres tas de gens ont tendance à fuir les podcasts car ils pensent qu'ils sont difficiles à trouver, charger et écouter. Ce qui est faux aussi.

Vous pouvez souscrire à des podcasts dans Outlook exactement comme vous le faites pour n'importe quel autre flux RSS. Cependant, quelques étapes supplémentaires peuvent faciliter ensuite l'écoute de vos podcasts à partir d'Outlook.

Même s'il n'y a rien de bien compliqué là-dedans, le processus demande tout de même un peu plus que simplement cliquer sur un bouton. Mais le jeu en vaut la chandelle.

Pour souscrire à un podcast directement depuis Outlook, suivez ces étapes :

1. **Cliquez sur l'onglet Fichier, puis sur le bouton Paramètres du compte. Sélectionnez alors l'option de même nom.**

   La boîte de dialogue Paramètres du compte apparaît.

2. **Activez l'onglet Flux RSS.**

   La page qui montre les liste des flux RSS auxquels vous êtes déjà abonné s'affiche (voir la Figure 11.3).

3. **Cliquez sur le bouton Nouveau.**

   La boîte de dialogue Nouveau flux RSS apparaît (voir la Figure 11.4).

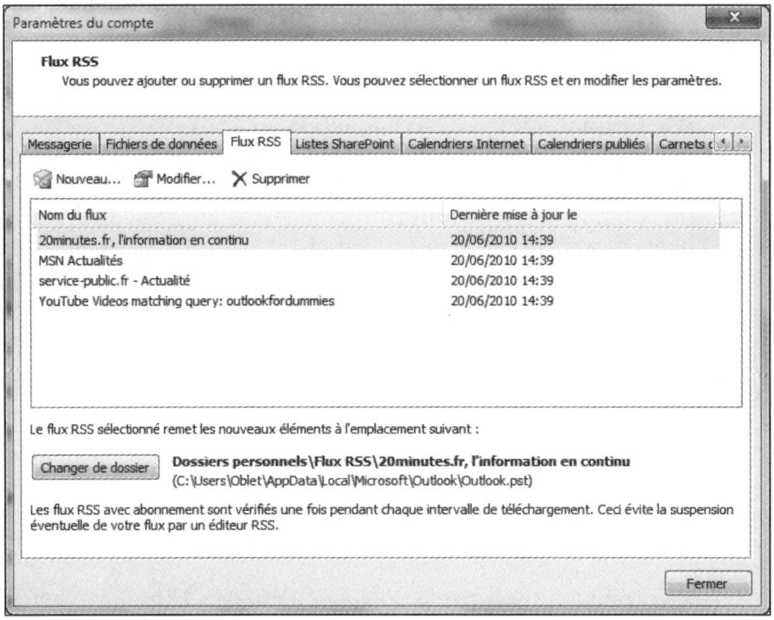

Figure 11.3 : L'onglet Flux RSS de la boîte de dialogue Paramètres du compte.

Figure 11.4 : La boîte de dialogue Nouveau flux RSS.

4. **Entrez l'URL du flux RSS auquel vous voulez vous abonner.**

   Ce type d'adresse se présente normalement sous une forme du style `http://www.lesite.com/flux.xml` (enfin, vous voyez le genre). Si vous faites une faute dans cette adresse, le flux ne marchera pas. Le mieux est de procéder de la manière suivante :

   1. Ouvrez la page du site ou est localisé le flux qui vous intéresse.

   2. Cliquez droit sur le bouton XML, RSS ou encore S'abonner qui vous intéresse. Chaque site peut avoir sa propre présentation des choses, mais cela passe généralement par un bouton orange.

   3. Dans le menu qui vous est proposé, cliquez sur l'option Copier le raccourci.

Une fois cela fait, vous pouvez tranquillement reprendre les étapes précédentes et coller l'adresse du lien dans la boîte de dialogue Nouveau flux RSS.

5. **Cliquez sur le bouton Ajouter.**

   Vous allez voir s'afficher la boîte de dialogue Options de flux RSS (voir la Figure 11.5). Elle propose plusieurs choix qui vous permettent de personnaliser votre nouvel abonnement :

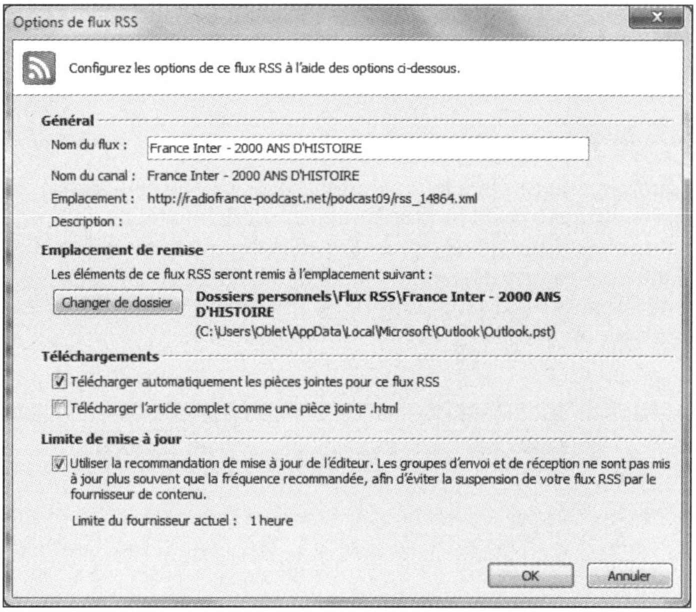

Figure 11.5 : La boîte de dialogue Options de flux RSS.

- **Nom du flux :** Certains flux ont des noms longs et compliqués. Entrez ici quelque chose qui vous parle.
- **Emplacement de remise :** Certains flux sont capables de générer d'énormes quantités d'informations. Il peut donc être plus qu'utile de les ranger dans un dossier spécial, voire dans un fichier de données totalement séparé. Ceci est bien souvent spécialement vrai pour les podcasts. Si votre réseau d'entreprise limite la quantité de messages que vous avez le droit d'enregistrer, il vaut mieux envoyer vos abonnements à des flux RSS vers un fichier de données Outlook afin de ne pas dévorer l'espace qui vous est alloué.
- **Téléchargements :** Par défaut, Outlook charge automatiquement un bref résumé de chaque élément, ce qui permet de gagner de la place sur le disque dur, mais vous oblige à terminer l'opération manuelle-

ment. Lorsque vous voulez vous abonner à un podcast, il est donc préférable de sélectionner l'option Télécharger automatiquement les pièces jointes pour ce flux RSS. De cette manière, vous recevrez le contenu du podcast en même temps que sa description.

- **Limite de mise à jour :** Certains éditeurs de flux RSS ne vous permettent pas de mettre à jour vos informations trop souvent (sous peine de voir votre abonnement annulé). Pourquoi ? Tout simplement pour éviter de saturer leur réseau ! Si une telle limite est imposée au flux que vous avez choisi, la case à cocher de cette section sera automatiquement cochée.

6. **Cliquez sur le bouton OK.**

7. **Cliquez sur le bouton Fermer.**

TRUC

Comme vous pouvez le constater, souscrire à un podcast demande un peu plus de travail dans Outlook qu'à partir d'Internet Explorer. Mais, d'un autre côté, vous disposez de davantage d'options. Il est aussi possible de s'abonner dans Internet Explorer, puis de revenir à Outlook et de reprendre la procédure ci-dessus pour personnaliser les options du flux (en choisissant Modifier au lieu de Nouveau sous l'onglet Flux RSS).

TRUC

Internet Explorer vs Outlook

Vous pouvez très bien lire les flux RSS sans passer par Outlook et utiliser votre navigateur Web préféré, y compris donc Internet Explorer 7 ou 8. Si vous disposez d'une version antérieure, vous pouvez télécharger gratuitement la dernière version à l'adresse suivante : `http://www.microsoft.com/france/windows/downloads/` puis cliquer Téléchargements. Internet Explorer est un bon programme pour lire les blogs et les flux d'informations, mais il n'offre aucun outil pour gérer l'énorme quantité de données que certains flux RSS génèrent. C'est là qu'Outlook entre en scène. Vous pouvez également acheter un programme spécialisé dans ce domaine, mais Outlook fait du bon travail si vous êtes novice en matière de flux RSS.

Lire des flux RSS

Une fois abonné à un ou plusieurs flux RSS (et quel que soit leur type), ceux-ci apparaissent dans le dossier Flux RSS de la liste de dossiers d'Outlook. Vous pouvez les lire aussi facilement qu'un message.

Le Volet de navigation ne comprend aucun bouton pour les flux RSS. Vous devez donc ouvrir le dossier Flux RSS pour voir ce qu'il y a dedans. Cela signifie qu'il faut suivre quelques étapes de plus que pour lire un message. Mais, une fois le bon dossier trouvé, c'est très simple.

Pour lire un flux RSS dans Outlook 2010, suivez ces étapes :

1. **Cliquez sur le bouton Courrier dans le Volet de navigation.**

   La liste des dossiers apparaît.

2. **Cliquez sur le signe + à côté du dossier Flux RSS.**

   Différents sous-dossiers devraient apparaître (voir la Figure 11.6). Chacun contient un flux. Si le dossier Flux RSS lui-même est doté d'un signe -, sans qu'aucun sous-dossier ne se manifeste, cela signifie tout simplement qu'aucun flux RSS n'a encore été créé.

Dossier Flux RSS

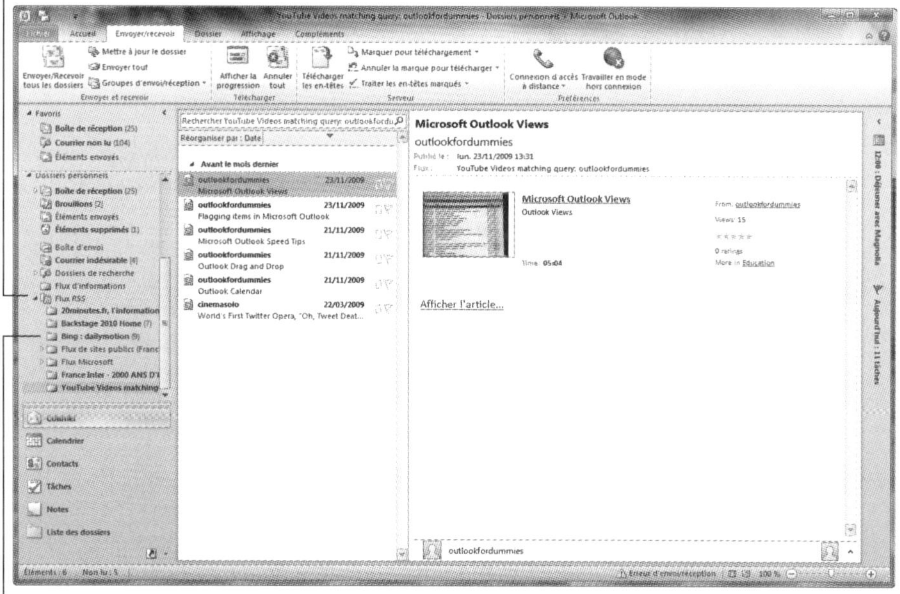

Flux RSS individuels

Figure 11.6 : Chaque flux RSS apparaît dans son propre dossier.

3. **Cliquez sur le dossier contenant le flux que vous souhaitez lire.**

Vous pouvez manipuler chaque élément d'un flux comme un message : attribuer une catégorie, déplacer des éléments dans d'autres dossiers, ou encore transférer des messages.

Si vous avez souscrit à un ou plusieurs podcasts et que vous avez choisi de les télécharger automatiquement, vous devrez faire un double-clic sur la pièce jointe au fichier de message pour lancer Windows Media Player (ou votre lecteur multimédia par défaut) et écouter votre podcast.

Partager des flux

Partager, c'est bien. Les gens aiment quand vous partagez votre dessert, votre table au restaurant ou vos gains à la loterie. Si vous trouvez un flux RSS que vous appréciez particulièrement, Outlook vous permet de le partager avec vos correspondants, dès lors du moins qu'ils se servent d'Outlook 2007 ou 2010 (les versions plus anciennes étant tout simplement incapables de lire les flux RSS).

Pour faire bénéficier vos amis de vos découvertes, activez tout simplement le flux voulu, puis cliquez sous l'onglet Accueil du ruban sur le bouton Partager ce flux. Un e-mail spécialement formaté va apparaître. Il contient le nom du flux que vous avez choisi de partager. Vous n'avez plus qu'à entrer l'adresse de messagerie de la ou des personnes à contacter et à cliquer sur le bouton Envoyer. C'est bon : vous avez fait votre BA quotidienne.

Si quelqu'un d'autre veut partager un flux avec vous, vous allez recevoir un e-mail contenant une invitation et un lien pour vous abonner au flux.

Outlook et son Connecteur Social

Outlook 2010 contient une nouvelle fonctionnalité appelée Social Connector (et donc, Connecteur Social). Vous y accédez depuis le volet Personnes, et son but est de vous aider à garder le contact avec vos amis, collègues et autres.

L'idée générale est de fournir une interface centralisée à des réseaux sociaux classiques afin de pouvoir suivre les autres activités de vos collègues ou relations, pas simplement ce qu'ils disent dans leurs messages. Bien entendu, tout dépend de la nature de ces autres activités… Après tout, on n'a pas vraiment besoin de tout savoir sur tout le monde.

Le volet Personnes apparaît dans deux endroits d'Outlook : en bas du Volet de lecture lorsque vous ouvrez un e-mail, et en bas de la fiche individuelle d'un correspondant dans le module Contacts.

Le volet Personnes peut vous montrer des informations personnelles et sociales qu'un individu a postées sur un service avec lequel Microsoft a créé une connexion. Pour l'afficher quand vous consultez un e-mail, cliquez sur le bandeau qui apparaît en bas du Volet de lecture.

Lorsque vous recevez un message provenant d'un membre de votre liste de contacts, les renseignements que vous avez enregistrés sur cette personne s'affichent dans le volet Personnes, y compris par exemple l'image associée au contact (quelle qu'elle soit).

Cette sorte d'agora peut paraître tout à fait intéressante en ce qu'elle offre une alternative au passage systématique par le Web. Cependant, et à l'heure où ce livre est rédigé, le bouton Ajouter du volet Personnes n'offre qu'un seul choix de réseau social : SharePoint (de Microsoft, bien sûr). Si votre entreprise utilise ce service, les informations que vos collègues ont postées sur eux-mêmes apparaîtront dans le volet Personnes, sans que vous ayez besoin d'aller voir ce qu'il en est sur le serveur SharePoint. Pour le reste, patience.

Tournez sept fois votre langue dans votre bouche !

Les gens de chez Microsoft ont promis d'ajouter des connecteurs vers d'autres réseaux sociaux que SharePoint au fil du temps… et peut-être d'âpres négociations.

Mais, en supposant la question résolue, et même si votre entreprise ne s'est pas encore mise à Outlook 2010, dites-vous bien que, quand vous envoyez un message à quelqu'un qui, *lui,* possède cette version, il pourrait bien être possible que tout ce que vous postez sur un réseau social apparaisse automatiquement sur son écran. D'accord, n'importe qui peut découvrir vos activités dites sociales en ligne à condition de prendre le temps de les rechercher. Mais Outlook 2010 est capable de rendre ces activités encore bien plus visibles par des gens qui touchent directement de près à votre travail et/ou votre carrière. Faites donc très attention à ne pas vous laisser aller à ces épanchements nocturnes dont on se mord les doigts au petit matin blême. Vous ne savez pas qui va les lire, et dans quel contexte. Aïe !

Chapitre 12

Ce que vous avez besoin de savoir pour utiliser Outlook chez vous

Dans ce chapitre :

- Découvrir les fournisseurs de services Internet et en choisir un.
- Paramétrer des comptes de messagerie.
- Configurer Outlook pour plusieurs utilisateurs.

Travailler chez soi, c'est très différent de travailler au bureau. Premièrement, il est très inhabituel de travailler en robe de chambre dans une grande entreprise, mais les gens qui travaillent chez eux peuvent le faire (s'ils ont une robe de chambre, bien sûr). Plus important, quand vous travaillez chez vous, vous n'avez généralement pas un énorme réseau, trois lignes téléphoniques et une armée de gourous ès ordinateur à votre service, comme c'est souvent le cas dans une grande entreprise. Voilà pourquoi on n'utilise pas Outlook de la même manière selon que l'on travaille chez soi ou au bureau. Si vous utilisez Outlook dans une grande entreprise, ce dont je parle dans ce chapitre ne vous intéressera peut-être pas énormément, mais vous pouvez vous rendre directement au Chapitre 14, qui est consacré à l'utilisation d'Outlook dans un environnement d'entreprise.

Rechercher un FAI ?

Si vous utilisez un ordinateur chez vous, il est probable que vous envoyez et recevez des messages par l'intermédiaire d'un service extérieur (société du câble, compagnie de téléphone ou service auquel votre ordinateur se connecte par une ligne téléphonique). Un tel service est désigné par le terme général FAI (*fournisseur de services Internet*) ou encore ISP (*Internet Service Provider*). Un FAI fait plus que le traitement du trafic de votre courrier électronique. Il vous fournit en premier lieu la connexion à Internet qui permet à votre navigateur Web d'accéder aux pages disponibles sur le World Wide Web et de les afficher pour vous, mais aussi de faire pratiquement tout ce qu'il est possible de faire sur Internet.

Certains services en ligne fonctionnent comme des FAI, tout en offrant également un certain nombre de fonctions comme des forums de discussion et des bibliothèques de fichiers. Si vous avez un compte avec un service en ligne, vous n'avez pas besoin d'avoir aussi un FAI. D'un autre côté, si vous voulez simplement échanger des messages et naviguer sur le Web, vous n'avez pas besoin d'un service en ligne. Un FAI vous conviendra très bien.

TRUC

Le monde des FAI et des services en ligne change très rapidement. Quand on se demande quelle est la meilleure manière de trouver et d'utiliser un service en ligne, ce qui est vrai au moment où j'écris ce livre (en 2010) peut très bien ne plus l'être au moment où vous le lirez.

Si vous exercez votre activité professionnelle chez vous, l'utilisation d'un service en ligne pour vous connecter à Internet présente quelques avantages importants :

- Ces services font en sorte de rendre le processus de connexion aussi facile que possible.
- La plupart d'entre eux disposent de services d'assistance assez étoffés pour vous aider lorsque les choses ne marchent pas comme prévu.
- Si vous voulez quelques garanties contre le risque pour vous et pour vos enfants de rencontrer des personnages peu recommandables ou des contenus choquants dans votre exploration du cyberespace, les services en ligne sont généralement bien équipés pour filtrer ce que vous voulez éviter.

TRUC

Votre adresse électronique : un bien très précieux

Presque toutes les sociétés proposant une connexion à Internet offrent également un service de messagerie électronique, souvent facile à configurer et à utiliser. Ne mordez pas à l'hameçon. Une fois votre adresse de messagerie créée chez Untel ou Untel, et des centaines de messages envoyés pendant des mois et des mois, il est plus difficile de changer de fournisseur car vous devriez alors communiquer votre nouvelle adresse à toutes vos connaissances. Beaucoup de services vous proposent de créer votre propre adresse électronique, souvent gratuitement. Votre adresse électronique peut même être constituée de votre nom. Si vous vous appelez Cunégonde Delarouflaquière, vous pouvez obtenir l'adresse `Cunégonde@Delarouflaquière.fr`. Mais, si votre nom est plus courant, Jean Durand par exemple, il est peut-être trop tard car elle est probablement déjà utilisée. Sinon, il existe des tas de services de messagerie gratuits, bien connus, faciles à utiliser et bourrés de fonctionnalités annexes. Les plus connus sont certainement Hotmail de Microsoft (qui vous permet de disposer d'une adresse se terminant par `hotmail.com`, `live.com` ou encore `live.fr`), Gmail de Google (avec des adresses du style `nom@gmail.com`) ou encore Yahoo! (`nom@yahoo.com`). Pour vous inscrire, voyez respectivement les sites `www.live.fr`, `www.google.com` et `fr.yahoo.com`.

Choisir un fournisseur d'accès

Si vous n'avez jamais eu d'accès Internet, j'ai une question pour vous : où vivez-vous ? Sur Mars ? Même les Martiens semblent envoyer des messages ces derniers temps (même s'ils prétendent tous être des princes du Nigeria). Peu importe, vous avez choisi le bon moment. Bienvenue au club ! Un simple coup de fil et vous disposez d'une connexion Internet rapide et simple d'utilisation. J'ai récemment déménagé dans un immeuble connecté au haut débit, avec une installation intégrée aux murs comme le service du téléphone ou l'électricité. Il m'a suffi de brancher un câble réseau dans le mur et l'autre bout sur mon ordinateur, de passer un appel et hop, j'avais un service Internet haut débit opérationnel.

Si vous n'avez pas ma chance, adressez-vous à votre compagnie de téléphone ou du câble pour connaître leurs offres. Les deux sociétés lutteront peut-être pour signer un contrat avec vous et, au final, vous risquez de bénéficier d'une offre intéressante.

Vous habitez peut-être dans une zone où le haut débit est absent, ce qui est regrettable, mais ne perdez pas espoir, c'est peut-être pour bientôt. Vous n'avez pas idée du temps perdu à se connecter à des dizaines de sites Web inutiles. Si vous avez le choix, évitez les connexions Internet par ligne commutée (bas débit), même si c'est meilleur marché. Aujourd'hui, la plupart des sites Web sont conçus pour les utilisateurs bénéficiant du haut débit. Vous vous arracherez les cheveux pendant des heures à essayer de naviguer sur la Toile.

TRUC

Si vous recherchez le meilleur FAI possible chez vous et voulez faire tester gratuitement votre ligne téléphonique pour savoir à quelles offres vous pouvez prétendre, essayez par exemple `www.ariase.com` ou encore `www.degrouptest.com`. Le principe est simple : vous entrez votre numéro de téléphone et vous vous laissez guider !

Paramétrer des comptes de messagerie dans Outlook

Une fois que vous avez un compte chez un FAI, il vous faut configurer Outlook pour envoyer et recevoir des messages par l'intermédiaire de celui-ci. Vous n'aurez à paramétrer qu'une fois votre compte de messagerie Internet, mais vous avez la possibilité de définir autant de comptes différents que vous en avez envie (ou besoin).

N'OUBLIEZ PAS !

Si vous utilisez Outlook dans une entreprise, votre administrateur système ne voudra peut-être pas vous laisser toucher aux comptes de messagerie. Commencez par lui poser la question.

TRUC

Si vous ne dépendez que de vous-même, prenez soin d'obtenir les informations exactes et complètes de votre FAI (en général, il vous les confirme par courrier), notamment les noms des serveurs et les mots de passe qu'il vous faut spécifier.

Pour paramétrer un compte de messagerie Internet, suivez ces étapes :

1. **Activez l'onglet Fichier.**

   La vue dite Backstage apparaît.

2. **Cliquez sur le bouton Paramètres du compte, puis sur ce même nom dans la liste déroulante qui vous est proposée.**

   La boîte de dialogue Paramètres du compte apparaît (voir Figure 12.1).

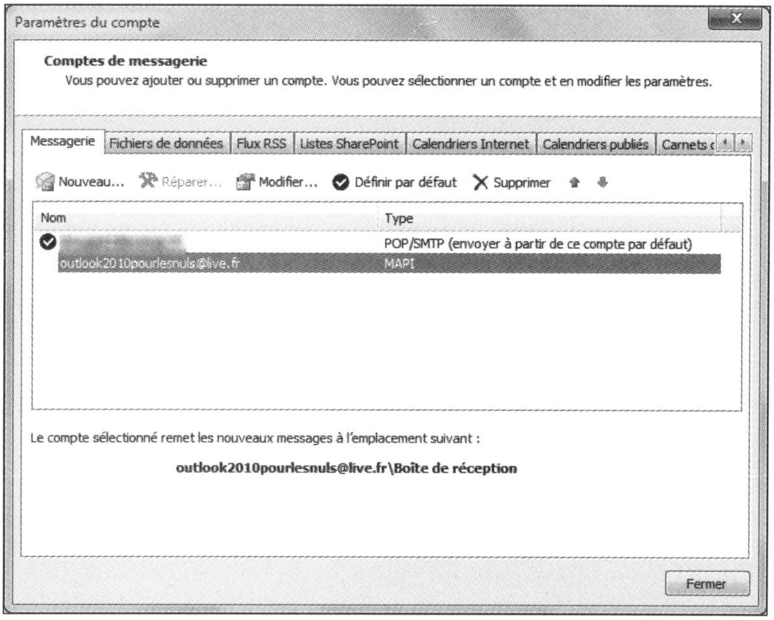

Figure 12.1 : La boîte de dialogue Paramètres du compte vous permet de configurer une nouvelle adresse électronique.

3. **Cliquez sur l'onglet Messagerie s'il n'est pas déjà affiché.**

   Vous voici sur la page de configuration des comptes de messagerie.

4. **Cliquez sur le bouton Nouveau.**

   La boîte de dialogue Ajouter un nouveau compte apparaît.

5. **Cliquez sur le bouton correspondant au type de serveur de votre fournisseur d'accès. Normalement, il s'agit simplement de garder active la ligne qui indique Microsoft Exchange, POP3 ou IMAP.**

   Cette information est donnée par le fournisseur d'accès.

6. **Cliquez sur Suivant.**

   Vous accédez à la page Compte de messagerie.

7. **Remplissez les champs de cette fenêtre.**

   Veillez à saisir les informations exactes, surtout votre adresse électronique et votre mot de passe, sous peine de voir votre messagerie ne pas fonctionner.

8. **Cliquez sur Suivant.**

   Un écran de configuration apparaît, et Outlook commence à tenter de « calibrer » automatiquement votre compte de messagerie.

   - S'il y parvient, la fenêtre de félicitations apparaît et vous pouvez cliquer sur Terminer pour achever la procédure.
   - Si Outlook ne parvient pas à configurer automatiquement votre compte de messagerie, procédez comme suit.

9. **Cochez la case Configurer les paramètres du serveur ou les types de serveurs supplémentaires, puis cliquez sur Suivant.**

   La fenêtre Choisir un service apparaît.

10. **Cliquez sur le bouton correspondant au type de serveur de votre fournisseur.**

    La plupart des utilisateurs retiennent Messagerie Internet, tandis que les personnes connectées à de gros réseaux d'entreprise doivent parfois choisir Microsoft Exchange.

11. **Cliquez sur Suivant.**

    Un autre écran de configuration apparaît.

12. **Tapez vos paramètres dans les champs de cette fenêtre.**

    Ces informations diffèrent d'un fournisseur d'accès à l'autre. Votre FAI peut (et doit !) vous indiquer comment entrer les bonnes valeurs dans Outlook.

13. **Cliquez sur le bouton Tester les paramètres du compte.**

    La fenêtre Tester les paramètres du compte apparaît. Elle vous montre les différentes étapes du processus par lequel Outlook vérifie les paramètres que vous avez entrés pour vérifier qu'ils ne comportent pas d'erreur.

    Si vous avez fait une seule faute de frappe portant sur un seul caractère de vos paramètres, les ordinateurs auxquels Outlook envoie vos messages vont les rejeter, et il vaut mieux vous assurer tout de suite que tout est correct. Si le test échoue, vérifiez soigneusement toutes vos saisies, et retapez éventuellement celles qui vous paraissent douteuses. Persévérez jusqu'à ce que le test réussisse. La boîte de dialogue affiche alors un message de félicitations. Vous pouvez passer à la suite.

14. **Cliquez sur le bouton Fermer.**

La fenêtre Tester les paramètres du compte se ferme.

15. **Cliquez sur Suivant.**

    La fenêtre Félicitations apparaît. Profitez de cet instant de bonheur.

16. **Cliquez sur Terminer.**

Comme je l'ai déjà dit dans cette section, Outlook autorise l'enregistrement de plusieurs comptes de messagerie différents, ce qui vous permet, par exemple, d'en avoir un pour chaque membre de la famille. Vous pouvez aussi vouloir disposer de comptes distincts pour votre usage personnel et votre usage professionnel. Vous pouvez même vouloir avoir la possibilité de vous envoyer des messages à vous-même, d'un compte à un autre (ne riez pas, ça peut vraiment être utile). Quoi que vous vouliez en faire, suivez la procédure indiquée précédemment pour paramétrer un compte supplémentaire.

Votre site Web, votre adresse de messagerie

Si vous avez un site Web, vous disposez sans doute aussi d'un compte de messagerie associé à celui-ci (et même généralement de plusieurs comptes). Par exemple, si votre site est nommé `www.monentreprise.com`, vous pouvez avoir une adresse de messagerie se présentant sous la forme `monnom@monentreprise.com`. Il y a même toutes les chances pour que le service de messagerie lié à votre site Web soit compatible avec Outlook. Demandez au support technique du fournisseur de services Internet qui héberge votre site ce que vous devez faire pour configurer Outlook avec son système de messagerie.

Travailler avec plusieurs comptes de messagerie

Outlook permet d'utiliser plusieurs comptes de messagerie différents. J'en ai un pour mes activités personnelles, et un pour mes activités professionnelles. Il vous suffit pour cela de paramétrer un compte pour chacune de vos adresses de messagerie en suivant la procédure décrite dans la section précédente, « Paramétrer des comptes de messagerie dans Outlook ».

Il est facile de distinguer les comptes de messagerie les uns des autres dans Outlook. Normalement, Outlook envoie la réponse à un message en utilisant les paramètres du compte via lequel vous avez reçu le message auquel vous répondez. Vous n'avez donc pas à vous poser de questions existentielles à ce sujet. Toutefois, lorsque vous créez un message, Outlook l'envoie en utilisant le compte que vous avez indiqué comme *compte par défaut* (celui qu'il utilise sauf mention contraire de votre part). Si vous voulez en changer ponctuellement, cliquez sur le bouton De, en haut du formulaire du message, puis sélectionnez le compte voulu dans la liste qui vous est proposée. Vérifiez sur la ligne qui suit le bouton De que l'information affichée correspond bien à votre souhait.

Si vous n'utilisez que l'adresse de messagerie donnée par votre fournisseur d'accès avec votre compte que vous avez payé avec votre argent, vous pourrez très bien vivre très heureux avec elle. Mais si vous voulez définir une adresse supplémentaire pour chaque membre de votre famille, ou avoir une adresse différente pour votre courrier personnel et votre courrier professionnel, sachez que la plupart des fournisseurs d'accès (selon le type d'abonnement que vous souscrivez) vous permettent d'en définir un certain nombre sans supplément de prix.

Comme je l'ai indiqué plus haut, il existe nombre de fournisseurs d'adresses de messagerie gratuites. Les plus connus sont :

- **Hotmail :** En direct de chez Microsoft. Les adresses de messagerie sont du type `nom@hotmail.com`, `nom@live.com` ou encore `nom@live.fr`. Pour créer un compte Hotmail, voyez le site `www.live.fr`.
- **Gmail :** Le mail version Google. Les adresses de messagerie sont du type `nom@gmail.com`. Pour créer un compte Gmail, voyez le site `www.google.com`, ou encore `mail.google.com`.
- **Yahoo! Mail :** L'autre concurrent… Les adresses de messagerie sont du type `nom@yahoo.com`. Pour créer un compte Yahoo!, voyez le site `fr.yahoo.com`, ou encore `fr.mail.yahoo.com`.

Pour créer une adresse gratuite un peu plus exotique, vous pouvez aussi voir du côté de `www.mail.com`. Vous avez un choix de noms de domaines impressionnants. Envie d'avoir une adresse dans le genre `empereur@europe.com` ? C'est là qu'il faut regarder.

Il est toujours utile d'avoir plusieurs adresses de messagerie, surtout si c'est gratuit. De cette manière, vous pourrez naviguer plus tranquillement sur le Web en variant les adresses que vous laissez de ci de là, par exemple sur des sites commerciaux. Si vous constatez qu'une adresse commence à être polluée par des spams, vous pourrez fermer ce compte sans remords, et sans risquer de transmettre la contamination aux autres. Et pensez aussi à varier vos mots de passe, ainsi qu'à en changer de temps à autre. Votre sécurité est parfois à ce prix.

Chapitre 13

Fusion et publipostage : Outlook et Word au diapason

Dans ce chapitre :

- Créer des étiquettes pour vos courriers.
- Envoyer des lettres type.
- Publipostage à partir des contacts sélectionnés.
- Imprimer des enveloppes.
- Créer un publipostage par e-mail.

Même si vous avez une grande expérience dans la création d'étiquettes de mailing et de lettres type dans Microsoft Word, l'outil Fusion et publipostage d'Outlook vous permettra d'envoyer en un clin d'œil du courrier aux membres de votre liste de contacts. Il aide aussi à l'utilisation de toutes ces précieuses données que vous avez collectées sur vos correspondants.

Si vous découvrez ce genre d'application, sachez que l'expression *fusion et publipostage* désigne le fait de créer sur votre ordinateur une lettre et d'en imprimer un nombre quelconque de copies, chacune étant adressée à une personne différente. Vous recevez probablement tous les jours des tas de courriers fabriqués de cette manière, mais vous les traitez probablement comme de e-mails indésirables. Autrement dit, quand vous *envoyez* des tonnes de messages personnalisés, c'est du publipostage (ou *mailing*). Et quand vous *recevez* une masse de messages personnalisés, c'est l'horreur. Ainsi va la vie…

Plus sérieusement, le publipostage peut aussi avoir nombre d'avantages. Vous êtes probablement content de recevoir de votre vendeur en ligne préféré un coup de réduction de 50 % sur tout ce que vous aviez justement envie d'acheter. Et vous êtes tout aussi probablement bien content de pouvoir envoyer un message à votre famille ou vos amis pour les inviter à une soirée ou bien pour leur annoncer l'arrivée d'une nouvelle progéniture. Tout cela fait maintenant partie du quotidien, et ce n'est pas non plus le pire de celui-ci. Lorsque vous utilisez la fonction Fusion et publipostage d'Outlook 2010, c'est en réalité Microsoft Word qui se charge de mettre les mains dans le cambouis. Par voie de conséquence, vous pouvez oublier cette technique si vous n'avez pas installé Word, quelle que soit d'ailleurs la version de celui-ci. Vous êtes peut-être sentimentalement attaché à une vieille version de votre traitement de texte. Mais comme Outlook est uniquement vendu avec la suite Office 2010, je vais supposer dans ce chapitre que vous disposez de la dernière version en date des deux programmes.

Vous pouvez effectuer un publipostage sans vous servir d'Outlook. Si vous envoyez une lettre à des gens qui ne figurent pas dans votre liste de contacts (et que vous ne voulez pas encombrer celle-ci avec des noms qui ne vous paraissent pas nécessaires), il vous suffit de faire appel à l'outil Publipostage de Microsoft Word. Mais c'est là un sujet couvert dans d'autres livres de la collection Pour les Nuls…

Imprimer des étiquettes de publipostage

Vous pouvez créer très rapidement un jeu d'étiquettes pour toutes les personnes qui figurent dans votre carnet d'adresses. La liste de contacts Outlook est capable de se connecter à la fonction de publipostage de Word. Vous n'avez donc pas à exporter des fichiers, ou encore à vous demander où se trouvent les informations dont vous avez besoin. Tout ce que vous avez à faire, c'est de cliquer sur le bouton Fusion et publipostage dans Outlook.

Pour créer un jeu d'étiquettes de publipostage, suivez ces étapes :

1. **Cliquez sur le bouton Contacts dans le Volet de navigation.**

   Votre liste de contacts s'affiche.

2. **Cliquez dans le ruban sur le bouton Fusion et publipostage.**

   La boîte de dialogue Fusion des contacts apparaît (voir la Figure 13.1).

3. **Dans la liste Type du document, choisissez l'option Étiquettes de publipostage.**

   Cette liste se trouve en bas et à gauche de la boîte de dialogue, sous le titre Options de fusion.

4. **Dans la liste Fusionner vers, choisissez maintenant Nouveau document.**

   Cette liste se trouve juste à droite de la précédente. Normalement, la proposition Nouveau document est celle que vous pouvez voir par défaut. Vous ne devriez donc rien avoir de spécial à faire, mais autant vérifier par acquis de conscience.

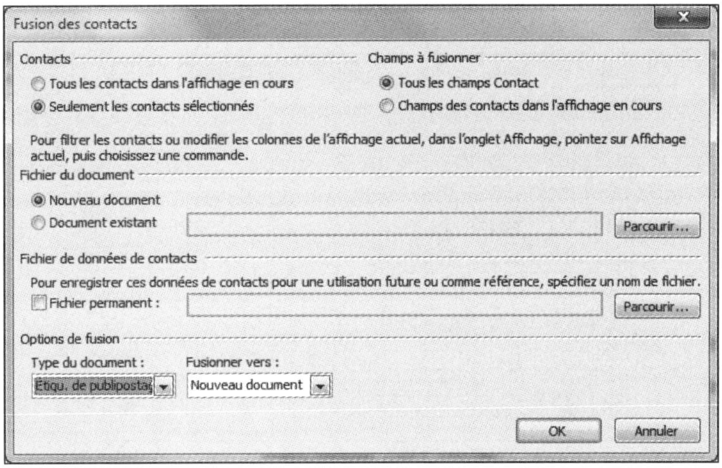

Figure 13.1 : La boîte de dialogue Fusion des contacts.

5. **Cliquez sur le bouton OK.**

   Microsoft Word va s'ouvrir. Il affiche ensuite une fenêtre qui vous indique qu'Outlook a créé un document pour la fusion, mais que vous devrez cliquer sur le bouton Préparer de la boîte de dialogue Aide au publipostage pour configurer votre document.

6. **Cliquez sur le bouton OK pour refermer le message.**

   La boîte de dialogue Aide au publipostage va apparaître (voir la Figure 13.2).

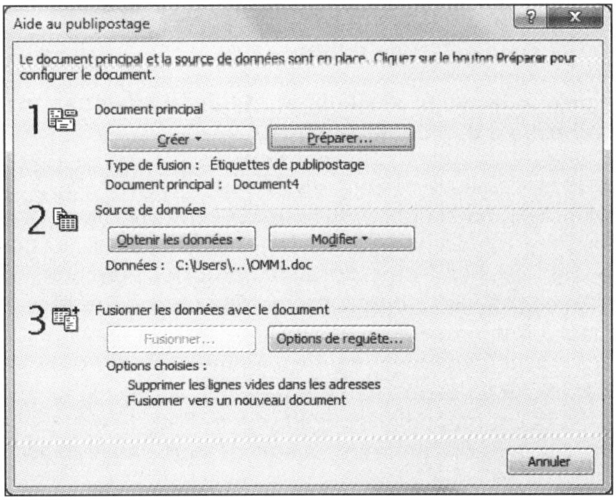

Figure 13.2 : La boîte de dialogue Aide au publipostage.

7. **Cliquez sur le bouton Préparer.**

   La boîte de dialogue Options pour les étiquettes s'affiche (voir la Figure 13.3).

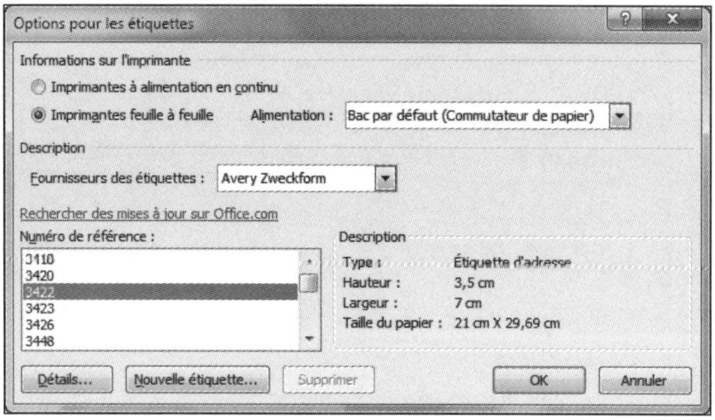

Figure 13.3 : La boîte de dialogue Options pour les étiquettes.

8. **Choisissez votre type d'étiquette puis cliquez sur le bouton OK.**

   Vérifiez sur l'emballage de vos étiquettes le nom du fournisseur ainsi que la référence du modèle. Si vous ne trouvez pas votre bonheur dans les listes proposées par Word, comparez les dimensions de vos étiquettes avec celles qui sont affichées dans la zone Description de la boîte de dialogue. Lorsque vous avez repéré les valeurs qui conviennent, cliquez sur OK pour refermer la boîte de dialogue.

9. **Cliquez sur le bouton Fermer dans la boîte de dialogue Aide au publipostage.**

   La boîte de dialogue se referme.

10. **Cliquez maintenant sur le bouton Bloc d'adresse sous l'onglet Publipostage du ruban de Word.**

    La boîte de dialogue Insertion du bloc d'adresse apparaît (voir la Figure 13.4). Elle vous montre quelles informations vont apparaître dans vos étiquettes. La liste en haut et à gauche vous propose toute une série de mises en forme possibles pour les noms de personnes. Chaque fois que vous sélectionnez un modèle dans cette liste, l'aperçu de droite est mis à jour. Vous pouvez aussi cocher ou décocher les options affichées sur la gauche de la boîte de dialogue afin d'inclure ou d'exclure certains éléments particuliers dans les adresses. Là encore, l'effet de vos choix est immédiat dans l'aperçu. Pour le reste, vous ne devriez pas avoir à toucher à quoi que ce soit de particulier dans cette fenêtre.

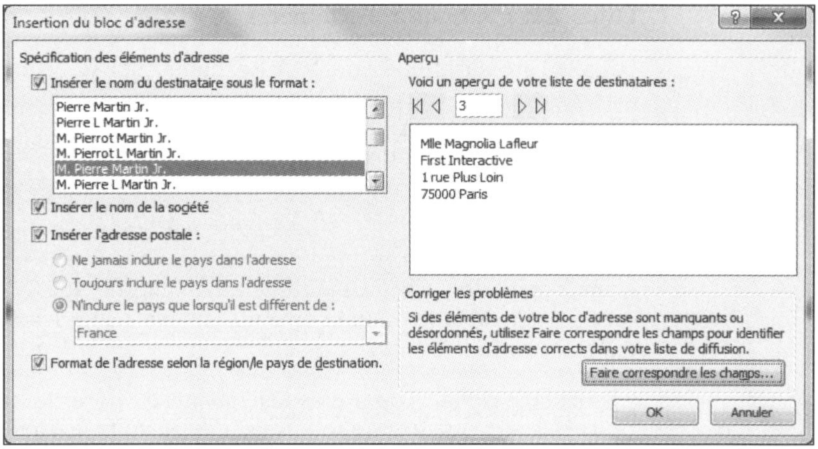

Figure 13.4 : La boîte de dialogue Insertion du bloc d'adresse.

TRUC

Si vous ne vous y retrouvez pas, et en particulier si l'adresse postale de vos contacts semble ne pas être prise en compte, cliquez sur le bouton Faire correspondre les champs. Vous allez peut-être constater que les champs appelés Adresse 1 et Adresse 2 n'ont aucune correspondance avec les informations provenant d'Outlook. En supposant que ces renseignements ont correctement été remplis dans vos contacts Outlook, essayez par exemple de cliquer sur la ligne Adresse 1, et choisissez alors le champ Rue dans la longue liste qui vous est proposée. Validez et vérifiez le résultat.

11. **Cliquez sur le bouton OK.**

    La boîte de dialogue se referme. Votre document affiche maintenant une expression sympathique mais sibylline qui indique `<<BlocAdresse>>`. Il s'agit d'un code de champ de fusion qui sert à expliquer à Word ce qu'il doit inclure dans votre document.

12. **Cliquez dans le ruban sur le bouton Mettre à jour les étiquettes (c'est le dernier dans la zone Champs d'écriture et d'insertion).**

    Maintenant, le code `<<BlocAdresse>>` apparaît de multiples fois, ce qui vous montre que Word sait comment remplir la page d'étiquettes d'adresses.

13. **Cliquez, toujours dans le ruban, sur le bouton Aperçu des résultats.**

    Word affiche votre document tel qu'il devrait apparaître à l'impression. Si vous êtes satisfait du résultat, passez à l'étape suivante. Sinon, reprenez la procédure soit début le début, soit par exemple à l'Étape 10 pour recomposer la disposition des champs.

14. **Cliquez sur le bouton Terminer & fusionner du ruban.**

    Dans la liste d'options qui s'affiche, choisissez Imprimer les documents. Laissez le choix Tous actif. Vous pouvez aussi ne retenir qu'une certaines rangée d'étiquettes, mais, dans ce cas, pourquoi ne pas avoir tout de suite sélectionné la plage voulue dans Outlook ?

15. **Cliquez sur OK.**

    C'est parti pour l'impression de vos étiquettes. Vous n'avez plus qu'à choisir le modèle d'imprimante voulu, à cliquer sur OK, puis à vous préoccuper de la question suivante : qui va coller les étiquettes sur les enveloppes ?

TRUC

Je vous conseille de faire quelques tests avant d'opérer la fusion définitive, juste pour être sûr que tout fonctionne comme vous le voulez. Vous pouvez en particulier imprimer une série d'étiquettes sur du papier ordinaire pour juger du résultat sans gaspiller trop d'argent. Si vous faites une erreur lors de la configuration de votre publipostage, il est plus rapide d'imprimer dix pages « à blanc » que de sortir 300 « vraies » étiquettes justes bonnes à jeter...

TRUC

Si vous imprimez régulièrement des étiquettes, vous pouvez vous éviter du travail en sauvegardant votre document de fusion vierge pour le réutiliser à volonté. Donnez-lui un nom à votre convenance, par exemple `Étiquettes vierges.docx`. La prochaine fois que vous aurez à effectuer un envoi en nombre, sélectionnez l'option Document existant dans la boîte de dialogue Fusion des contacts d'Outlook. Ceci permet d'éliminer les Étapes 7 à 13 ci-dessus, et donc d'avoir plus de temps pour faire des choses vraiment amusantes et intéressantes, comme coller les étiquettes.

Créer une lettre type

Aujourd'hui, j'ai reçu une invitation personnalisée à m'inscrire à un concours doté de 250 000 € de prix, avec mon nom écrit en grand sur l'enveloppe, et bien la précision essentielle que j'avais été retenu à la suite d'un long et douloureux tirage au sort supervisé par maître Machin, huissier de justice assermenté on ne sait où. Quelle chance, quel honneur, quelle attention personnelle à mon égard ! Comment résister ? En fait, je trouve pratiquement tous les jours ce genre d'ânerie dans ma boîte aux lettres. Et, évidemment, il y a toujours quelque chose à acheter derrière cela. Généralement, une bricole plastifiée vendue au prix du cobalt pur. Bref, chaque fois que vous êtes ciblé de cette manière, cela signifie que vous recevez une *lettre type* (ou lettre circulaire, si vous préférez). Il s'agit simplement d'une lettre qui est reproduite mille et mille fois, mais avec un nom et une adresse différents sur chaque copie. Vous aussi, vous pouvez envoyer des lettres types, même si vous ne faites pas semblant de promettre la fortune à des gens crédules. Par exemple, un courrier de vœux adressé de manière individualisée aux membres de votre famille ou à vos amis *est* une lettre type.

Pour créer une lettre type depuis Outlook 2010, suivez ces étapes :

1. **Cliquez sur le bouton Contacts dans le Volet de navigation.**

   Votre liste de contacts s'affiche.

2. **Cliquez dans le ruban sur le bouton Fusion et publipostage.**

   La boîte de dialogue Fusion des contacts apparaît.

3. **Dans la liste Type du document, choisissez l'option Lettres types.**

   Cette liste se trouve en bas et à gauche de la boîte de dialogue, sous le titre Options de fusion.

4. **Dans la liste Fusionner vers, choisissez maintenant Nouveau document.**

   Cette liste se trouve juste à droite de la précédente. La proposition Nouveau document est celle que vous pouvez voir par défaut. Vous ne devriez donc rien avoir de spécial à faire, mais autant vérifier par acquis de conscience.

5. **Cliquez sur le bouton OK.**

   Microsoft Word va s'ouvrir et afficher un document vierge.

6. **Tapez normalement votre lettre. Là où vous voulez apporter votre touche de personnalisation, cliquez dans le ruban sur le bouton Insérer un champ de fusion. Sélectionnez alors les données que vous voulez importer depuis Outlook pour les insérer dans votre texte.**

Vous n'avez plus à vous limiter aux envois à quelques dizaines de correspondants de lettres anonymes, impersonnelles et ennuyeuses. Voici venu le temps des lettres personnalisées et ennuyeuses expédiées par milliers !

Fusion et publipostage à partir des contacts sélectionnés

Selon toute probabilité, vous ne voulez pas écrire en même temps à tous vos contacts. Il est facile d'accumuler au fil du temps des centaines, voire des milliers, de noms et d'adresses. Rien que le prix des timbres pourrait vous coûter une vraie fortune. Pour limiter vos envois au plus strict nécessaire, ouvrez votre liste de contacts Outlook, puis cliquez sur les noms des destinataires choisis tout en maintenant enfoncée la touche Ctrl. Une fois votre « cible » ainsi choisie, cliquez dans le ruban sur le bouton Fusion et publipostage. De cette manière, vous ne créerez des lettres types ou des étiquettes que pour les noms que vous avez sélectionnés.

Imprimer des enveloppes

Pour réaliser un envoi de masse, vous avez une autre solution que l'édition d'étiquettes : imprimer directement les informations voulues sur les enveloppes à expédier. Avec un peu de chance, votre imprimante dispose d'un bac pour les enveloppes. Sinon, les passer une à une dans la machine deviendrait rapidement lassant.

Pour imprimer des adresses directement sur vos enveloppes, suivez les mêmes étapes que pour des étiquettes, à ces nuances près :

- Lors de l'Étape 2, choisissez l'option Enveloppes dans la liste Type du document.
- Après l'Étape 7, vous vous voyez apparaître la boîte de dialogue Options pour les enveloppes. Choisissez alors un format prédéfini dans la liste Taille d'enveloppe (par exemple E65 pour un pliage en trois du papier).

Poursuivez ensuite normalement la procédure.

TRUC

Si vous n'avez jamais réalisé ce genre de travail auparavant, commencez *petit*. Essayez avec quatre ou cinq enveloppes pour voir si votre imprimante les prend correctement. Imaginez que Word et Outlook sont très capables d'envoyer dans l'instant, dans la joie et dans la bonne humeur, un ordre d'impression portant sur des centaines d'enveloppes ! Si votre matériel commence à se bloquer ou à déchiqueter du papier au bout du cinquième nom, résoudre le problème peut prendre beaucoup de temps.

TRUC

Si vous n'avez à imprimer qu'une seule enveloppe, il vaut mieux s'en tenir à Microsoft Word. Activez l'onglet Publipostage, puis cliquez à gauche du ruban sur le bouton Enveloppes. Ceci ouvre la boîte de dialogue Enveloppes et étiquettes. Elle comporte un petit bouton Carnet d'adresses qui vous permet de choisir un nom dans votre liste de contacts et de l'ajouter directement à une enveloppe (ou d'ailleurs à une étiquette).

Fusion et courrier électronique

Une autre application très intéressante de la fonction Fusion et publipostage d'Outlook est la possibilité de créer un e-mail fusionné. En règle générale, cela ne sert pas à grand-chose, puisque vous pouvez envoyer un courrier électronique à autant de personnes que vous le voulez. Mais il peut aussi arriver que vous ayez besoin de personnaliser un e-mail de manière à ce que chaque destinataire en reçoive un exemplaire spécifique. Avec cette technique, vous n'écrirez pas « Cher John » si vous vous adressez à George, Paul ou Ringo.

Pour opérer une fusion vers un e-mail, suivez les mêmes étapes que pour une lettre type. Mais, lors de l'Étape 4, sélectionnez Messagerie dans la liste Fusionner vers de la boîte de dialogue Fusion des contacts.

ATTENTION !

Si vous utilisez Outlook sur un réseau Microsoft Exchange, votre document atterrit chez le destinataire dès que vous avez cliqué sur le bouton Fusionner. Si vous avez fait une erreur, vous ne pourrez pas la réparer. Je vous recommande donc de tester votre fusion en vous envoyant d'abord un message à vous-même. Cliquez sur votre nom à vous dans la liste des contacts et suivez la procédure jusqu'au bout. Lorsque vous êtes certain d'avoir écrit ce que vous vouliez dire, sélectionnez toutes les personnes que vous voulez contacter et procédez à la fusion. Si vous utilisez Outlook chez vous, vous pouvez appuyer sur Ctrl+Maj+O pour afficher votre Boîte d'envoi. Vérifiez alors la collection des messages à expédier. Si tout va bien, appuyez sur F9 pour lancer l'envoi.

Cinquième partie

Outlook au bureau

« ... Bon, alors, si vous avez un message pour quelqu'un, vous l'écrivez sur un morceau de papier et vous le collez sur un réfrigérateur avec un de ces magnets. C'est juste le temps de réparer notre messagerie. »

Dans cette partie...

La vie n'est pas la même dans une grande organisation que dans une petite. Mes clients travaillant dans de grandes structures comptent beaucoup sur Outlook pour améliorer le travail d'équipe et la gestion de projet. Dans cette partie, je vous montrerai les outils les mieux adaptés aux besoins des gens qui travaillent dans de grandes organisations (ou à ceux qui ont de grandes ambitions).

Chapitre 14

Travailler en groupe : Le grand jeu avec Outlook

Dans ce chapitre :

- Travailler en groupe avec Microsoft Exchange.
- Comprendre les Carnets d'adresses.
- Utiliser Outlook avec les services SharePoint.

Microsoft est une grande entreprise qui écrit de gros programmes pour de grandes entreprises qui ont beaucoup d'argent. Comme vous pouvez donc vous y attendre, certaines parties d'Outlook sont conçues pour des gens qui travaillent dans de grandes entreprises. Celles-ci ont généralement un réseau sur lequel est mis en œuvre à l'arrière-plan un programme nommé Microsoft Exchange Server. Celui-ci œuvre de concert avec Outlook pour vous permettre de faire différentes choses qu'Outlook à lui seul ne pourrait pas réaliser. Les utilisateurs d'Outlook sur un réseau Exchange peuvent ainsi avoir accès au calendrier de certains de leurs collègues, ou permettre à un de leurs collègues de répondre à leur courrier électronique en leur nom, et ainsi de suite.

Comme de nombreuses fonctions d'Exchange Server se présentent comme si elles faisaient simplement partie d'Outlook, la plupart des utilisateurs d'Exchange Server ne se doutent même pas de l'existence de celui-ci. En fait, il n'est absolument pas nécessaire que vous connaissiez les différences techniques entre les deux. Sachez seulement qu'avec Exchange, Outlook peut faire bien plus de choses que quand il est tout seul.

Travailler en groupe avec l'aide d'Outlook

Si votre entreprise fonctionne comme la plupart des autres, vous passez sans doute beaucoup de temps en réunion, et peut-être encore plus à vous demander à quel moment vous pouvez caser une réunion et à vous mettre d'accord avec vos collègues sur ce que vous pouvez faire quand vous n'êtes pas en réunion. Outlook vous offre quelques outils pour organiser des réunions et pour prendre des décisions très utiles aux gens qui travaillent en groupe. Bien que certaines de ces fonctions soient disponibles pour tous les utilisateurs d'Outlook, elles ne donnent vraiment leur pleine puissance que si vous utilisez un réseau Exchange.

Organiser une réunion

Imaginez que vous ayez besoin de tenir une réunion avec trois collègues. Vous appelez le premier pour lui suggérer une date et une heure, puis le deuxième, pour vous apercevoir qu'il n'est pas disponible au moment où le premier voudrait venir. Vous vous mettez donc d'accord avec le deuxième sur une autre date et une autre heure, pour vous apercevoir que, cette fois, ça ne convient pas au troisième. Et si vous envisagiez de faire venir une personne de plus, seul le paradis (ou l'enfer) sait combien de temps il vous faudrait pour trouver le moment qui convient à tout le monde !

Avec Outlook, vous pouvez consulter le calendrier de tous les participants, choisir un moment où tout le monde est disponible, et leur envoyer à tous un seul et même message pour leur proposer la bonne date.

Pour inviter plusieurs personnes à une réunion, suivez ces étapes :

1. **Cliquez sur le bouton Calendrier du Volet de navigation (ou appuyez sur Ctrl+2).**

   Votre calendrier apparaît.

2. **Activez l'onglet Accueil du ruban puis cliquez sur le bouton Nouvelle réunion.**

   Le formulaire de nouvelle réunion apparaît.

3. **Cliquez sur le bouton Planification.**

   La page de disponibilité des participants apparaît (voir la Figure 14.1).

4. **En bas de la fenêtre, cliquez sur le bouton Ajouter d'autres personnes.**

   Un menu apparaît.

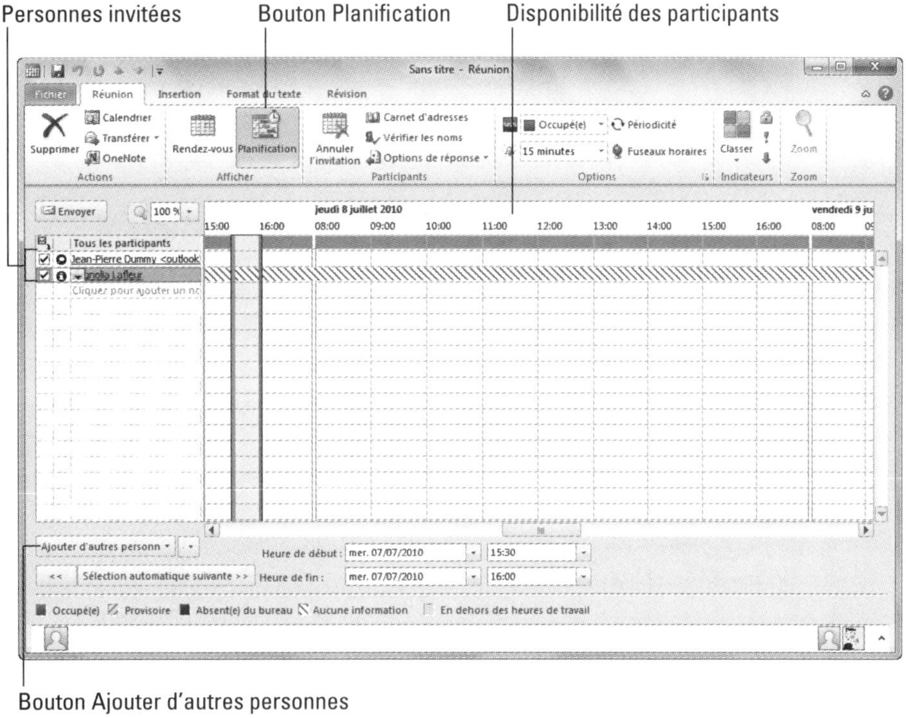

Figure 14.1 : La page de disponibilité des participants permet d'inviter des collègues à une réunion.

5. **Sélectionnez À partir du carnet d'adresses.**

   La boîte de dialogue Sélectionnez les participants et les ressources s'affiche.

6. **Cliquez sur le nom d'une personne que vous voulez inviter à la réunion.**

   Le nom est mis en surbrillance pour montrer qu'il est sélectionné.

7. **Cliquez sur le bouton Obligatoire ou sur le bouton Facultatif, selon l'importance de la présence de cette personne à la réunion.**

   Le nom de la personne apparaît dans le champ correspondant au bouton désigné, vers le bas de la boîte de dialogue.

8. **Répétez les étapes 6 et 7 pour toutes les personnes que vous voulez inviter à la réunion.**

   Les noms des personnes choisies apparaissent dans la boîte de dialogue Sélectionnez les participants et les ressources (voir la Figure 14.2).

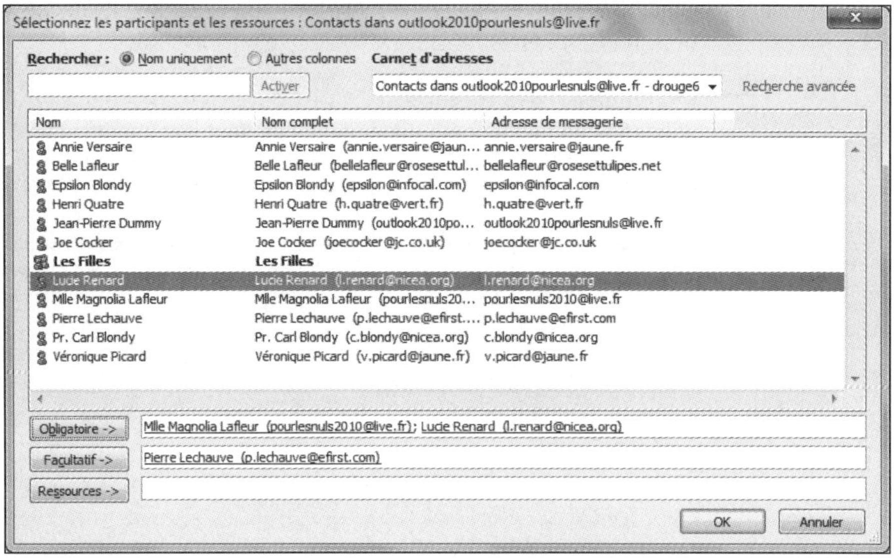

Figure 14.2 : Choisissez les personnes que vous voulez inviter à votre réunion.

9. **Cliquez sur OK.**

   La boîte de dialogue Sélectionnez les participants et les ressources se ferme, et les noms que vous avez choisis apparaissent dans la page de disponibilité des participants. Celle-ci vous montre également un diagramme du calendrier de chaque personne, afin que vous puissiez savoir qui est disponible à quel moment. L'opération peut demander un peu de temps, celui qui est nécessaire à Outlook pour se connecter à Exchange et récupérer les informations demandées.

10. **Dans la barre horizontale grise, en haut du calendrier, cliquez sur l'heure à laquelle vous voulez faire commencer la réunion.**

    L'heure sur laquelle vous avez cliqué apparaît dans le champ Heure de début, en bas de la boîte de dialogue. Si vous préférez, vous pouvez aussi remplir manuellement les champs Heure de début et Heure de fin. Si vous n'arrivez pas à voir à quel moment tous vos invités sont disponibles en même temps, cliquez sur le bouton Sélection automatique suivante. Outlook va trouver pour vous une heure qui convient à tout le monde.

11. **Cliquez sur le bouton Rendez-vous.**

    La page Rendez-vous apparaît, avec dans le champ À les noms des personnes que vous invitez à votre réunion.

12. **Dans le champ Objet, tapez l'objet de la réunion. Indiquez également le lieu de la réunion dans le champ Emplacement.**

    De nombreuses personnes se servent aussi d'Outlook pour programmer des conférences par téléphone. Le champ Emplacement est alors un bon endroit pour entrer le numéro d'appel. Cela permet d'une part aux autres participants de retrouver facilement cette information. Et, d'autre part, il suffira, la prochaine fois que vous aurez à organiser une nouvelle réunion dans les mêmes conditions, de cliquer sur la flèche qui se trouve à droite du champ Emplacement pour retrouver les coordonnées voulues sans avoir à les retaper.

13. **Entrez, dans les champs appropriés, toutes les autres informations que vous voulez communiquer à vos invités.**

14. **Cliquez sur Envoyer.**

    Votre message est envoyé aux personnes que vous invitez et la réunion est enregistrée dans votre calendrier.

TRUC

Si votre administrateur système est d'accord, il peut configurer des comptes Exchange pour des ressources telles que, par exemple, des salles de réunion, afin que vous puissiez choisir une salle disponible en même temps que l'horaire de la réunion.

Répondre à une demande de réunion

Même si vous n'organisez pas de réunions, il peut vous arriver d'y être invité, et il est bon de savoir répondre (poliment, bien sûr) à une demande quand vous en recevez.

Une demande de réunion est un message particulier. Qu'a-t-il de spécial ? Lorsque vous l'ouvrez, vous y voyez des boutons intitulés Accepter, Provisoire, Refuser, Répondre Proposition d'un nouvel horaire et Calendrier. Si vous cliquez sur Accepter ou sur Provisoire, Outlook ajoute automatiquement la réunion à votre calendrier et crée un nouveau mail destiné à l'organisateur de la réunion pour lui faire part de votre décision. Vous pouvez choisir de modifier le message pour ajouter des explications, ou cliquer simplement sur le bouton Envoyer la réponse maintenant pour l'expédier tout de go.

Lorsque vous recevez une invitation à une réunion, le message affiche un aperçu de votre agenda à la date et à l'heure proposées (voir la Figure 14.3). Ceci vous permet de juger immédiatement de votre disponibilité. Bien entendu, vous ne voyez ici qu'une petite partie de votre planning. Disons sur une ou deux heures. Si la réunion est prévue pour durer, servez-vous de la barre de défilement, à droite de la fenêtre, pour visualiser la plage horaire.

Et si cette réunion doit durer *très* longtemps, pensez à créer une tâche dans le style « Commander un casse-croûte vers 18 heures ».

Aperçu du calendrier

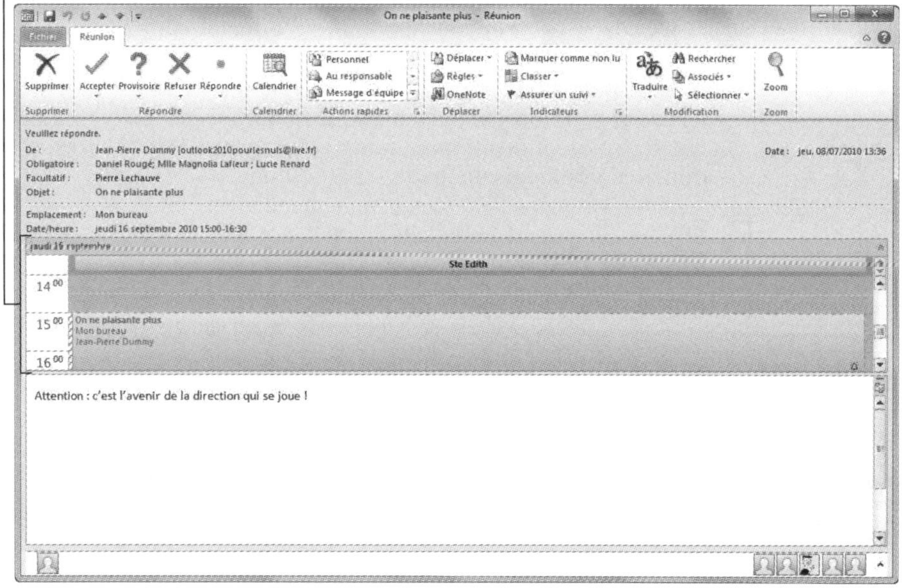

Figure 14.3 : Les invitations aux réunions offrent un aperçu de votre calendrier.

Si vous cliquez sur Refuser, Outlook génère aussi un message destiné à l'organisateur de la réunion. L'usage veut que l'on donne quelques explications pour décliner une invitation. Si vous cliquez sur le bouton Calendrier, Outlook affiche votre calendrier dans une fenêtre séparée, vous permettant ainsi de vérifier votre disponibilité au jour et à l'heure proposés.

Lire les réponses à votre demande de réunion

Chaque fois que vous organisez une réunion en utilisant Outlook, vous créez un petit torrent de messages pour y inviter les participants, avec en retour le torrent de leurs réponses pour accepter ou décliner votre sollicitation. Vous avez peut-être assez de mémoire pour vous rappeler qui a dit oui ou non, mais ce n'est pas mon cas. Heureusement, Outlook enregistre tout cela pour moi.

Pour consulter les réponses à votre demande de réunion :

1. **Dans le Volet de navigation, cliquez sur le bouton Calendrier.**

   Le module Calendrier apparaît.

2. **Double-cliquez sur la réunion concernée.**

   La fenêtre de la réunion s'ouvre.

3. **Cliquez sur le bouton Suivi.**

   La liste des personnes que vous avez invitées apparaît, une colonne indiquant leur réponse (voir la Figure 14.4).

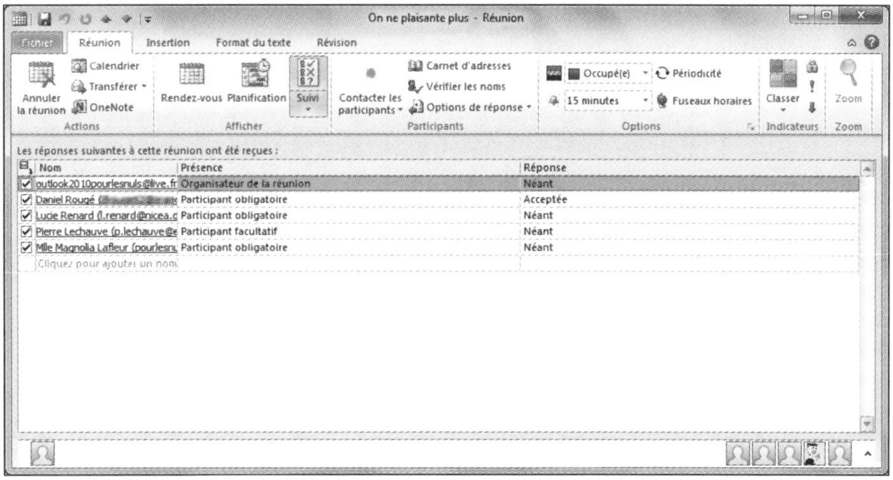

Figure 14.4 : Voyez les réponses des VIP invitées à votre réunion.

Hélas ! Seul l'organisateur de la réunion peut savoir qui a accepté ou refusé l'invitation. Si vous voulez bien aller à une réunion simplement parce que vous espérez y voir une certaine personne que vous croisez quelquefois dans l'ascenseur, vous devrez tenter votre chance au hasard, à moins d'être vous-même l'organisateur de cette réunion. En revanche, il est facile de savoir qui a été contacté en regardant les noms des destinataires du message de demande de réunion que vous avez reçu.

On peut même voter

Les gourous du management n'en finissent pas de nous parler de l'importance du bon esprit d'équipe et de la prise de décision. Mais comment former une équipe et prendre une décision quand on n'arrive jamais à réunir tous les membres de ladite équipe au même moment ? Si vous êtes sur un réseau Exchange et si vous savez vous servir des boutons de vote, vous pouvez utiliser Outlook comme un outil de prise de décision.

Le vote est une fonction spéciale offerte par le système de messagerie d'Outlook. Elle vous permet d'ajouter des boutons à un e-mail que vous envoyez à un groupe de gens. Lorsqu'ils reçoivent ce message, ses destinataires n'ont qu'à cliquer sur un bouton pour vous communiquer leur réponse. Outlook fait automatiquement le compte de ces réponses et vous en indique le résultat.

Pour ajouter des boutons de vote à un e-mail, suivez ces étapes (pour en savoir plus sur la création d'un message, reportez-vous au Chapitre 4) :

1. **Une fois le formulaire Nouveau message ouvert, activez l'onglet Options.**
2. **Cliquez sur le bouton Utiliser les boutons de vote.**

   La liste des boutons de vote que vous pouvez utiliser apparaît. Vous disposez des choix suivants (voir la Figure 14.5) :

   • Approuver;Refuser

   • Oui;Non

   • Oui;Non;Peut-être

   • Personnalisé

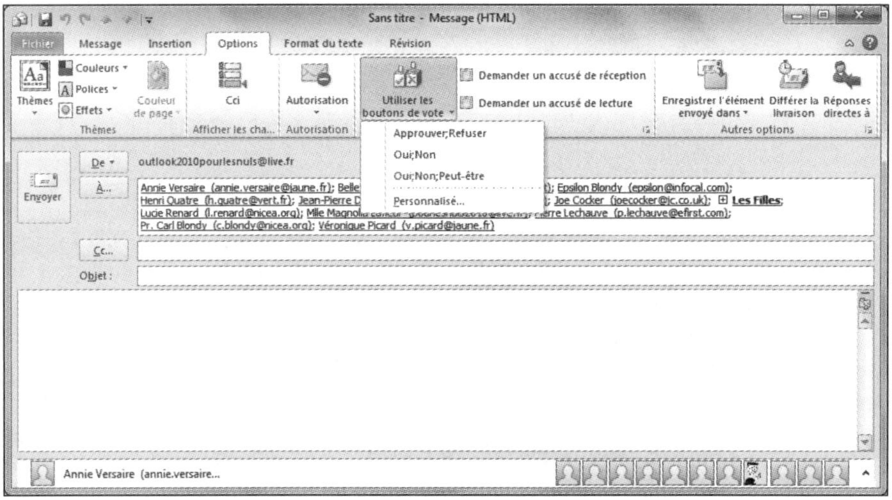

Figure 14.5 : Choisissez vos boutons de vote.

   Si vous choisissez Personnalisé, saisissez vos propres définitions dans la rubrique Options de vote et de suivi de la boîte de dialogue Propriétés. Mais, vous devez suivre la même syntaxe : séparer les intitulés de deux boutons par un caractère point-virgule (;), sans espace entre les deux. Si vous voulez demander à des collègues de voter pour le menu du déjeuner, par exemple, vous pouvez y mettre des boutons comme : **Foie gras;Canard à l'orange;Choucroute**.

3. **Cliquez sur le jeu de boutons de vote que vous voulez utiliser (ou sur le bouton fermer si vous avez défini une liste personnalisée).**

   Le texte `Vous avez ajouté des boutons de vote à ce message` va s'afficher en haut de la fenêtre.

4. **Cliquez sur Fermer.**

   Et voilà ! N'allons pas jusqu'à imaginer que c'est la démocratie en action, mais c'est déjà mieux que rien. En recevant votre message, il suffira d'un instant à vos destinataires pour cliquer sur le bouton qui leur plaît et vous faire connaître leur choix.

Dépouiller les votes

Le choix de chaque votant apparaît directement dans l'objet de son message de réponse. La réponse d'une personne qui a cliqué sur le bouton Oui, par exemple, commence par le mot *Oui*. La réponse d'une personne qui a cliqué sur le bouton Peut-être commence par le mot *Peut-être*.

Vous pouvez aussi obtenir un décompte complet des résultats du vote avec la fonction Suivi. Pour cela, suivez ces étapes :

1. **Cliquez sur Éléments envoyés dans le Volet de navigation.**

   La liste des messages envoyés apparaît.

2. **Double-cliquez sur le message par lequel vous avez demandé le vote.**

   Le message s'ouvre.

3. **Cliquez sur le bouton Suivi.**

   Outlook va afficher la liste des personnes auxquelles vous avez demandé de voter, et quelle décision elles ont prises (ou non). Une bannière dans la partie supérieure de la fenêtre vous donne le résultat complet, instantané et sans contestation possible du vote.

Affecter des tâches

Vous connaissez la maxime : « Pourquoi remettre au lendemain ce que quelqu'un d'autre peut faire à votre place aujourd'hui ? » Outlook vous permet donc d'affecter des tâches à d'autres personnes et de surveiller leur état de réalisation.

Pour affecter une tâche, suivez ces étapes :

1. **Cliquez droit sur un élément dans votre Barre des tâches.**

Un menu contextuel apparaît.

2. **Choisissez l'option Affecter une tâche.**

   Un formulaire de tâche s'affiche.

3. **Tapez dans le champ du destinataire le nom de la personne à laquelle vous voulez assigner la tâche, exactement comme pour un message.**

   Le nom de la personne apparaît dans le champ (voir la Figure 14.6).

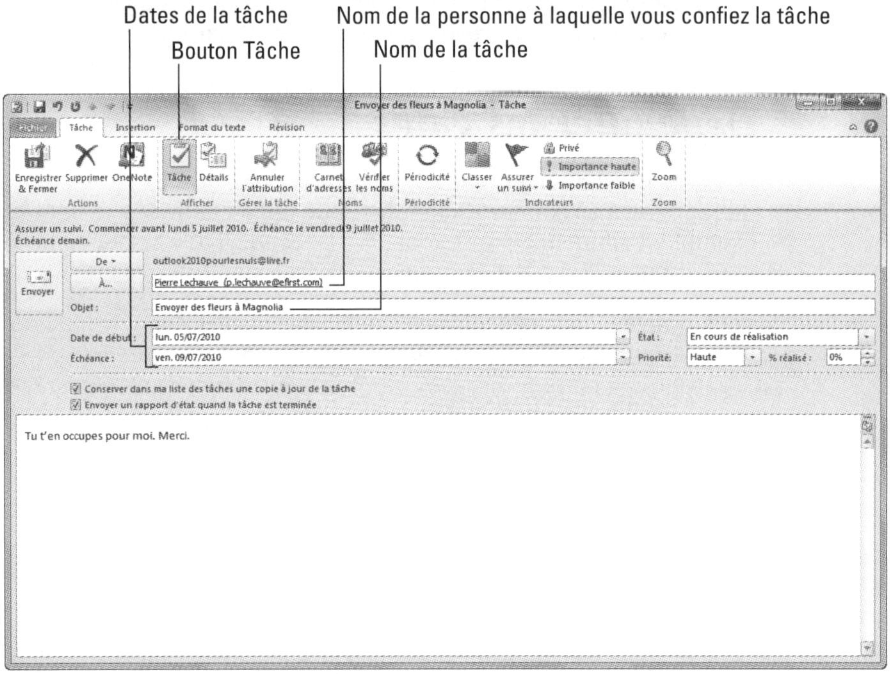

Figure 14.6 : En cas de doute, en avant toute (pour vous débarrasser d'une tâche certainement désagréable).

4. **Cliquez sur le bouton Envoyer.**

   La tâche à réaliser est envoyée à la personne désignée pour l'exécuter.

Le destinataire va recevoir le message. La fenêtre de celui-ci comporte deux boutons spéciaux qui permettent d'accepter ou de refuser la tâche, selon le même principe que pour les demandes de réunions (voir plus haut dans ce chapitre). Lorsque la personne clique sur Accepter, le travail à faire est automatiquement ajouté à sa propre Barre des tâches. Sinon, elle est immédiatement licenciée. Non, je plaisante. Elle n'est pas licenciée. Enfin, pas tout de suite.

Envoyer un rapport d'état

Les gens qui délèguent leur travail adorent la fonction Affecter une tâche. Ceux qui exécutent ces tâches sont beaucoup moins enthousiastes. Si vous êtes le plus souvent du mauvais côté du manche (celui des exécutants, donc), sachez que le pire est à venir : Outlook combiné avec Exchange Server est capable d'aider votre patron à rester informé de ce que vous avez déjà fait, de ce que vous faites, et de ce qu'il vous reste à faire. Faire, et faire, et faire.

Vous avez certainement déjà remarqué que le formulaire de définition des tâches comporte un champ appelé État, et un autre dénommé % réalisé. Si vous mettez régulièrement à jour le contenu de ces champs, vous pourrez informer en permanence le Big Boss de votre inappréciable contribution au développement de la société en lui transmettant des rapports avantageux pour vous.

Pour envoyer un rapport d'état, suivez ces étapes :

1. **Faites un double-clic sur la tâche voulue.**

   Le formulaire correspondant s'affiche.

2. **Cliquez dans le ruban sur le bouton Envoyer le rapport d'état.**

   Une fenêtre de message apparaît. Le nom de la personne à laquelle la tâche est dévolue devrait automatiquement être proposé.

3. **Entrez dans le champ de texte principal toutes les explications utiles à la bonne réalisation de la tâche ou sur l'état d'exécution de celle-ci.**

4. **Cliquez sur le bouton Envoyer.**

Vous pouvez transmettre ce genre de rapport aussi souvent que vous le voulez : toutes les semaines, tous les jours, toutes les heures, et ainsi de suite. Mais il vaut probablement mieux ne pas multiplier les rapports au-delà du raisonnable, sous peine de finir par tout bloquer.

Collaborer avec Outlook et Exchange

Je consacre le reste de ce chapitre à des fonctions qui ne sont opérationnelles que si vous avez à la fois Outlook et Exchange Server. Si vous n'avez pas Exchange, ne vous attendez pas à pouvoir vous en servir.

Si vous utilisez Outlook, que ce soit chez vous ou à votre bureau, sans Exchange Server, vous ne pourrez pas profiter de ce que je décris dans la suite de ce chapitre. Mais ne désespérez pas : petit à petit, Microsoft trouve des moyens de rendre accessibles à tous les utilisateurs d'Outlook des fonctions qui nécessitaient auparavant Exchange. Autrement dit, vous pouvez quand même jeter un coup d'œil à cette section pour avoir une idée de ce que vous pourrez faire plus tard.

Déléguer une autorisation

Les gens qui ont vraiment une âme de chef savent déléguer. En tout cas, c'est ce que me dit mon assistant. Il y a des gens très occupés qui confient à leur secrétaire la tâche de gérer leur agenda, et même (parfois) leur courrier électronique. Je suppose que c'est comme ça qu'ils arrivent à se concentrer sur les choses importantes pendant que leur secrétaire s'occupe des détails plus ou moins subalternes.

Lorsque vous déléguez une autorisation à quelqu'un dans Outlook sur un réseau Exchange, vous lui donnez le droit de regarder dans tous les modules Outlook que vous désignez pour cela.

Pour nommer un délégué, suivez ces étapes :

1. **Activez l'onglet Fichier du ruban, puis cliquez sur le bouton Informations dans le volet de gauche, et enfin cliquez sur le bouton Paramètres du compte.**

   Un menu déroulant va vous proposer plusieurs options pour paramétrer le compte, délégué des droits d'accès et télécharger un carnet d'adresses.

2. **Cliquez sur l'option Accès délégué.**

   Une boîte de dialogue d'options s'affiche.

3. **Cliquez sur Ajouter.**

   La boîte de dialogue Ajouter des utilisateurs apparaît.

4. **Double-cliquez sur le nom de chaque personne que vous voulez nommer comme délégué.**

   Les noms que vous sélectionnez apparaissent dans la partie principale de la fenêtre.

5. **Cliquez sur OK.**

   La boîte de dialogue Autorisations accordées aux délégués apparaît. Comme son nom l'indique, elle vous permet de définir avec précision les autorisations que vous voulez donner à vos délégués.

6. **Opérez toutes les modifications que vous voulez dans la boîte de dialogue Autorisations accordées aux délégués.**

   Si vous ne changez rien dans cette boîte de dialogue, votre délégué recevra par défaut le statut Rédacteur pour vos tâches et pour votre calendrier, ce qui signifie qu'il aura la possibilité de lire, de créer et de modifier des éléments à volonté dans ces deux modules d'Outlook.

7. **Cliquez deux fois sur OK pour refermer les boîtes de dialogue.**

Ouvrir un dossier d'un autre utilisateur

Dans une équipe, il est assez courant que les agendas et les listes de tâches des uns et des autres soient accessibles à tous, non seulement pour que chacun puisse savoir ce que font ses collègues, mais aussi pour que chacun ait la possibilité de prendre un rendez-vous pour le compte d'un autre membre de l'équipe. Par exemple, vous travaillez peut-être dans une entreprise dans laquelle les commerciaux travaillent main dans la main avec le service après-vente. Si vous êtes au service après-vente, vous trouverez peut-être utile que votre partenaire du service commercial puisse accéder à votre agenda en votre absence pour prendre un rendez-vous pour vous avec un client. Mais, pour cela, il doit avoir accès à votre dossier Calendrier.

Pour que vous puissiez ouvrir un dossier Outlook d'un autre utilisateur, celui-ci doit au préalable vous avoir accordé l'autorisation correspondante. C'est ce que j'ai décrit dans la section précédente. Une fois que vous avez cette autorisation, suivez ces étapes pour ouvrir le dossier :

1. **Activez l'onglet Fichier du ruban, puis cliquez sur Ouvrir et enfin sur Dossier d'un autre utilisateur.**

2. **Dans la boîte de dialogue qui s'affiche, cliquez sur le bouton Nom.**

   La boîte de dialogue Choisir les noms apparaît (c'est en fait le Carnet d'adresses).

3. **Double-cliquez sur le nom de la personne dont vous voulez ouvrir un dossier.**

   Le nom sur lequel vous avez double-cliqué apparaît dans la boîte de dialogue.

4. **Cliquez sur le triangle pointant vers le bas dans le champ Type de dossier.**

   La liste des dossiers que vous pouvez sélectionner apparaît.

5. **Cliquez sur le nom du dossier auquel vous voulez accéder.**

   Le nom sélectionné s'affiche dans le champ Type de dossier.

6. **Cliquez sur OK.**

   Le dossier que vous venez de désignéer est maintenant disponible. Mais le trouver n'est pas forcément évident. Un calendrier partagé n'apparaîtra *pas* si vous développez la liste des dossiers. En revanche, vous pourrez y accéder en cliquant sur le bouton Calendrier du Volet de navigation.

Afficher deux calendriers côte à côte

Il est courant qu'une secrétaire ait accès à l'agenda de son patron. Ce qui nécessite bien entendu une délégation de la part de celui-ci. De cette manière, la secrétaire peut gérer l'emploi du temps patronal pendant que le responsable vaque à d'autres occupations beaucoup plus importantes. Mais il est aussi utile dans certains cas de pouvoir consulter simultanément l'agenda de votre patron et le vôtre. Si vous disposez pour cela des autorisations nécessaires, Outlook est capable d'afficher les deux calendriers côte à côte, ce qui vous permet de comparer d'un coup d'œil vos disponibilités respectives.

Après avoir suivi les étapes nécessaires pour ouvrir le calendrier d'un autre utilisateur, vous devriez voir son nom dans la liste qui s'affiche quand vous cliquez dans le Volet de navigation sur le module Calendrier. Si vous cochez la case associée à l'un des noms qui apparaissent, le calendrier correspondant apparaît à l'écran à côté du vôtre (voir la Figure 14.7). Comme votre écran risque d'être encombré, il sera peut-être plus pratique de passer à l'affichage Jour pour y voir plus clair. Après avoir pris connaissance des informations qui vous intéressent, ôtez la coche de la case associée au nom de l'utilisateur dont vous avez ouvert le calendrier pour ne plus afficher que le vôtre.

Définir des autorisations d'accès

Il arrive souvent qu'un dirigeant très occupé permette à sa secrétaire non seulement de consulter, mais aussi de modifier l'ensemble de son compte Outlook depuis son bureau. C'est donc elle qui organise tout le travail de son patron, à qui il ne reste plus qu'à agir. C'est ce que l'on appelle « donner une autorisation d'accès », et c'est à peu près la même chose que ce que nous avons appelé plus haut « nommer un délégué ». Toutefois, lorsque vous accordez une autorisation d'accès, vous octroyez à la personne concernée un pouvoir plus étendu : vous lui donnez la possibilité d'utiliser la totalité de votre compte Outlook, ce qui n'est évidemment pas une mince décision.

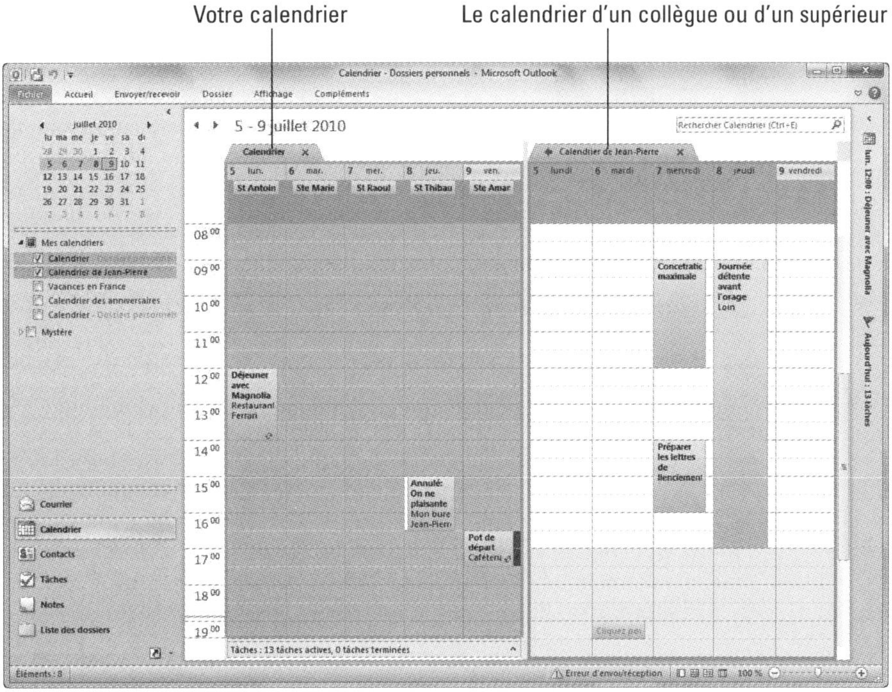

Figure 14.7 : Visualiser les calendriers de deux personnes en même temps.

Pour accorder une autorisation d'accès à vos dossiers à un autre utilisateur, suivez ces étapes :

1. **Cliquez droit sur le nom de votre compte sous l'intitulé Liste des dossiers.**

   Un menu contextuel s'affiche.

2. **Dans ce menu, cliquez sur l'option Autorisations du dossier.**

   La boîte de dialogue Propriétés de Outlook Aujourd'hui - [*nom du dossier*] apparaît.

3. **Si nécessaire, cliquez sur l'onglet Autorisations.**

   L'onglet Autorisations passe au premier plan.

4. **Cliquez sur le bouton Ajouter.**

   La boîte de dialogue Ajouter apparaît. Elle contient tout simplement la liste des utilisateurs du réseau.

5. **Double-cliquez sur le nom de la personne à laquelle vous voulez donner accès à vos dossiers.**

   Le nom sur lequel vous avez double-cliqué apparaît dans la zone Ajouter, en bas de la boîte de dialogue.

6. **Cliquez sur OK.**

   La boîte de dialogue se ferme, et le nom que vous avez sélectionné apparaît dans la zone Nom de l'onglet Autorisations.

7. **Cliquez sur le nom que vous venez d'ajouter.**

   Le nom est mis en surbrillance pour montrer qu'il est sélectionné.

8. **Cliquez sur le triangle pointant vers le bas dans le champ Niveau d'autorisation.**

   La liste des niveaux d'autorisation apparaît. Assigner un niveau d'autorisation accorde un ensemble de droits déterminés à la personne concernée. Par exemple, un rédacteur peut ajouter, modifier, changer ou supprimer des éléments dans vos dossiers Outlook, alors qu'un relecteur ne peut que les consulter.

9. **Cliquez sur le niveau d'autorisation que vous voulez assigner à la personne sélectionnée.**

   Le paramètre choisi apparaît dans le champ Niveau d'autorisation. Les coches qui apparaissent dans les cases situées au-dessous de ce champ indiquent ce que la personne est autorisée à faire avec vos dossiers.

10. **Cliquez sur le bouton OK.**

Maintenant que vous avez accordé à quelqu'un l'autorisation d'avoir une vue d'ensemble sur votre compte, vous devez définir ses droits d'accéder à chaque dossier individuellement (sauf pour vos contacts). Pour accorder une autorisation d'accès à une autre personne, vous pouvez suivre les étapes précédentes pour chaque icône de la Liste des dossiers, ou vous reporter à la section « Déléguer une autorisation », plus haut dans ce chapitre.

Notez qu'Outlook ne vous donne aucun moyen de savoir si une personne vous a accordé une autorisation d'accès à ses dossiers, à moins d'essayer de les ouvrir (ou si elle vous en informe directement, bien sûr). Ceci évite le risque qu'un hacker naviguant dans les parages s'introduise dans les dossiers de plusieurs personnes après avoir volé un seul mot de passe.

Afficher deux comptes

Si votre patron vous donne une autorisation d'accès à l'ensemble de son compte, vous pouvez configurer votre copie d'Outlook pour faire apparaître non seulement vos dossiers, mais aussi les siens, dans votre Liste des dossiers. Si vous voulez voir votre calendrier, cliquez sur son nom. Si vous voulez voir celui de votre patron, cliquez sur le sien.

Pour ajouter le compte Outlook d'une autre personne dans votre propre affichage, suivez ces étapes :

1. **Cliquez droit sur l'icône du nom de votre compte (elle se trouve juste au-dessus de votre Boîte de réception).**

   Un menu contextuel apparaît.

2. **Dans le menu contextuel, sélectionnez Propriétés du fichier de données.**

   La boîte de dialogue Propriétés de Outlook Aujourd'hui - [Dossiers personnels] apparaît, avec l'onglet Général ouvert.

3. **Cliquez sur le bouton Options avancées.**

   La boîte de dialogue Microsoft Exchange apparaît.

4. **Cliquez sur l'onglet Avancé.**

   L'onglet Avancé passe au premier plan.

5. **Cliquez sur Ajouter.**

6. **Dans la boîte de dialogue qui apparaît, tapez le nom de la personne dont vous voulez ajouter le compte.**

   Le nom que vous tapez apparaît dans la zone de texte.

   Vous devez taper ici le *nom d'utilisateur* de la personne que vous ajoutez. La boîte de dialogue ne vous propose aucune liste dans laquelle vous pourriez faire un choix. Si vous faites une faute, ou bien si l'utilisateur n'existe pas (ou n'est pas localisable), vous verrez s'afficher un message vous avertissant que le nom n'a pas été trouvé dans la liste d'adresses. Dans ce cas, vous devrez vérifier ce que vous avez saisi.

7. **Cliquez sur OK jusqu'à ce que toutes les boîtes de dialogue soient refermées.**

Une fois que vous avez ajouté le compte d'une autre personne à votre configuration d'Outlook, utilisez le Volet de navigation pour accéder aux éléments de la personne concernée. Vous verrez apparaître dans votre Liste des dossiers une nouvelle section. Elle contient les dossiers de cet utilisateur auxquels vous avez accès, qu'il s'agisse de son calendrier ou de tout autre module pour lequel des droits d'accès vous ont été attribués.

Réponses automatiques

Est-ce que ce ne serait pas génial si Outlook était omniscient et était capable de vous dire que la personne à laquelle vous voulez envoyer un message est injoignable (avant même que vous n'ayez écrit quoi que soit) ? Si vous avez la chance de travailler dans une entreprise qui utilise la dernière version Microsoft Exchange Server, Outlook peut avoir accès à une nouvelle fonctionnalité appelée « Mail Tips ». Il ne s'agit de vous donner des conseils pour mieux rédiger vos e-mails, mais d'informations affichées automatiquement sur vos destinataires dès que vous saisissez leur nom. Si vous voulez par exemple envoyer un e-mail à Paul Durand, mais que Paul a activé le mode Réponses automatiques, vous verrez un indicateur apparaître en haut de la fenêtre de composition de message.

Les réponses automatiques sont un procédé commode pour expliquer aux personnes qui vous envoient des messages que vous n'êtes pas là pour les lire. En supposant, bien entendu, que vous n'avez aucune envie de gâcher vos vacances et qu'entre lire des e-mails et siroter des Margarita sur la plage, votre choix est très vite fait. Avant de partir bronzer, il vous suffit d'activer l'onglet Fichier du ruban, de cliquer sur Informations, puis sur le bouton Réponses automatiques. Il ne vous reste plus qu'à indiquer le contenu qui sera renvoyé à vos correspondants (« Je suis parti quinze jours aux Seychelles. Prière de m'oublier jusqu'à mon retour. »).

Les « Mails Tips » peuvent aussi vous donner d'autres renseignements, par exemple lorsque vous écrivez à toute une série de destinataires, ou si la Boîte de réception d'une certaine personne est pleine, et donc refusera d'enregistrer votre e-mail. La plupart du temps, les « Mails Tips » sont limités à des informations qui concernent les membres de votre organisation. N'espérez donc pas apprendre ainsi que votre tante Pétunia est en vacances en Floride.

À propos des carnets d'adresses

Outlook utilise différents carnets d'adresses qui font en fait partie de Microsoft Exchange Server. Chacun d'eux est une liste indépendante de noms et d'adresses de messagerie. Il est excusable d'avoir du mal à s'y retrouver. Microsoft a simplifié le problème de l'utilisation des carnets d'adresses à partir de la version 2002 d'Outlook, mais ça ne vous concerne vraiment que si vous utilisez Outlook sur un grand réseau d'entreprise. Je vais quand même essayer de vous aider à y voir plus clair.

La liste Contacts d'Outlook contient toutes sortes d'informations personnelles, alors qu'un carnet d'adresses ne contient généralement que des noms et des adresses de messagerie. Il est aussi susceptible de mémoriser des détails pratiques qui permettent l'expédition effective de vos messages à des gens qui se trouvent sur votre système de messagerie d'entreprise, en particulier si ce système est Microsoft Exchange Server.

Voici ce qu'il est bon de savoir sur la pléthore de carnets d'adresses dont vous disposez :

- **La Liste d'adresses globale :** Si vous utilisez Outlook sur un réseau d'entreprise, cette liste, tenue à jour par votre administrateur système, contient les noms et les adresses de messagerie de toutes les personnes qui ont un compte de messagerie sur ce réseau. C'est ce carnet d'adresses qui permet d'envoyer un message à tout membre du personnel de votre entreprise sans avoir à rechercher son adresse.
- **Le Carnet d'adresses du module Contacts :** C'est la liste des adresses de messagerie de tous vos contacts. Outlook crée automatiquement ce carnet d'adresses pour vous permettre d'ajouter facilement les noms des destinataires lorsque vous créez des messages.
- **Les carnets d'adresses supplémentaires :** Si vous créez des dossiers supplémentaires pour des contacts Outlook, ces dossiers deviennent aussi des carnets d'adresses indépendants. Votre administrateur système peut également créer des carnets d'adresses supplémentaires.

Si vous avez de la chance, vous ne verrez jamais de carnet d'adresses. Les coordonnées de tous les gens à qui vous envoyez des mails sont contenues dans la Liste d'adresses globale, tenue à jour par un autre que vous. Dans ces circonstances, Outlook est un outil de rêve. La plupart du temps, vous n'avez même pas besoin de savoir ce qu'est un carnet d'adresses. Il vous suffit de taper dans le champ À de votre message le nom de son destinataire. Outlook vérifie que ce nom fait bien partie de sa liste et se charge d'expédier votre message.

Dans des conditions moins idéales, Outlook peut se plaindre en disant qu'il ne sait pas à qui envoyer le message, ou qu'il ne comprend pas de qui vous parlez. C'est dans ce cas qu'il faut vous occuper vous-même de l'adresse. Cette situation ne se produit que lorsque le nom de votre destinataire ne se trouve dans aucun des carnets d'adresses ou lorsque l'adresse est dans une forme qu'Outlook ne reconnaît pas. Il vous faut alors soit entrer manuellement l'adresse complète dans le champ À, soit ajouter le nom et l'adresse de messagerie de votre destinataire dans votre liste de Contacts.

TRUC

Externaliser Microsoft Exchange

Si vous avez une petite entreprise, vous n'êtes pas forcément disponible pour installer et faire fonctionner Exchange, sans parler de la question de son prix.

Si vous pensez avoir besoin des fonctionnalités d'Exchange, mais que vous n'avez pas le temps de vous en occuper, il existe des sociétés de services qui peuvent vous proposer ses fonctionnalités sans avoir à installer et faire fonctionner Exchange sur votre propre système informatique. Les tarifs de tels services sont généralement définis par utilisateur et par mois. Si vous faites une recherche sur le Web francophone, vous trouverez sans difficulté des sociétés proposant des services d'hébergement Exchange.

Utiliser SharePoint Team Services

Il existe en fait plus d'une méthode pour utiliser Outlook comme outil de collaboration avec d'autres utilisateurs. J'ai consacré la première partie de ce chapitre à décrire l'utilisation d'Outlook avec Exchange, qui est l'outil de collaboration le plus puissant dont on puisse disposer avec Outlook. Mais il existe aussi un autre outil, nommé SharePoint Team Services, qui peut aussi se connecter à Outlook pour vous permettre de travailler en collaboration avec d'autres utilisateurs.

SharePoint est essentiellement un outil de collaboration en ligne qui permet de coordonner des réunions, des projets, de partager des documents et autres activités. La majeure partie de ce que vous pouvez faire avec SharePoint ne peut se faire qu'avec votre navigateur Web, mais la dernière version de SharePoint permet aussi de définir des dossiers d'Outlook avec lesquels vous pourrez accéder à des informations clés (calendriers, documents ou encore tâches) d'un site Web SharePoint, même si vous n'êtes pas en ligne. SharePoint n'est pas aussi intimement lié à Outlook qu'Exchange, mais il fournit différentes fonctions de collaboration que vous pouvez utiliser avec des personnes extérieures à votre bureau.

Dans la plupart des cas, vous n'aurez pas le choix entre Exchange et SharePoint Team Services. C'est une autre personne (en général votre administrateur système) qui aura pris la décision. En fait, vous aurez parfois besoin d'utiliser l'un et l'autre. Outlook peut se connecter simultanément à Exchange et à SharePoint sans aucun problème. Si vous avez un jour à utiliser SharePoint Team Services, il y a des chances que ce soit parce qu'on vous aura demandé de participer à une équipe qui l'utilise. Si personne ne vous le demande jamais, vous n'avez pas besoin d'y penser, et vous pouvez sauter cette section.

Rejoindre une équipe SharePoint

Pour commencer, vous recevrez un mail vous demandant de vous joindre à une équipe SharePoint. Ce sera simplement un message ordinaire, contenant votre nom d'utilisateur, votre mot de passe, et un lien vers le site SharePoint. Cliquez simplement sur le lien, et ouvrez une session avec le nom d'utilisateur et le mot de passe indiqués dans le message. Lorsque vous cliquez sur ce lien, votre navigateur Web s'ouvre sur un site consacré aux activités de l'équipe à laquelle il vous a été demandé de vous joindre. Chaque site SharePoint possède sa propre présentation. Cliquez sur les liens qu'il contient pour voir ce qu'il a à vous proposer.

Connecter Outlook à des données SharePoint

Certaines parties d'un site Web SharePoint peuvent être liées à Outlook de manière que les informations du site apparaissent automatiquement dans celui-ci. Si vous voyez dans le site SharePoint une icône intitulée « Lier au Calendrier » (ou « Link to Calendar ») ou « Lier aux Contacts » (ou « Link to Contacts »), il vous suffit de cliquer sur cette icône pour envoyer les informations de cette page directement dans Outlook.

Afficher dans Outlook des données SharePoint

Contrairement aux versions précédentes, Microsoft Office 2010 est hautement intégré avec SharePoint, notamment Outlook 2010. Si vous disposez des permissions voulues, Outlook sera capable d'accéder à virtuellement n'importe quelle information du site SharePoint, et de gérer d'une manière transparente la synchronisation entre les documents enregistrés sur ce site et ceux qui se trouvent sur votre propre système.

Les informations envoyées à Outlook par un site SharePoint y apparaissent dans le jeu de dossiers correspondant à ce site. Si vous cliquez sur le bouton Courrier dans le Volet de navigation, vous voyez apparaître les dossiers SharePoint dans la liste. Cliquez simplement sur le dossier voulu pour consulter son contenu.

Ces dossiers montrent généralement des documents partagés provenant par exemple de Word, d'Excel ou de PowerPoint. Lorsque vous sélectionnez un document, un aperçu en apparaît dans le Volet de lecture. Un double l'ouvre dans son application d'origine. Avec les bonnes permissions, vous pouvez l'éditer hors connexion, puis envoyer la version modifiée sur le site SharePoint pour en effectuer la mise à jour. En revanche, vous ne pouvez pas ajouter directement de nouveaux éléments à un dossier SharePoint en utilisant Outlook. Vous ne pouvez le faire que par votre navigateur Web ou encore via l'application Microsoft Office adaptée, Word par exemple.

Vous pouvez visualiser dans Outlook des calendriers et des tâches SharePoint partagés exactement comme s'il s'agissait de fichiers locaux. Ils apparaissent dans les mêmes listes que vos calendriers et vos tâches. Il est ainsi possible d'afficher tout ce petit monde côte à côte (voir plus haut dans ce chapitre). Avec les autorisations nécessaires, il est possible d'éditer les entrées des calendriers et des tâches, et même d'en créer de nouvelles.

Quand avez-vous le plus de chances de rencontrer SharePoint et quand vaut-il mieux utiliser Exchange ? À mon sens, Exchange est davantage adapté à la collaboration entre des gens qui sont connectés au même système de messagerie, alors que SharePoint convient plus à des personnes qui ont besoin de travailler sur des documents partagés, mais qui n'ont pas accès à un système de messagerie centralisé.

Par exemple, imaginez que vous travailliez dans un petit cabinet juridique dans lequel chacun a une adresse de messagerie qui se présente de la même manière, par exemple `jacques.duparc@conseil.fr`. Dans cette situation, la meilleure solution pour permettre aux membres du cabinet de travailler ensemble consiste à utiliser Exchange. Si vous êtes également un membre actif de l'association du barreau locale, vous pourrez tirer avantage de SharePoint pour organiser vos réunions et autres activités avec le site Web de cette association.

Chapitre 15

Garder vos secrets avec les fonctions de sécurité d'Outlook

Dans ce chapitre :

- Obtenir une identification numérique.
- Envoyer un message signé.
- Chiffrer un message.

Au cinéma, les *hackers* (les pirates de l'informatique, si vous préférez) connaissent le contenu de votre compte en banque, votre numéro de Sécurité sociale, ce que vous achetez quand vous faites vos courses, ce que vous avez mangé au petit déjeuner, etc. En somme, ils savent tout. Aucune information, si petite soit-elle, sur votre vie, ne peut échapper à un hacker de cinéma.

Les hackers du monde réel sont-ils aussi brillants et aussi dangereux ? Pas vraiment. La plupart des délits relevant du vol d'informations personnelles ne sont pas le fait de hackers qui s'introduisent dans des ordinateurs personnels. Le plus souvent, ce sont des gens qui récupèrent des tickets de cartes de crédit en faisant les poubelles d'un restaurant, ou qui arrivent à faire dire son mot de passe à un naïf en lui téléphonant sous un prétexte quelconque.

Même s'il n'y a sans doute pas de hacker qui rôde en sachant tout (ou en essayant de tout savoir) sur vous, il n'en est pas moins judicieux de se poser la question de la sécurité de votre messagerie électronique et de vos informations personnelles. Si vous travaillez dans une entreprise, vous pouvez avoir l'obligation de maintenir un certain niveau de sécurité pour les messages que vous envoyez et que vous recevez.

Outlook comporte des fonctionnalités qui vous permettent de garder secrètes vos informations confidentielles, de maintenir votre identité en sécurité, et d'être certain que les messages que vous recevez viennent effectivement des personnes qui sont censées les avoir envoyés. Dans la plupart des cas, il vous faudra ajouter un petit programme à Outlook pour activer ces fonctions de sécurité avancées, mais une fois que vous les aurez installés, vous n'aurez plus à vous en préoccuper.

Si la sécurité est vraiment pour vous une question importante (par exemple si votre activité relève de la finance, du domaine juridique, ou de la défense), vous voudrez peut-être examiner les systèmes de sécurité plus sophistiqués qui commencent à apparaître. Il y a aujourd'hui plusieurs entreprises qui proposent des systèmes de confirmation d'identité et de sécurité des messages, à base de lecteurs d'empreinte digitale, de scanners d'iris, et même d'appareils capables de reconnaître votre visage. Bien que nombre de ces systèmes puissent se connecter à Outlook pour faire de la sécurité des messages une opération assez directe, la plupart d'entre eux coûtent significativement plus cher que ce que peut se permettre de dépenser l'utilisateur moyen. Dans ce chapitre, je vais vous présenter uniquement les fonctions de sécurité internes à Outlook.

Obtenir une identification numérique

Vous recevez probablement tous les jours des messages de gens que vous n'avez jamais rencontrés, et je parierais volontiers que vous ne passez pas beaucoup de temps à vous demander si les messages que vous recevez viennent réellement des gens qui se prétendent en être les expéditeurs (mais vous devriez y penser de temps en temps). Il est tout à fait possible à un hacker d'envoyer des messages qui semblent venir de quelqu'un d'autre. Comment savoir alors si le champ De vous raconte bien la vraie vérité ? Naturellement, si vous connaissez personnellement l'expéditeur affiché, vous pouvez toujours lui téléphoner pour lui poser la question, mais il existe un procédé plus simple, plus technique également, qui consiste à utiliser ce qu'on appelle une signature numérique, c'est-à-dire un petit code secret inclus dans le message et permettant de prouver trois choses :

- Que le message vient réellement de l'adresse (puisque c'est essentiellement une adresse, même si elle apparaît sous la forme du nom d'une personne) qui apparaît dans le champ De.
- Que la personne qui a effectivement envoyé le message est bien celle qu'elle proclame être.
- Que la personne qui a envoyé le message l'a fait intentionnellement et non par erreur. C'est comme signer un chèque. C'est la preuve que l'expéditeur a bien eu l'intention d'envoyer le message.

Si vous voulez utiliser les fonctions de sécurité d'Outlook, vous devez commencer par obtenir une identification numérique. Si vous travaillez dans une grande organisation, votre employeur peut l'obtenir pour vous (et votre administrateur système local peut installer le logiciel nécessaire), auquel cas sautez les étapes ci-dessous. Si vous pensez avoir besoin d'une identification numérique pour votre usage personnel, vous pouvez en obtenir une auprès d'une des nombreuses entreprises qui fournissent ce type de services, en suivant ces étapes :

1. **Activez l'onglet Fichier du ruban.**

   La vue que Microsoft appelle Backstage apparaît.

2. **Cliquez sur le mot Options, à gauche de la fenêtre.**

   L'écran Options Outlook s'affiche.

3. **Dans le volet de navigation, cliquez sur la ligne qui indique Centre de gestion de la confidentialité.**

   Vous pouvez voir les options associées à la sécurité et à la confidentialité.

4. **Cliquez sur le bouton Paramètres du Centre de gestion de la confidentialité.**

   La fenêtre du Centre de gestion de la confidentialité s'affiche.

5. **Cliquez sur l'option Sécurité de messagerie électronique.**

   La page illustrée sur la Figure 15.1 apparaît.

6. **Cliquez sur le bouton Obtenir une identification numérique.**

   Un site Web apparaît, vous proposant différents services pour obtenir une identification numérique.

Après avoir choisi un fournisseur d'identification numérique (certains sont gratuits, d'autres non), il vous reste à remplir quelques formulaires et à choisir un mot de passe pour votre identification numérique. Vous devrez également échanger quelques mails avec ce fournisseur pour prouver que l'adresse de messagerie que vous avez indiquée est bien la vôtre.

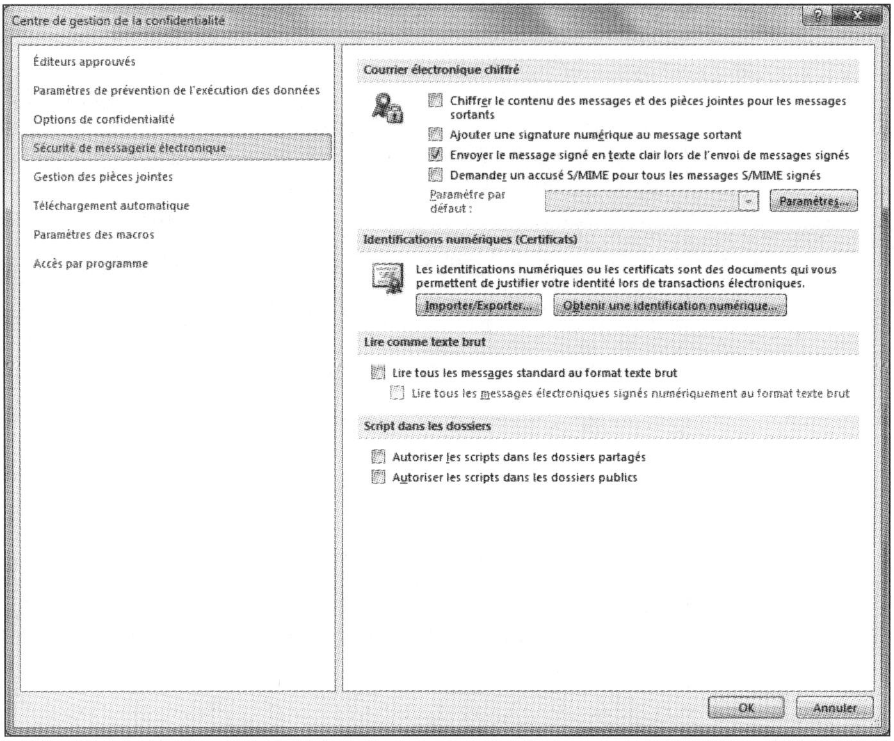

Figure 15.1 : La page Sécurité de messagerie électronique est le point d'entrée pour obtenir une identification numérique.

Envoyer un message signé numériquement

Une fois que vous avez une identification numérique, la chose la plus simple que vous puissiez en faire est d'envoyer à quelqu'un un message contenant votre signature numérique. La signature numérique d'un message fait plus que garantir à votre destinataire que vous êtes bien celui que vous prétendez être. Imaginez que vous vouliez envoyer un message crypté que seul votre correspondant pourra lire. Pour cela, il vous faut commencer par envoyer au moins un message signé numériquement pour permettre à Outlook de capturer les informations nécessaires sur votre identification numérique.

Après avoir obtenu une identification numérique, vous pouvez envoyer un message signé numériquement, en suivant ces étapes :

1. **Dans la fenêtre du message, cliquez sur l'onglet Options.**

   Le ruban Options apparaît.

2. **Cliquez sur l'icône située à droite des mots Autres options, sur la partie droite du ruban.**

   La boîte de dialogue Propriétés apparaît (voir la Figure 15.2)

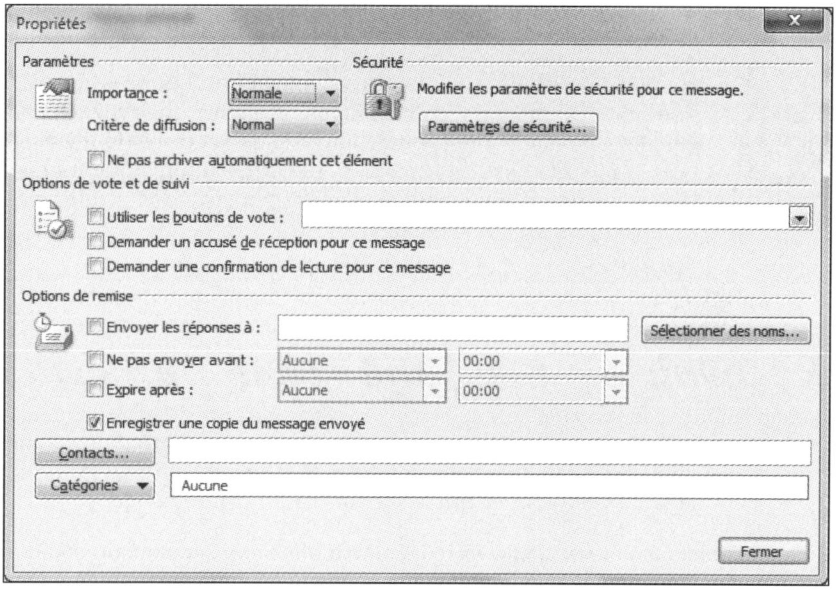

Figure 15.2 : Pour signer un message, cliquez sur le bouton Paramètres de sécurité dans la boîte de dialogue Propriétés.

3. **Cliquez sur le bouton Paramètres de sécurité.**

   La boîte de dialogue Propriétés de sécurité s'affiche.

4. **Cochez la case Ajouter une signature numérique au message.**

5. **Cliquez sur le bouton OK dans la boîte de dialogue Propriétés de sécurité.**

   La boîte de dialogue Propriétés de sécurité se referme.

6. **Cliquez sur Fermer dans la boîte de dialogue Options des messages.**

   Vous êtes de retour dans la fenêtre de votre message.

7. **Rédigez votre message et cliquez sur Envoyer.**

   Une boîte de dialogue apparaît pour vous indiquer qu'Outlook est en train de signer votre message avec votre identification numérique.

8. **Cliquez sur OK.**

   Votre message sécurisé est envoyé.

L'ajout d'une signature numérique ralentit un peu le processus d'expédition d'un message, parce que votre ordinateur a besoin d'échanger des informations avec celui qui a fourni cette signature numérique afin de la vérifier. Mais c'est justement parce qu'Outlook contrôle votre signature numérique que votre destinataire peut être certain que ce message vient réellement de vous, ce qui est exactement le but de la signature numérique.

Si vous le souhaitez, vous pouvez aussi configurer Outlook pour signer numériquement tous les messages que vous envoyez. Revenez au Centre de gestion de la confidentialité. Cliquez sur Sécurité de messagerie électronique, puis cochez la case Ajouter une signature numérique au message sortant. Dans certains domaines d'activité, il pourra vous être demandé de signer numériquement tous les messages que vous envoyez, mais pour la plupart des gens ce n'est pas nécessaire.

Recevoir un message signé numériquement

Lorsque vous recevez un e-mail signé numériquement, celui-ci est reconnaissable à l'icône qui apparaît alors juste au-dessus du coin supérieur droit de la zone de texte, et qui ressemble à un ruban rouge.

Vous n'avez rien à faire de particulier en recevant un tel message. La présence de cette icône vous dit tout simplement que le message provient effectivement de la personne indiquée comme expéditeur. Mais si vous êtes du genre curieux et que vous voulez en savoir plus, vous pouvez cliquer sur cette icône et lire les informations affichées dans la boîte de dialogue qui apparaît. Celle-ci ne fait que vous confirmer explicitement ce que vous savez déjà : l'expéditeur du message est bien celui qu'il prétend être. Ouf !

Chiffrer un message

Autrefois, les enfants aimaient beaucoup s'échanger des messages cryptés que seul le destinataire pouvait décrypter parce qu'il connaissait le procédé utilisé et la clé. Outlook fait quelque chose de semblable avec sa propre fonction de cryptage/décryptage. Lorsque vous cryptez un message, Outlook brouille le contenu de celui-ci avec un procédé mathématique, de telle manière que seul votre destinataire pourra le lire.

Pour que vous puissiez envoyer à quelqu'un un message crypté avec Outlook, votre destinataire et vous-même devez préalablement avoir obtenu un certificat numérique, comme je l'ai expliqué plus haut dans ce chapitre. D'autre part, votre destinataire doit vous avoir envoyé au moins un message signé numériquement (ce que j'ai également expliqué plus haut), de manière qu'Outlook sache que vous pouvez faire confiance à cette personne. Outlook est très soupçonneux : votre propre mère ne pourra pas vous faire parvenir un message crypté si vous ne lui avez pas adressé préalablement un message signé numériquement.

Pour envoyer un message crypté à une personne qui satisfait ces exigences, suivez ces étapes :

1. **Dans la fenêtre du message, cliquez sur l'onglet Options.**

   Le ruban Options apparaît.

2. **Cliquez sur l'icône située à droite des mots Autres options, sur la partie droite du ruban.**

   La boîte de dialogue Propriétés apparaît.

3. **Cliquez sur le bouton Paramètres de sécurité.**

   La boîte de dialogue Propriétés de sécurité apparaît.

4. **Cochez la case Chiffrer le contenu et les pièces jointes du message.**

5. **Cliquez sur OK dans la boîte de dialogue Propriétés de sécurité.**

6. **Cliquez sur Fermer dans la boîte de dialogue Options des messages.**

   Vous êtes de retour dans la fenêtre du message.

7. **Rédigez votre message et cliquez sur Envoyer.**

   Une boîte de dialogue apparaît pour vous indiquer que votre message a été crypté.

8. **Cliquez sur OK.**

   Votre message est envoyé.

Lorsque vous recevez un message crypté, son contenu n'apparaît pas dans le Volet de lecture. Vous devez double-cliquer sur la ligne correspondante pour l'ouvrir. En fait, si vous travaillez dans une organisation importante, votre réseau pourra vous délivrer un tel e-mail sous forme de pièce jointe en vous avertissant solennellement qu'un message crypté ne peut pas être examiné pour vérifier qu'il ne contient pas de virus.

Outlook et les antivirus

L'un des plus grands risques encourus par tout utilisateur d'ordinateur est une infection virale. Les virus sont capables de se répandre sur l'Internet plus vite qu'un feu de forêt. Il en arrive de nouveaux tous les jours, et les procédés qu'ils emploient pour s'infiltrer dans votre système sont de plus en plus sophistiqués. Les antivirus aussi, d'ailleurs. Mais vous savez bien, c'est toujours la même course entre voleurs et gendarmes...

De nombreux virus se servent de la messagerie comme support, souvent en apparaissant sous la forme d'e-mails qui semblent provenir de quelqu'un que vous connaissez. D'autres se faufilent dans votre navigateur pendant que vous surfez sur le Web. La plupart d'entre eux ne font que provoquer de petits désagréments. Certains se rendent même invisibles (par exemple pour se servir de vous comme base arrière dans une attaque qui vise des cibles plus importantes). Mais d'autres aussi sont extrêmement méchants, au point de rendre votre ordinateur pratiquement inutilisable et de détruire tout votre travail avant d'infecter vos amis ou vos collègues pour leur jouer le même sale tour.

Il n'y a rien qui puisse remplacer un logiciel antivirus efficace si vous utilisez votre ordinateur comme le font la plupart des gens aujourd'hui. La plupart de ces programmes se connectent automatiquement à Outlook afin de scanner les messages que vous recevez (ou que vous envoyez), en bloquant ceux qui leur paraissent infectés.

L'embêtant, c'est qu'il existe aussi de faux antivirus, qui prétendent vous protéger mais qui se comportent en fait comme des virus, souvent pour vous infliger des rappels et des alarmes intempestives jusqu'à ce que vous cédiez et que vous achetiez une « mise à niveau », qui évidemment ne fait qu'empirer le problème.

Si les questions un peu (trop) techniques sur le développement des antivirus vous indiffèrent, je ne peux que vous donner un bon conseil : achetez-en un d'une marque connue et reconnue, que ce soit sur le Web ou dans une boutique spécialisée. Certains ordinateurs neufs sont fournis avec un logiciel antivirus préinstallé. Mais, évidemment, cela ne vous donne droit qu'à une certaine durée d'évaluation, après quoi vous devrez payer un abonnement pour rester protégé. Si ce logiciel provient de chez Symantec (Norton Antivirus), de McAfee (VirusScan) ou encore de chez Kaspersky (Kaspersky Internet Security), vous pouvez accepter sans soucis particuliers de vous abonner. Sinon, vous avez toujours la possibilité de visiter le site Web de l'éditeur, puis d'y charger une des versions proposées tout en déboursant le prix demandé et de l'installer. Les sites des produits que je viens de mentionner sont les suivants :

- Norton Antivirus : `www.symantec.fr`

- McAfee VirusScan : www.mcafee.com/fr/
- Kaspersky Internet Security : www.kaspersky.com/fr/

Il existe aussi des programmes tout à fait honorables et de surcroît gratuits. Par exemple, Microsoft propose Security Essentials (www.microsoft.com/security_essentials/). J'avoue ne pas l'avoir testé de façon extensive, mais il a l'air plutôt bien, et à un prix imbattable. Je me sers aussi depuis des années de AVG Free (www.avgfrance.com) et je ne m'en plains pas. Mais n'oubliez pas que gratuité signifie aussi moins d'aide et de support. Et que c'est justement ce dont on a le plus besoin quand les choses tournent mal. Après tout, on en a aussi pour ce que l'on accepte de payer. C'est à vous de voir !

Choisissez votre antivirus, mais surtout choisissez-en *un*. Pas deux. Inutile d'installer plusieurs antivirus en croyant être mieux protégé. Vous risqueriez plutôt de vous tirer une balle dans le pied.

Chapitre 16

Voyez-le comme vous voulez : Organiser et personnaliser Outlook

Dans ce chapitre :

- Personnaliser la barre d'outils Accès rapide et le ruban d'Outlook.
- Modifier les colonnes.
- Trier des listes.
- Regrouper des éléments.
- Enregistrer vos propres affichages.
- Utiliser des affichages.

Les gens qui écrivent des programmes d'ordinateurs consacrent beaucoup de temps et d'argent à trouver le meilleur moyen de présenter à l'écran ce dont vous avez besoin pour rendre un programme comme Outlook plus facile à comprendre et à utiliser. Ce sont ces louables efforts qui se traduisent finalement par ce qu'on appelle l'*interface utilisateur*.

Mais un écran qui est un rêve pour l'un peut être un cauchemar pour l'autre. Il y a des gens qui aiment voir à l'écran des mots qui leur disent explicitement quoi faire, alors que d'autres aiment avoir des icônes multicolores sur lesquelles ils peuvent cliquer. Certains aussi préfèrent voir les informations bien rangées en lignes et en colonnes, tandis que d'autres encore préfèrent voir ces mêmes informations disposées de façon, disons, plus informelle.

Outlook vous permet de présenter vos informations dans de nombreux affichages et modes d'organisation différents. Il y a même un bouton Organiser qui vous donne accès à toutes les possibilités dont vous disposez pour restructurer les informations du dossier affiché. Ce chapitre va vous montrer ce que le bouton Organiser vous propose de mieux.

Personnaliser la barre d'outils Accès rapide

Est-ce que vous avez déjà remarqué qu'environ 80 pour cent de vos résultats sont obtenus à partir de pratiquement 20 pour cent du travail que vous réalisez ? Cette fameuse règle des 80/20 s'applique d'ailleurs à bien plus de choses que vous ne pourriez le penser. La barre d'outils Accès rapide s'appuie sur cette idée en vous permettant de placer en haut de la fenêtre d'Outlook des raccourcis vers vos fonctions favorites. De cette manière, elles sont en permanence à votre disposition, et vous n'avez plus besoin de rechercher ces commandes dans le ruban et autres menus contextuels. Après l'installation d'Outlook 2010, cette barre ne contient que trois boutons (ou trois icônes si vous préférez). Il s'agit de Envoyer/Recevoir, Annuler et Personnaliser la barre d'outils Accès rapide. Vous pouvez vous servir de cette dernière icône pour placer là des commandes que vous utilisez fréquemment, par exemple Imprimer, Supprimer et ainsi de suite.

Pour personnaliser la barre d'outils Accès rapide, suivez ces étapes :

1. **Cliquez en haut de la fenêtre sur l'icône Personnaliser la barre d'outils Accès rapide.**

   Cette icône se trouve à la droite de la barre. Une liste déroulante apparaît. Elle contient les fonctions les plus populaires d'Outlook (voir la Figure 16.1).

Facile, non ? Si vous voulez vraiment vous salir les mains, vous pouvez choisir dans le menu l'option Autres commandes. Elle ouvre la fenêtre Options Outlook. Vous y trouvez par défaut une dizaine de choix possibles sous l'intitulé Commandes courantes : Imprimer, Annuler, Précédent, Suivant, Enregistrer sous, etc. Je ne sais pas pourquoi ces commandes sont si populaires. J'aurais bien aimé y trouver aussi *Encore un carré de chocolat*, mais personne ne m'a demandé mon avis. Vous pouvez cliquer sur la flèche qui suit l'intitulé Commandes courantes pour révéler bien d'autres possibilités, dont l'angoissant Toutes les commandes. Celle-ci propose des centaines de choix. Mais aucun qui dise *Encore un carré de chocolat*. Quelle déception ! Mis à part cela, pratiquement tout ce qu'Outlook est capable de faire se trouve dans la liste Toutes les commandes.

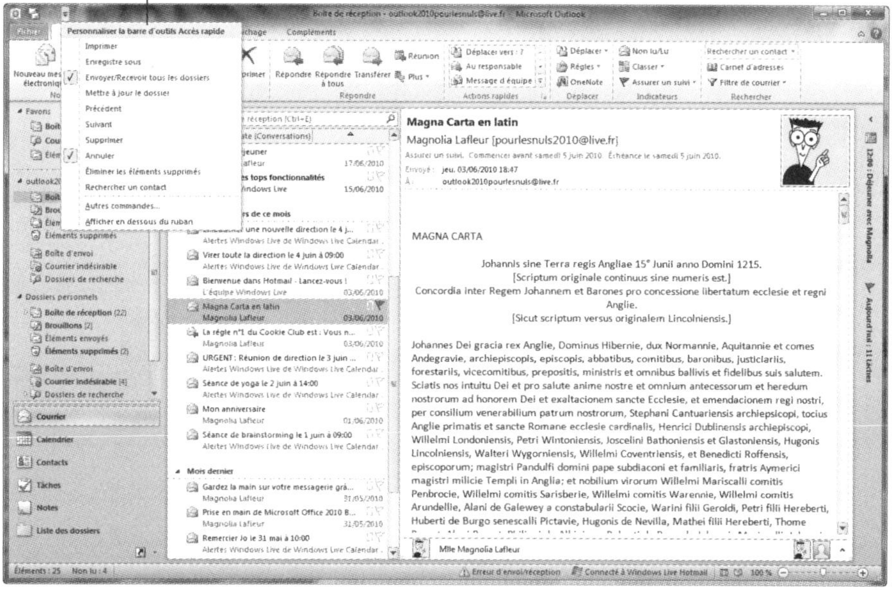

Figure 16.1 : Choisissez vos fonctions préférées dans le menu de la barre d'outils Accès rapide.

Personnaliser le ruban

Comme le ruban est le centre nerveux de Microsoft Office, vous avez de bonnes raisons pour vouloir l'adapter à vos besoins. D'un autre côté, la barre d'outils Accès rapide ne change pas d'aspect, quel que soit le module d'Outlook dans lequel vous vous trouvez. Vous pouvez donc laisser le ruban tel qu'il se présente tant que cette barre est capable de répondre à vos souhaits. N'oubliez pas non plus que le ruban est composé de plusieurs onglets, et que chaque module a son propre ruban, avec ses propres onglets et ses propres icônes. Si vous ajoutez un bouton au mauvais endroit du ruban, cela ne vous aidera pas beaucoup.

Pour personnaliser le ruban, suivez ces étapes :

1. **Placez-vous dans le module voulu et activez l'onglet du ruban que vous voulez modifier.**

   Vérifiez à l'écran que vous avez fait le bon choix.

2. **Cliquez avec le bouton droit de la souris sur une zone quelconque du ruban.**

   Un menu apparaît.

3. **Choisissez l'option Personnaliser le ruban.**

   La fenêtre Options Outlook va s'afficher (voir la Figure 16.2).

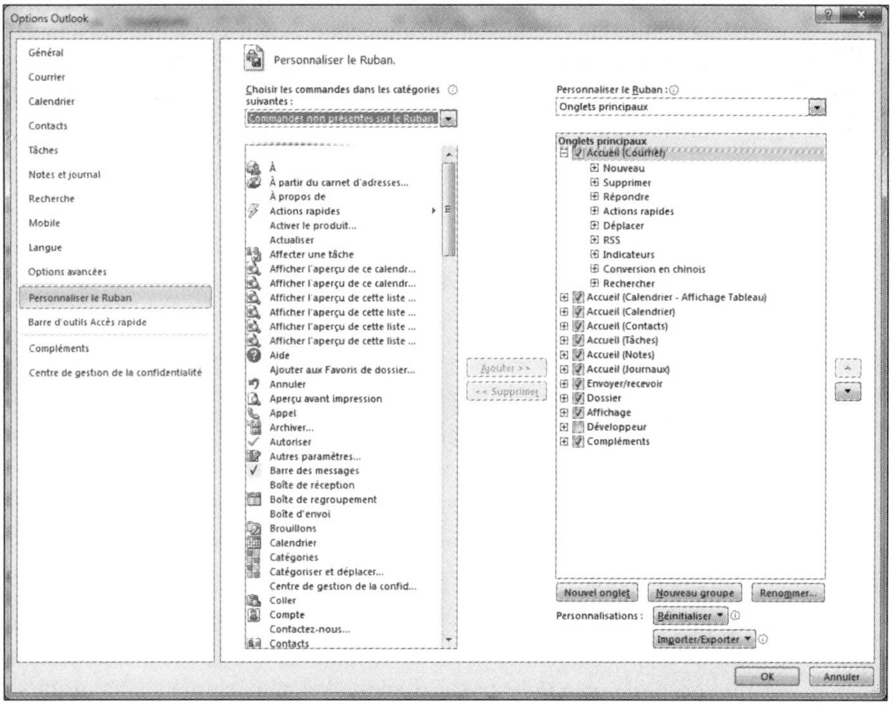

Figure 16.2 : L'écran Options Outlook offre plus d'options que ce dont vous pouvez avoir besoin.

4. **Faites glisser depuis la liste de gauche la commande que vous voulez ajouter vers l'emplacement à droite où vous voulez qu'elle apparaisse (ou l'inverse pour supprimer une commande du ruban).**

   Avec ce procédé, vous pouvez modifier l'ordre dans lequel les boutons sont rangés dans le ruban. Si vous voulez ajouter un groupe de commandes à un ruban, commencez par cliquer sur le bouton Nouveau groupe, puis insérez la fonction voulue dans ce groupe. Par exemple, si vous avez envie d'avoir sous la main un bouton Impression rapide sous l'onglet Affichage, vous devrez tout d'abord ajouter un groupe.

5. **Cliquez sur OK.**

Les commandes que vous voyez dans la liste de droite sont celles qui se trouvent déjà dans le ruban. Vous pouvez les retirer si vous le voulez. La liste de gauche contient, elle, les commandes que vous pouvez ajouter au ruban. Mais Outlook ne vous permet quand même pas de faire n'importe quoi. Il n'accepte une certaine commande dans un certain onglet d'un certain ruban que si ladite commande est applicable dans le module correspondant. Si ce n'est pas le cas, le bouton Ajouter sera affiché en grisé pour signaler que l'opération n'est pas possible.

Si vous êtes allé trop loin dans la personnalisation d'Outlook et que vous ne vous y retrouvez plus, il est toujours possible de revenir au point de départ en cliquant sur le bouton Réinitialiser, en bas et à droite de la fenêtre Options Outlook. Bien entendu, vos petits aménagements entre amis seront supprimés, mais Outlook retrouvera son aspect de jeunesse.

Outlook et ses types d'affichage

Sélectionner un affichage, c'est un peu la même chose que de louer une voiture. Vous pouvez choisir le modèle qui contient tous les équipements que vous voulez, que ce soit une décapotable, un minibus ou une berline de luxe. Toutes les voitures comportent différents équipements (toit ouvrant, radio, climatisation, etc.) que vous pouvez utiliser ou non. Avec certaines agences de location, vous avez même droit à un kilométrage illimité, mais les affichages d'Outlook sont encore beaucoup plus économiques. En fait, ils sont gratuits.

Chaque module d'Outlook comporte son propre jeu d'affichages et son propre ruban. Le Calendrier, par exemple, a un affichage qui ressemble à un calendrier. Le module Contacts a un affichage qui ressemble à une collection de cartes de visite. Le module Tâches comporte un affichage chronologique. Chaque module offre au moins un affichage de type Liste (ou Table, si vous voulez), qui organise très classiquement vos données en lignes et en colonnes.

Tous les types d'affichage sont conçus de manière à rendre un certain aspect de vos données évident du premier coup d'œil. Vous pouvez aussi modifier la présentation d'un affichage au moyen du tri, du filtrage ou du regroupement. Il est possible de se constituer un nombre pratiquement illimité de moyens d'organiser et d'afficher les informations enregistrées dans Outlook. Vos choix en termes d'affichage dépendent du type d'information et du mode d'utilisation choisi. Mais, rassurez-vous, vous ne risquez pas de trop semer la zizanie avec vos affichages. Si vous n'êtes pas satisfait de vos vues, vous pouvez facilement remettre votre métier sur l'ouvrage. N'hésitez donc pas à faire des expériences.

Pour voir un affichage, vous n'avez rien à faire. Outlook montre *en permanence* un affichage ou un autre. L'*affichage* est ce qui occupe la majeure partie de la fenêtre la plupart du temps. C'est l'une des deux parties d'Outlook qu'il est impossible de désactiver (l'autre étant la barre d'outils Accès rapide). Beaucoup de gens ne savent même pas qu'ils disposent d'un choix d'affichage dans Outlook. Ils se contentent d'utiliser ce qu'Outlook leur montre par défaut. Vous allez être en avance sur le peloton.

Chaque affichage a un nom que vous pouvez dans certains cas trouver dans la section Affichage actuel, sous l'onglet Accueil du ruban. Si vous ne voyez pas cette rubrique, il vous suffit de cliquer sur l'onglet Affichage. Pour une raison inconnue à ce jour, le positionnement du groupe Affichage actuel varie d'un module à un autre. Peut-être le résultat d'un pari entre les développeurs de Microsoft ?

Affichages de type Liste/Table

Tous les modules contiennent au moins un affichage de type Liste (ou Table). C'est tout simplement un tableau rectangulaire, constitué de lignes et de colonnes. Si vous créez un élément (en ajoutant par exemple une tâche à votre liste de Tâches), une nouvelle ligne apparaît dans votre liste. Ainsi, dans le module Tâches, chaque ligne de l'affichage en liste correspond à une tâche (voir la Figure 16.3).

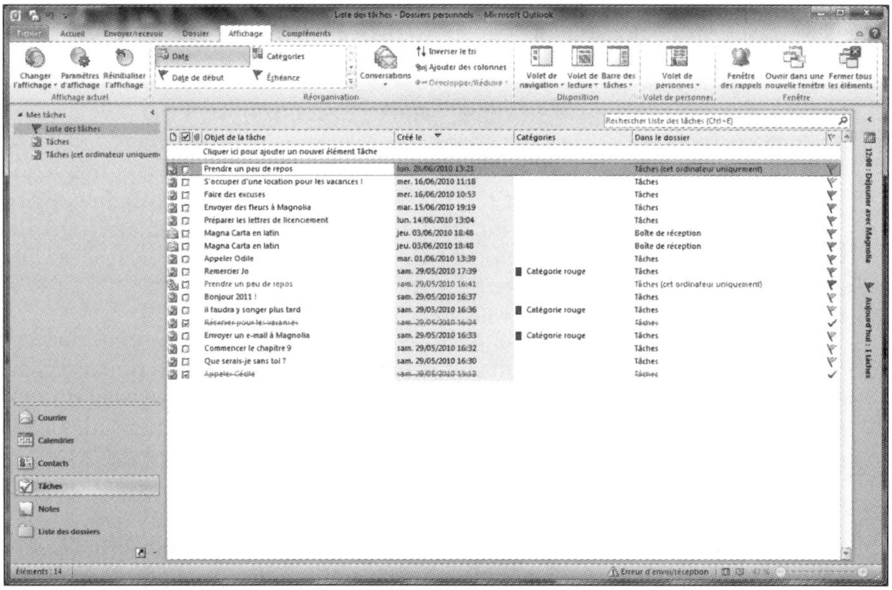

Figure 16.3 : Le module Tâches dans un affichage de type Liste.

Les affichages de type Liste se reconnaissent souvent à leur nom qui contient le mot *liste* comme Liste simple, Liste téléphonique, ou simplement Liste. Ces noms signifient qu'il s'agit tout simplement de listes d'éléments, présentant dans les colonnes un plus ou moins grand nombre d'informations. Il y a d'autres affichages dont le nom commence (ou pourrait commencer) par le mot *Par*, dans lesquels les éléments sont regroupés selon un certain type d'information comme le nom du contact, la catégorie, ou autre. Je parlerai plus loin des affichages par groupe et je vous montrerai comment regrouper les éléments de la manière qui vous convient.

Affichages par icône

Les affichages par icônes sont les plus simples : quelques icônes avec leurs noms, réparties dans la fenêtre (voir la Figure 16.4). Les seuls affichages de ce type que propose Outlook concernent les notes et les dossiers. Ils ne montrent pas beaucoup d'informations, et il y a des gens qui les apprécient pour cette simplicité. Comme je préfère voir toutes sortes de détails, j'utilise toujours des affichages de type Liste. Il n'y a pas de problème à utiliser un affichage par icône : si vous voulez voir des informations supplémentaires, vous pouvez à tout moment passer à une autre vue.

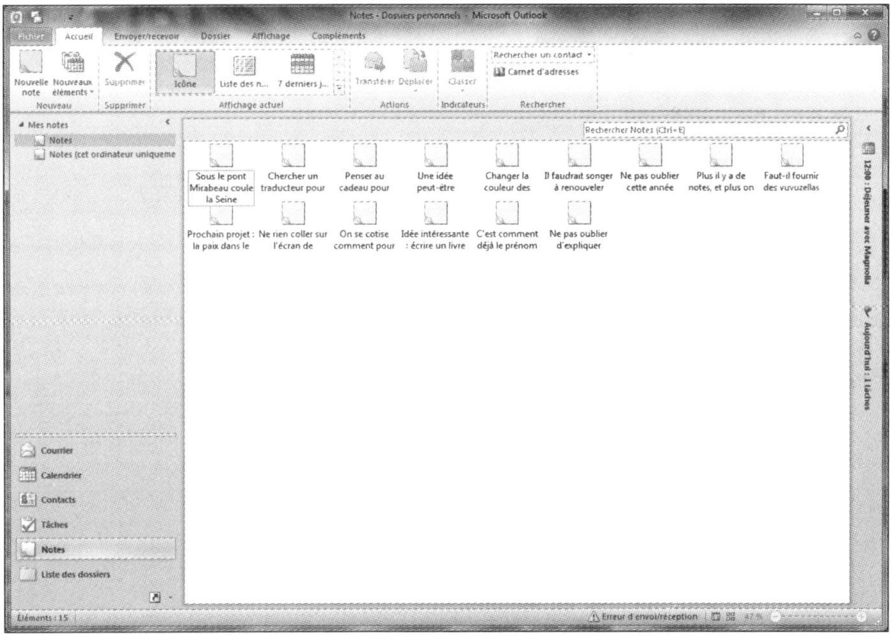

Figure 16.4 : Le module Notes dans l'affichage Icônes.

Affichages par carte de visite

Ces affichages sont faits pour le module Contacts. Pour chaque contact, un certain nombre d'informations sont affichées, dans une mise en forme qui rappelle celle d'une carte de visite (voir la Figure 16.5). Pour en savoir plus sur les différents affichages du module Contacts, reportez-vous au Chapitre 7.

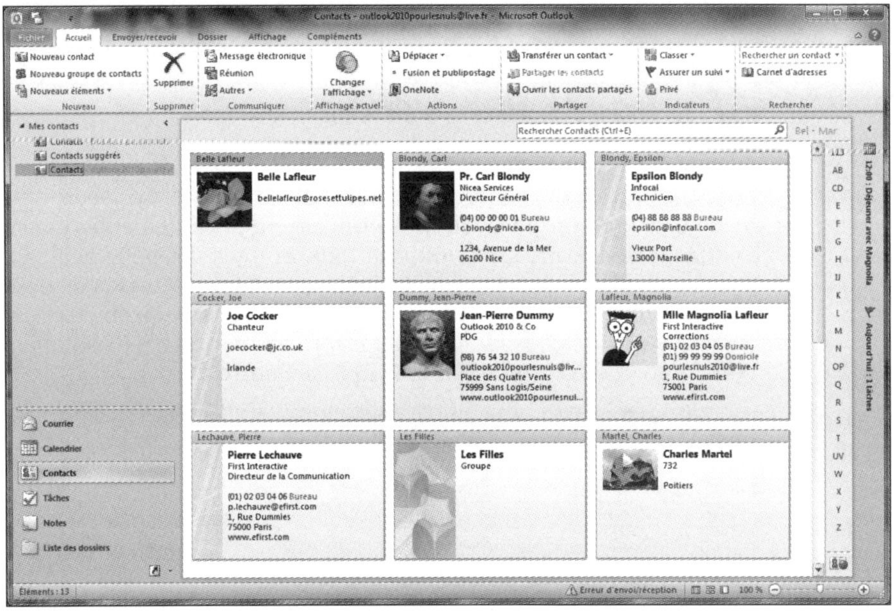

Figure 16.5 : L'affichage Cartes de visite du module Contacts.

TRUC Un affichage de type carte de visite ne vous montre qu'un petit nombre de contacts à la fois. Pour accéder facilement à une certaine personne, tapez simplement la première lettre de son nom afin d'afficher directement les cartes correspondantes. En outre, veillez à être cohérent avec l'affichage des noms. Quand vous saisissez les informations de vos contacts, tenez-vous-en à une seule règle : mettez toujours le prénom *ou* le nom en premier (selon ce que vous préférez).

Affichages chronologiques

Le Calendrier dispose d'un jeu d'affichages particulièrement adaptés à la visualisation des dates et à la consultation des rendez-vous. Ces vues sont accessibles directement via les boutons Jour, Semaine de travail, Semaine, Mois et Affichage planification du ruban (voir la Figure 16.6).

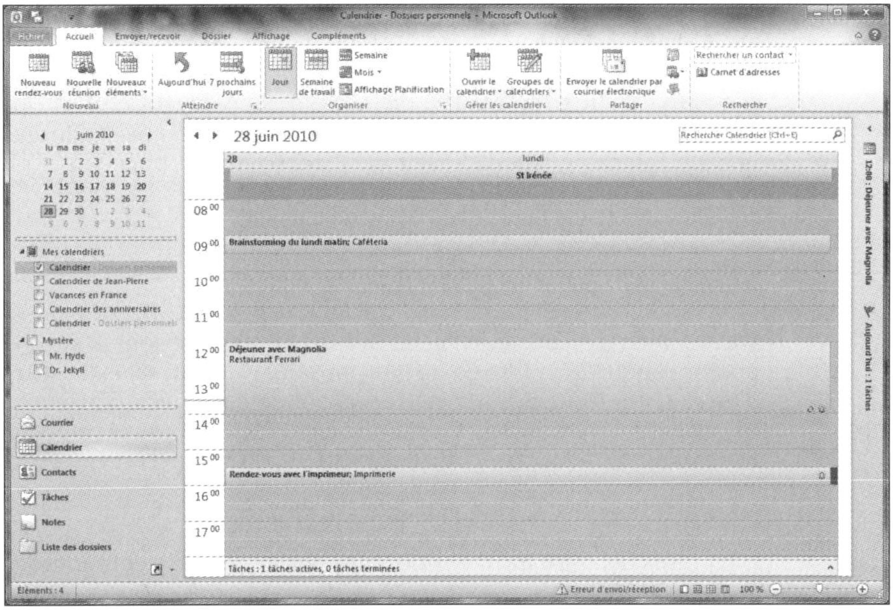

Figure 16.6 : Un jour dans la vie de votre Calendrier

Comme pour d'autres affichages, vous pouvez aller et venir à votre guise entre, par exemple, le mode Jour et le mode Semaine. (Cela revient à changer de chaîne avec la télévision, mais vous n'avez pas à vous battre avec la famille pour savoir qui a la télécommande.) Pour accéder à une date particulière, il vous suffit de cliquer sur le jour correspondant en haut du Volet de navigation (ou de la barre des tâches si celle-ci est développée).

Jouer avec les colonnes dans un affichage de type Liste ou Table

Un affichage de type Liste (ou Table) vous montre les informations les plus détaillées sur les éléments que vous avez créés. L'organisation en colonnes vous permet de modifier la présentation avec la plus grande facilité. Un affichage de type Liste ne brille pas par son esthétique, mais par sa commodité.

Un affichage de type Liste est organisé en lignes et en colonnes. Chaque ligne affiche les informations sur un élément (un rendez-vous dans le Calendrier, une tâche dans le module Tâches, ou encore un contact dans le module Contacts). Ajouter une ligne, c'est donc ajouter un élément : appuyez sur Ctrl+N, puis entrez les informations voulues. Il est tout aussi facile de supprimer une ligne : sélectionnez l'élément à retirer en cliquant dessus, puis appuyez sur la touche Suppr.

Chaque colonne correspond à un type particulier d'information sur chaque élément. La plupart des modules d'Outlook peuvent contenir bien plus d'informations sur un élément que vous ne pouvez en faire entrer dans une seule fenêtre. La liste Contacts, par exemple, peut contenir plus de 90 renseignements pour chaque contact. Si chaque contact était représenté par une ligne dans un affichage de type liste, il faudrait plus de 90 colonnes pour tout afficher !

Ajouter une colonne

Dans l'affichage Téléphone de la liste de contacts, Outlook surprend par le nombre limité de colonnes qu'il propose par défaut. Mais il est très facile d'en rajouter. Vous pouvez mettre autant de colonnes que vous voulez dans un seul et même affichage, mais il vous faudra alors sans doute faire défiler le contenu de la fenêtre pour accéder à ce que vous voulez voir.

Pour ajouter une colonne dans un affichage de type Liste :

1. **Dans la barre horizontale grise des en-têtes de colonnes, cliquez du bouton droit sur le titre d'une colonne.**

   Un menu contextuel apparaît.

2. **Choisissez Sélecteur de champs dans le menu contextuel.**

   La fenêtre du Sélecteur de champs apparaît.

3. **Sélectionnez le type de champ que vous voulez ajouter.**

   Les mots *Champs souvent utilisés* apparaissent juste en dessous de la barre de titre du Sélecteur de champ. Ils indiquent à quelle catégorie appartiennent les champs que vous voyez dans la liste. Si le nom du champ que vous voulez ajouter n'apparaît pas sous cet intitulé, cliquez sur la flèche pointant vers le bas qui se trouve à sa droite, puis sélectionnez la catégorie qui vous convient dans la liste qui apparaît.

4. **Faites glisser le champ voulu dans l'affichage, là où vous voulez l'ajouter.**

   Vous devez faire glisser le champ dans la barre des en-têtes de colonnes (voir la Figure 16.7).

TRUC

Remarquez que, dans le Sélecteur de champ, les noms des champs se présentent de la même manière, sur le même fond gris, que les en-têtes de colonnes dans l'affichage. Lorsque vous faites glisser un champ jusqu'à la barre des en-têtes de colonnes, vous voyez apparaître deux flèches rouges opposées qui vous indiquent l'endroit où sera insérée la nouvelle colonne.

1. Cliquez sur un type de champ.

2. Faites glisser le champ sur la ligne d'en-tête de la liste.

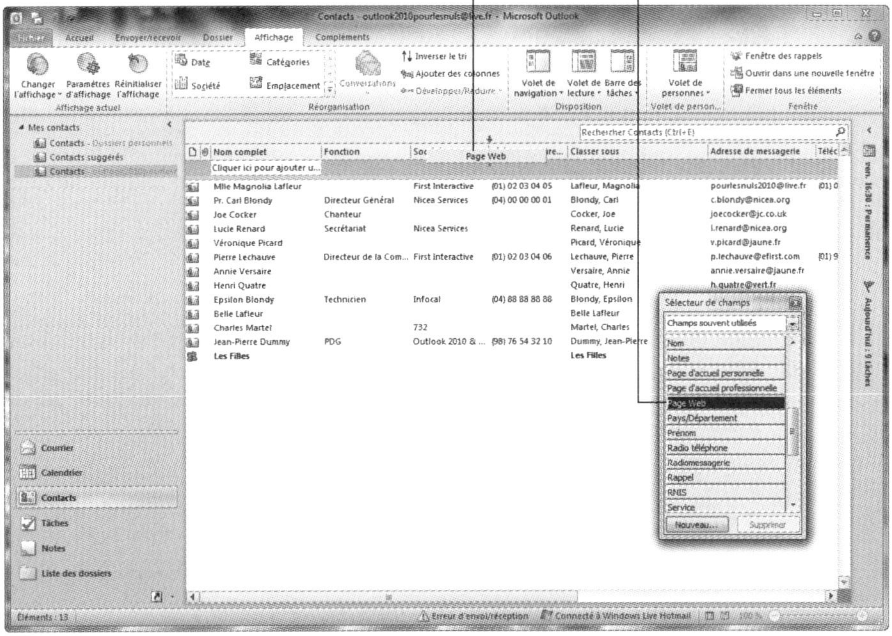

Figure 16.7 : Le champ Nom du destinataire va être ajouté dans la liste des tâches.

Déplacer une colonne

Il est encore plus facile de déplacer une colonne que d'en ajouter une. Faites simplement glisser son en-tête jusqu'à l'endroit où vous voulez la mettre (voir la Figure 16.8).

Pendant que vous faites glisser un en-tête de colonne, deux flèches rouges opposées apparaissent pour vous montrer l'endroit où sera déposée la colonne si vous relâchez à ce moment le bouton de la souris.

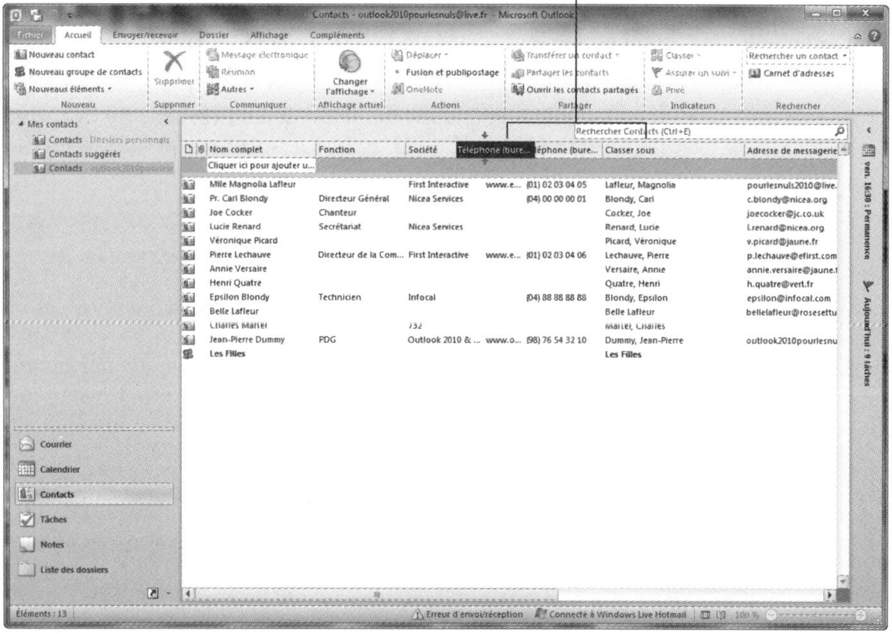

Figure 16.8 : Faites glisser un en-tête de colonne.

TRUC

Colonnes = champs

Je vous avais promis de vous expliquer comment faire pour ajouter une colonne, et maintenant je vous parle de champs. Qu'est-ce que ça veut dire ? C'est simple : une colonne, c'est un champ. Vous pouvez voir les choses de cette façon :

Quand vous recevez le relevé de compte de votre banque, vous voyez une feuille divisée en colonnes : une pour la date, une pour l'intitulé de l'opération, une colonne Crédit et une colonne Débit. Il y a une ligne pour chaque opération, et dans chaque ligne le contenu d'une colonne est un champ : il y a un champ Date dans lequel apparaît la date, un champ Opération dans lequel apparaît le nom de l'opération, puis un champ Crédit et un champ Débit pour le montant de l'opération, selon qu'il est négatif ou positif. C'est exactement la même chose dans Outlook. Lorsque vous créez un nouveau contact, vous entrez le nom, l'adresse et le numéro de téléphone de la personne dans les champs correspondants. Dans le mode d'affichage Téléphone, vous voyez ces informations dans les colonnes qui correspondent à chacun de ces champs. En d'autres termes, ajouter une colonne, c'est ajouter un champ. C.Q.F.D.

Élargir ou rétrécir une colonne

Il est plus facile d'élargir ou de rétrécir une colonne que de la déplacer. Voici comment faire :

1. **Placez le pointeur sur le bord droit de l'en-tête de la colonne que vous voulez élargir ou rétrécir. Le pointeur prend la forme d'une flèche à double pointe.**

   Placer le pointeur au bon endroit demande un peu de dextérité. Mais, lorsqu'on a pris le pli, l'opération semble rapide et facile.

2. **Faites glisser le bord de la colonne jusqu'à la largeur que vous désirez obtenir.**

   Le déplacement du pointeur est indiqué par un trait vertical gris qui montre ce que sera la nouvelle largeur de la colonne si vous relâchez à ce moment le bouton de la souris (voir la Figure 16.9).

Cliquez et faites glisser pour changer la largeur de la colonne.

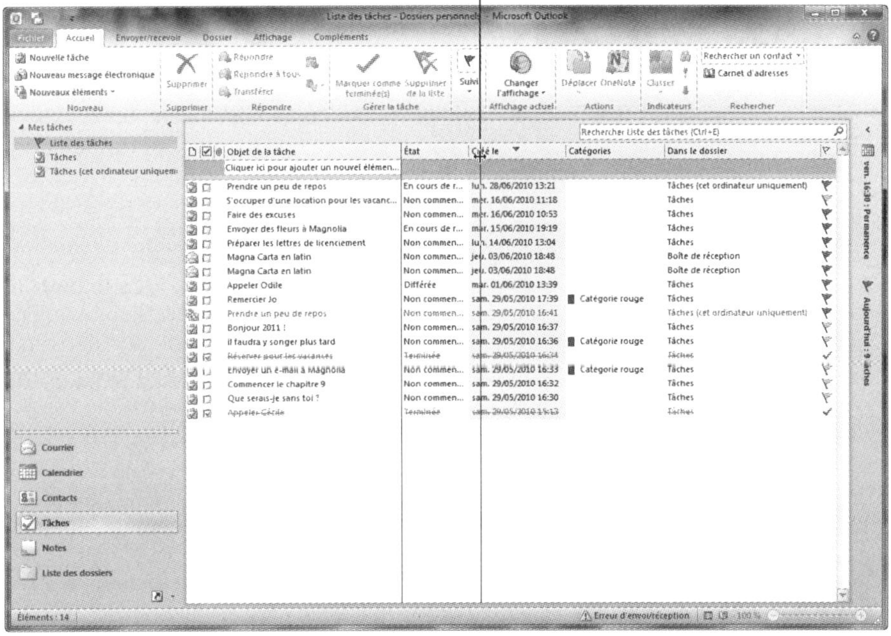

Figure 16.9 : Élargir une colonne.

TRUC

Si vous n'êtes pas tout à fait sûr de la largeur dont vous avez besoin, double-cliquez sur le bord droit de l'en-tête de la colonne. Outlook ajuste alors automatiquement la taille de celle colonne en fonction du plus long des éléments qu'elle contient.

Supprimer une colonne

Vous pouvez supprimer les colonnes qui ne vous intéressent pas. Pour cela :

1. **Cliquez du bouton droit sur l'en-tête de la colonne que vous voulez supprimer.**

   Un menu apparaît.

2. **Sélectionnez Supprimer la colonne.**

   La colonne disparaît.

Que cette opération ne vous inquiète pas. Lorsque vous supprimez une colonne dans un affichage, le champ correspondant n'est pas supprimé des éléments concernés ! Vous pouvez d'ailleurs faire revenir cette colonne en utilisant la procédure décrite un peu plus tôt dans ce chapitre. Si vous êtes un peu déconcerté par les notions de colonne et de champ, relisez l'encadré « Colonnes = champs ».

Trier des éléments

Trier, c'est tout simplement présenter votre liste dans un ordre particulier. En fait, une liste est toujours présentée dans un ordre ou dans un autre. Le tri ne fait que changer cet ordre.

Pour savoir comment est triée une liste, il vous suffit de jeter un petit coup d'œil sur les triangles qui sont affichés dans les en-têtes de colonnes. La colonne dont l'en-tête contient un triangle pointant vers le haut ou vers le bas est celle selon laquelle la liste est triée. Si les données sont numériques et si le triangle pointe vers le bas, la liste est triée de la valeur la plus élevée à la plus faible. Une colonne qui contient du texte est triée par ordre alphabétique, *A* étant la valeur la plus basse et *Z* la plus élevée.

Trier dans un affichage de type liste

TRUC

C'est de loin le moyen le plus facile de trier une liste. Cliquez simplement sur l'en-tête de la colonne voulue, et toute la liste est réorganisée en fonction de son contenu.

Trier en utilisant la boîte de dialogue Trier

Cliquer sur un en-tête ne permet de trier les éléments qu'en fonction du contenu de la colonne correspondante. La boîte de dialogue Trier vous permet de trier une liste en jouant sur plusieurs colonnes.

Pour trier par deux colonnes ou plus :

1. **Activez l'onglet Affichage, puis cliquez à gauche du ruban sur le bouton Paramètres d'affichage.**

   La boîte de dialogue Paramètres d'affichage avancés apparaît.

2. **Cliquer sur le bouton Trier.**

   La boîte de dialogue Trier s'affiche.

3. **Dans la zone Critère de tri des éléments, cliquez sur le triangle pointant vers le bas et sélectionnez, dans la liste qui apparaît, le premier champ par lequel vous voulez trier vos éléments.**

   Attention ! Cette liste contient tous les champs de l'élément, alors qu'un affichage n'en présente généralement qu'une partie. Pour éviter toute confusion, choisissez donc de préférence un champ présent dans l'affichage.

4. **Cliquez sur l'un des boutons radio Croissant ou Décroissant.**

   Selon l'option choisie, la liste sera triée par ordre ascendant (du plus petit au plus grand) ou descendant (du plus grand au plus petit).

5. **Pour chaque champ supplémentaire selon lequel vous voulez trier votre liste, répétez les Étapes 3 et 4 successivement dans la zone 2e clé, puis 3e clé, et ainsi de suite.**

   TRUC

   C'est naturellement le premier champ que vous sélectionnez qui est le plus important. L'ensemble de la liste sera trié sur la base de ce champ, puis successivement par les autres clés que vous avez choisies dans la boîte de dialogue. Par exemple, si vous triez votre liste téléphonique par société, puis par nom, vous voyez apparaître votre liste dans l'ordre alphabétique des noms des sociétés pour lesquelles vos contacts travaillent, eux-mêmes étant classés par ordre alphabétique à l'intérieur de chaque société.

6. **Cliquez sur OK.**

   Votre liste est triée.

Regrouper des éléments

Regrouper et trier sont deux opérations presque identiques. L'une et l'autre classent les éléments de votre liste sur la base des informations contenues dans ses colonnes. Le regroupement diffère du tri par le fait qu'il crée des ensembles d'éléments similaires dont vous pouvez masquer ou afficher le contenu. Il est possible ainsi de n'afficher que le contenu des groupes qui vous intéressent et de réduire les autres à un simple en-tête.

Prenons l'exemple d'un relevé de compte bancaire. Vous voyez d'abord le groupe des opérations courantes du mois (chèques ou virements reçus ou émis) dans lequel les opérations sont classées par date, puis le groupe des opérations de Carte bancaire dans lequel les opérations sont classées par montant décroissant. En bas du relevé, vous voyez dans la colonne Débit le total de ce que vous avez dépensé, dans la colonne Crédit le total de ce que vous avez reçu, et enfin le solde. Et pour plus de précision, demandez à votre banque qu'elle définisse un groupe spécifique pour vos achats de livres de la collection Pour les Nuls (tant qu'à faire, ce serait bien qu'ils mettent Outlook 2010 Pour les Nuls en gros caractères).

La manière la plus rapide de procéder consiste à cliquer du bouton droit sur l'en-tête de la colonne selon laquelle vous voulez regrouper vos éléments, puis de choisir dans le menu qui apparaît l'option Regrouper par ce champ (voir la Figure 16.10). La zone Boîte de regroupement apparaît automatiquement en haut de la fenêtre et le nom du champ que vous venez de sélectionner y apparaît.

Afficher les éléments d'un groupe

Un affichage groupé vous montre d'abord les noms des colonnes par lesquelles les éléments sont associés. Si vous cliquez sur le bouton Contacts dans le Volet de navigation et que vous sélectionnez l'affichage Par société (qui est un affichage groupé), vous voyez apparaître un certain nombre de barres grises, chacune correspondant à une société dont le nom apparaît à l'extrémité gauche précédé d'un petit triangle.

Un triangle pointant vers la droite vous permet de faire apparaître les éléments du groupe correspondant en cliquant dessus. Inversement, un triangle qui pointe vers le bas et la droite indique que le groupe est déjà développé. Cliquez dessus pour le réduire.

Si vous cliquez dans la barre grise elle-même, vous sélectionnez tout le groupe (la barre grise devient bleu foncé). Une fois celui-ci sélectionné, vous pouvez le supprimer en appuyant sur la touche Suppr.

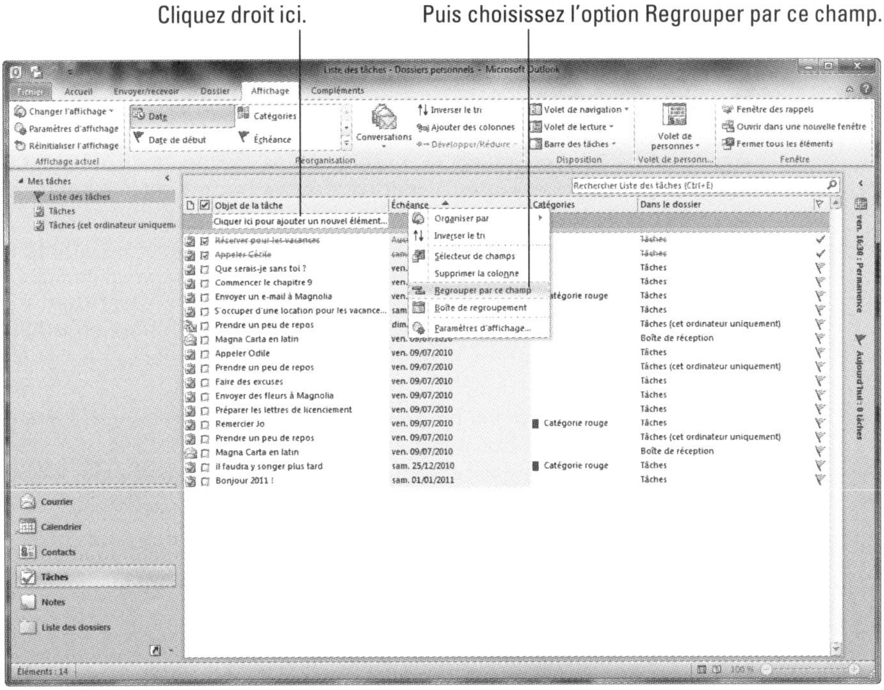

Figure 16.10 : Quelques clics suffisent à regrouper des éléments.

Voir seulement les en-têtes

Comme nous venons de le voir, les icônes en forme de triangle servent à développer ou réduire chaque groupe. Mais vous pouvez aussi réaliser cette opération pour tous les groupes à la fois.

Pour développer ou réduire les groupes, suivez ces étapes :

1. **Activez l'onglet Affichage, puis cliquez vers le milieu du ruban sur le bouton Développer/Réduire.**

   Que cette terminologie ne vous déconcerte pas : développer ou réduire signifie afficher ou masquer le contenu d'un groupe. Rien à voir avec une tribu de Jivaros !

2. **Pour afficher ou masquer le contenu du groupe actuellement sélectionné, choisissez Développer ce groupe ou Réduire ce groupe dans le menu qui apparaît.**

3. **Pour afficher ou masquer tous les groupes à la fois, choisissez Développer tous les groupes ou Réduire tous les groupes.**

Quoi de plus facile ?

Enregistrer des affichages personnalisés

Si vous avez l'habitude de sauvegarder des documents dans un traitement de texte, le principe d'enregistrement des affichages vous est familier. Lorsque vous modifiez un affichage quelconque d'Outlook, vous pouvez enregistrer le résultat en tant que nouvelle vue, ou faire en sorte que ce mode de présentation personnalisé devienne la nouvelle manière de visualiser la vue courante. Si vous avez l'intention d'utiliser régulièrement un nouvel affichage, il est plus pratique de l'enregistrer.

Vous pouvez enregistrer toutes les vues que vous voulez en utilisant la boîte de dialogue Définir des affichages. Pour cela, activez l'onglet Affichage, cliquez sur le bouton Changer l'affichage, et choisissez dans le menu l'option Enregistrer l'affichage actuel comme nouvel affichage (Ouf, c'est dit !). Il ne vous reste plus qu'à donner un nom à votre composition et à cliquer sur OK. Vous pouvez obtenir pratiquement tout ce que vous voulez en vous contentant de modifier les affichages dont vous disposez déjà.

Utiliser les Catégories

Une bonne collection d'informations n'a pas de prix. Mais, la valeur d'une liste de contacts ou de tâches dépend de votre faculté de discerner parmi vos éléments l'essentiel (et l'urgent) de l'accessoire. La fonction Catégories d'Outlook est destinée à vous aider à évaluer les priorités.

Affecter une catégorie

La première fois que vous configurez Outlook, vous pouvez trouver les catégories disponibles en cliquant sur le bouton Classer de l'onglet Accueil. Ce bouton montre quatre petits carrés de couleur (voir la Figure 16.11). Plusieurs autres modules Outlook proposent aussi le bouton Classer, qui permet de lancer la même fonction. Son rôle est partout le même. En cliquant sur ce bouton, vous faites apparaître une liste de catégories, chacune prenant le nom d'une couleur. Si vous voulez attribuer des couleurs à vos différents éléments, c'est très simple.

Suivez ces étapes pour affecter une catégorie à un élément :

1. **Cliquez sur l'élément que vous souhaitez classer.**

   L'élément est mis en surbrillance.

2. **Cliquez sur le bouton Classer et faites votre choix dans la liste qui apparaît.**

Un carré de couleur apparaît dans l'élément pour indiquer sa catégorie d'appartenance.

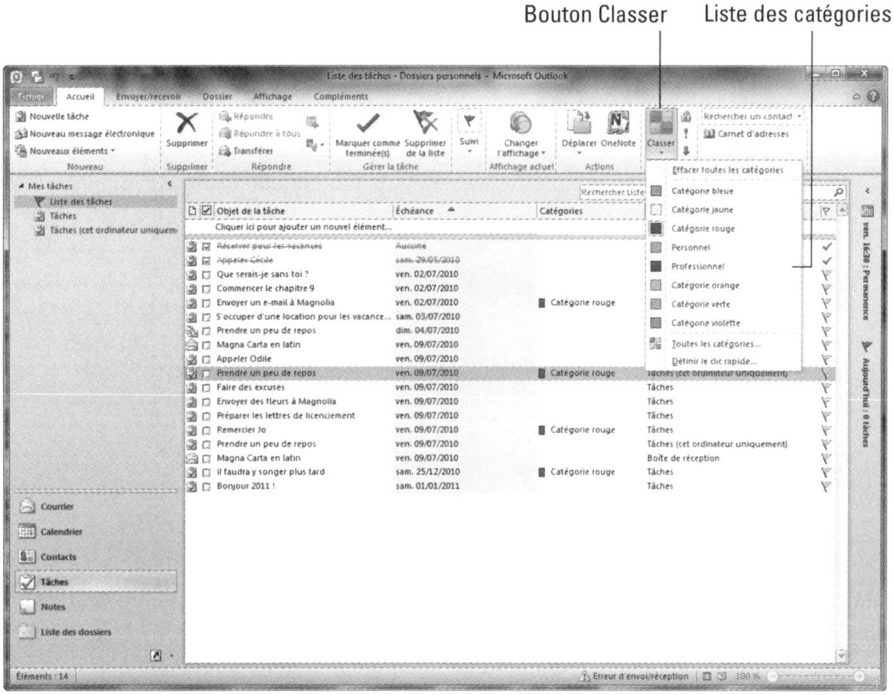

Figure 16.11 : Le bouton Classer.

Vous pouvez affecter plusieurs catégories à chaque élément mais cela peut plus porter à confusion que de n'affecter aucune catégorie.

Renommer une catégorie

Vous pouvez toujours mémoriser la signification des couleurs, mais, à votre place, je renommerais les couleurs pour savoir à quelle catégorie appartient tel élément.

Pour renommer une catégorie, procédez comme suit :

1. **Cliquez sur le bouton Classer et choisissez Toutes les catégories.**

   La boîte de dialogue Catégories de couleurs apparaît.

2. **Cliquez sur la catégorie que vous souhaitez renommer.**

   La catégorie sélectionnée est mise en surbrillance.

3. **Cliquez sur le bouton Renommer.**

   La catégorie sélectionnée est entourée d'un cadre pour vous montrer que vous pouvez modifier son nom.

4. **Tapez le nouveau nom que vous voulez donner à cette catégorie.**

   Le nom saisi remplace l'ancien.

5. **Cliquez sur OK.**

   La boîte de dialogue Catégories de couleurs se ferme.

Si vous changez l'appellation d'une catégorie déjà affectée à certains éléments Outlook, le nouveau nom est automatiquement répercuté sur ces éléments.

Changer la couleur d'une catégorie

Outre le nom, vous pouvez également changer la couleur d'une catégorie. L'affectation de couleurs faciles à retenir peut vous donner des indices pertinents et importants sur l'avancement de vos projets.

Pour modifier la couleur d'une catégorie, suivez ces étapes :

1. **Cliquez sur le bouton Classer et choisissez Toutes les catégories.**

   La boîte de dialogue Catégories de couleurs apparaît.

2. **Cliquez sur la catégorie dont vous souhaitez changer la couleur.**

   La catégorie sélectionnée est mise en surbrillance.

3. **Cliquez sur le triangle pointant vers le bas dans le champ Couleur.**

   Les couleurs que vous pouvez choisir apparaissent.

4. **Cliquez sur la couleur que vous souhaitez affecter.**

   La nouvelle couleur remplace l'ancienne.

5. **Cliquez sur OK.**

   La boîte de dialogue Catégories de couleurs se referme.

TRUC

Vous avez aussi la possibilité de choisir l'option Aucun, et donc d'obtenir une catégorie sans couleur. C'est un peu morne mais, si cela traduit votre humeur, c'est votre choix. L'un des motifs à la création de catégories sans couleur peut être qu'Outlook ne dispose que de 25 couleurs et vous de plus de 25 catégories. Mais, si vous arrivez à un tel niveau, vous feriez peut-être bien de diminuer le nombre de catégories que vous utilisez afin de rendre les choses plus claires.

Affecter un raccourci à une catégorie

Chaque catégorie peut disposer de son raccourci clavier, ce qui permet de procéder à son affectation sans l'aide de la souris. C'est très pratique quand vous désirez faire un zoom dans une fenêtre remplie de messages ou de tâches et y faire du classement.

Pour affecter un raccourci à une catégorie, suivez ces étapes :

1. **Cliquez sur le bouton Classer et choisissez Toutes les catégories.**

   La boîte de dialogue Catégories de couleurs apparaît.

2. **Cliquez sur la catégorie à laquelle vous souhaitez affecter un raccourci.**

   La catégorie sélectionnée est mise en surbrillance.

3. **Cliquez sur le triangle pointant vers le bas dans le champ Touche de raccourci.**

   La liste des raccourcis apparaît.

4. **Cliquez sur le raccourci de votre choix.**

   Le nom du raccourci choisi apparaît à droite de la catégorie.

5. **Cliquez sur OK**

   Vous ne pouvez affecter qu'un seul raccourci par catégorie : Logique ! Mais vous pouvez affecter plusieurs catégories à un élément.

Sixième partie

Les dix commandements

Dans cette partie...

J'aime beaucoup les listes du genre « Top Ten ». Elles sont courtes et faciles à lire. Et pour des gens comme moi qui écrivent des livres, c'est l'endroit idéal pour y mettre des trucs utiles qu'on ne sait pas très bien comment caser dans les autres chapitres. Vous pouvez parcourir mes listes de dix astuces à la recherche de celles que vous voudrez utiliser. Ou pas.

Chapitre 17

Dix accessoires pour Outlook

Dans ce chapitre :

- Smartphones.
- Microsoft Office.
- Un scanner de cartes de visite.
- Sauvegarde en ligne Mozy.
- Xobni.
- Microsoft SharePoint.
- Microsoft Exchange.
- Windows Live.
- Services de messagerie texte.
- Une imprimante d'étiquettes.

Outlook est capable de faire toutes sortes de choses pour vous sans aide extérieure, mais tout bien considéré il existe quelques accessoires qui peuvent vous rendre la vie encore plus facile. Certains de mes accessoires préférés remplissent des fonctions que l'on pourrait espérer trouver dans Outlook (selon mon humble avis), mais qui n'y sont pas. D'autres me permettent d'utiliser mes données Outlook n'importe où et n'importe quand.

Smartphones

Les *smartphones*, ces téléphones dits intelligents, sont un peu partout de nos jours, et ils représentent probablement « l'accessoire » le plus puissant pour Outlook. Si vous n'avez pas changé de portable ces derniers temps, sachez que les smartphones sont non seulement des téléphones, mais aussi de véritables petits ordinateurs de poche qui incorporent nombre d'applications, dont notamment des programmes dédiés à l'organisation personnelle. Les deux noms les plus connus sont évidemment iPhone et BlackBerry, mais la situation n'est pas figée avec l'arrivée des machines équipées de la dernière version de Windows Mobile ou encore d'Android (Google est partout !). Je peux bien sûr entrer et gérer directement et facilement mes données dans Outlook, mais, avec mon smartphone, j'ai aussi la possibilité d'emporter dans ma poche mes informations Outlook les plus importantes. Je peux même y consulter mes e-mails, saisir mes rendez-vous, et mettre tout cela à jour lorsque je rentre au bureau ou à la maison. Magique !

Microsoft Office

Au lancement de sa première version, Outlook n'était qu'un composant de la suite Office 97 de Microsoft. Dans certains cas, on peut l'acheter en tant que produit séparé, mais on ne dispose plus alors des avantages que procure son intégration dans Office. Celle-ci vous donne diverses fonctions supplémentaires pour le courrier électronique, notamment la possibilité d'envoyer par e-mail en un instant un document créé avec une des applications d'Office. Je vous recommande donc sans hésiter d'utiliser les deux.

Un scanner de cartes de visite

Il existe des scanners de cartes de visite de différentes marques qui permettent de copier dans Outlook des informations de contact à partir des cartes de visite que l'on récolte généralement dans les conférences et les expositions professionnelles. Naturellement, vous pouvez entrer toutes ces informations manuellement, mais si vous avez l'habitude de récolter plus de quelques dizaines de cartes par semaine, un scanner de cartes de visite pourra vous épargner pas mal de travail.

Mozy Backup

Une des questions que j'entends le plus souvent est celle-ci : « Comment est-ce que je peux sauvegarder mes données Outlook pour les mettre en sécurité ? » Personnellement, j'utilise depuis un certain temps déjà le service de sauvegarde Mozy (`www.mozy.com`) et j'apprécie beaucoup sa simplicité (désolé, le site est uniquement en anglais, mais il n'y a rien de compliqué là-dedans). Mozy, qui existe en version Home et Pro, vous permet de sauvegarder automatiquement les données les plus cruciales de votre ordinateur sur l'Internet (et donc loin des risques qui vous attendent chez vous ou dans votre entreprise). Si votre ordinateur rend l'âme, s'il brûle, s'il est noyé, écrasé ou que sais-je encore, vos données ne seront pas perdues. Vous changez de machine, et vous rechargez vos précieuses données (à condition toutefois de disposer d'une connexion Internet rapide). L'abonnement de base à ce service coûte environ 4 euros par mois, et, croyez-moi, ce n'est pas cher pour dormir en paix toutes les nuits.

Xobni

Xobni est un complément à Outlook qui aide à rechercher, trier et analyser les informations que vous y enregistrez. Il est même capable de vous dire quelle est l'heure de la journée à laquelle votre patron vous envoie le plus souvent des e-mails (un conseil : il vaut mieux être disponible à cette heure-là). Certes, certaines des meilleures fonctions de Xobni ont déjà été intégrées à Outlook, mais que cela ne vous empêche pas d'essayer la version d'évaluation gratuite pour voir si vous l'aimez (`www.xobni.com`).

Microsoft SharePoint

Jusqu'ici, Microsoft SharePoint était essentiellement utilisé dans de grandes organisations ayant besoin de collaborer et d'échanger des informations d'une manière fluide. Le programme était trop compliqué et cher pour des utilisateurs privés ou des petites entreprises. Maintenant, tout un chacun (ou presque) peut s'offrir un service appelé SharePoint Online, déclinaison Web de SharePoint, disponible sous la forme d'un abonnement coûtant moins de 5 euros par mois et par utilisateur. Si vous avez une équipe qui collabore régulièrement sur des projets, vous pouvez envisager SharePoint Online comme un outil pour partager des documents et autres informations.

Microsoft Exchange

Nombre des fonctions qui semblent intégrées à Outlook exigent en fait l'exécution d'un programme appelé Microsoft Exchange. Celui-ci vous permet de partager vos informations Outlook avec vos collègues de travail, et de coordonner réunions et tâches. Il n'est pas donné ni simple à installer et à utiliser, mais vous pouvez trouver des prestataires de service pour l'héberger à votre place via Internet.

Windows Live

Avec un géant en ligne tel que Google, soufflant sans arrêt air chaud et froid dans son cou, Microsoft est obligé de courir en permanence afin de créer des services en ligne qui retiennent l'intérêt des clients, pardon utilisateurs. Windows Live est l'ombrelle sous laquelle vous pouvez trouver toute une gamme de services gratuits qui améliorent et étendent le fonctionnement de Microsoft Office. Du partage de fichiers à la gestion d'agenda, en passant par les contacts, la publication de photos et bien sûr les communications instantanées, vous avez le choix des applications. Pour en savoir plus, voyez le site `www.live.fr`.

Services de messagerie texte

Maintenant que tout le monde a son téléphone portable, et que chaque téléphone portable est capable d'échanger des messages sous forme de texte (les fameux SMS), il peut être utile d'étendre les capacités d'Outlook à ce mode de communication. En fait, Outlook n'est pas capable de le faire tout seul : vous devez vous abonner à un service qui transcrit et expédie ce genre de message vers tel ou tel portable. Pour configurer Outlook à cet effet, activez l'onglet Fichier puis cliquez sur Options. Dans la boîte de dialogue Options Outlook, cliquez sur Mobile dans le volet de navigation, et enfin sur le bouton Options de téléphonie mobile. Suivez alors les indications fournies pour choisir un opérateur.

Une imprimante d'étiquettes

Les concepteurs d'Outlook se sont tellement passionnés pour la messagerie électronique qu'ils en ont complètement oublié le bon vieux système à base d'enveloppes et de timbres que nombre de gens préfèrent toujours. Outlook est capable de stocker une énorme quantité d'adresses, mais il n'est pas très adroit pour imprimer une adresse sur une enveloppe. Pour combler cette lacune, j'utilise une imprimante d'étiquettes Dymo LabelWriter (`www.dymo.com`). Elle me permet d'imprimer n'importe quelle adresse d'Outlook sur une étiquette autocollante qu'il est ensuite très pratique de coller sur une enveloppe ou sur un paquet.

Chapitre 18

Dix choses que vous ne pouvez pas faire avec Outlook

Dans ce chapitre :

- Personnaliser le tri des dossiers.
- Revenir aux anciens menus.
- Insérer un numéro de téléphone dans le Calendrier.
- Ouvrir un message dans le Volet de lecture.
- Imprimer recto verso.
- Identifier la source d'un appel téléphonique.
- Mettre une image dans une note.
- Calculer vos dépenses téléphoniques avec les entrées d'appel téléphonique du Journal.
- Créer une liste de distribution à partir d'un seul message.
- Sauvegarder des données Outlook en toute sécurité.

Quand on pense à tout ce qu'il peut faire, il peut paraître un peu grinçant de donner une liste de ce qu'Outlook ne peut *pas* faire. Mais s'il suffit généralement de quelques minutes pour trouver ce qu'un programme est capable de réaliser, on peut très bien perdre une journée entière pour s'apercevoir qu'il ne peut pas faire ce qu'on avait imaginé. Je pourrais facilement vous donner une liste de plus de dix choses dont Outlook est incapable. Celles-ci sont les plus importantes que j'ai trouvées.

N'oubliez pas une chose : Outlook ne sait pas de lui-même réaliser certaines actions. En revanche, il est possible de le reprogrammer à l'aide du langage Visual Basic. Et, par conséquent, quelqu'un de suffisamment intelligent et compétent aura la possibilité de développer des fonctions manquantes en créant des macros (sujet bien sûr hors de notre portée dans ce livre).

Personnaliser le tri des fichiers

Les gens les plus hautement organisés que je connaisse deviennent *encore plus* organisés dès qu'ils se servent d'Outlook. Ils aiment généralement ranger chaque e-mail dans le bon dossier. Et ils aiment aussi trier ces dossiers d'une manière très particulière, très efficace, selon des critères très personnels. Malheureusement, le dossier Outlook liste automatiquement ses propres éléments dans l'ordre alphabétique, sans exception. Cela déplaît aux gens hautement organisés, mais c'est ainsi.

Revenir aux anciens menus

Il y a ceux qui préfèrent le ruban au système de menus qui était utilisé avant la version 2007. Et il y a les autres. Certes, le ruban est indéniablement plus grand et plus coloré. Mais si vous avez appris à utiliser les ordinateurs au temps où tout le monde ne jurait que par les menus et les barres d'outils, vous pouvez être totalement dépaysé. Désolé. Microsoft a choisi le ruban. Il n'y a pas moyen de revenir en arrière.

Insérer un numéro de téléphone dans le Calendrier

Lorsque vous créez un rendez-vous dans le Calendrier, il serait pratique qu'Outlook puisse trouver le numéro de téléphone de la personne que vous allez rencontrer, et l'insérer dans cet enregistrement. Si vous avez un organiseur Palm, c'est peut-être ce que vous avez l'habitude de faire, mais Outlook n'est pas capable d'une telle gymnastique. Un jour, peut-être…

Ouvrir un message dans le Volet de lecture

Si vous êtes comme la plupart des utilisateurs, la liste des e-mails que vous stockez dans Outlook vous sert d'historique pour tout ce que vous faites. Vous faites de temps à autre défiler vos messages pour garder un œil sur ce que vous avez envoyé, à qui, quand, et sur ce que vous avez reçu, de qui et quand. Si votre liste est relativement longue, que vous sélectionnez un e-mail pour l'afficher dans le Volet de lecture, puis que vous poursuivez votre effeuillage dans la liste pour retrouver un autre message, vous ne pouvez tout simplement pas cliquer droit dans le Volet de lecture afin d'ouvrir celui-ci. Je n'ai pas l'impression qu'incorporer une telle fonctionnalité soit une mission impossible pour les programmeurs de Microsoft. Et pourtant, on l'attend encore.

Imprimer recto verso

Il y a des gens qui aiment imprimer leur Calendrier et ranger les feuilles dans un classeur, pour en faire l'équivalent d'un agenda-planning traditionnel. Je suppose que ce sont des sentimentaux qui ont besoin de se rappeler le bon vieux temps. Le seul problème, c'est qu'Outlook ne sait pas imprimer chaque page en tenant compte du fait qu'elle doit être à droite ou à gauche dans le classeur. Il y a des choses plus graves, mais si c'est important pour vous, désolé, vous devrez imprimer en recto seul.

Identifier la source d'un appel téléphonique

Vous avez sans doute l'affichage du numéro de l'appelant sur au moins l'un de vos téléphones. Il serait certainement très pratique de pouvoir utiliser ce numéro pour identifier aussitôt dans votre liste Contacts la personne qui vous appelle. Pour disposer de cette fonction, il vous faudra attendre encore un peu.

Mettre une image dans une note

Lorsque vous ouvrez le formulaire d'un élément, vous pouvez y coller dans la zone de texte un élément préalablement copié : image, fichier ou autre. Vous pouvez par exemple coller la photo d'une personne dans son enregistrement de contact. Les notes ne vous donnent pas cette liberté. Elles n'acceptent que du texte.

Calculer vos dépenses téléphoniques avec les entrées d'appel téléphonique du Journal

Outlook peut tenir le compte du temps que vous passez au téléphone pour tous les appels téléphoniques enregistrés dans le Journal, mais il ne peut pas calculer ce que ça vous coûte.

Créer une liste de distribution à partir d'un seul message

Quand vous recevez un message adressé à tout un groupe de gens, il serait sympathique de pouvoir l'utiliser pour créer directement une liste de distribution, afin d'écrire à tout le groupe en vous servant d'une adresse unique. Vous pouvez transformer l'e-mail d'une personne en enregistrement de contact (il suffit de faire glisser le message sur l'icône Contacts), mais il n'est pas possible de créer un groupe de cette manière. Vous devez ajouter chaque adresse, une par une, dans la liste de distribution.

Sauvegarder des données Outlook

Beaucoup d'utilisateurs conservent les informations les plus critiques de leur entreprise dans Outlook. Des données si précieuses que leur perte peut pratiquement entraîner la mort de l'entreprise ou mettre fin à une carrière. Ce n'est pas une plaisanterie ! Mais, malgré plus de dix ans de présence sur le marché, Outlook n'a jamais été doté d'un outil de sauvegarde digne de ce nom pour mettre en lieu sûr ses données. Oui, tout le monde sait qu'il *faudrait* sauvegarder régulièrement les données de son disque dur. Vous pouvez faire des copies de vos précieuses données Outlook (les petites clés mémoire USB sont très capables de s'en charger et, si besoin est, vous pouvez avoir recours à un ordinateur de poche), mais avouez qu'il est quand même ennuyeux qu'Outlook ne dispose toujours pas d'une telle fonction. Certains services en ligne (tel Mozy, évoqué dans le précédent chapitre) sont capables de faire du bon travail pour sauvegarder sur l'Internet vos données Outlook. Pensez-y.

Encore dix choses qu'Outlook ne peut pas faire pour vous

Outlook a encore d'autres lacunes, mais il y a peut-être des choses que vous préférerez faire sans lui.

Outlook ne peut pas :

- Danser le twist.
- Jouer à la belote.
- Chanter *Sgt. Pepper's lonely hearts club band.*
- Faire repousser les dents.
- Vous emmener à Venise.
- Donner l'haleine fraîche.
- Prédire le numéro gagnant du Loto.
- Refaire mai 68.
- Retrouver votre chat.
- Chasser le Snark.

Que cette liste ne vous rende pas mélancolique. En vous évitant de vous fourvoyer dans des tentatives stériles, elle vous rendra plus efficace en vous permettant de vous concentrer sur ce qu'Outlook peut réellement faire pour vous. Et c'est tout de même un programme *vraiment* bien.

Chapitre 19

Dix choses que vous pouvez faire une fois que vous avez confiance en vous

Dans ce chapitre :

- Personnaliser la barre d'outils Accès rapide.
- Embellir vos messages à l'aide de WordArt et SmartArt.
- Traduire vos messages.
- Ajouter des graphiques pour plus d'impact.
- Insérer des symboles.
- Ouvrir plusieurs calendriers.
- Superposer des calendriers.
- Afficher un certain nombre de jours dans un calendrier.
- Sélectionner une étendue de dates dans un calendrier.
- Épingler la carte d'un contact.

Parmi tout ce que l'on peut réaliser dans Outlook, ce que je vous montre dans ce livre n'est que la partie émergée de l'iceberg. Il est difficile de donner une idée de tout ce que vous pouvez faire avec Outlook, Internet Explorer, et toutes les puissantes technologies associées à ces applications.

Comme il n'y a guère de possibilités de faire une erreur avec Outlook qui puisse avoir des conséquences sérieuses, sentez-vous libre de vous livrer à toutes les expériences qui vous viennent à l'esprit. Ajoutez de nouveaux champs, de nouveaux affichages, de nouvelles icônes… Vous pouvez vous déchaîner. Je vais vous suggérer ici certaines choses à essayer.

Personnaliser la barre d'outils Accès rapide

Office 2010 présente une disposition de contrôles (une *interface utilisateur*, comme disent les mordus d'informatique) qui donne la part belle aux rubans, onglets et autres boutons. La charte actuelle est bien plus colorée que l'ancien système de menus, mais, parfois, j'ai encore du mal à savoir comment m'y prendre pour utiliser telle ou telle fonction. Avec l'ancien système, vous saviez que toutes les fonctions se trouvaient quelque part dans des menus. Mais, avec le nouveau dispositif, rien n'est moins sûr. Si vous trouvez tout cela perturbant, ne culpabilisez pas. Cela fait pourtant plus de dix ans que j'écris des bouquins sur Outlook, mais je suis encore souvent déconcerté par cette nouvelle interface.

Mais rien n'est perdu. Une fois trouvé l'outil que vous recherchiez, vous pouvez cliquer dessus du bouton droit et sélectionner Ajouter à la barre d'outils Accès rapide. Cela ajoute une petite icône à cette fine bande d'icônes située juste au-dessus du ruban (ou sous celui-ci, si vous l'avez déplacée là). Si vous avez déjà enregistré le signet d'un site Web dans vos Favoris, vous savez comment cela fonctionne. Si vous faites un clic droit sur la barre d'outils Accès rapide, et que vous choisissez l'option Afficher la barre d'outils Accès rapide sous le ruban, c'est exactement ce qui se passe.

Vous remarquerez que chaque formulaire Outlook dispose aussi de sa propre barre Accès rapide. C'est bien pratique pour accélérer certaines tâches que vous exécutez fréquemment. Si vous imprimez par exemple des messages individuels de temps en temps, vous pouvez ajouter la commande Impression rapide au formulaire de composition (vous cliquez sur la flèche descendante qui se trouve à droite de la barre Accès rapide, vous choisissez ce qui vous intéresse, et c'est tout). De cette manière, cette opération se rapprochera à un seul clic de souris.

Embellir vos messages à l'aide de WordArt et SmartArt

Vous pouvez magnifier vos messages avec toutes sortes de graphismes de couleur et de motifs. Vous connaissez peut-être déjà l'outil WordArt, déjà présent dans Word depuis des années. Eh bien, vous l'avez aussi dans Outlook.

Pour ajouter un effet WordArt, suivez ces étapes :

1. **Créez un message.**
2. **Activez l'onglet Insertion.**
3. **Cliquez sur le bouton WordArt.**
4. **Cliquez sur l'un des exemples de la galerie de styles de texte disponibles.**
5. **Saisissez votre texte.**
6. **Cliquez sur OK.**

Essayez d'utiliser WordArt avec modération, au moins dans votre activité professionnelle, sous peine que vos collègues ne commencent à douter quelque peu de votre santé mentale. Et, évidemment, n'oubliez pas que tout le monde n'utilise pas Outlook, que les graphismes WordArt alourdissent vos messages et que certains de vos correspondants ne pourront même pas les voir !

SmartArt est une autre fonction fascinante de l'onglet Insertion du ruban. Elle vous aide à créer des éléments graphiques colorés et annotés pour les intégrer dans vos messages. Pour avoir une idée du potentiel de SmartArt, cliquez sur l'onglet Insertion, puis sur le bouton SmartArt et faites des essais. Impressionnant, n'est-ce pas ?

Traduire vos messages

Si certains de vos e-mails semblent si incompréhensibles qu'ils ont l'air d'avoir été rédigés dans une langue étrangère, c'est peut être effectivement le cas. Outlook 2010 vous propose donc son aide pour vous aider à mieux comprendre par exemple le russe, le chinois ou encore le danois. Pour cela, sélectionnez le texte auquel vous ne comprenez rien, cliquez droit et choisissez dans le menu qui apparaît la commande Traduire. Dans le volet qui apparaît, choisissez la langue source, celle de destination, et laissez faire. Et si vous ne comprenez toujours rien au résultat, consolez-vous en vous disant que ce n'est pas de votre faute, mais celle de ces gens impolis, incapables de s'exprimer dans la plus belle langue du monde (c'est ce que me disent toujours mes amis québécois).

Ajouter des graphiques pour plus d'impact

Pas loin du bouton WordArt, sous l'onglet Insertion du ruban, figure l'outil Graphique, qui peut clarifier les idées que vous exprimez dans vos messages (même si votre esprit est totalement confus). La procédure de création d'un graphique Outlook ressemble beaucoup à celle servant à élaborer un graphique Excel (pour en savoir plus, passez à la lecture de Microsoft Office 2010 Pour les Nuls) :

1. **Cliquez dans la fenêtre de composition du message à l'emplacement où vous voulez insérer le graphique.**
2. **Cliquez sous l'onglet Insertion du ruban sur l'outil Insérer un graphique.**
3. **Choisissez un type général dans la partie gauche de la boîte de dialogue qui s'affiche.**
4. **Choisissez ensuite un type particulier dans la liste de droite.**
5. **Cliquez sur le bouton OK.**

   Vous pouvez maintenant entrer les valeurs voulues dans une grille.

Insérer des symboles dans les messages

Si vous avez couramment besoin d'utiliser dans vos messages des caractères particuliers, par exemple celui qui représente l'euro, il vous suffit de cliquer sur le bouton Symboles (toujours sous l'onglet Insertion du ruban). Choisissez alors le symbole voulu pour l'insérer à l'emplacement du curseur. Et si vous en voulez davantage, sélectionnez Autres symboles, et vous pourrez alors ajouter fractions, flèches et autres étranges hiéroglyphes afin de dérouter vos correspondants pour qu'ils mettent un genou à terre.

Ouvrir plusieurs calendriers

Vous pouvez créer plusieurs calendriers dans Outlook, par exemple pour suivre les activités de plusieurs personnes ou bien séparer votre vie professionnelle de votre vie personnelle (ce qui est toujours une excellente idée). La difficulté consiste à éviter les conflits de date entre ces calendriers multiples (une double vie, ce n'est déjà pas simple, alors trois ou quatre…). Pour afficher deux calendriers en même temps, cochez la case située à gauche de leur nom dans le Volet de navigation.

Superposer des calendriers

Un moyen encore plus facile d'éviter les conflits entre plusieurs calendriers est de les superposer. Lorsque deux calendriers sont ouverts, vous avez une petite flèche à côté du nom de l'un d'eux. Quand vous cliquez sur cette flèche, les deux calendriers sont affichés l'un au-dessus de l'autre. Les rendez-vous du calendrier situé en arrière-plan sont légèrement opaques tandis que les éléments de celui apparaissant au premier plan sont en gras et plus clairs. Dans cette disposition, vous voyez tout de suite les créneaux disponibles communs aux deux.

Afficher un certain nombre de jours dans un calendrier

Pour consulter votre calendrier, vous pouvez décider d'afficher un nombre de jours compris entre un et dix. Il suffit de maintenir la touche Alt enfoncée tout en saisissant la durée souhaitée : Alt+2 pour deux jours, Alt+3 pour trois jours, etc. Si vous faites Alt+0, vous affichez dix jours.

Sélectionner une étendue de dates dans un calendrier

Lorsque vous voulez voir une certaine étendue de dates, rien ne vous oblige à vous limiter à une semaine ou à un mois particulier. Imaginez que vous vouliez afficher les dates qui vont du 25 septembre au 5 octobre. Dans le navigateur de date (en haut de la fenêtre du Calendrier), cliquez sur le 25 septembre, puis maintenez enfoncée la touche Maj et cliquez sur le 5 octobre. Toutes les dates figurant dans cette période apparaissent dans l'affichage Jour/Semaine/Mois du Calendrier.

Épingler la carte d'un contact

Si vous voulez que les informations relatives à une certaine personne restent visibles à l'écran pendant que vous faites autre chose, laissez le pointeur de la souris survoler son adresse de messagerie. Un petit rectangle va rapidement apparaître. Il contient le nom de la personne, l'image qui lui est associée ainsi que d'autres renseignements. En haut et à droite de cette carte de contact, vous pouvez voir un symbole de punaise. Cliquez dessus, et la carte va flotter sur l'écran. Cliquez à nouveau sur la punaise, et la carte va disparaître.

Chapitre 20

Dix raccourcis utiles

Dans ce chapitre :

- Utiliser l'outil Nouveaux éléments.
- Envoyer un fichier par e-mail.
- Envoyer un fichier à partir d'une application Office.
- Prendre une note.
- Faire une recherche dans Outlook.
- Annuler.
- Utiliser la commande Atteindre la date.
- Ajouter des éléments dans un affichage de type Liste.
- Envoyer des messages répétitifs.
- Renvoyer un message.

Utiliser l'outil Nouveaux éléments

Pour créer un nouvel élément, quel que soit le module dans lequel vous vous trouvez, cliquez tout simplement sur le bouton Nouveaux éléments, à gauche de l'onglet Accueil du ruban. Bien sûr, chaque module a aussi sa propre option de création, par exemple Nouvelle tâche dans le module Tâches, Nouveau rendez-vous dans le Calendrier, et ainsi de suite. Mais en cliquant sur la flèche associée au bouton Nouveaux éléments, vous pourrez choisir par exemple d'ajouter un rendez-vous ou une tâche alors que vous êtes dans le module Courrier (voir la Figure 20.1).

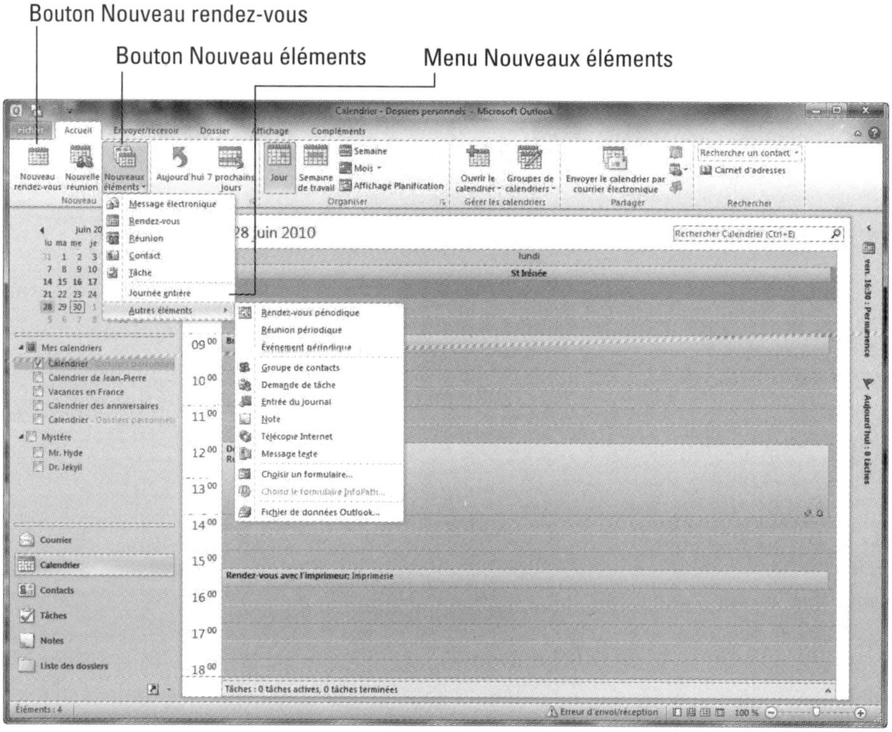

Figure 20.1 : Le bouton Nouveaux éléments et le menu qui lui est associé.

Envoyer un fichier par e-mail

Vous pouvez envoyer un fichier par e-mail à l'aide d'Outlook, même si celui-ci n'est pas actif, et tout cela en quelques clics de souris. Lorsque vous affichez le contenu d'un dossier dans l'Explorateur Windows, il est en effet facile de marquer un fichier quelconque afin de le faire parvenir à un ou plusieurs correspondants. Voici comment :

1. **Dans la fenêtre de l'Explorateur Windows, cliquez droit sur le fichier que vous voulez transmettre.**

   Un menu contextuel apparaît.

2. **Choisissez Envoyer vers.**

   Un sous-menu va s'afficher.

3. **Sélectionnez l'option Destinataire.**

Vous allez voir un formulaire de nouveau message, avec le nom de votre fichier déjà présent dans le champ Attaché.

4. **Sélectionnez l'adresse de, de la ou des destinataires et saisissez l'objet de votre message.**

   Vous pouvez aussi compléter éventuellement le texte de celui-ci afin d'apporter des précisions sur votre envoi.

5. **Cliquez sur le bouton Envoyer.**

   Votre message part directement dans la Boîte d'envoi.

Envoyer un fichier à partir d'une application Microsoft Office

Vous pouvez envoyer par e-mail un document Microsoft Office à partir de son application d'origine sans avoir à utiliser directement Outlook. Voici comment procéder :

1. **Ouvrez le document à envoyer dans son application, puis activez l'onglet Fichier.**

2. **Cliquez sur Partager dans la vue Backstage.**

   L'écran affiche les options de partage.

3. **Cliquez sur le bouton Envoyer en tant que pièce jointe.**

   Le formulaire de nouveau message apparaît.

4. **Sélectionnez l'adresse de, de la ou des destinataires et saisissez l'objet de votre message.**

   Vous pouvez aussi compléter éventuellement le texte de celui-ci afin d'apporter des précisions sur votre envoi.

5. **Cliquez sur le bouton Envoyer.**

   Votre message part directement dans la Boîte d'envoi.

Microsoft Word vous donne en fait plusieurs méthodes pour envoyer un fichier par e-mail. Les étapes ci-dessus permettent de transmettre un document en tant que pièce jointe. Mais vous pouvez aussi choisir Envoyer un lien. Cette technique allège les transmissions, puisque le destinataire ne fait que recevoir un lien vers l'emplacement du fichier. Bien entendu, cela n'a de sens que si vous et votre correspondant disposez d'un accès partagé à cet emplacement, qu'il se trouve sur l'Internet ou sur votre réseau local. Vous disposez également d'autres choix, notamment l'envoi sous forme de fichier PDF. Ceci permet de retenir toutes les mises en forme et l'aspect exact du document, voire d'empêcher la modification de celui-ci. Le format XPS offre à peu près les mêmes bénéfices que le PDF, à ceci près qu'il est nettement moins répandu.

Prendre une note

Si vous êtes comme moi, vous prenez rapidement des notes à tout moment d'une journée de travail. Si Outlook est actif, il vous suffit d'activer le module Notes et d'appuyer sur Ctrl+Maj+N. Vous tapez vos observations et vous appuyez sur la touche Échap. Dans l'instant qui suit, votre note est enregistrée et prête à être exploitée.

Retrouver quelque chose

En peu de temps, on peut amasser une belle quantité d'informations et d'éléments dans Outlook. Ce qui augmente d'autant le temps que vous devez passer pour retrouver quelque chose de particulier. Outlook est à votre service pour opérer ces ennuyeuses pérégrinations. Tapez le nom de l'élément que vous voulez localiser dans le champ Rechercher qui se trouve en haut de chaque écran. Le petit bonhomme se met en mouvement, et vous trouvez la bonne information en un éclair.

Annuler vos erreurs

Si vous n'avez jamais entendu parler de la commande Annuler, il est temps de vous annoncer la bonne nouvelle : si vous faites une erreur, vous pouvez l'annuler en appuyant sur la combinaison de touches Ctrl+Z ou en cliquant sur le bouton Annuler de la barre d'outils Accès rapide (elle se trouve en haut et à gauche de la fenêtre d'Outlook). N'hésitez donc pas à faire des expériences. Le pire qui puisse vous arriver, c'est d'annuler ! Bien sûr, il vaut mieux le faire tout de suite, avant d'avoir effectué les *bonnes* actions…

Utiliser la commande Atteindre la date

Vous pouvez utiliser la commande Atteindre la date dans tous les affichages du Calendrier (voir la Figure 20.2). Si vous voulez par exemple vous déplacer de deux mois dans le futur, appuyez sur Ctrl+B puis tapez **dans 60 jours** et cliquez sur OK. Du coup, le calendrier se déplace vers l'avant de 60 jours par rapport à la date courante.

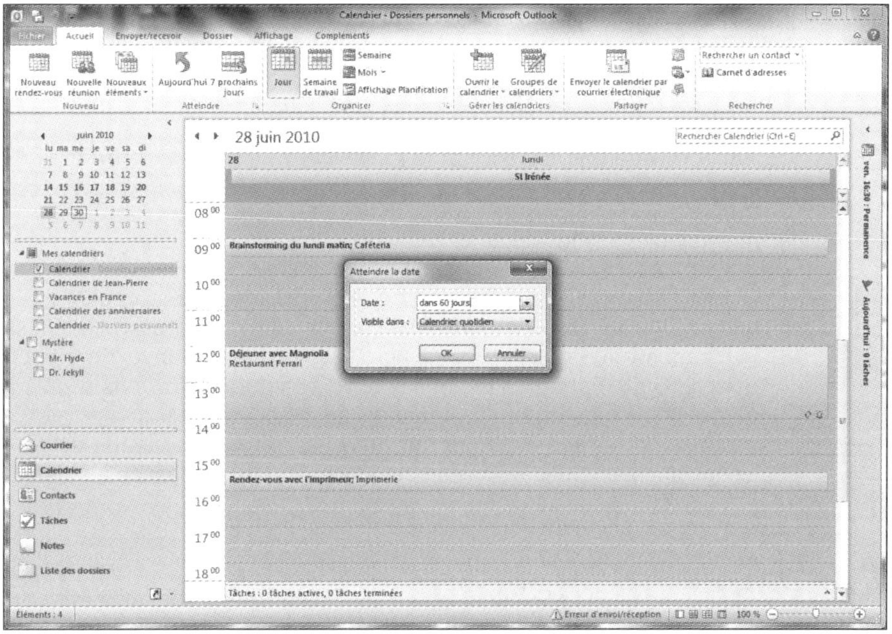

Figure 20.2 : La boîte de dialogue Atteindre la date.

Ajouter des éléments dans un affichage de type Liste

De nombreuses listes Outlook ont en haut de la partie principale de la fenêtre un champ vierge dans lequel vous pouvez taper une entrée et créer ainsi un nouvel élément. Lorsque vous voyez les mots *Cliquer ici pour ajouter un nouvel élément*, c'est exactement ce que vous avez à faire. Vous cliquez, et vous tapez. C'est tout.

Envoyer des messages répétitifs

J'ai quelques e-mails que j'envoie régulièrement, et je les ai enregistrés à l'aide du bouton QuickPart de la fenêtre de composition de message. Par exemple, pour écrire un article sur les compléments Outlook, je m'adresse à toutes les sociétés que j'ai pu trouver et qui soient concernées par ce type d'application, et je leur envoie ceci :

```
Bonjour, je rédige actuellement un article sur Microsoft Outlook,
et j'aimerais pouvoir évaluer votre produit, XX, afin de pouvoir
l'évaluer et le présenter. Pourriez-vous m'envoyer un dossier de
presse et une version d'évaluation ?
```

J'ai écrit une fois ce texte et je l'ai sélectionné. J'ai ensuite cliqué sur le bouton QuickPart, sous l'onglet Insertion du ruban. Puis j'ai choisi Enregistrer la sélection dans la galerie de composants QuickPart. Un nom à donner, et c'est bon !

Quand je trouve sur le Web un nouveau vendeur de complément Outlook, je fais un double-clic dans mon navigateur sur son adresse de messagerie. Dans le formulaire de nouveau message, j'active l'onglet Insertion, je clique sur le bouton QuickPart puis je choisis le texte voulu dans la liste qui apparaît. Il ne me reste plus qu'à personnaliser le *XX* pour le remplacer par le nom du produit voulu puis à cliquer sur Envoyer. Chaque nouvelle demande ne me prend que quelques secondes, et je peux ensuite passer à autre chose.

Renvoyer un message

Il peut vous arriver d'avoir à rappeler à quelqu'un qu'il (ou elle) a oublié de faire quelque chose que vous lui aviez demandé de prendre en charge. Bien sûr, vous avez toujours la possibilité d'expédier un nouveau message incendiaire pour lui signifier que c'est déjà la dixième fois que vous insistez et que votre patience est à bout. Mais pourquoi continuer à gaspiller un temps précieux ? Il est finalement plus rapide et plus facile de se rendre dans le dossier Éléments envoyés, de faire un double-clic sur la dernière version de votre e-mail de rappel, de cliquer sur le bouton Autres actions de déplacement (dans la rubrique Déplacer du ruban), puis de choisir dans le menu qui apparaît la commande Renvoyer ce message. Et vous pourriez aussi ajouter une remarque du style « Si mon message ne vous est pas parvenu, en voici une copie » (facile, grâce aux bribes enregistrées avec QuickPart).

Index

D

E

F

G

H

I

N

O

P

Q

R

S

T

U

V

W

X

Y